用心研创　值得尊重

皮书研创
不在于发现新大陆，而在于分享新方案

侯胜田教授
"健康经济与管理系列"总主编

健康经济与管理系列·大健康（总第001）
总主编 侯胜田

银龄产业蓝皮书（001）
Blue Book of Silver Industry (No. 001)

中国银龄产业发展报告
（2025）

Report on the Development of Silver Industry in China (2025)

主编 侯胜田 郑秋莹

副主编 赵 静 王立元 王晓岑

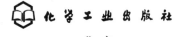

化学工业出版社
·北京·

内容简介　　《中国银龄产业发展报告（2025）》共分为六个部分，具体为总报告、产品开发篇、服务开发篇、运营监管篇、数智赋能篇和综合发展篇，较为系统、全面地分析了银龄产业发展的现状、趋势以及存在的问题，并提出相应的发展策略与建议。报告涉及健康护理、养老服务、医养结合、老年教育、文化娱乐、中西医协同以及智慧养老等银龄产业的多个领域，通过对产业实践、政策导向与创新模式的详细介绍，为政府部门、企业管理人员和相关从业者更好地把握产业发展方向提供参考。

　　本报告立足于当前银龄产业发展实际，内容全面重点突出，注重理论与实践结合，力求深入浅出，通俗易懂。本报告不仅适合相关领域的政策制定者、企业管理者和研究人员阅读，同时也是高等院校相关专业师生、养老服务从业者和社会各界人士了解和推动银龄产业发展的重要参考书籍。

图书在版编目（CIP）数据

中国银龄产业发展报告. 2025 / 侯胜田，郑秋莹主编. -- 北京 ： 化学工业出版社，2025. 7. -- ISBN 978-7-122-48601-1

Ⅰ. D669.6

中国国家版本馆CIP数据核字第2025GH2993号

- -

责任编辑：王　玮　宋林青
责任校对：李雨晴
装帧设计：韩　飞

- -

出版发行：化学工业出版社
　　　　　（北京市东城区青年湖南街13号　邮政编码100011）
印　　装：北京天宇星印刷厂
710mm×1000mm　1/16　印张28½　插页1　字数380千字
2025年10月北京第1版第1次印刷

- -

购书咨询：010-64518888
售后服务：010-64518899
网　　址：http://www.cip.com.cn
凡购买本书，如有缺损质量问题，本社销售中心负责调换。

- -

定　　价：168.00元

《中国银龄产业发展报告（2025）》编委会名单

《中国银龄产业发展报告（2025）》研创课题组

组　长：侯胜田　郑秋莹
副组长：赵　静　王立元　王晓岑

课题组成员（按照姓氏笔画排序）

于　岩	马丹妮	王　磊	王　曦	王立元	王华峰	王科彭	王晓岑
王悦菲	王铭敏	仇泽国	邓松涛	田　娜	白　林	司　高	朱桂祯
乔婷婷	刘　垚	刘　彩	刘欣悦	刘钰程	刘梦雨	刘群秀	关世康
孙　沛	牟红安	李　旭	李　享	李艺清	李秀丽	李诗雯	李潇玉
杨　瑞	杨　蕾	杨思秋	肖彦博	吴　婵	汪光亮	张　晋	张　鼹
张力颖	张明辉	张思文	张菁芳	张喜梅	陈世鹏	陈嘉乐	武雨晴
欧阳竞锋	尚娟娟	周　娟	周沪方	郑守烊	郑秋莹	赵　迪	赵　静
柯锦涛	贵海峰	侯胜田	侯铭强	贾雪华	钱芊蕊	徐卫方	高　昂
高运吉	高瑞轩	高嘉桧	郭　然	郭丽君	郭依婷	郭金水	黄春玉
曹迎凤	龚　超	章德林	梁　鹤	梁静姮	彭云浩	董彦彬	董美佳
韩　然	韩文博	韩雪飞	鲁明霄	蔡腾达	谭　莎	谭　智	翟丽华
樊代明	薛　晓						

"健康经济与管理系列"蓝皮书研创顾问：（按照姓氏笔画排序）

于贵红	才世红	万繁荣	王　济	王　捷	王小娥	王卫星	王永毅
王成祥	王志刚	王雪茜	毛嘉陵	申　河	田贵华	冯兴中	朱桂祯
刘　伟	刘国栋	刘怡桐	刘庭芳	闫　华	孙　沛	孙鲁英	苏惠萍
李　莉	李　峰	李玉峰	李良松	李树华	李晨玉	李瑞锋	杨道纳
邱继烈	何小建	宋　新	张　冰	张　晋	张录法	张朝伟	陈小勇
陈玉琢	陈立新	陈林海	陈建成	欧阳静	赵　静	赵立冬	赵建磊
侯　倩	姜　苗	袁彦龙	耿嘉玮	贾海忠	倪　磊	徐希胜	高　民
郭廷建	郭府青	黄德海	黄灏峰	蒋　锋	韩根东	曾国军	蓝韶清
路云铁							

侯胜田

管理学博士，北京中医药大学管理学院教授、国家中医药发展与战略研究院健康产业研究中心主任，澳门城市大学大健康学院教授；兼任上海交通大学健康长三角研究院健康旅游研究中心主任、上海交通大学健康长三角研究院数智慢病治理研究中心名誉主任、温州医科大学大健康发展研究院康养休闲旅居研究所所长；世界中医药学会联合会医养结合专业委员会副会长、中国老年学和老年医学学会国际旅居康养分会副主任委员、中国中医药信息学会医养居融合分会副会长、世界中医药学会联合会国际健康旅游专业委员会副会长、北京中医生态文化研究会副会长。《全球健康蓝皮书》《中医药蓝皮书》《中医医馆蓝皮书》《中医医院蓝皮书》《食药同源蓝皮书》《数智中医药蓝皮书》《康养旅居蓝皮书》主编。《医疗服务营销》《医药市场营销学》《医药市场调研》《医药广告学》等多部教材主编。主要研究方向：健康经济与管理、中医药与大健康产业、数智健康与数智中医药。发表中英文论文90余篇，主持完成多项国家社会科学基金、教育部社会科学基金和北京市社科基金课题。

郑秋莹

博士，北京中医药大学管理学院教授，健康与医药产业管理教研室主任，国家中医药发展与战略研究院研究员。Bentley University 访问学者。主持国家自然科学基金、北京市社会科学基金等省部级以上课题多项，入选北京高校青年英才计划、北京市国家治理人才项目。国家自然科学基金委同行评审专家，科技部现代服务业评审专家，《管理评论》及《心理科学》等期刊同行评审专家。

赵静

社会医学与公共卫生管理硕士、助理研究员，北京中医药大学中医学院党委副书记，北京中医协会药事管理与标准化建设工作委员会副主委。长期从事中医药管理、中医药教育等相关工作。先后主持参加省部级课题3项，发表SCI及中文核心期刊论文6篇。

王立元

博士，教授。江西中医药大学中医药与大健康发展研究院副院长，中医药政策研究中心负责人，Yale University访问学者。江西省省情研究特约研究员、省委办公厅信息决策咨询专家、省政府研究室特约研究员、中国中医药信息学会中医药产业创新发展分会理事、江西省旅游学会执行副会长、江西省旅游协会旅游教育分会副会长。主要从事中医药政策研究、健康产业研究和决策咨询工作。近5年来承担省级以上课题6项，发表学术论文20余篇，出版专著3部。先后获中国发展研究奖二等奖1项、江西省社会科学优秀成果奖二等奖2项，撰写的成果获省部级以上领导肯定性批示10余次。

王晓岑

食品安全与农业化学博士，吉利人才发展集团芯位健康管理研究院院长助理。长期从事食品安全与农业化学的研究。现任黑龙江省道地药材种植行业协会常务副会长、海南省健康管理协会常务理事、三亚市营养学会常务理事及专家组成员。主持及参与省部级、地市级科研项目7项，累计发表核心期刊论文、SCI论文20余篇。曾荣获全球农业科技论坛先进工作者、三亚市社会科学优秀成果二等奖、中国中医药研究促进会学术成果二等奖。

摘　要

　　《中国银龄产业发展报告（2025）》作为"银龄产业蓝皮书"系列的首部综合性报告，深度聚焦"中国银龄产业"的整体布局与发展。随着中国人口老龄化程度的不断加深，银龄产业正迎来前所未有的发展机遇与挑战。本报告基于政策、技术、市场、服务、监管、区域发展与国际经验等多重维度，系统梳理并深入分析了中国银龄产业的现状、问题与发展趋势。在凝聚众多专家智慧与贡献的基础上，力求为政府决策与产业实践提供科学参考，助力打造适应高龄化需求的创新型、智慧化与可持续发展的银龄产业体系。

　　区别于传统"老龄化""老年产业"等概念，《中国银龄产业发展报告（2025）》强调"高龄化""银龄群体""银龄族"与"银龄产业"等概念，不仅关注长者的"养老"需求，更倡导"老有所为"。通过这一理念创新，报告突出了"银龄经济"在挖掘"银龄族"潜能与价值方面的关键作用，展现了长者群体从"社会负担"向"社会财富"转变的全新路径。为更系统地探讨银龄产业发展的多重维度，报告从总体分析、产品开发、服务开发、运营监管、数智赋能及综合发展六大主题展开，通过宏观战略与微观案例相结合的方式，既为我国银龄产业当前的问题诊断提供分析框架，也在数字化、政策法规、技术创新与跨界协作等方面提出可行的改进方向。

　　通过综合研究与定量评估，本报告在梳理国内外成熟经验的同时，深度剖析了中国不同区域及多元人群的银龄产业需求，并为医养结合、照护质量提升和产业高质量发展提供了多维度的解决方案。在此过程中，提出构建更加包容、高效和可持续的银龄产业生态的方法，为应对中国乃至全球的高龄化挑战提供扎实的经验支持和可借鉴的模式范本。报告既为各级政策规划提供前瞻性指引，也为产业链上下游主体指明了融合创新的方向，能够为中国社会经济的高质量可持续发展注入新的活力与动能。

本报告包含6个部分，具体由24篇独立报告组成。

第壹部分为总报告（HB.01），报告《中国银龄产业发展现状与未来展望》（HB.01）提出银龄产业的定义，并对其发展现状进行了梳理与分析；针对中国人口老龄化、高龄化背景下银龄产业的全貌，明确了银龄产业覆盖健康护理、养老服务、医养结合、老年教育、文化娱乐等多个领域，提出当前银龄产业虽然具备广阔的潜力，但仍受到人才、技术与区域不平衡等因素的影响。报告主张在政策和科技的双重驱动下，打造个性化、高质量的服务体系，为中国经济提供新动能。

第贰部分为产品开发篇（HB.02 ~ HB.05），由4篇报告组成。报告《中国银龄保健品行业市场分析及发展建议》（HB.02）以保健品行业为例，指出在银龄群体健康意识提升的背景下，保健品需求持续旺盛，但存在虚假宣传、售后机制不完善、市场监管乏力等问题；建议通过完善法律法规、规范市场秩序、加强市场监管与产品溯源，塑造安全可信的行业环境，为银龄群体提供精准化健康支持。《中国银龄食品产业发展报告》（HB.03）剖析了银龄食品产业在满足银龄群体特殊营养需求及慢性病管理方面的重要作用，提出规模化、标准化与品牌化是产业保持快速增长的关键，应在研发与诚信销售上双管齐下，并鼓励以大数据与定制化服务适应银龄群体的多样化口味与健康诉求。《中国银龄中医药相关产业发展报告》（HB.04）通过对银龄群体体质特点与中医药产品适配性分析，指出中药、保健食品、药食同源食品在保障银龄群体健康方面大有可为；建议通过强化中医药质量控制、优化种植技术、完善法规与监管，以规范化发展推动产业链水平提升，更好地服务银龄群体健康需求。《中国银龄族可穿戴心电设备应用现状及调查研究》（HB.05）聚焦可穿戴心电设备在心血管疾病检测与康复管理中的价值，揭示该类设备在市场开发与技术方面仍有不足，并面临数据安全风险；建议推动设备升级与功能完善，强化市场推广与隐私保护，以提升银龄群体对可穿戴心电设备的信任度与使用率。

第叁部分为服务开发篇（HB.06～HB.10），由5篇报告组成。《中国银龄产业医养结合服务发展研究》（HB.06）指出医养结合是银龄群体健康的重要保障环节；报告回顾了医养结合服务模式的典型成绩，对国内外经验进行对比后提出：完善政策法规、发挥基层医疗机构作用、丰富盈利模式、利用数字化技术赋能并加强宣传推广，可有效提升医养结合健康服务的质量与可及性。《中国银龄整合照护研究热点分析报告》（HB.07）从社区照护、智慧医疗、长期护理保险以及 WHO ICOPE 框架应用等角度全面分析银龄群体整合照护的研究热点；报告指出了现有的资源分配失衡、人才匮乏等难题，强调整合照护在满足银龄群体全方位健康需求上的重要意义，并建议通过跨学科合作和政策引导构建完善的照护体系。《中国银龄居家康复服务发展研究》（HB.08）运用知识图谱和可视化方法，对我国居家康复服务相关研究进行全面梳理；报告显示养老服务与需求、医养结合及智慧养老是当前热点，今后需加强跨机构与跨区域合作，拓展研究视角，以促进居家康复的普及与服务创新，满足银龄群体日渐多样化的康复需求。《中国银龄教育产业发展现状及未来展望》（HB.09）聚焦银龄教育的政策环境、教育模式与实践成效，报告提出当前银龄教育虽已取得重要进展，但仍存在区域资源分配不均与专业师资不足等突出问题；认为通过优化政策、深化教育模式创新、加强资源整合与人才培养，银龄教育将持续释放其潜在活力，推动银龄群体自我价值与社会贡献同步提升。《中国社区居家养老服务模式研究》（HB.10）针对社区居家养老服务模式，探讨其多元需求与典型模式，如顾问式养老、教育养老、产教融合与智慧化养老等，并提出从政策、技术、人才等层面打造符合国情和高龄化需求的社区养老服务体系。

第肆部分为运营监管篇（HB.11～HB.14），由4篇报告组成。报告《中国西部地区银龄康养机构建设运营调研报告》（HB.11）针对西部地区康养机构资金短缺、专业人才不足、服务内容单一、管理水平不高等现实困境，提出应通过完善顶层设计、加大政策扶持、培养复合型人才、丰富服务项目及提升管理效能来推动区域康养机构的可持续发展。报告《基于PMC指数模型的健康养老政策评价》（HB.12）通过文本挖掘与PMC指数模型对我国健康养老政策进行量化评估，指出政策整体表现优秀，但在完善法律标准及推动多元主体协同方面仍需改进；建议加强政策时效监测、发挥基层医疗机构作用并建立多元协同治理机制。报告《中国银龄保健食品安全监管现状及对策研究》（HB.13）面向银龄群体对保健食品的需求，指出虚假宣传、市场准入门槛不一及消费者维权保障不足等问题；为此建议强化产品功能声称和定位、完善安全监管制度、加强广告治理及落实反悔权保障，以进一步保障银龄群体的消费权益。《银龄时代高技能养老服务人才培养现状和需求分析》（HB.14）面对新时代养老服务与产业需求升级，从教育供给到行业需求进行全链条分析，提出应重点培养具备数智化技术与养老服务技能的复合型人才，强调加强校企合作、创新人才培养模式，并鼓励设立复合型专业，以缓解养老服务高技能人才不足的问题。

第伍部分为数智赋能篇（HB.15 ~ HB.18），由4篇报告组成。报告《中国智慧养老产业高质量发展战略导向、政策支持与路径选择》（HB.15）基于大数据、物联网等信息技术对智慧养老服务模式进行分析，发现政策引导与平台建设可满足多元化养老需求，并对低技术接受度人群做特殊适配；建议政府协同多方力量制定统一标准，强化国际合作，推动技术创新与社会保障体系完善。报告《京津冀智慧养老产业发展现状及创新路径研究》（HB.16）则重点关注京津冀区域人口结构及政策背景，提出三地正积极发展智慧养老，但仍面临产品供给不足、成本高与数据安全等挑战；提出通过科技引领、平台融合、人才支撑与跨界合作等创新路径，推动智慧养老产业健康发展与区域资源协同。报告《数字赋能银龄产业高质量发展的实践路径研究》（HB.17）强调银龄产业"数字化转型"的时代意义，通过对数字赋能现状与典型案例进行剖析，提出应夯实数字基础设施、创新适老化数字产品、弥合银龄群体的数字鸿沟，并强化数据安全与隐私保护，数字技术与养老服务融合以助力银龄产业高质量发展与新业态的形成。报告《数字赋能社区长者服务的现实约束与优化策略》（HB.18）以国家、地方、社区三级政策实践为依据，提出社区智慧养老服务在宏观、中观、微观层面均面临约束；建议通过构建包容型社会环境、有效整合执行者与银龄群体数字适老化的措施，提升数字化居家养老服务质量，实现社区养老智慧化转型。

第陆部分为综合发展篇（HB.19 ~ HB.24），共有 6 篇报告构成。报告《中国中西医协同发展在银龄产业中的需求与前景分析》（HB.19）关注中西医协同在银龄经济中的优势与应用潜力，认为通过优化中西医融合，实现个性化康养与疾病干预，将显著提升银龄群体健康管理水平；提出应在政策与技术端发力，加大中西医学联合研究深度，满足银龄群体日益增长的健康养老需求。呼吸道疾病是影响老年人健康的重要因素。报告《老年呼吸道疾病研究报告》（HB.20）结合中医与西医的多重视角，探讨了呼吸道疾病防治与护理的关键路径及其面临的挑战；提出完善公共卫生策略、加大医药研发力度、提升康复护理服务层次，可更有效减少银龄群体的呼吸道疾病负担。报告《中国西部地区银龄产业市场需求变化与发展前景研究》（HB.21）通过实证调研与数据分析，聚焦西部地区银龄产业需求快速提升与产业发展困境并存的现象，认为人才体系、服务能力和产业基础薄弱等问题需要通过政策引导、区域合作和产业升级来破解，以期加快市场要素整合，培育新的经济增长点。随着全球老龄化趋势扩大，海外银龄群体对中医康养游的认知度与需求均呈上升态势。报告《海外银龄族中医康养游需求调查研究》（HB.22）通过问卷与访谈收集海外银龄族对目的地环境、中医药资源、服务便捷度与价格安全性的意见与建议，指出旅游机构可通过设计个性化养生方案、提升中医诊疗与文化体验的深度与品质，充分满足该群体对养生、文化等多元诉求。报告《德国银龄产业发展现状及经验启示》（HB.23）从德国老龄化背景与应对策略入手，分析了该国在养老模式、智能养老、医疗保健领域的经验；认为德国在政策保障、技术创新和社会参与方面的实践经验具有显著的启示价值。需要说明的是，当前我国银龄产业尚处于初步发展阶段，需要积极吸取发达国家的成功经验，以促进产业的快速发展。鉴于德国在养老模式创新、政策制定和产业融合等方面取得的突出成就，本书将其作为国际经验的典型案例进行详细调研和分析。后续研究将进一步拓展到其他发达国家和地区，力求更全面地为我国银龄产业的持续健康发展提供指导和借鉴。报告《中国银龄人力资源开发研究报告》（HB.24）揭示了我国的银龄人力资源开发在法律法规、支持措施和社会观念等方面的不足之处，借鉴西方国家银龄族就业经验，结合国内实际情况，探索性地提出了有关建议和措施。

关键词：银龄产业；发展报告；高龄化；蓝皮书

目　录

壹　总报告　　　　　　　　　　　　　　　　　　　　　　　　001

HB.01 中国银龄产业发展现状与未来展望　　　　　　　本书编委会　003

贰　产品开发篇　　　　　　　　　　　　　　　　　　　　　021

HB.02 中国银龄保健品行业市场分析及发展建议　刘彩　李潇玉　郭依婷　023

HB.03 中国银龄食品产业发展报告　　　　　　　　王晓岑　陈世鹏　044

HB.04 中国银龄中医药相关产业发展报告

　　　　欧阳竞锋，张喜梅，王华峰，梁鹤，高瑞轩　060

HB.05 中国银龄族可穿戴心电设备应用现状及调查研究

　　　　韩文博，周沪方，高昂，吴婵，郭金水　080

叁　服务开发篇　　　　　　　　　　　　　　　　　　　　101

HB.06 中国银龄产业医养结合服务发展研究　王立元　田娜　仇泽国　103

HB.07 中国银龄整合照护研究热点分析报告　郑秋莹　杨瑞　邓松涛　118

HB.08 中国银龄居家康复服务发展研究　郭丽君，张明辉，黄春玉　133

HB.09 中国银龄教育产业发展现状及未来展望

　　　　李旭　贵海峰　曹迎凤　尚娟娟　148

HB.10 中国社区居家养老服务模式研究　曹迎凤　董彦彬　贵海峰　李旭　167

肆　运营监管篇   187

HB.11 中国西部地区银龄康养机构建设运营调研报告　张菁芳　薛晓　李秀丽　189

HB.12 基于 PMC 指数模型的健康养老政策评价

　　　　　杨思秋　龚超　周娟　薄云鹊　马明慧　201

HB.13 中国银龄保健食品安全监管现状及对策研究　梁静姮　李诗雯　216

HB.14 银龄时代高技能养老服务人才培养现状和需求分析

　　　　　杨蕾　刘群秀　牟红安　234

伍　数智赋能篇   247

HB.15 中国智慧养老产业高质量发展战略导向、政策支持与路径选择

　　　　　肖彦博　郭然　249

HB.16 京津冀智慧养老产业发展现状及创新路径研究　韩雪飞　263

HB.17 数字赋能银龄产业高质量发展的实践路径研究　张思文　278

HB.18 数字赋能社区长者服务的现实约束与优化策略　赵迪　300

陆　综合发展篇   317

HB.19 中国中西医协同发展在银龄产业中的需求与前景分析　郭然　肖彦博　319

HB.20 老年呼吸道疾病研究报告　徐卫方　蔡腾达　彭云浩　336

HB.21 中国西部地区银龄产业市场需求变化与发展前景研究

　　　　　张觲　翟丽华　谭莎　李祉睿　362

HB.22 海外银龄族中医康养游需求调查研究　王曦　王悦菲　377

HB.23 德国银龄产业发展现状及经验启示　乔婷婷　王铭敏　王磊　鲁明霄　390

HB.24 中国银龄人力资源开发研究报告　张晋　于岩　孙博　武雨晴　马丹妮　415

"健康经济与管理系列"蓝皮书简介   436

致谢   440

壹

总报告

HB.01

中国银龄产业发展现状与未来展望

本书编委会

摘要：随着中国人口老龄化、高龄化问题的加剧，银龄产业逐渐崛起，成为社会经济发展的重要组成部分。银龄产业不仅涵盖了健康护理、养老服务、医养结合、老年教育、文化娱乐等多个领域，还涉及智慧养老和适老化技术等新兴领域。随着 60 岁及以上老龄人口、80 岁以上高龄人口的急剧增加，银龄产业展现出广阔的市场潜力和多元化的发展趋势。然而，产业发展也面临着诸多挑战，如人才短缺、技术创新滞后、区域发展不平衡等问题。政府通过推动"银发经济"战略为银龄产业的高质量发展提供了政策支持，鼓励其发展。本文对银龄产业进行了定义，并对其发展现状进行了梳理与分析。通过总结银龄产业在快速发展过程中面临的主要问题，文章进一步展望了银龄产业未来的发展趋势。随着科技进步与政策支持的持续推进，银龄产业将在为银龄族提供更多个性化服务的同时，成为推动中国经济高质量发展的新动能。

关键词：银龄产业；高龄化；发展趋势；未来展望

当前，我国正加速迈入老龄化、高龄化社会。根据最新统计数据，60 岁及以上高龄人口的规模正以每年数百万的增幅快速上升，预计到 2030

年将突破 4 亿大关[1]。这一人口结构的深刻变革不仅对社会保障、医疗服务等传统领域提出了更高要求，也为"银龄产业"的崛起创造了前所未有的机遇。我们希望通过使用"高龄化"来替代以往常见的"老龄化"概念，一方面与高龄老人的比例趋于上升的实际相符，另一方面不谈"老"而说"高"，消除潜在的消极暗示，转而强调高龄群体的潜能与贡献。

与传统的"老年产业"或"银发产业"不同，"银龄产业"更关注高龄群体在经济活动中的积极意义，强调他们作为创造者与消费者的双重角色。如果说"老年"这个词可能常常令人产生身体衰弱与依赖性增强的负面联想，那么"银龄"则可以避免该情况，并强调长者在财富与消费层面的潜力，展现出他们在社会经济中的新活力。"银龄产业"不仅关注当前高龄人士的养老、健康与娱乐需求，也为未来老年阶段做好了准备，从而形成包括健康护理、金融服务、文化教育、技术创新与消费升级等多维度的综合产业生态。

这一理念的转变与国家政策导向高度契合。近年来，政府不断推进"银发经济"战略，期望将高龄群体视为社会积极成员而非"负担"[2]；通过推进智慧养老与老年教育[3, 4]，强化多元化服务供给，为高龄群体提供更多选择。然而，银龄产业依然存在基础薄弱、区域发展不均、人力与技术储备不足等严峻挑战。要真正实现"从基础养老到多元享老"的范式变革，还需进一步强化政策与资本的双重驱动，通过数字赋能与创新提高服务质量，构建起更具智慧化、个性化、多层次的银龄产业服务生态，助力中国经济高质量发展，也让高龄群体共享时代进步的红利。

一、银龄产业的发展背景与概念界定

（一）银龄产业的概念界定

本报告中"银龄产业"（又称老年产业、银发产业）是指围绕银龄族开展的各类产品与服务，包括但不限于健康护理、医养融合、老年教育、文化娱乐、老年金融等多个领域[5]。与传统的"老年产业"或"银发产业"不同，银龄产业更具积极意义，不仅关注当前高龄人群的多元化需求，还为即将进入老年阶段的人群提前做准备，其外延与内涵都更加广泛。本报告用"银龄产业"替代传统的"老年产业""银发产业"，用"高龄化"替代"老龄化"，主要是基于以下几方面的考虑：

1. 概念的积极性和准确性

"银龄产业"相较于"老年产业"更能凸显高龄群体的财富潜力和消费能力，展现出他们在经济活动中的主体地位与能动性。过去"老龄化"主要用来描述 60 岁以上人口在总人口中的占比上升，易让人联想到衰老、负担等消极印象；"高龄化"聚焦的是 80 岁及以上人群的增速与特殊需求，反映社会资源配置面临的压力。为适应政策与行业发展方向，本报告将统一使用"银龄产业"及"高龄化"等概念，积极传达对高龄群体价值的肯定，强调其在财富与消费层面的潜力，展现出他们在社会经济中的新活力。

2. 政策导向和经济发展的需要

国家政策明确将"银发经济"定义为涵盖老年阶段与未老阶段的各种经济活动，强调高龄群体在社会与经济中的参与价值。使用"银龄产业"可以更好地对接这一政策导向，体现政府"积极应对人口老龄化"的战略思路，避免过时的"负担"观念。与此同时，统一使用"高龄化"这一术语也有助于提高医疗、护理、长期照护等资源配置的效率及精准性，便于各领域有针对性地制定政策措施。

3. 社会观念的转变

长期以来，老年群体往往被视为社会边缘或被动接受福利的对象。随着社会对高龄群体潜能的重新认知，公众逐渐意识到他们在文化、消费和财富创造方面的积极作用。采用"银龄产业""高龄化""长者""银龄族""银龄群体"等概念，有助于营造尊重、包容与积极的社会氛围，鼓励高龄群体在健康管理、劳动就业、社区公益等方面继续贡献力量，并推动各行各业更加注重他们的多层次需求。

通过使用"银龄产业""高龄化""长者""银龄族""银龄群体"等概念，不仅可以更加精准地描述高龄化现象和高龄群体的新需求，还能更好地契合政策导向和社会观念的转变。这种转变有助于优化资源配置，推动社会对银龄族价值的积极认同，并在政策制定和资源分配中，精准应对高龄群体的特殊需求。

（二）银龄产业发展的背景

随着 60 岁及以上银龄族的比例不断提高，中国正迎来更为深刻的"高龄化"进程。根据国家统计局数据，截至 2023 年底，全国 60 岁及以上人口已达 2.9 亿，预计到 2030 年这一数字将突破 4 亿。见图 1。

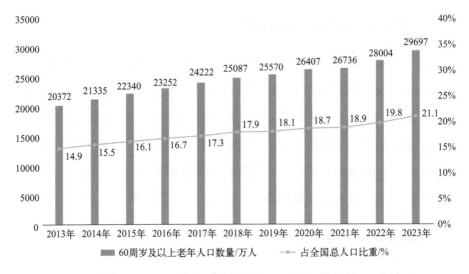

图 1　2013—2023 年全国 60 周岁及以上人口数量及占全国总人口比重

在这样的背景下，"银发经济"从初步探讨走向快速实践，成为应对老龄化挑战的重要战略抓手。

自 2011 年起，国家陆续出台多项政策文件，从"社会养老服务体系建设"到"银发经济整体升级"，范围涵盖医养结合、老年教育、适老化改造、智慧健康养老等多个领域 [2-4]。通过财政补贴、税收减免、专项债券等方式，政府鼓励社会资本投入银龄产业，并积极推动商业保险与信贷产品创新，让更多高龄人士能够获得适宜的金融支持和风险保障。为防范市场乱象与欺诈行为，国家愈发注重对养老项目和养老产品的监管，维护银龄市场秩序与消费者权益。智慧医疗、智能家居、远程护理等技术手段的应用，推动银龄产业不断迈向数智化、个性化与高端化，为银龄产业带来新的商业机会与增长空间。

在政策与需求的双重作用下，银龄产业正逐渐走向规模化与集群化。然而，基础薄弱、区域资源分配不均以及关键人才与核心技术欠缺等问题依然存在。如何通过政策加码、市场引导、技术赋能和社会认同的手段，构建覆盖健康护理、教育文化、智慧服务、金融保障等多元要素的银龄产业生态，将成为应对未来高龄化社会挑战，以及提升银龄族生活品质的重要课题。

二、银龄产业的发展现状

（一）银龄产业的兴起与市场潜力

银龄产业是世界人口老龄化和高龄化背景下应运而生的综合性产业，与全球广泛使用的"银发经济"（silver economy）和"银发市场"（silver market）概念一脉相承 [5]。回顾历史，早在 1970 年日本步入高龄化社会后就率先出现了"银发族"一词，衍生出"银发消费""银发产业"等系列概念 [6]；而欧美国家在 21 世纪陆续提出"silver economy""silver market"及银发经济网络计划，并于 2005 年通过波恩宣言将银发经济正式纳入政策范畴；2013 年法国颁布国家银色经济计划；2019 年全球老龄化联盟

（Global Coalition on Aging，GCOA）召开国际银发经济高层论坛，提出"照亮银色经济商机"，使全球银发浪潮为世界经济发展注入新的增长空间[7]。在这一趋势下，中国银龄产业涵盖健康护理、医养融合、养老服务、老年旅游、老年教育、智能养老等多个领域，伴随老龄、高龄群体人口规模不断扩大与结构升级，多元化、个性化需求不断释放，催生出诸如护理康复[8]、居家智能化改造[9]、文化娱乐、老年金融[10]与老年旅游等快速崛起的新兴业态。据统计，2019—2023年间中国银发经济市场规模以约13.2%的年复合增长率扩张，到2023年市场规模已达7.1万亿元，约占GDP的6%；预计到2050年银发经济市场规模有望增至49.9万亿元，展现出庞大的市场潜力[11]。这一内需型市场正吸引各类资本与企业加速涌入，成为经济高质量发展的新动能之一。

（二）银龄产业的模块体系

随着中国银龄产业的迅速发展，各个领域相互融合、共同推进，形成了多元化且综合性的产业体系，如图2所示。银龄产业不仅涵盖健康护理、养老服务和医养结合等核心领域，还在教育、文化娱乐、智能养老等新兴板块中展现出巨大的市场潜力[17]。以下将详细介绍银龄产业的主要模块及其发展方向。

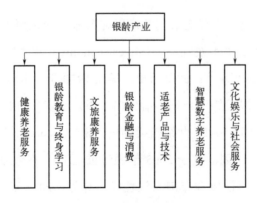

图2　银龄产业模块体系

1. 健康养老服务

健康养老服务是银龄产业中最为核心的板块之一，涵盖了老年人的健康管理、护理和医疗保健等内容。随着人口老龄化、高龄化程度加深，越来越多的高龄人士需要专业的护理和健康服务。健康养老服务的核心目标是提供全方位、个性化的照护，确保高龄人士能够享有高质量的晚年生活。老年护理服务是银龄产业的重要组成部分，包括日常生活照料、康复护理以及长期护理服务。这些服务不仅帮助高龄人士解决日常生活中的困难，还能提供专业的健康监测和康复支持。特别是高龄人士（尤其是失能者）的需求日益增加，这类服务的需求呈现快速增长的趋势。此外，医疗保健领域的服务也在不断拓展，老年疾病的预防、诊断和治疗成为了健康养老服务的关键内容。医疗保健的保障体系不仅包括基础的健康检查、慢性病管理，还涉及高龄人士专属的健康管理，如中老年人的体检服务和长期健康监测等[18]。

2. 银龄教育与终身学习

银龄教育是银龄产业的重要组成部分，旨在提升银龄族的文化素质、生活品质和社会参与度[19]。随着"老有所学"理念的普及，银龄教育逐渐成为各类社会组织和政府机构重点支持的项目。银龄教育不仅可以帮助银龄族保持精神活力，还可以让他们在社会中发挥更大作用。目前，银龄教育内容丰富，包括传统的老年大学、社区教育、文化活动等，同时也包括线上和线下结合的学习模式。随着数字化技术的发展，银龄族可以通过网络平台学习新的知识，参与到更多的社会活动中去。除了文化教育，银龄教育还提供各种兴趣课程，如书法、绘画、烹饪、音乐等，丰富了银龄族的精神生活。

3. 文旅康养服务

文旅康养服务是银龄产业中日益重要的一个模块，它结合了旅游、康养、文化等多种元素,致力于为银龄族提供优质的休闲和疗养服务。该模块的核心目标是让银龄族能够在享受自然风光和文化艺术的同时,得到身体和心理的全面调养。随着乡村振兴和旅游产业的发展,文旅康养服务正在向多元化方向发展[20]。许多地区将乡村旅游与康养产业相结合,开创了以"康养+"为主题的旅游项目,提供疗养、休闲和文化体验等服务。此外,康养度假村、长者专属旅游线路等产品逐渐成为市场的亮点,可以满足银龄族的个性化需求。

4. 银龄金融与消费

银龄金融与消费市场是银龄产业中的另一大重要模块。随着银龄族消费水平的提高,银龄族的消费需求日趋多元化。从基本的生活消费到更高品质的健康、文化和娱乐消费,银龄族的市场潜力巨大。老年金融产品如养老保险、长期护理保险等也得到了快速发展[21]。许多金融机构还推出了专为银龄族设计的金融产品和服务,例如老年专属的储蓄账户、贷款服务和投资理财产品等[22]。同时,银龄族的消费需求也带动了各类健康产品、家居用品以及适老化产品的发展。这一模块的迅速发展为企业带来了大量商业机会,也促进了银龄族消费意识的转变。

5. 适老化产品与技术

适老化产品与技术是银龄产业发展的重要推动力之一。随着银龄族对生活质量要求的提高,适老化产品逐渐成为市场的核心需求。这些产品包括适老化家居设备、健康监测设备、康复器材等,它们可以帮助银龄族改善生活环境,提升生活品质[23]。

此外,随着智能技术的应用,适老化产品不断升级,如智能家居、智能穿戴设备、健康监测工具等。这些产品不仅改善了银龄族的居住环境,也提高了银龄族对健康管理的自主能力。智能技术的普及为银龄产业带来了新的商业机遇,也推动了产业的数字化转型。

6. 智慧数字养老服务

智慧数字养老服务是银龄产业中的新兴模块，它利用大数据、云计算、物联网等先进技术为银龄族提供精准的健康管理和个性化服务。智慧数字养老主要涵盖智能家居、健康监测、生活辅助等领域。通过数字化手段，银龄族可以实现健康数据的实时监测和管理，及时发现身体问题并获得相应的护理和治疗建议[25]。

智能养老技术的应用不仅提高了养老服务的效率和精准度，还有效解决了传统养老模式中的人力资源不足和管理不规范的问题。通过智能设备的辅助，银龄族的生活更加便捷，健康管理也更为科学和系统[25]。

7. 文化娱乐与社会服务

银龄产业中的文化娱乐与社会服务模块关注银龄族的精神文化需求和社会参与度，具体涵盖社交活动、兴趣小组、银龄族专属文化设施等内容，旨在促进银龄族身心的全面发展。随着社会观念的转变，银龄族的文化娱乐需求得到了更多关注，相关产品和服务也逐渐丰富。如银龄族专属的娱乐活动、文化节庆、社交平台等，都有助于提升银龄族的生活乐趣和社会归属感。而老年文化活动不仅丰富了银龄族的生活，还为其提供了社交互动的机会，进一步促进了银龄族的社会参与。

（三）银龄产业发展的区域差异与产业布局

由于经济发展水平和基础设施建设等因素的影响，中国不同地区的银龄产业发展程度存在显著差异。东部沿海地区凭借其雄厚的经济基础、完善的资源配置以及较高的技术应用水平，其银龄产业的整体模式已经较为成熟[13]，能够满足银龄族日益增长的多样化需求[14]。相比之下，中西部地区的银龄产业起步较晚，但在政策支持和市场需求的推动下，这些地区正迅速跟进，取得了显著进展[12]。

以西部地区为例，2023 年西部地区 60 岁及以上人口占总人口的 16.00%，65 岁及以上人口占比为 11.60%，该地区的老龄化速度正在加快。这一趋势推动了西部地区对高品质养老、医疗保健、文化旅游和文化娱乐等服务的强烈需求[15]。随着中高收入银龄族的增多和大家消费观念的转变，西部地区对于银龄产业的需求呈现出新的增长点。在此背景下，发展区域差异化的产业布局显得尤为重要。通过促进跨区域的资源整合与合作，不仅有助于缩小城乡、区域之间的发展差距，还能为银龄产业的可持续增长提供新的动力。

西部地区的银龄康养产业正逐步发展并迎来了新的机遇。在国家及地方政府政策的扶持下，西部地区银龄康养机构的数量逐渐增加，服务质量和设施建设得到改善。例如，乡村康养生态旅游与医养融合模式在一些地方取得了阶段性成果，推动了地方经济的发展。然而，这些地区在发展过程中仍面临诸多挑战，如资金不足、专业人才短缺、服务内容单一以及管理水平不高等问题。为了应对这些挑战，西部地区应进一步加大政策支持，推动资源配置和产业创新[16]，提高服务质量，培养专业人才，并加强管理水平，确保银龄产业的健康可持续发展[17]。

三、银龄产业的研究现状

1. 银龄产业相关研究成果的发表趋势

近 10 年来（2015—2024 年），中国关于银龄产业的研究呈现逐步上升的趋势，尤其在 2020 年后显著增长，至 2024 年已达到 1000 余篇（图 3）。研究热潮的兴起与 2024 年国务院办公厅发布的《关于发展银发经济增进老年人福祉的意见》密切相关，该政策为银龄产业的理论与实践提供了明确的方向和支持，促使学术界和实务界加速关注并深入探讨相关问题。然而，尽管研究数量不断增多，当前文献仍主要集中在政策研究、产业发展等方面，但在智能养老和康养工程的技术研究方面仍显薄弱，亟须加强。

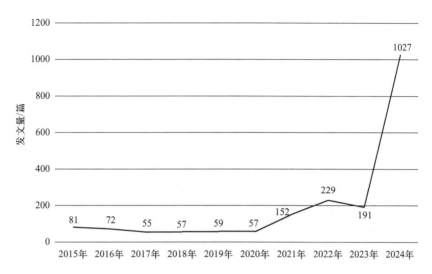

图3　知网近十年银龄产业主题文章发文量

资料来源：作者根据知网资料整理。

2. 银龄产业相关研究成果的学科分布

银龄产业研究的学科分布广泛，涵盖政治、经济、社会学、金融、信息经济等多个领域（图4）。研究重点主要集中在产业政策、社会保障、养老服务和创新应用上，但技术和工程化应用，尤其是在智能化养老和康养工程领域的深入探讨相对不足。此外，针对行业人才短缺、产业基础薄弱和消费观念保守等挑战，现有研究还未完全解决产业可持续发展的关键问题。学术界需进一步加强跨学科的协作，推动产业实践与理论创新的融合，确保银龄产业的高质量发展和技术创新持续推进。

四、问题与挑战

在银龄产业的快速发展中，仍然面临着多方面的问题和挑战，这些问题不仅影响了产业的健康发展，也制约了其在不同区域、领域的进一步拓展。为促进银龄产业的高质量发展，需从以下几个方面加以解决：

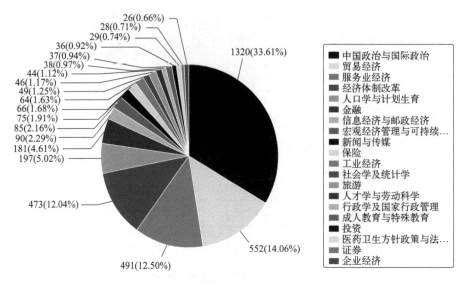

图4 银龄产业文献学科分布的整体情况

资料来源：根据知网资料整理。

1. 专业人才短缺与技能培训不足

银龄产业对专业人才的需求日益增加，尤其是在养老护理、医疗保障、智能化设备运维等方面。然而，由于行业起步较晚，人才培养体系尚未完善，专业人才缺乏，尤其是中高端人才短缺[26]。西部地区和部分偏远地区由于教育资源匮乏和从业人员社会认同感低，专业人才的吸引力不足，行业人才整体供给紧张。此外，行业人才的培训体系也存在不足，许多从业人员缺乏必要的专业培训和持续教育，无法满足银龄族多样化、个性化的需求。

2. 服务内容单一与需求供给不平衡

银龄产业虽然已经覆盖了养老服务、健康管理、文化娱乐等多个领域，但总体上，服务内容仍显单一，未能完全满足银龄族的多元化需求。尤其是在一些经济基础较弱的地区，银龄产业提供的服务往往局限于基础的生活照料，缺乏针对银龄族健康、心理、文化等综合需求的个性化服务。尤其是高龄、失能老人群体对医疗护理、康复服务等的需求越来越迫切，但现有服务体系无法满足这一需求。如何丰富服务内容，提高服务质量，成为银龄产业面临的重要挑战。

3. 技术应用落后与创新能力不足

尽管智能养老和健康管理技术被认为是银龄产业未来发展的重要推动力，但目前在技术应用方面，仍存在明显的滞后。尤其是在一些中西部地区，智能养老产品的普及程度较低，且相关技术并未得到广泛应用。现有的智能养老产品缺乏标准化，很多产品无法满足银龄族的个性化需求。此外，行业技术研发的创新能力不足，智能硬件的研发和应用仍面临着技术、资金和市场等多方面的压力，影响了银龄产业的快速发展。

4. 政策落实与地方执行力不足

尽管国家已出台了一系列支持银龄产业发展的政策文件，如《社会养老服务体系建设规划（2011—2015 年）》《老年教育发展规划（2016—2020 年）》以及《关于发展银发经济增进老年人福祉的意见》，但在地方执行过程中，政策落实的力度和效果存在较大差异。部分地区尤其是经济基础较弱的地方，由于财政资金的有限性和政府执行力的不足，存在政策执行不到位，甚至政策滞后的情况。这种不平衡的政策执行，加剧了不同地区银龄产业发展的差距，也影响了产业资源的合理配置和市场需求的高效满足。

5. 社会观念滞后与认知不足

社会整体对银龄族的认知和态度仍然停留在传统的"负担"观念。许多人仍然认为银龄族是社会福利和公共资源的"负担"，而未能充分认识到银龄族在经济活动中的潜力和贡献[27]。社会对银龄族的消费需求、文化需求和精神需求的理解仍有待深入。社会观念的滞后直接影响了银龄产业产品和服务的接受度及市场需求。

6.区域发展不平衡与市场差异

银龄产业在不同地区的发展水平差异较大，特别是东部沿海与中西部地区之间的差距十分显著。东部沿海地区凭借雄厚的经济基础、完善的技术体系和较高的市场需求，银龄产业发展相对成熟；而中西部地区由于经济发展水平较低、市场需求较弱，银龄产业发展滞后。尽管政策在一定程度上推动了西部地区银龄产业的发展，但资源配置不均、市场差异依然是制约西部地区银龄产业发展的瓶颈。如何促进区域间的资源整合、技术共享和市场对接，推动银龄产业的均衡发展，仍是亟待解决的重要问题。

7.资金短缺与融资难题

尽管银龄产业具备巨大的市场潜力，但在部分区域，特别是中西部地区，仍存在着资金短缺的问题。银龄产业投资回报周期长，市场风险相对较高，这使得很多社会资本对投资银龄产业持谨慎态度[22]。尽管国家出台了一系列扶持政策，但地方政府财政投入有限，银龄产业的基础设施建设、服务创新和技术研发等领域仍面临资金不足的困境。因此，如何吸引更多的社会资本，优化融资渠道，成为银龄产业可持续发展的关键。

五、总结与展望

随着我国人口老龄化进程的不断加速，银龄产业将迎来更为广阔的发展机遇。未来，银龄产业的发展将更加注重融合创新、智能化进步和社会资源的协同[28]。随着科技的不断发展，尤其是在人工智能、大数据和物联网等领域的突破，智能养老技术将不断完善并成为行业发展的主导力量。预计随着智能设备和智慧养老平台的普及，未来的养老服务将更加个性化、精准化，满足银龄族多样化的健康与生活需求[24]。

在政策支持和市场需求的双重推动下，银龄产业的发展格局将逐渐走向规模化、集群化和多元化。政府将进一步加大对银龄产业的政策支持力度，完善产业发展的政策体系，并推动产业间的深度融合，形成涵盖健康养老、智慧养老、老年教育、文化娱乐等多个领域的综合性产业链[28]。通过这些综合措施，未来银龄产业将不仅仅是一个单一的产业领域，而是一个完整的生态系统，能够有效解决银龄族的各类生活需求，从而创造更大的经济与社会价值。

在区域发展方面，东部地区的银龄产业将继续引领发展，而中西部地区凭借国家政策支持与日益增长的市场需求，未来有望实现追赶性发展，缩小区域差距。同时，区域内的资源共享与协同合作将成为推动银龄产业平衡发展的重要驱动力[29]。随着高龄人口结构的逐步变化，尤其是中高收入银龄族的增多，未来银龄产业将呈现出新的消费特征，推动高品质、个性化服务的广泛需求，特别是在健康护理、文化旅游、老年金融等领域的消费升级将成为市场的新亮点。

在人才培养与科技创新方面，随着养老护理和智慧养老技术的快速发展，行业将亟需更多的专业人才。未来，养老行业的从业人员将面临更高的专业要求，因此，推动人才培养机制的完善和创新型人才的引进将成为银龄产业可持续发展的关键。与此同时，银龄产业的技术创新也将不断推进，尤其是在智能化养老设施和医疗健康管理技术方面，将极大提高银龄族的生活质量和养老服务的效率。

综上所述，银龄产业未来将依托技术创新、政策支持和市场需求三大驱动力，朝着高质量、高效益的方向不断发展[30]。通过进一步优化产业结构，推动区域协调发展，强化人才培养与科技创新，银龄产业将成为经济社会发展的重要支柱，为银龄族提供更优质的生活保障，并为社会创造更多的经济和社会价值，推动国家经济的高质量发展。

参考文献

[1] 中华人民共和国民政部全国老龄办.2023 年度国家老龄事业发展公报 [EB/OL].（2024-10-12）

[2025-04-13].https://www.longnan.gov.cn/zfxxgk/public/4455549/147938821.html.

[2] 国务院办公厅.国务院办公厅关于发展银发经济增进老年人福祉的意见 [EB/OL].（2024-01-11）[2025-04-13].https://www.gov.cn/zhengce/zhengceku/202401/content_6926088.htm.

[3] 国务院办公厅.国务院办公厅关于印发社会养老服务体系建设规划（2011—2015 年）的通知 [EB/OL].（2021-12-27）[2025-04-13].https://www.gov.cn/zhengce/zhengceku/2011-12/27/content_6550.htm.

[4] 国务院办公厅.国务院办公厅关于印发老年教育发展规划（2016—2020 年）的通知 [EB/OL].（2016-10-19）[2025-04-13].https://www.gov.cn/zhengce/zhengceku/2016-10/19/content_5121344.htm.

[5] 陈友华.银发经济：概念、特点与规模 [J].人口与经济，2024（6）：6-11，24-25.

[6] 张红蕊，朱小敏.借鉴日本银发产业三维产业链理论拓宽我省养老产业融资渠道 [J].工业技术与职业教育，2018，16（1）：76-79.

[7] 刘越.国际视野下的银发经济发展及政策启示 [J].上海经济，2024（2）：22-36.

[8] 陈志超.中国康养项目的现状与发展研究 [J].低碳世界，2019，9（8）：327-328.

[9] 吕红平.智能化养老：未来养老发展的新趋势 [J].人口与健康，2020（10）：21-24.

[10] 宋佳荣.大力发展养老金融积极服务老年群体 [J].现代商业银行，2024（21）：44-47.

[11] 王峰.2025 年积极应对人口老龄化民政部门怎么干？ [N].21 世纪经济报道，2025-01-06（5）.

[12] 许文虎，张乐兮，张颜，等.发展我国银发经济面临的挑战和优化路径研究 [J].价格理论与实践，2024（11）：44-51.

[13] 陈益华.关于粤港澳大湾区视域下肇庆市老年产业供给侧改革的调研报告 [J].新西部，2023，（7）：98-101.

[14] 常时越.河北省人口老龄化及对家庭消费结构的影响——以邯郸市为例 [J].北方经贸，2023，（2）：118-121.

[15] 唐凤安.广西人口老龄化现状及对策研究 [D].南宁：广西大学，2016.

[16] 韦倩.贵州：创新手段做优养老服务 [J].当代贵州，2020（Z2）：36-37.

[17] 钟雨昕.积极应对人口老龄化，稳步推进中国式现代化 [N].江苏经济报，2024-12-27（T06）.

[18] 孙鹃娟，孙可心.中国老年人家庭新形态及居家养老领域的银发经济发展 [J].家政学刊，2024，1（3）：207-214.

[19] 刘旭.我国老年教育支持系统的建构路径 [J].理论与当代，2021（4）：23-25.

[20] 马然.文旅康养产业融合发展探赜：动因机制、价值意蕴及共生发展举措 [J].商业经济，2025（1）：45-48，153.

[21] 贾宏健，蔡继虎.做好金融"五篇大文章"推动养老金融建设——银行如何做好老年客户消费者权益保护工作 [J].当代金融家，2024（11）：140-141.

[22] 许建平.做好养老金融文章，助力甘肃银发经济健康发展 [J].甘肃金融，2024（10）：2-6.

[23] 王羽，尚婷婷.规范适老产品配置健全硬件保障体系助力养老服务标准化发展——《居家与养老机构适老产品配置要求》行业标准解读 [J].中国民政，2024（16）：47-48.

[24] 尹娜.数字赋能城市社区智慧养老的现状及优化路径 [J].智慧中国，2024（12）：82-83.

[25] 袁莉.智慧养老数据资源体系的总体架构研究 [J].情报资料工作，2025，46(1):33-39.

[26] 张春，吕晶，王琼民.养老服务人才培养困境与多元化培养策略研究——以河北省邯郸市为例 [J].河北软件职业技术学院学报，2024，26（4）：61-66.

[27] 李静.中国式现代化进程中的基本养老服务制度：生发逻辑、概念厘清与体系建构 [J].社会保

障评论，2024，8（6）：127-142.

[28] 张学娜 . 我国老年产业发展现状及对策 [J]. 家庭科技，2022（1）：43-48.

[29] 刘强，胡洪林 . 人口规模巨大的现代化：内涵、挑战与对策 [J]. 西华师范大学学报（哲学社会科学版），2024，（4）：10-20.

[30] 刘慧 . 让老年产业成为未来经济"动力产业"[N]. 中国经济时报，2021-08-04（02）.

贰

产品开发篇

HB.02

中国银龄保健品行业市场分析及发展建议

刘彩 ❶　李潇玉 ❷　郭依婷 ❸

摘要：随着人口老龄化进程的加剧和银龄族健康意识的不断提升，作为大健康产业中的重要一环，银龄保健品行业继续保持强劲的发展势头，为经济社会发展做出了较大贡献。本研究从我国银龄保健品行业发展入手，结合人口老龄化背景，系统分析我国银龄保健品的定义、分类及行业概述、行业发展环境、发展现状，列举特色品牌，综合考量发现其存在监管不足、售后不完善、虚假营销等问题，提出规范市场秩序、完善法律法规、加强市场监管等发展建议，以期为我国银龄保健品行业的发展提供借鉴和参考。

关键词：银龄；保健品行业；市场分析

一、我国银龄保健品行业发展背景

（一）老龄化背景

关于老龄化，当一个国家或地区 60 岁以上老年人口占人口总数的

---

❶ 刘彩，管理学博士，天津中医药大学管理学院教授，研究方向：老年健康政策。
❷ 李潇玉，天津中医药大学管理学院研究生，研究方向：老年消费心理。
❸ 郭依婷，天津中医药大学管理学院研究生，研究方向：医疗服务机构管理。

10%，或 65 岁以上老年人口占人口总数的 7%，即认为这个国家或地区的人口处于老龄化。社会学中，高龄化是指年龄在 80 岁以上的老人群体占全体老人（大于 60 岁或 65 岁）的比例趋于上升的过程。从老龄化程度看，2000 年，我国 65 岁及以上人口占比超过 7%，开始进入老龄化社会；2021年，65 岁及以上人口占比超过 14%，开始进入中度老龄化社会。根据民政部发布的《2023 年民政事业发展统计公报》数据，截至 2023 年底，全国60 周岁及以上高龄人口 29697 万人，占比 21.1%，其中 65 周岁及以上人口 21676 万人，占比 15.4%（图 1）。到 2050 年前后，我国老龄人口规模和比重、银龄抚养比和社会抚养比将相继达到峰值[1]。伴随我国老龄化程度的不断深化，2022 年政府工作报告提出："积极应对人口老龄化，加快构建居家社区机构相协调、医养康养相结合的养老服务体系。优化城乡养老服务供给，支持社会力量提供日间照料、助餐助洁、康复护理等服务，稳步推进长期护理保险制度试点，鼓励发展农村互助式养老服务，创新发展老年教育，推动老龄事业和产业高质量发展。"积极应对人口老龄化已上升为国家战略。党的二十大报告强调："实施积极应对人口老龄化国家战略，发展养老事业和养老产业，优化孤寡老人服务，推动实现全体老年人享有基本养老服务。"随着医疗进步和经济发展，银龄群体健康需求增长，更倾向于购买保健品以强身健体，这一现象促进了银龄保健品行业的蓬勃发展。

（二）银龄保健品定义及分类

1. 银龄保健品定义

我国保健品分为四大类：保健食品、保健药品、保健化妆品、保健用品，其中保健食品居多，所以通常把保健品称为保健食品[2]。2005 年，我国开始施行《保健食品注册管理办法（试行）》，其中将保健食品定义为：声称具有特定保健功能或者以补充维生素、矿物质为目的的食品。其专为特定人群设计，旨在调节身体机能，而非用于治疗疾病。在食用后不会对人体造成任何急性、亚急性或慢性的健康危害[3]。银龄保健品专为银龄群体设计，具有保健功能，辅助合理营养。特点包括：①低热、低脂、低盐、低糖、高蛋白、高纤维，适合银龄群体生理特点；②清淡、易嚼烂、易消化且多样化，适应银龄群体的饮食习惯[4]。

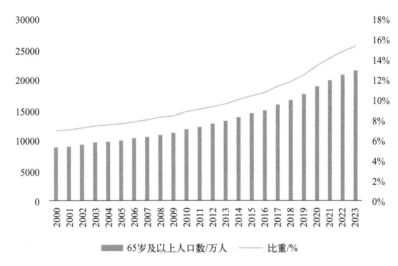

图 1　2000—2023 年我国 65 岁及以上人口数及占比

数据来源：国家统计局 2000—2023 年数据。

2. 银龄保健品分类

学者从不同的角度对银龄保健品进行分类，具体如表 1 所示。

表 1　银龄保健品的分类

分类依据	类别	具体含义
成分及使用目的	营养补充品	主要提供维生素、矿物质等，弥补日常饮食营养不足
	功能保健品	有增强免疫、改善睡眠等保健功能，旨在帮助银龄群体改善健康状况
	传统滋补品	中药材制成的保健品广泛用于中医养生与治疗，旨在调理身体、增强体质、延缓衰老

续表

分类依据	类别	具体含义
功效	防治心血管疾病保健品	含降胆固醇成分，降低心血管风险，维护心脏健康，如深海鱼油、葡萄籽提取物等
	防癌和抗癌保健品	大型食用菌的活性多糖通过活化巨噬细胞和刺激抗体产生，可提高免疫力，抵抗肿瘤
	防治脑部疾病保健品	必需脂肪酸可改善记忆力，帮助预防银龄群体出现痴呆
	防治糖尿病保健品	高纤维膳食含降血糖多糖，改善糖尿病的效果显著
	防治衰老保健品	添加自由基清除剂可减少自由基，延缓衰老
	预防骨质疏松保健品	通过添加钙剂、维生素 D、骨胶原等成分帮助预防和改善骨质疏松
作用	功能性保健品	强化或降低食品中的营养素，适应银龄群体的生理及疾病需求
	适应性保健品	适应银龄群体消化，常用冷冻、干燥等工艺制成糊、泥或酱状
	康复性保健品	研制银龄群体康复期协同食品，如低糖食品，辅助药物治疗
	滋补性保健品	食品中添加天然滋补品，如人参、枸杞子等，调节人体机能

（三）银龄保健品行业概述

我国银龄保健品行业兴起于 1978 年，共经历了缓慢起步、快速发展、行业调整、高速发展四个阶段。

1. 缓慢起步阶段（1978—1992 年）

改革开放后，中国经济发展，人民生活水平提高。在解决温饱的基础上，银龄健康意识觉醒，保健品需求增长，促进了银龄保健品行业的发展。1984 年，中国保健食品协会的成立，规范了保健品行业的发展。1987—1992 年，杭州保灵、太阳神等企业相继推出银龄保健品，拉开银龄保健品行业的序幕。

2. 快速发展阶段（1993—2000 年）

1993 年，巨人集团开发的"脑黄金"促进了保健品行业的发展。1995—1996 年。《中华人民共和国食品卫生法》（2009 年废止）和《保健食品管理办法》相继颁布，银龄保健品行业不断规范化。1997 年，上海黄金搭档生物科技有限公司推出银龄保健品"脑白金"，并在 2000 年以 8.0 亿元的销售收入，获得银龄群体的青睐，银龄保健品行业市场更为广阔。

3. 行业调整阶段（2001—2013 年）

2005 年，《保健食品注册管理办法》《保健食品广告审查暂行规定》开始施行，分别从注册和广告两方面规范银龄保健品行业的发展。2009 年通过的《中华人民共和国食品安全法》明确要求国家对声称具有特定保健功能的食品实行严格监管，该阶段银龄保健品行业管理趋于严格。

4. 高速发展阶段（2014 年至今）

2014 年起，随着《国民营养计划（2017—2030 年）》《"健康中国 2030"规划纲要》等文件的相继出台，"健康中国"上升至国家战略，同时我国人口老龄化程度不断加深，银龄群体的健康需求高涨，银龄保健品的需求持续增加，银龄保健品行业进入高速发展阶段。

二、我国银龄保健品行业发展环境

以下从政策、经济、社会、人才四个方面分析银龄保健品行业的发展环境。

1. 政策环境

2011 年 12 月，国家发展改革委、工业和信息化部联合发布了《食品工业"十二五"发展规划》，首次将"营养与保健食品制造业"列入国家层面发展规划 [5]。自 2012 年起，多部门如国家市场监督管理总局等发布了保健品相关政策（表 2），旨在支持、指导和规范其发展。《"十四五"国民健康规划》强调发展健康管理、智能康复器具等新型健康产品，为银龄保健品产业带来良好机遇。

表 2　我国银龄保健品行业政策汇总

发文时间	政策名称	相关内容
2012 年 3 月	《保健食品命名指南》	保健品命名禁用虚假夸大、明确或暗示治疗词、人名地名及人体组织器官词
2013 年 9 月	《保健食品委托生产管理规定》	保健食品名禁加额外商标或商品名，严禁贴牌生产、经营、进口保健食品，一个批准文号仅限一个产品
2015 年 4 月	《中华人民共和国食品安全法》	保健食品声称保健功能，应当具有科学依据，不得对人体产生急性、亚急性或者慢性危害；使用保健食品原料目录以外原料的保健食品和首次进口的保健食品应当经国务院食品药品监督管理部门注册
2016 年 7 月	《保健食品注册与备案管理办法》	调整保健食品上市管理，优化注册程序，强化注册证书管理，明确备案要求，严管命名，加大对违法注册备案行为的处罚
2017 年 1 月	《关于促进食品工业健康发展的指导意见》	推进食品健康评价，发展幼儿、老年等功能性食品，支持养生保健食品研发，如功能性蛋白、益生菌等，并示范应用
2017 年 6 月	《国民营养计划（2017—2030 年）》	利用特色农产品，发展针对需求的保健食品及新型健康食品。加强产业指导，规范市场，促健康发展
2018 年 9 月	《关于防范保健食品功能声称虚假宣传的消费提示》	帮助广大消费者理性识别选购保健品
2019 年 5 月	《中共中央 国务院关于深化改革加强食品安全工作的意见》	整治保健食品行业，严打欺诈、虚假宣传及广告，加强执法，查处非法销售，完善标准和标签管理
2019 年 11 月	《保健食品命名指南（2019 年版）》	保健食品名称不得涉及疾病预防、治疗功能，不得误导、欺骗消费者，通用名禁虚假夸大及人体组织词，禁指定人群。同一企业不得使用同一配方注册或者备案不同名称的保健食品；不得使用同一名称注册或者备案不同配方的保健食品
2020 年 1 月	《保健食品标注警示用语指南》	保健食品专为特定人群设计，非治疗用途。标注警示语旨在助消费者区分保健食品与食品、药品，引导理性消费
2020 年 3 月	《药品、医疗器械、保健食品、特殊医学用途配方食品广告审查管理暂行办法》	保健食品广告须依注册或备案内容为准，不得涉及疾病预防、治疗功能。涉及保健功能、产品功效成分、适宜人群等，不得超注册或备案范围
2021 年 3 月	《保健食品原料目录 营养素补充剂（2020 年版）》	对最新保健食品原料种类进行规定
2021 年 12 月	《国务院关于印发计量发展规划（2021—2035 年）的通知》	加速医疗健康计量服务体系建设，覆盖疾病防控至营养保健等领域
2022 年 2 月	《"十四五"国家老龄事业发展和养老服务体系规划》	养老服务持续扩大，银龄健康体系更完善，多业态创新融合，保障能力增强，社会环境更适老
2022 年 4 月	《"十四五"国民健康规划》	针对健康与养老需求，发展新品如健康管理、智能康复等，推动 AI 与智能机器人技术，推广康复辅助器具与智慧老龄化技术

续表

发文时间	政策名称	相关内容
2022 年 9 月	《关于进一步加强商品过度包装治理的通知》	针对关键时节、行业及企业，重点查处月饼、粽子、保健食品等商品的过度包装违法行为，特别是隐蔽性案件
2023 年 2 月	《中医药振兴发展重大工程实施方案》	发挥中医药整体医学优势，提供融预防保健、疾病治疗和康复于一体的中医药健康服务。 巩固中医医疗保健、教育培训等传统服务贸易优势，发展"互联网＋中医药贸易"

2. 经济环境

《中国统计年鉴（2023）》数据显示，2023 年，全年国内生产总值（GDP）为 1260582 亿元，同比增长 5.2%（图 2）。根据《中华人民共和国2023 年国民经济和社会发展统计公报》，其中，第一产业增加值 89755 亿元，比上年增长 4.1%；第二产业增加值 482589 亿元，增长 4.7%；第三产业增加值 688238 亿元，增长 5.8%。国民经济回升向好，高质量稳步发展。随着 GDP 增长，居民收入和生活质量提高，银龄消费能力提升，推动了银龄保健品市场的快速发展。

图 2 2016—2023 年国内生产总值及增长速度

居民人均可支配收入的增长可为银龄保健品消费提供经济基础。2023年国家统计局发布的数据情况表明，全国居民人均可支配收入 39218 元，比上年增长 6.3%。同时人均医疗保健支出为 2460 元，比 2022 年增长 16%（图 3）。

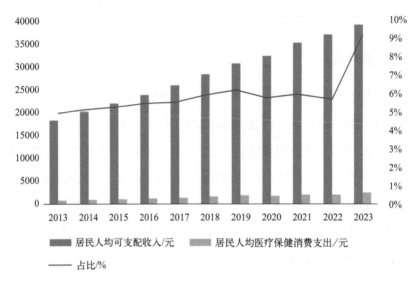

图3　2013—2023 年中国居民人均可支配收入与医疗保健消费

3. 社会环境

（1）老龄化进程加剧的事实

随着社会经济的发展和医疗水平的不断提高，人口寿命不断延长，如前所述，老龄、高龄人口不断增加。根据中国保健协会数据显示，老龄、高龄消费者占保健品消费的 50% 以上，且预测比重将不断提高。银龄保健品的潜在消费群体不断扩大。

（2）健康需求的提升

随着社会发展和人均可支配收入的提高，不管是子女还是银龄群体本身都更加关注自身健康状况，健康意识及需求不断提高，通过购买保健品来维持健康、延缓衰老、增强体质。

（3）国家政策的支持

中共中央在 2016 年发布的《"健康中国 2030"规划纲要》表明国家对"健康中国"的重视。《纲要》表明：到 2030 年，人民健康水平持续提升，健康产业规模显著扩大，健康服务业总规模达到 16 万亿元，成为国民经济支柱性产业。保健品助力银龄健康，银龄保健品行业市场前景向好。

4. 人才环境

人才资源是我国银龄保健品行业发展的重要驱动力量。2022 年国家颁布政策《"十四五"国民健康规划》与《"十四五"中医药发展规划》强调健康促进，鼓励研发中医药新型健康产品，促进中医药与保健食品融合。我国中医药历史悠久，养生观念深厚，且受政府财政与政策支持。2024 年，中药学类专业招生增至 1.8 万余人，增长率为 11.8%，其中中药学专业招生最多。高校完善中医药课程体系，增设硕士、博士点，培养高层次人才。根据国家卫生健康委发布的《2023 年我国卫生健康事业发展统计公报》，2023 年，全国中医药卫生人员总数达到 104.5 万人，比上年增加了 12.6 万人（增长率为 13.8%）。其中，中医类别执业（助理）医师 86.8 万人，中药师（士）16.1 万人（表 3、表 4）。中医药专业为银龄保健品行业的发展提供了强大的人才优势。

表 3　全国中医药人员数

类别	2022 年人数 / 万人	2023 年人数 / 万人
中医药人员总数	91.9	104.5
中医类别执业（助理）医师	76.4	86.8
见习中医师	1.6	1.6
中药师（士）	13.9	16.1

表 4　中医药人员占同类人员总数的比例

类别	2022 年比例 /%	2023 年比例 /%
中医类别执业（助理）医师	17.2	18.2
见习中医师	8.8	9.2
中药师（士）	26.2	28.3

三、我国银龄保健品行业发展基本状况

（一）我国保健品产业的产业链及商业模式

1. 产业链

产业链属于产业经济学范畴，是产业间基于技术经济关联形成的链条式关系形态 [6]。

银龄保健品行业结构主要分为上游、中游及下游三部分。

上游主要包括提供银龄保健品生产原料的供应商，如动植物提取物、化学制品、中草药、维生素及矿物质等，这些原材料的质量直接影响产品质地与安全。

中游是生产商，它们利用上游提供的原材料进行加工生产，制造出各种具有特定保健功能的银龄保健品。这一环节涵盖生产过程中的质量控制、卫生管理、安全检测等多个方面，旨在确保产品的质量与效能。

下游为销售渠道，分为线上与线下两类。线上渠道涵盖电商平台（如天猫、京东等）及社交媒体（如抖音、快手等），而线下渠道则包含超市、医疗机构、药店及品牌直营店等。

2. 商业模式

商业模式是企业或组织为市场运作而制定的战略规划，旨在创造价值，通过渠道提供给顾客并获取收益 [7]。老年保健品的商业模式主要包括采购模式、生产模式和销售模式。

采购模式为自主采购原材料。

生产模式采用"以销定产"的模式，主要分为自主生产与合同生产两种。自主生产基于市场调研、消费者需求及新技术应用，自研配方、申报批文、根据企业持有的相关批文及配方进行生产。合同生产则依据委托方的保健食品批准证书、普通营养食品标准或配方进行生产。

销售模式分为合同与自主品牌两种。合同模式下，企业为品牌运营商提供全方位支持，涵盖开发、生产和技术服务，主要面向国内外品牌客户，提供从市场调研到成品生产的完整服务；自主品牌模式下，产品通过实体渠道如经销商、药店及线上平台如天猫、京东面向市场。

（二）我国银龄保健品行业规模现状

共研网数据显示，2022 年我国银龄保健品市场规模达 1410.9 亿元，2023 年超过 1600 亿元（图 4）。国内银龄保健品市场品牌众多，包括汤臣倍健、同仁堂等国产品牌，以及 Swisse（斯维诗）等国外品牌。各品牌间竞争激烈，不断通过产品升级和营销创新提升市场竞争力，以争取到更多市场份额。

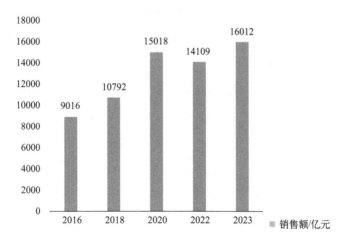

图 4　2016—2023 年我国银龄保健品市场规模（销售额）

（三）我国银龄保健品行业区域分布及实力对比

1. 我国保健品行业区域分布

根据中国企查猫的数据，截至 2023 年 5 月 15 日，中国保健品行业注册企业超过 6.3 万家。其中，2022 年新注册企业数量创历史新高，达 6172 家；且主要集中分布在东部地区，尤其是华南和华东地区。截至 2023 年 5 月 15 日，广东共有保健品存续 / 在业企业 5358 家，山东则有 4711 家；截至 2022 年，沿海地区，如辽宁（872 家）、江苏（834 家）、浙江（565 家）、福建（700 家）、海南（784 家）等保健品企业发展较好。原因主要是雄厚的人口基础、经济发达，以及居民保健品消费意识较强。

2. 华南地区与华东地区实力对比

经济实力方面，华东地区包括上海、江苏、浙江、安徽、福建、江西、山东、台湾七省一市，总面积约占全国的 8.7%，人口约占全国总人口的 30%。华东地区是我国经济最发达、综合实力最强的地区之一，其 GDP 总量在 2024 年前三季度达到了 36.8 万亿元，占全国 GDP 的比重远超三分之一，其中，上海市是我国的经济中心。华南地区包括广东、广西、海南三省区，以及香港、澳门两个特别行政区，粤港澳大湾区 2023 年的经济总量预估超过 13.6 万亿元，经济总量虽然不及华东地区，但也显示出强劲势头。

地区企业分布方面，据 2021 年互联网周刊数据显示，我国前十大保健品企业（排名不分先后）分别是汤臣倍健、无限极、安利、东阿阿胶、同仁堂、斯维诗、完美、养生堂、斯利安、钙尔奇。华东地区则以山东为代表；华南地区企业众多且品牌影响力大，以广东为代表（表 5）。

表5 华东地区与华南地区保健品行业分布

	华东地区		华南地区
养生堂	产品线涵盖多种维生素、矿物质等营养补充剂，特定银龄保健品	汤臣倍健	专注于蛋白质、维生素、矿物质等膳食补充剂产品的研发、生产和销售
胡庆余堂	中药企业，涉足中药保健品领域	无限极	中草药健康产品研发、生产及销售
南京同仁堂	针对银龄群体设计保健品	安利	跨国企业，产品线包括营养保健品、个人护理产品等多个领域
上海交大昂立	专注于生物科技领域	桂林三金药业	提供多种银龄保健品
浙江康恩贝	集药材种植、提取、研发、生产、销售于一体的大型医药上市企业	海南亚洲制药	设计银龄保健品
江中药业	该企业是集种植、养殖、研发、产销中成药、保健品、中药材于一体的综合性企业，保健品业务规模较大	海南椰岛	以天然植物资源为原料，集研发、生产、销售于一体
和黄药业	综合性制药企业，银龄保健品丰富	广西金嗓子	推出银龄保健品，满足市场需求

（四）银龄保健品主要购买类别及影响因素、主要购买渠道

1. 购买类别

截至2023年，按大品类划分，银龄保健品购买类别主要集中于肽与蛋白质类（27%）、功能性油脂类（25%），其次是矿物质类（17%），多糖类（10%）与维生素类（10%）。从细分品类来看，购买类别主要集中于钙片（交易额最高，占比16.9%）、奶粉（16.7%）、鱼油（15%），其次蛋白质、营养粉、维生素、鱼肝油等品类交易额也较高（图5）。银龄群体的保健需求以补维生素和钙类最广，其次是护眼、免疫调节、护关节等（图6）。

2. 影响因素

银龄保健品购买受到多重因素影响。购买保健品时，产品功效，如增强免疫力、改善睡眠等，是银龄群体首要关注点。同时，品牌知名度对银龄群体购买决策影响较大，如汤臣倍健、同仁堂等品牌的保健品认可度较高。然而，银龄群体与销售方过多互动可能导致消极影响，如虚假宣传。此外，

医疗保障、经济状况、与子女联系频率及消费观念均为重要影响因素[8]。银龄群体的经济状况决定了其在保健品方面的消费能力。经济条件较好的银龄群体更倾向于购买高价优质保健品，且子女推荐也会增加购买可能性。银龄群体保健品购买的心理因素如对健康长寿的重视、社会角色的改变、社会交往的减少而产生的孤独感、面子心理、从众心理等也愈发重要[9]。

2023年老年保健品购买类别占比/%

2023年老年保健品购买类别占比/%

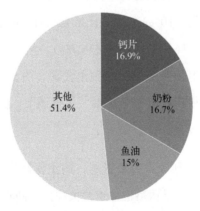

图5　2023年银龄保健品不同购买类别占比

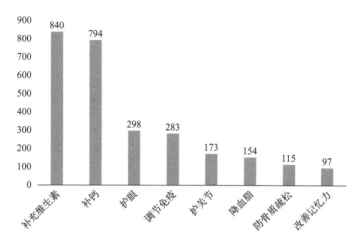

图 6 2023 年不同功效银龄保健品交易指数

注：交易指数是用于衡量某一商品或服务在特定市场中的交易活跃度、市场规模及消费趋势的量化指标。它通常基于销售额、成交量、搜索热度等数据构建。

3.购买渠道

银龄族购买保健品的渠道主要分为线上渠道和线下渠道，线上渠道主要通过各大电商平台线上支付，线下渠道则分为超市、正规药店、品牌店直销等方式进行。截至 2021 年底，中国 56% 的银龄群体通过药店购买保健品，而通过线上渠道购买者比例为 24%，通过直销和商场超市购买到保健品的银龄群体均占 8%。随着互联网的发展，越来越多的银龄群体开始尝试线上购买保健品。

四、中国银龄保健品行业特色品牌

银龄保健品行业竞争较为激烈，市场主要分为传统保健品品牌，如汤臣倍健、盖中盖等；药企品牌，如脑白金、修正药业等；进口品牌如斯维诗等三大类，下面着重介绍两大企业。

（一）汤臣倍健

1. 企业概述

汤臣倍健于 1995 年创立，2002 年引领膳食营养补充剂进入中国非直销市场。2010 年 12 月，公司在深圳上市，迅速崛起成为中国膳食补充剂行业的标杆。欧睿数据显示，至 2020 年，汤臣倍健以 10.3% 的市场份额位居中国该行业首位，并逐步迈向全球领先地位。

汤臣倍健发布的 2023 年年报显示，2023 年汤臣倍健实现营业收入 94.07 亿元，较上年同期增长 19.66%，归属于上市公司股东净利润 17.46 亿元，较上年同期增长 26.01%（图 7）。

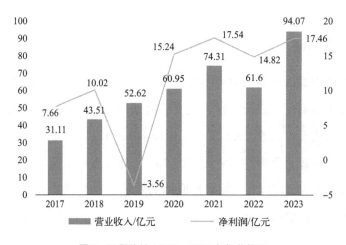

图 7　汤臣倍健 2017—2023 年经营状况

2. 发展策略

自 2020 年起，公司实施核心战略，以"四大单品＋两大形象品＋明星产品"为支撑，主打蛋白粉（含维生素、钙类），深受银龄群体欢迎，年销售额超 20 亿元。针对关节健康，推出"健力多"氨糖系列。2023 年成立健力多事业部，期待线下市场复苏。益生菌领域增长迅速，2023 年收入达 9.89 亿元，增长 23.16%。此外，公司还涉足眼部、肝脏、心脑血管健康领域，推出"健视佳""健安适""舒百宁"等品牌，正处于成长期。电商方面，自 2017 年起实施品牌化战略，布局天猫、京东等平台，2022 年起加速直营化改革，拓展抖音等新兴渠道，2023 年抖音增速超 100%。至 2023 年，公司连续四年蝉联天猫、京东 618 销售额冠军，片剂和胶囊最受欢迎分别占 39.7% 和 27.5%，粉剂和其他剂型占 19.7% 和 13%。

（二）仙乐健康

1. 企业概述

仙乐健康科技股份有限公司是营养保健食品领域一家集研发、生产、销售、技术服务于一体的综合服务提供商。公司产品涵盖氨糖、钙产品、维生素矿物质、辅酶 Q10 及植物提取物系列。

公司营收规模持续增长，数据显示，公司营收从 2017 年的 13.3 亿元增长至 2024 年的 30.28 亿元，同比增长 21.80%。前三季度净利润为 2.4 亿元，同比增长 29.52%（图 8）。这主要受益于公司积极抓住全球营养健康食品行业稳步增长、市场需求增加的契机，加大境外业务开拓力度。

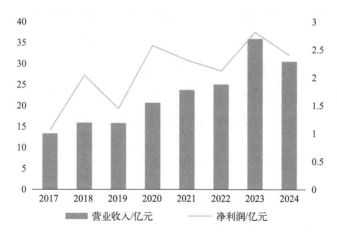

图 8　仙乐健康 2017—2014 年经营状况

2. 发展策略

仙乐健康前身为药企广东仙乐制药有限公司，拥有 30 年研发积淀，汇聚 337 名研发人员，含 14 名博士和 71 名硕士，团队规模与质量居业界前列。2023 年，公司研发投入达 1.10 亿元，占营收的 3.1%。公司与华南理工大学、广东药科大学、汕头大学等高校合作紧密，并于 2023 年成为唯一参与中国农业大学、北京大学等 9 所高校合作的"十四五"国家重点研发项目的企业，共探营养食品新领域。

公司拥有全剂型开发能力，主要产品形态有软胶囊（44.68%）、营养软糖（24.41%）、饮品（7.03%）等核心剂型，片剂（7.12%）、粉剂（7.13%）、硬胶囊（4.91%）等基础剂型以及新剂型，可满足消费者多元化需求。公司的主要销售模式为合同研发生产模式（CDMO），致力于为客户提供从产品定位到营销支持的全产业链条一站式服务。

五、中国银龄保健品行业存在的问题及发展建议

（一）存在的问题

1. 银龄保健品行业的消费陷阱

生产商利用较为宽松的政策、较低的市场门槛和可观的利润空间非法添加不实原料，其成分可能对银龄群体的身体健康造成威胁。一些不法商家和推销员，瞄准银龄群体对健康需求的迫切性、信息获取的匮乏性、信息认知的不全面性以及从众心理等，针对银龄群体进行恶意营销、虚假宣传、欺诈销售[10]。给银龄群体带来经济、身心的双重打击。

2. 保健品行业"不实"的营销策略

通过"免费"体检、诱惑性的"专业术语"、群体效应引导等手段针对性地引导银龄群体消费。把握银龄群体的需求特征，利用"养生保健"

口号的心理诱导吸引银龄购买保健产品[11]。部分保健食品公司通过上门推销、赠送小额礼品、举办"健康讲座""义诊"等，对银龄群体进行营销。销售者还会从一些熟知成分入手，夸大产品功效、扩大宣传治疗效果，将保健品与药品在某些概念上混为一谈，导致银龄群体难以辨别[12]。

3. 售后服务不完善，消费维权难度较大

部分保健食品经销商流动性较强，经营场所不固定，导致维权取证难度较大；其次服务效率低下，在售后服务的过程中，往往存在推诿、拖延等问题，同时可能态度冷漠、不耐烦，甚至存在侮辱、谩骂消费者，导致问题无法有效解决。加之银龄群体行动不便，维权意识和能力相对较弱，维权成本高，银龄群体的消费者权益严重受损。

4. 行业监管不足，行业恶性竞争严重

监管力度不够，保健品行业的监管涉及多个部门，如市场监管、卫生健康等，部门之间的协调配合不够顺畅，导致监管存在漏洞。一些不法商家趁机钻空子，从事违法违规的经营活动。法规标准不完善，虽然我国已出台一些保健品相关法律、法规，但在一些方面还不够完善。同时恶性竞争严重，企业盲目跟随，保健品市场趋于饱和，产品同质化严重，银龄群体的信任感下降[13]。

（二）发展建议

1. 规范市场秩序，完善法律法规和标准体系

制定保健食品的质量和安全标准，确保产品的安全性和有效性。加强对保健品价格的监管，打击价格欺诈、价格垄断等行为。建立合理的价格机制，引导企业根据产品的成本、质量和市场需求合理定价。针对市场中出现的新问题和新情况，及时制定完善的相关法律法规，严格执法，加

大对违法行为的查处力度，确保法律法规得到有效执行，维护市场公平正义。

2. 加强市场准入和监管

为强化保健食品市场的监管效能，国家需加大执法力度，严厉惩处侵犯银龄消费者合法权益的违法行为。同时，要广泛普及相关法律法规及科学使用知识，营造更为健康、规范的市场环境。切实保护消费者的合法权益，为银龄消费群体构建起坚实的安全消费屏障[14]。提高市场准入门槛，严格审查保健食品的生产、销售资质。进一步明确各部门监管职责，加强部门协调，形成监管合力。

3. 树立品牌形象，完善售后服务

保健品企业需明确自身市场定位，对产品质量严格把关，赋予企业独特的企业文化，建立品牌形象。进一步完善售后服务，根据消费者的具体需求，提供定制的个性化解决方案，提高客户的产品满意度。主动收集消费者反馈，定期评估售后服务，及时调整服务策略，并对相关销售人员进行定期培训。

4. 加强宣传教育，筑牢家庭防线

为提升银龄群体对保健品相关信息和消费理念的认识，应当积极引导他们树立正确的保健观念，并加大对保健养生知识的宣传力度，确保银龄群体能够获取准确、科学的养生保健信息。此外，增强银龄群体对保健产品的辨识能力和自我防范意识。家人的陪伴与理解至关重要，子女应关注银龄群体的情绪变化，给予情绪关怀与帮助，保持适度的沟通交流，营造和谐健康的家庭氛围，提升银龄群体的幸福感。

参考文献

[1] 国家卫生健康委宣传司.国家卫生健康委员会 2022 年 9 月 20 日新闻发布会文字实录 [EB/OL].(2022-09-20)[2025-03-28].http://www.nhc.gov.cn/xcs/s3574/202209/ee4dc20368b440a49d270a228f5b0ac1.shtml.

[2] 薛媛媛.需求与补偿:城市老年人保健品消费行为研究 [D].上海:华东师范大学,2021.

[3] 何俊.老年人保健品消费陷阱的个案社会工作干预研究 [D].重庆:西南大学,2020.

[4] 刘哲.疗养院常见老年病的饮食疗法与饮食营养 [J].大家健康(学术版),2014,8(19):307.

[5] 碧禾.营养与保健食品产业冲刺万亿规模——营养与保健食品产业"十二五"规划解读 [J].农产品加工,2012,11.

[6] 闫鑫.金达威布局保健品产业链的资本运作效果研究 [D].沈阳:沈阳工业大学,2020.

[7] 索强,陈志业.智慧广电养老产业应用的商业模式探究 [J].广播电视网络,2024,31(10):40-44.

[8] 林小力,仇依宸,蔡泽莹.老龄化背景下城市老年群体消费现状及影响因素研究——以保健品消费为例 [J].商展经济,2023(5):91-94.

[9] 庄炯梅.我国老年人热衷保健品消费的社会心理学分析 [J].学理论,2014(35):44-46.

[10] 郑翔,郭佳.老龄健康产业发展的基础权利保障研究——以老年保健品消费者权益保护为例 [C]/中国老年学和老年医学学会.新时代积极应对人口老龄化研究文集·2022.北京:华龄出版社,2022:7.

[11] 吴若欣,孔刘辉.保健品营销策略对老年群体消费的影响——基于滁州市的调查 [J].现代交际,2020,(24):228-230.

[12] 沈静.老年群体保健品消费权益保护的反悔权研究 [D].上海:华东政法大学,2021.

[13] 冯煜.我国老年保健品市场现状及营销策略研究 [J].纳税,2018,12(31):222.

[14] 高峰,王平玉.密山市加强保健品市场监管守住老年人的钱袋子 [J].中国价格监管与反垄断,2024(4):81.

HB.03

中国银龄食品产业发展报告

王晓岑 ❶　　陈世鹏 ❷

摘要： 随着中国人口老龄化进程的加速，银龄食品产业迎来了前所未有的发展机遇。银龄族人口数量的持续增长和健康意识的提升，使其食品市场需求显著增加。本报告运用文献研究、行业访谈等方法，揭示了该食品产业在满足银龄族特殊营养需求、应对人口老龄化挑战方面的重要作用。根据调研结果发现，银龄族选择食品的需求主要集中在增强免疫力、延缓衰老、控制慢性病等方面，消费特点则表现为对食品安全性、营养价值和易消化吸收等方面有较高要求。本报告提出国家政策导向是银龄食品产业良好发展的基本保障，规模化、标准化、集群化、品牌化发展是银龄食品产业继续保持快速增长态势的根本规律。同时，随着消费者需求的多样化，个性化、定制化的银龄食品也将成为市场的新趋势。展望未来，技术创新、诚信销售、专业服务将成为推动产业升级的三驾马车。

关键词： 中国；银龄；食品；品牌；个性

❶ 王晓岑，食品安全博士，三亚学院健康产业管理学院产教融合办公室主任，研究方向：食品安全与环境化学。
❷ 陈世鹏，浙江金瑞薄膜材料有限公司品管中心经理，研究方向：食品和药品质量管理、体系管理。

一、中国老龄人口发展现状

人口的老龄化是影响国家经济和社会发展的关键因素。据中国国家统计局最新数据显示，从 2000 年底至 2023 年底，中国 65 岁及以上人口数量从 8811 万增至 2.17 亿，23 年间净增 1.29 亿，年均增长率达到 3.99%[1]。目前，中国老龄人口的数量占全世界 65 岁以上人口的 24.48%，接下来分别是印度、欧盟、美国和日本。以上国家和地区 65 岁以上人口数量占全世界高龄人口的比重达到了 61.73%（图 1）。

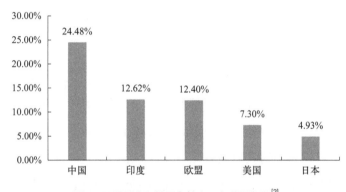

图 1　不同国家和地区老龄人口占世界比重[2]

二、银龄经济发展趋势

目前，中国银龄经济的规模是 9.30 万亿元，占全国 GDP 的比重为 6%，到 2035 年将达到 31.00 万亿元，这个规模有望弥补后房地产时代的缺口。中国人民银行发布的《2019 年中国城镇居民的家庭资产负债情况调查》显示，中国 65 岁以上人群的家庭总资产达到了 296.21 万亿元，他们更有财富和能力来进行消费。所以，随着传统消费需求的转变，银龄族的消费需求向多元化、高质量、健康化、定制化、便捷化发展，逐渐形成生理需求、健康需求、情感需求和自我实现满足的新需求。新一代银龄族对医疗保健、健康管理、养生养护产品等需求旺盛，他们关注身心健康，愿意为高品质的健康服务和产品付费。随着智能手机和互联网的普及，银龄族对线上购物、移动支付、社交平台等数字化消费方式越来越接受并熟悉。随着中国人口老龄化进程的加速，银龄食品产业作为应对老龄化、高龄化社会需求的重要领域，正逐渐引起广泛关注[3]。

三、中国银龄食品产业的现状及发展趋势

《"健康中国 2030"规划纲要》指出，"建立健全居民营养监测制度，对重点区域、重点人群实施营养干预，重点解决微量营养素缺乏、部分人群油脂等高热能食物摄入过多等问题，逐步解决居民营养不足与过剩并存问题。实施临床营养干预。加强对学校、幼儿园、养老机构等营养健康工作的指导"。随着纲要的深化落实，在医疗机构、街道社区、养老机构和互联网平台的广泛宣传下，银龄族对常见慢性病和感染性疾病等健康知识的了解不断加深，主动保健意识显著提升，通过食养食疗防治疾病的健康需求显著增加。有的放矢地发展银龄食品产业，优化银龄族需求和市场供给的关系，是国家面对人口高龄化的战略需求，也是全面建设小康社会实现让所有银龄族都能有一个幸福美满晚年的重要内容。面对年复一年迅速增长的老龄、高龄人口数量，宣传、生产、销售符合银龄族健康需求的食品，对银龄食品产业来说既是机遇又是挑战。

2019 年 12 月 27 日，国家统计局颁布了《养老产业统计分类（2020）》（国家统计局令 30 号），其中明确规定了银龄食品制造和销售在国民经济中的行业位置，这充分说明国家对银龄食品产业的重视，这将会产生更多的就业岗位，会有越来越多的从业人员加入其中[4]。《中华人民共和国食品安全法》中对一般食品和特殊食品进行了区分，根据第七十四条，特殊食品被明确分为三类：保健食品、特殊医学用途配方食品（特医食品）和婴幼儿配方食品。因此，银龄族的食品包括一般食品、保健食品及特医食品。

（一）银龄族一般食品的现状及发展趋势

营养状况和饮食习惯是个人一生中的重要话题，对健康和衰老速度有着深远的影响。适当的饮食不仅与银龄族的生活质量有关，还可以预防疾病、延缓病程，帮助银龄族达到其最长的寿命。为了缓解人口老龄化、高龄化带来的冲击，协助银龄族成功适应晚年生活，营养相关的福利政策在健康促进活动中起着不可或缺的作用。银龄族对健康食品的需求往往与保持身体健康、预防疾病、改善生活质量等方面紧密相关。一般食品是指供人类食用或饮用的物质，包括加工食品、半成品和未加工食品。适用于银龄族的一般食品种类与中年人一致，需要注意的是合理搭配，使总能量、蛋白质、矿物质、维生素、水分等供给充分，以达到平衡膳食的要求。

饮食的质与量可影响银龄族的健康与寿命，银龄族特殊的生理特点决定了他们对饮食营养有特殊的需求。通过对银龄族饮食的特殊设计，可以帮助他们减缓衰老，减少老年性疾病，维持其健康。银龄族的饮食，一是应适当控制热量的供给。银龄族的基础代谢逐渐降低，一般比中年人低10% ~ 15%，加上体力活动减少，摄取过多的热量容易转变成脂肪储存于体内，使身体过于肥胖，并且易导致动脉硬化和糖尿病，以致影响寿命。多糖碳水化合物主要由淀粉和膳食纤维组成。粗杂粮、薯类都是富含多糖碳水化合物的食品，这些食品不仅能提供给银龄族能量，而且还富含膳食纤维、维生素、矿物质和蛋白质等。二是应提供足够的优质蛋白质。蛋白质对银龄族的营养非常重要，因为银龄族体内的新陈代谢过程以分解代谢为主，所以膳食中要有足够的蛋白质来补充机体对蛋白质的消耗。供给银龄族的蛋白质应以生物学效价较高的优质蛋白为主，如大豆、瘦肉、蛋类、奶类、鱼虾等。三是脂肪的摄入量要适当。对于银龄族来说，脂肪摄入过多不仅难以消化，还可能对心血管和肝脏造成负担；而摄入过少则会影响脂溶性维生素的吸收，降低食物的口感，进而影响食欲。因此，平衡脂肪的摄入量至关重要。对于银龄族脂肪供给的关键是要尽量供给不饱和脂肪酸含量较多而胆固醇含量较少的脂类食物，这对预防动脉粥样硬化的发生有重要意义。银龄族膳食中的脂肪供给要以植物油为主，如橄榄油、花生油、葵花油等，尽量减少含胆固醇高的食物，如蛋黄、动物内脏、肥肉等。四是注意补充矿物质。对于银龄族而言，确保充足的钙摄入至关重要。随着年龄增长，胃酸分泌量逐渐减少直接影响钙的吸收率，使得银龄族更易出现钙代谢问题，甚至引发骨质疏松症。为此，推荐增加富含钙的食物在日常饮食中的比例，比如奶制品、豆制品、海产品等都是优质的钙源。此外，铁元素的补充同样不可忽视，它有助于预防贫血的发生。五是应保证多种维生素的均衡摄取，尤其是维生素 A、D、E 和 B 族维生素（包括维生素 B_1、维生素 B_2）及维生素 C。这些维生素在维护银龄族身体健康、提升免疫力、促进食欲以及延缓衰老过程中扮演着关键角色。通过多样化的饮食结构来满足这些营养需求，是保持银龄族生活质量的重要一环。食物多样化是保障足量维生素的重要因素，摄食深色的水果和蔬菜是补充维生素的简便方法。六是提供丰富的膳食纤维。丰富的膳食纤维可以预防银龄族发生便秘、高血脂及肠癌等。七是注意补充水分。银龄族非常容易出现水平衡的失调，应注意合理地补充水分 [5]。

通过市场调研发现，市售一般食品的种类完全能满足消化功能正常的银龄族对能量和营养素的需要。市售预包装一般食品中的银龄食品主要以方便食品、固体饮料为主。这类食品普遍在一般食品中添加了营养强化剂，调制成适合银龄族营养需求的食品。如以补充碳水化合物为主的燕麦、米糊；补充蛋白质为主的低脂高钙奶粉；还有一些添加了食药物质成分的饼干、糕点等。这些食品的特点是低碳水化合物、低脂肪、高蛋白、高膳食纤维，有的还含有益生元和益生菌。这些食品能在一定程度上对延缓慢性疾病的发生和发展起到辅助作用。

（二）银龄族保健食品的现状及发展趋势

保健食品是指适用于特定人群食用，具有调节机体功能，不以治疗疾病为目的，并且对人体不产生任何急性、亚急性或慢性危害的食品。这类食品专为特定消费群体设计，不能作为药物的替代品来治疗疾病。它们的作用在于辅助调节身体机能，同时确保在正常食用条件下不会引发任何急性、亚急性乃至慢性的健康风险[6]。随着人们生活水平的不断提高，健康理念日益深入人心，保健食品作为一类能维持和增进健康的重要食品，正在被更多消费者所重视。保健食品市场由此获得空前发展契机。截至当前统计，中国在册生产保健食品的企业数量已超过 672.5 万家。自 2018 年起，该领域的企业注册量及其增长速度均呈现出逐年递增的趋势，每年的新增企业注册增长率稳定在 24% 以上，见图 2。

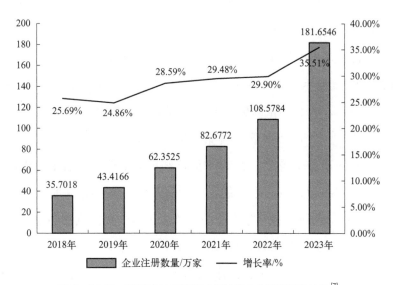

图 2 2018—2023 年中国保健食品注册企业数量及增长率[7]

根据国家统计局的最新数据，截至 2023 年底，中国已成功注册了 1.21万种保健食品，并发放了 1.62 万份保健食品备案凭证[8, 9]。2022 年中国保健食品销售额同比增长 8.45%，市场规模接近 700 亿元。预计到 2025 年，中国保健食品市场的销售收入将增长至 780 亿元，保健食品产业展现出强劲的市场扩张势头[7]。

由于年龄的增长，人的身体机能逐渐衰退，银龄族在医疗保健和生活服务方面的需求日益增长，其中对保健食品的需求尤为突出。保健食品在银龄族健康管理中扮演着重要角色。它不仅能补充营养、辅助治疗慢性病，还能调节免疫功能和改善生活质量[10]。在中国保健食品市场上，保健食品的种类正在随着人口高龄化社会的发展而不断丰富。2023 年 8 月 31日，国家市场监督管理总局、中华人民共和国国家卫生健康委员会和国家中医药管理局联合发布了《允许保健食品声称的保健功能目录 非营养素补充剂（2023 年版）》及相关配套文件。该公告更新了包括增强免疫力、辅助改善记忆、维持血糖健康水平和血压健康水平在内的 24 项非营养素补充剂的保健功能目录。这一举措旨在规范保健功能声称的管理，强化企业在功能声称和研发评价方面的主体责任，并满足不同消费者对健康需求的多样化，特别是为银龄族提供更多层次的产品选择。中国营养保健食品协会 2023 年研究显示，55 岁及以上年龄段人群中，保健食品的市场渗透率达到了 52%[11]。有 21.9% 的银龄族日常会食用保健食品，其中 10.5% 的人经常食用[12]。银龄族在保健食品上每月平均消费为 261 元。最新的一项全国范围的调查覆盖了 1928 个家庭，结果显示近六成的银龄族购买过保健食品，其中超过三分之一的银龄族每年购买保健食品的消费金额在1000 ～ 5000 元之间，有五分之一的银龄族年均消费金额在 5000 元以上。这些数据表明，我国银龄族的健康管理意识正在增强，人均健康消费支出逐年增长，总体消费水平仍有提升空间。

据中国食品报 2024 年 4 月 3 日报道，我国保健食品的主要营销渠道为直销、电商和药店。其中，直销占比为 36%；电商占比为 34%；药店占比为 16%；其他占比为 14%，如图 3 所示[13]。

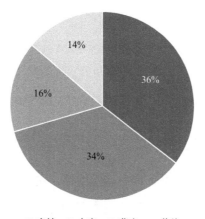

图 3　中国保健品主要营销渠道比例

　　调研数据显示，过去十年间，我国人均健康管理支出显著增加，从
2013 年的 912 元飙升至 2022 年的 2120 元。这一增长趋势直接反映出我国
居民对健康的持续关注和对高品质生活日益增长的需求[14]。随着银龄族人
口增多和老龄化社会程度逐渐加深，我国保健食品市场需求旺盛，行业呈
现出巨大的增长潜力。近年来，我国保健食品市场规模逐年扩大，年增长
率保持在较高水平。根据欧睿信息咨询公司统计，2018—2023 年我国保
健食品市场规模呈逐年上升趋势，2023 年我国保健品行业市场规模约为
3916 亿元，2019—2023 年的年均复合增长率为 7.2%，预计到 2028 年市
场规模将达到 5067 亿元[15]。目前，保健食品市场主要分为膳食营养补充
剂（vitamin dietary supplements，VDS）、运动营养品、体重管理和传统滋
补四大类，其中 VDS 占据保健食品市场主体地位。根据欧睿信息咨询公
司数据显示，2023 年 VDS 市场规模占我国保健食品行业近 60%，消费者
主要出于日常增强免疫力的需求选择 VDS 产品。其中，钙片、奶粉、鱼
油、维生素、叶黄素等品类尤其受到银龄族的欢迎。例如，专为银龄族设
计的高钙奶粉、富含多种维生素和矿物质的营养麦片、深海鱼油等保健食
品，有助于补充机体所需营养，维持健康。对于患有慢性疾病或身体虚弱

的银龄族，VDS 如维生素 D、益生菌等，可以帮助他们更好地摄取营养，增强免疫力。从市场占有率看，2023 年汤臣倍健在 VDS 市场的占有率为 10.4%，稳居行业龙头；其次是安利与健合集团，前十名企业市场集中度低于 40%，说明我国保健食品市场仍具有较大的整合和发展空间。

（三）银龄族特医食品的现状及发展趋势

特殊医学用途配方食品，简称特医食品，是为了满足由于完全或部分进食受限、消化吸收障碍或代谢紊乱人群的每天营养需要，或满足由于某种医学状况或疾病而产生的对某些营养素或日常食物的特殊需求加工配制而成，且必须在医师或临床营养师指导下使用的配方食品。这类产品在改善患者的营养状况、促进康复、减少住院时间和降低医疗成本方面起到了显著作用。自 1957 年美国首次定义特医食品以来，该市场一直在稳步增长。研究数据显示，从 2014 年至 2020 年，全球特医食品市场的规模由 81 亿美元增加到了 113 亿美元；预计到 2030 年，这一数字将进一步攀升至 330 亿美元。相较于那些较早认识到营养重要性的欧美国家而言，我国虽然在特医食品领域起步较晚，但发展速度非常快。据统计，我国特医食品的市场规模已从 2016 年的 3.6 亿美元增长到了 2023 年的 19.5 亿美元。此外，近年来我国特医食品注册数量显著增加，截至 2024 年第三季度，国内特医食品数量已经从 2017 年的 3 种增长到了 216 种，见图 4。

目前市场上的特医食品主要有两种形式：粉剂和口服溶液。这些产品涵盖了 16 个不同的类别（图 5）。其中，适用于 10 岁以上患者的产品共有 147 种，具体包括全营养配方、电解质配方、蛋白质（氨基酸）组件、碳水化合物组件、流质配方、增稠组件、乳蛋白深度水解制品、针对氨基酸代谢障碍的特殊配方、额外的蛋白质补充剂、特定氨基酸组成的配方、脂肪或脂肪酸组件，以及专为肿瘤患者设计的全营养配方等 12 种类别。上述 147 种食品中，可供银龄族选择的全营养配方特医食品有 66 种，以补充电解质、蛋白质、碳水化合物或脂肪为主的有 80 种，以及 1 款肿瘤专用全营养食品。

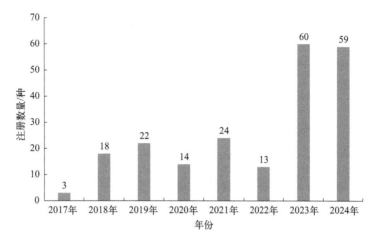

图4 2017—2024年特医食品注册数量

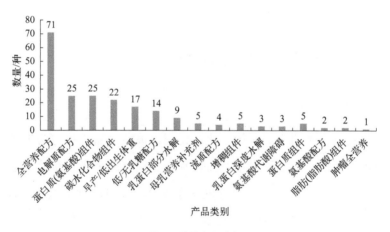

图5 特医食品种类

　　调研数据表明，除1款癌症全营养食品外，中国尚没有针对患有其他慢性非传染性疾病的特医食品。然而，对于患有慢性非传染性疾病的银龄族，需要特殊的食品来辅助治疗疾病。例如，高蛋白食品适用于营养不良、代谢亢进状态的银龄族，低蛋白食品适用于肝肾功能不全的银龄族，糖尿病食品适用于患有糖尿病的银龄族，低盐食品适用于高血压、心衰、肾炎、肝硬化等疾病引起水肿的银龄族，低脂食品适用于患有肝、胆、胰腺等疾病和高脂血症的银龄族，低嘌呤食品适用于患有痛风及高尿酸血症的银龄族，高钾食品适用于低血钾的银龄族，低钾食品适用于高血钾的银龄族，低纤维食品适用于腹泻、肠道手术、食管胃静脉曲张的银龄族，鼻饲食品适用于不能经口进食，要通过胃管注入流质饮食的昏迷、吞咽困难的银龄族。随着年龄的增长，银龄族是神经系统疾病、内分泌系统疾病、心脑血管疾病、呼吸系统疾病、代谢性疾病和肿瘤等慢性疾病的高发人群。特医食品对于延长慢病患者的生存期、增强临床疗效、缩短住院时长以及提高生活质量具有重要的临床价值。未来，在人口高龄化、健康需求持续增长以及医院营养科室建设发展等因素的驱动下，特医食品凭借其在临床营养支持中不可替代的作用，市场规模还将持续保持增长。

四、问题与建议

（一）银龄食品存在的主要问题

1. 虚假宣传

一些企业为了追求利润最大化，会夸大银龄食品产品的功效或效果，以吸引消费者购买。从国家市场监督管理总局官网公布的相关数据获知，2017年1月1日之后与保健食品相关的案例共计112例。其中，2017年12例；2018年31例；2019年56例；2021—2023年13例。这些数据反映了监管部门在持续打击保健食品市场中的不法行为方面所做的努力[16]。

2. 研发创新不足，健康功能薄弱

目前，市场上针对银龄族的一般食品主要集中在奶粉、麦片、蛋白粉等传统品类上。这些产品虽然在一定程度上满足了银龄族的营养需求，但在口味和形式上缺乏创新，产品同质化严重，难以满足银龄族对食品多样化的需求。许多标榜为"健康零食"的产品，实际上高油高糖，并不符合银龄族的健康需求。例如，一些起酥类烘焙点心虽然口感好，但含糖量

高，不适合患有糖尿病或者需要控制血糖的银龄族食用。在食品科技快速发展的今天，银龄一般食品的研发缺乏对银龄族生理特点和营养需求的深入研究，导致产品难以真正满足银龄族的健康需求。

3. 银龄族对食品的功能和价值认识不足，存在消费误区

虽然市售食品的种类能满足消化功能正常的银龄族的需要，但如何从庞杂的食品中做出正确的选择是他们亟待解决的问题。大多数食品包装上针对银龄族营养需求的说明不够清晰或者根本没有标明，其功能特性只能靠他们自身对配料表的认知来理解。这造成了银龄族在食品需求和食品内涵上的模糊地带，增加了他们在此类食品上的非理性消费。据统计，我国有 10% 以上的银龄族年均花费 1 万元以上购买保健养生食品，其中冲动、攀比、盲目、从众消费者占 50% 以上。

4. 销售渠道有限

目前，银龄食品的销售渠道主要集中在传统的超市、药店、会议以及部分电商平台。然而，这些渠道并不能完全覆盖所有银龄族，特别是对于那些居住在偏远地区或行动不便的银龄族来说，购买合适的银龄食品存在较大的困难。市场上缺乏专门针对银龄食品的销售平台。这使得消费者在寻找和购买适合银龄族的食品时需要花费更多的时间和精力，也增加了购买的难度和不便。虽然一些电商平台已经开始销售银龄食品，但线上线下的融合程度还不够深入。线上平台往往只能提供有限的产品信息和购买渠道，而无法提供线下的体验和服务，如试吃、咨询等。这在一定程度上影响了消费者购买产品时的体验和售后满意度。

相较于其他年轻人群，银龄族是一个异质性较高的群体，在其生命期中，每位银龄族个体所遭遇的老化形式、生活经验、经济状况、社会依赖，以及居住安排等会有各种显著的改变，故银龄族的饮食形态及营养状况会有很大的不同，个体间的差异会相当大。目前大部分银龄族都是通过

媒体、子女、推销人员等渠道被动接受银龄食品，很少主动了解这些食品的成分、作用和疗效等，并且对食品的适应证不了解，不清楚如何正确使用这些食品。

（二）对策与建议

针对上述问题，本报告认为，通过健康教育与健康促进、规范生产和销售，才能使中国的银龄食品实现优化产业链，提升国际竞争力的目的。具体举措如下：

一是通过健康教育与健康促进，提升银龄族对食品选择和使用的认知。营养知识对于提升饮食质量至关重要。针对银龄族的学习特点和需求，建议相关机构设计专门的营养教育项目，旨在向银龄族及其负责饮食照料的人员传授正确的饮食理念，帮助他们形成积极的营养观念，并采取适当的饮食行为。更应提供一些饮食技巧，例如增加果蔬、牛奶的摄入，降低脂肪摄取的进食技巧（如食用肉类时应去除肥肉或皮等高脂的部分）和烹调技巧（如以蒸、煮、烤、卤、凉拌等少油的烹调方式替代炸、炒、煎等多油的烹调方式），并通过教学活动增强学习者的自我效能，提高其自身对于上述行为能力的信心，进而产生行为改变，增进其饮食品质。社区及老年照护机构可积极与医疗机构合作，定期邀请健康服务人员到社区开展食品营养与卫生讲座，提高银龄族对食品成分、功能和安全的认知，进而优化他们的消费意识。消费者认知水平的提高，也将激励产品质量的进一步提升。通过政府主导的银龄营养计划给各省民政部门提供基金，开展集中服务，以家庭为单位提供营养知识传授及社交机会等。

二是通过科技创新引领行业发展。对于食品生产企业来说，通过传承精华、守正创新，基于中医药基础开发银龄食品、优化生产工艺、提升产品质量和安全性。这些产品将针对不同疾病状态、年龄段或特殊营养需求的银龄族进行精细化设计，如糖尿病专用食品、高血压专用食品、骨质疏松专用食品，以及为咀嚼、吞咽障碍的患者专门提供的食品等，以满足市场和消费者的更高需求。企业可以借助广告、出版食品营养书籍和电视广播等机会对银龄族进行营养知识的宣传，同时提高自身产品品牌的知名度。与此同时，企业方面也需要加强自律，抵制虚假宣传。

三是完善行业规范，监督食品销售行为。提倡销售渠道专业化，建立专门的银龄食品商店并提供相应食品，方便不同年龄段及患有不同慢性病的银龄族挑选。同时发挥线上销售平台的优势，为消费者提供更加便捷、个性化的购物体验。市场监督管理部门需加强对药店及药剂师销售行为的监督，防止职业道德素养较低的从业人员向银龄族推销不必要、不合规的产品，避免损害银龄族的身体健康和经济利益。网上店铺要严格审核供应商资质，定期评估供应商表现，建立双向评价机制，引入第三方认证，增加买卖双方的信任度。设立专门的客服团队，建立快速响应机制，为银龄族提供一对一的服务。

四是产业链协同发展，拓展国际市场。银龄食品行业的发展将带动相关产业链的发展，包括原材料供应、生产加工、物流配送、咨询导购等环节。产业链上下游的协同发展将进一步提升银龄食品行业的整体竞争力。随着中国银龄食品行业的快速发展和产品质量提升，国内企业将有更多机会拓展国际市场。通过参与国际竞争，中国银龄食品行业将进一步提升自身实力和国际影响力。

五、总结与展望

预计未来几年，随着老龄、高龄人口比例的进一步上升以及健康观念的普及，银龄食品市场规模将呈现出快速增长态势。银龄消费群体对具有特定生物活性成分、易于消化吸收、功能针对性强的食品需求日益旺盛。他们的消费观念正在从"吃饱"向"吃好、吃健康"转变。政府出台了一系列鼓励银龄产业发展的政策，包括对银龄食品研发的资金支持、税收优惠以及标准制定等方面，为行业的发展创造了有利的政策环境。银龄食品从最初的营养补充剂、奶粉等基础品类，逐渐扩展到包括低糖、低盐、高纤维的主食，针对特定疾病的功能性食品，以及方便食用的即食食品等多样化的产品类型。然而，行业标准尚不健全，导致市场上产品质量参差不齐，部分产品存在虚假宣传、夸大功效等问题。企业研发投入相对不足，创新能力有待提高，许多产品同质化严重，缺乏个性化和针对性。销售渠道相对单一，主要集中在药店、超市等传统渠道，线上销售和社区营销等新兴渠道的开发仍显薄弱。消费者教育不够，部分银龄族对银龄食品的认知仍存在误区，影响了市场的进一步拓展。

随着政策支持力度的加大、技术创新的推动和市场需求的不断释放，银龄食品产业有望实现更高质量的发展，为银龄族提供更加丰富、优质、个性化的食品选择，助力人口老龄化、高龄化社会健康发展。企业将加大研发投入，结合银龄族生理特点和营养需求，利用食品加工技术的不断进步，开发更多具有创新性的产品，如低温烘焙、高压蒸煮、纳米技术等技术在银龄食品生产中的应用，提高食品的营养价值和口感，同时也增强食品的安全性和稳定性。随着全球化的发展，银龄食品企业将面临更大的挑战，国内银龄食品企业将与国外头部企业展开竞争，行业内的竞争将促使企业进行整合重组，优势企业通过兼并收购等方式扩大规模，提高市场集中度，同时推动整个行业的技术升级和管理优化。企业应抓住机遇，积极应对挑战，不断完善和创新，以满足银龄族日益增长的健康饮食需求，推动行业的可持续发展。银龄食品行业积极推广和应用新的食品安全管理技术和方法，提高行业的整体管理和技术水平，这将推动中国特色的银龄食品走向国际市场。随着政策的持续扶持和市场需求的进一步释放，银龄食品产业将迎来更加广阔的发展前景。银龄食品产业将在政府、企业和消费者的共同努力下，形成全社会共同参与的局面，实现安全和可持续发展。

参考文献

[1] 中国老龄协会.专家谈银发经济：老年用品产业、抗衰老产业等七大产业值得关注 [EB/OL].（2024-06-07）[2014-12-09].https://www.cncaprc.gov.cn/llsy/194084.jhtml.

[2] 快易数据. 世界各国老年人（65 岁及以上）人口总数统计 [EB/OL].（2024-10-01）[2014-12-17]. https：//www.kylc.com/stats/global/yearly_overview/g_population_65above.html#google_vignette.

[3] 智研咨询. 2025—2031 年中国老年用品行业发展战略规划及投资方向研究报告 [EB/OL].（2022-01-13）[2024-10-09]. https：//www.chyxx.com/industry/1199029.html.

[4] 国家统计局. 养老产业统计分类（2020）[EB/OL].（2020-02-04）[2014-12-09]. https：//www.gov.cn/gongbao/content/2020/content_5503559.htm.

[5] 张继英. 养老护理员 [M]. 北京：中国劳动保障出版社，2006：44-49.

[6] 国家卫生和计划生育委员会. 食品安全国家标准 保健食品：GB 16740—2014[S]. 北京：中国标准出版社，2014.

[7] 陈耕，范子豪，姜诗雨，等. 保健食品市场现状及其发展趋势分析 [J]. 现代食品，2024，30（14）：24-26.

[8] 胡锡丰. 2023 年特殊食品抽检合格率上升至 99.85%[N]. 中国质量报，2024-06-26（1）.

[9] 鞠雯. 以高质量发展促进高水平安全 2023 年特殊食品安全监管形势稳中向好 [J]. 中国质量监管，2024（6）：38-39.

[10] 毛慧慧. 保健食品在老年人健康管理中的应用 [J]. 食品安全导刊，2024（20）：105-107.

[11] 赵珺. 齐齐哈尔市保健食品监管政策执行问题研究 [D]. 哈尔滨：黑龙江大学，2024.

[12] 谈煜鸿. 老龄化背景下我国老年人保健品消费研究述评 [J]. 经济论坛，2016（6）：108-111.

[13] 朱美乔. 新需求下保健食品市场持续增长 [N]. 中国食品报，2024-04-03（6）.

[14] 田明，王玉伟，冯军，等. 保健食品及相关食品典型案例分析 [J]. 中国食品学报，2024，24（1）：487-496.

[15]Karine Dussimon. Food Ingredients：The Futrue of Healthy and Novel Innovations. [EB/OL].（2024-04-20）[2024-10-09].https：//www.prep.euromonitor.com/article/food-ingredients-the-future-of-healthy-and-novel-innovations.

[16] 周玮，季小荣，刘园，等. 江苏省保健食品行业发展及食品安全风险防控调查研究 [J]. 中外食品工业，2024（1）：95-97.

HB.04

中国银龄中医药相关产业发展报告

欧阳竞锋 ❶，张喜梅 ❷，王华峰 ❸，梁鹤 ❹，高瑞轩 ❺

摘要： 随着全民健康意识的提升和银龄族人口的不断增加，适用于银龄族的中医药相关产品如中药、保健食品、药食同源食品的市场规模持续扩大。本报告深入分析了我国银龄中医药相关产业现状和未来趋势，内容涵盖三个方面：首先，分析了我国银龄族的体质特点，对健康银龄化的概念进行了界定；其次，调研了国内适用于银龄族的中药、保健食品、药食同源食品的特点、适应证、发展现状，提出中医药作为主要原料的保健食品或者药食同源产品将成为未来大健康产业中的重要组成部分；最后，研究了目前国内适用于银龄族的，中药、保健食品、食药同源食品的上游产业现状。尽管保健食品、药食同源食品的上游产业现状总体来说一片向好，利于银龄经济发展，但也要进一步规范化，加强监管，继续推动科技创新，优化种植技术，提升产业链水平，以满足日益增长的市场需求，保障银龄族的健康福祉。本报告旨在为我国银龄中医药相关产业发展提供有

---

❶ 欧阳竞锋，中国中医科学院医学实验中心研究员，研究方向：中药药理和应用研究。

❷ 张喜梅，中科康智美（北京）生物科技有限公司。

❸ 王华峰，浙江药科职业大学，研究方向：中西医结合临床。

❹ 梁鹤，河南中医药大学，教授，研究方向：中医治未病研究。

❺ 高瑞轩，中国中医科学院医学实验中心在读硕士研究员，研究方向：中西医结合基础。

力的参考和指导。

关键词：银龄群体；中医药；保健食品；药食同源；产业；质量控制

一、中国银龄族中医体质特点

2016 年 8 月，习近平总书记在出席全国卫生与健康大会时发表重要讲话，强调必须"努力全方位、全周期保障人民健康"。当前，鉴于银龄族比例上升趋势的不可逆转性 [1, 2]，关注其健康状况已成为关系到国家发展和人民福祉的重要议题。在 2016 年颁布的《"健康中国 2030"规划纲要》中，政府明确提出了至 2030 年人均健康预期寿命显著提高的目标。显然，银龄族的健康状况及其寿命延长是实现这一目标的关键所在。"健康"是"长寿"的基础，中国老年医学学会称其为"健康老龄化"，并从五个维度界定了概念，即无重大慢性疾病、无认知障碍、能够参与家庭和社会活动、保持身体机能，以及维持健康的生活方式 [3]。

中医体质概念包含个体的形态结构、生理功能和心理状态，具有综合的、相对稳定的固有特质，且体质可分、体病相关、体质可调等，能从宏观上应对银龄族的健康和长寿问题 [4]。当前，中医体质辨识已纳入中国全国性的基础公共卫生服务系统，但银龄族有其自身的趋势和特点 [5]。因此，基于中国银龄族体质特征分析和前瞻性管理，促进"养 - 健 - 医 - 康"全链条产业形成，可成为有效实现银龄族的健康预期寿命显著提高目标的途径，可推动中国式主动健康产业高质量可持续发展。

（一）资料与方法

1. 体质辨识方法

体质辨识主要采用两类方法：中医体质辨识和其他方法。

中医体质辨识方面，目前国内对于体质的调查研究多依据中华中医药学会《中医体质分类与判定》标准对 9 种基本类型的体质进行判定。

其他方法包括用国民体质监测问卷、健康调查简表（SF-36）等。

2. 数据分析

（1）我国银龄族中医体质特点分析

我国银龄族中偏颇体质占比较大。多项研究表明：银龄族中偏颇体质平均占比 >50%，其中复合偏颇体质平均占比 > 50%。偏颇体质中虚性的体质以阴虚质、阳虚质、气虚质多见；实性的体质以痰湿质、湿热质、血瘀质、气郁质多见 [5, 6]。地域差异使偏颇体质分布不同，如广州市银龄族体质分布最多的是痰湿质、气虚质、湿热质，宁波市银龄族中痰湿质占比最多等。

（2）我国银龄族中医体质与疾病相关特点分析

中医体质学认为体质与疾病的发生发展有密切关系，体质的差异可导致疾病倾向性的不同，见表 1。

表 1　我国银龄族中医体质与疾病相关特点

体质	易患疾病
气虚质	高血压、冠心病、心肌梗死、慢性支气管炎、多脏器脱垂、慢性咽炎、缺血性脑卒中、睡眠障碍等
阳虚质	慢性胃炎、缺血性脑卒中、心力衰竭、甲状腺功能减退、慢性胃炎、原发性肾病综合征、不孕症等
阴虚质	糖尿病、脑卒中、睡眠障碍、口腔疾病等
痰湿质	高血压、高脂血症、脑卒中、糖尿病、脂肪肝、高尿酸血症等
湿热质	高血压、高脂血症、糖尿病、脂肪肝、慢性胃炎、痛风等
血瘀质	慢性胃炎、冠心病、脑血管病、肿瘤等
气郁质	睡眠障碍、慢性荨麻疹、乳腺癌、脑卒中、慢性前列腺炎、子宫肌瘤、肠易激综合征、功能性消化不良等

（二）问题与建议

银龄族的体质构建基于其生理和病理特征并受到多种因素的影响。通过科学地管理这些因素，调整和改善与疾病相关的体质失衡，有助于促进其基于健康的长寿目标实现。

《"健康中国 2030"规划纲要》明确指出至 2023 年要充分发挥中医药在治未病中的主导作用，强调在实现中国式主动健康的过程中，中医药的作用不可或缺。

心理特征因素对银龄族的生活满意度具有积极的影响。

鼓励银龄族积极主动地进行自我健康管理。拥有丰富知识、经验与技能的银龄族在自我健康管理领域拥有广阔的发展潜力，应基于"养-健-医-康"全产业链的构建，鼓励银龄族积极主动地进行自我健康管理。

二、我国适用于银龄族的中医药相关产品的特点、适应证、发展现状

世界卫生组织首个综合性的《关于老龄化与健康的全球战略与行动计划》指出 2020—2030 年为"健康老龄化十年"，随着世界的进步及经济的发展，人口老龄化将成为困扰我国乃至世界的一大难题。研究发现，到 2050 年，我国 65 岁及以上人口的数量将达 3.95 亿。随着人口老龄化的发展，银龄族成为慢性疾病、心血管疾病、睡眠障碍等一系列疾病的主要"宿主"，而这些疾病的困扰阻碍了"健康老龄化"的发展进程。在未来的几十年里，民众对健康的需求会比以往任何一个历史阶段更迫切，健康老龄化发展战略必将催生并孕育"大健康产业"，而中医药则成为大健康产业发展的一个重要分支。鉴于中医药在治疗慢性病、老年病等方面有着与生俱来的优势，中药以及由中药作为主要原料衍生出的保健食品、药食同源食品将会成为未来大健康产业中一个重要的部分。

（一）适用于银龄族的中药、保健食品、药食同源食品现状调研

1.资料与方法

（1）数据来源

2024 年 4 月至 12 月期间，居住在某省 11 个地市内的银龄族调查问卷共 376 份，回收 368 份。

（2）调研方法

纳入标准：年龄 60 ~ 85 岁的人群；思维清晰，生活自理。

（3）调研内容

主要指标：被调查者的一般信息（性别、年龄、民族、个人过敏史、家族过敏史、职业、收入、文化程度、现居住地址），应用中药、保健食品、药食同源食品现状。

2.调查结果

（1）主要患病情况调查

360 名银龄族中有 342 人患有急、慢性疾病，其中 25.85% 患有高血压、21.05% 患冠心病、15.50% 患糖尿病、14.92% 的患骨质疏松、8.77% 患脑卒中、6.14% 患风湿病、5.26% 患肿瘤、3.51% 患肝炎，详见表 2、表 3。

表 2　患不同疾病的人数占比情况

患病名称	人数 / 人	比例 /%
N（Missing）	342（0）	/
高血压	85	25.85
冠心病	72	21.05
糖尿病	53	15.50
骨质疏松	51	14.92
脑卒中	30	8.77
风湿病	21	6.14
肿瘤	18	5.26
肝炎	12	3.51

表 3　患多种疾病的人数占比情况

患病情况	例数 / 人	比例 /%
N（Missing）	342（0）	/
患两种以上疾病	159	46.49
患三种以上疾病	116	33.91
患四种以上疾病	67	19.60

（2）主要用药情况

在被调查的 360 名银龄族中，342 名银龄族在服用药品，银龄族经常使用的中药类型包含中成药、汤药、打粉中药、外用敷贴，分别占28.95%、25.15%、22.81%、12.57%，其他 10.53%，详见表 4。服药种类最多的是服用 2 种，占 28.65%，品种最多者同时服用 8 种以上，占 6.14%，详见表 5。

表 4　360 名银龄族经常使用的中药类型

中药类型	人数 / 人	比例 /%
N（Missing）	342（0）	/
中成药	99	28.95
汤药	86	25.15
打粉中药	78	22.81
外用敷贴	43	12.56
其他	36	10.53

表 5　360 名银龄族服药品种情况

服药品种 / 种	例数 / 人	比例 /%
N（Missing）	342（0）	/
1	59	17.25
2	98	28.65
3 ~ 4	62	18.13
5 ~ 6	56	16.37
7	46	13.45
≥ 8	21	6.14

被调查的 360 名银龄族，经常使用的中成药是血塞通片、地黄丸类、复方丹参片、降糖甲片、银杏叶片，经常合并使用的西药是利血平片、二甲双胍、阿司匹林肠溶片、氢氯噻嗪片、钙尔奇 d 片。长期合并服用的保

健品中，最多的是补钙剂和补铁剂，两者共占比约 57%，其次是免疫功能提高剂，占 22.81%，再次是维生素补充剂占 10.81%，说明银龄族的骨质疏松和免疫力低下较为普遍，经常使用的药食同源食品较多的是红枣、山药等，详见表 6 ~ 表 9。

表 6   360 名银龄族经常使用的中成药名称

中成药名称	例数 / 人	比例 /%
N（Missing）	342（0）	/
血塞通片	87	25.44
地黄丸类	84	24.56
复方丹参片	58	16.96
降糖甲片	36	10.53
银杏叶片	15	4.39
其他	62	8.12

表 7   360 名银龄族经常合并使用的西药名称

西药名称	例数 / 人	比例 /%
N（Missing）	342（0）	/
利血平	78	22.81
二甲双胍	74	21.64
阿司匹林肠溶缓释片	57	16.67
氢氯噻嗪	53	15.50
钙尔奇 d 片	38	11.11
其他	42	12.27

表 8   360 名银龄族长期服用的保健品名称

保健品名称	例数 / 人	比例 /%
N（Missing）	342（0）	/
补钙	99	28.95
补铁	96	28.07
提高免疫功能	78	22.81
补充维生素	37	10.81
其他	32	9.36

表 9   360 名银龄族长期使用的药食同源食品名称

药食同源食品名称	例数 / 人	比例 /%
N（Missing）	342（0）	/
枸杞子	63	18.42
山药	70	20.46
黄精	9	2.63
铁皮石斛	7	2.04
红枣	89	26.02
薏苡仁	43	12.57
其他	61	17.83

（二）中医药相关产品在银龄群体健康管理中的作用特点及适应证

通过查阅文献及专题调研，对中药、保健食品、药食同源食品在银龄族健康管理中的特点及适应证有以下分析：

1. 中药在银龄族健康管理中的作用特点及适应证

银龄族是慢性病的高发人群，他们对健康的需求也会越来越大，他们对看病和用药也有自身的特点。慢性非传染性疾病已经成为严重威胁人类健康的一类疾病，已成为目前世界各国共同面临的重大公共卫生难题[7]。我国作为人口基数较大和老龄化发展较为迅速的发展中国家，慢性疾病防控面临的形势更加严峻和复杂。

中医药在银龄族健康管理中可发挥多方面的积极作用。尽管现代医学在重大疾病的病因、病理、诊断等方面的研究已经取得了长足的发展，但是在重大疾病的治疗理论、方法和药物方面尚不够完善，对于许多疑难病、心身疾病均缺乏完善的治疗方法。传统中医药的特色体现在其在辨证论治理论指导下的复方用药治疗疾病，这一特色在许多疾病的某些病理阶段具有明显的优势，即因人、因地、因时的"个体化治疗"和整体综合性治疗。慢性病通常是系统病，也就是几个器官或系统同时出现功能障碍，而一个方剂同时调整几个脏腑或系统，对中医药来说是轻而易举的，并且不同的方剂也可调整同一个脏腑和系统功能[8]。因此，中医药是老年病、慢性病、系统综合征的良药，在银龄族中的接受度很高，使用频率很高。

2. 保健食品在银龄族健康管理中的作用特点及适应证

狭义的保健食品是经国家药品监督管理局审批通过的食品，具有一定的保健功能或者补充维生素、矿物质的食品。它包括营养素补充剂、功能性食品及传统滋补食品三大类。它们具有以下作用特点：①保健食品能针对性地补充各类营养素，如钙、维生素 D 可预防骨质疏松，鱼油可补充 ω - 3 脂肪酸等。②调节身体机能，如膳食纤维类产品可促进肠道蠕动，缓解便秘；蜂王浆、灵芝孢子粉等有助于调节免疫力，帮助银龄族增强抵御疾病的能力等。③预防慢性疾病，如一些保健食品中的成分具有抗氧化、降血脂、降血糖等功效。④保健食品大多为片剂、胶囊、口服液等剂型，服用方便，易于保存，适合银龄族日常食用，能在一定程度上弥补饮食结构的不足。⑤服用保健食品可以让银龄族感受到对自身健康的积极管理，从而在心理上产生一定的安慰和满足感，有助于提升生活质量和健康信心。

保健食品在银龄族健康管理中的适应证主要有：营养补充，慢性疾病辅助调理，增强免疫力，以及改善认知功能，等等。需要注意的是，保健食品不能替代药物治疗疾病，银龄族在选择保健食品时，应根据自身健康状况，在医师或专业人士的指导下合理选用。

3. 药食同源食品在银龄族健康管理中的作用特点及适应证

药食同源是指既是食品又是中药材的物质。截至 2024 年 9 月，国家卫生健康委员会批准的药食同源物质目录共 4 批次，包含 106 种物质。药食同源食品是当今人类面对慢性疾病及老龄化的日常物质基础，在抗衰老和慢性疾病防治方面具有重要潜在价值。药食同源食品成为防治慢性疾病和健康管理关口前移的重要物质基础。据不完全统计，世界主要国家的药食两用植物有 3000 多种。我国的药食两用植物超过 1000 种，用于药品（处方药和非处方药）、保健品、特医食品、新食品原料、药膳、化妆产品等方面。

药食同源食品的作用特点：①安全性高。药食同源食品兼具食物和药物的特性，多为天然食材，经过长期食用验证，安全性较高，适合银龄族长期食用进行日常调理。②口感较好。这些食品通常具有一定的风味和口感，可通过烹饪等方式制作成各种美味佳肴，易于被银龄族接受，能在满足口腹之欲的同时起到保健作用。③调理作用温和。其功效作用相对温和，注重对身体的整体调养，通过长期食用逐渐改善身体机能，符合银龄族身体较为虚弱、不宜接受过于峻猛药食的特点。

药食同源食品的适应证比较多，主要有①健脾益胃：如山药、白扁豆、茯苓等，适用于脾胃虚弱的银龄族，可改善食欲不振、消化不良、腹胀、便溏等症状。②滋阴润燥：百合、黑芝麻、蜂蜜等可用于肺肾阴虚的银龄族，缓解干咳少痰、咽干口燥、肠燥便秘等问题。③补肾壮阳：枸杞子、桑椹、核桃仁等对肾阴虚或肾阳虚的银龄族有益，有助于改善腰膝酸软、头晕目眩、耳鸣耳聋、性功能减退等症状。④养心安神：酸枣仁、莲子、龙眼肉等可用于心脾两虚、心神不宁的银龄族，能缓解失眠多梦、心悸健忘、神疲乏力等情况。⑤清热利湿：薏苡仁、赤小豆、马齿苋等适用于体内有湿热的银龄族，可帮助改善肢体困重、舌苔黄腻、小便不利等症状。上述功效和适应证主要得益于药食两用物质中含有丰富的营养因子、抗炎因子、免疫调节剂等生物活性成分，具有增强免疫力、缓解疲劳、改善睡眠及抗衰等功效，在防治慢性疾病方面展现出良好的潜力[9]。现代营养学也强调"食物即药物"的理念，提倡通过合理的饮食搭配来预防疾病和调理身体。药食同源的理念与这一理念不谋而合，为现代营养学和健康管理学提供了新的思路和方法[10]。通过科学引导，保健食品和药食同源物质在促进晚得病、少得病以及在优化有限的卫生资源和医保资源、应对社会老龄化进程加快等方面都可以发挥积极作用。

（三）中医药相关产品在银龄族健康管理中的现状

1. 中药在银龄族健康管理中的现状

首先，缺乏专业性用药指导。银龄族患者由于生理功能减退并伴随着认知理解能力的下降，他们对用药知识和技能的掌握及付诸实践有更大的难度，因此更加需要针对性的专业指导。

其次，安全用药宣传力度不够。银龄族对药物不良反应缺乏认识，存在漏报率较高的情况，应提高银龄族对药物不良反应的认识，加强对银龄族合理用药（中药）的宣传，加强社会关注度。

最后，法律法规不健全。目前，我国还没有银龄族高风险药品目录，未出台针对银龄族合理用药评价指南。

2. 保健食品在银龄族健康管理中的现状

首先，保健食品的功效宣称与实际效果存在偏差。

其次，缺乏针对银龄族使用的保健食品的安全性评估。银龄族生理机能退化，药物动力学特点发生改变，对药物和保健食品的耐受性下降，应针对银龄族使用保健食品进行安全性评估。

最后，存在保健食品与处方药物的潜在相互作用风险。银龄族普遍患有多种慢性疾病，需要长期服用多种处方药物，而许多保健食品中所含的活性成分可能对药物的吸收、分布、代谢和排泄过程产生影响，从而改变药物疗效或引发毒副作用。目前国内外尚缺乏系统的保健食品与药物相互作用数据库，许多潜在的风险尚未得到深入认知和警示。

3. 药食同源食品在银龄族健康管理中的现状

第一，对药食同源食品认识不清。药食同源是人类在长期生产实践过程中总结得出的精华，具有丰富的思想内涵，但从目前的研究和应用情况来看，尚存在一知半解、误用滥用甚至恶意曲解的现象，缺乏有效传承[9]，基层社区卫生机构需要加强宣传和引导。

第二，相关法律法规不够完善。目前，已公布的药食同源物质名单中品种数目有限，仅106种，与我国丰富的药食同源资源极不相称，束缚了对药食同源物质宝库的开发利用，直接导致银龄族的多元化健康需求与有效供给不足之间产生重大矛盾；当前对药食同源相关产品的管理模式，包括从研发思路、功能声称、功能评价方法、审批模式等，主要是按现代科学思维建立的，现行的监管体系与国家倡导发挥中医药在老龄化社会和人口健康服务方面的优势、减少国家医保负担的要求之间还存在一定差距，未能充分发扬我国优秀的药食同源文化，阻碍了药食两用物质产业的高质量发展，制约了药食同源食品在银龄族健康管理中的有效应用。

第三，基础研究薄弱。中医素有"食药同源""药补不如食补"的说法，但是理论零散。近年来，药食同源产业发展较快、种类多，但是基础研究严重不足，功能因子和作用机制不清，工艺技术转化不足，形成规模的企业较少，产业体量不大、规模效益不强，整体发展存在着结构性失调。药食同源产品同质化现象严重，普遍存在原料重复、功效重复和剂型重复等低水平开发利用；产品市场的生存周期短，很多品种供大于求，造成资金、资源的浪费；产业链不完善，原料、中间体和成品缺乏完善的标准体系，产品质量不稳定；人才队伍建设缺失，特别是缺乏食品、营养和药学等多学科交叉的复合型科学研究人才；研发投入不足，创新能力不强，品牌价值和产品科技含量不高，科研院校与企业之间缺乏紧密高效的合作，科研成果难以及时转化为现实生产力，这一点与美国、日本和欧洲等先进国家和地区存在较大差距。

三、国内适用于银龄族的中医药相关产品的上游产业现状

银龄群体的快速增长促进了中医药类产品消费的大幅增长。适用于银龄群体的中医药相关产品的上游产业（包括原材料种植、加工、质控等环节）的健康发展对满足市场需求、保障消费者健康均具有重要意义。因此，

政府和企业应当加大对中医药上游产业的支持力度，通过政策引导、资金投入和技术研发等手段，提升整个产业链的水平。同时，加强市场监管，确保产品质量和安全，让消费者能够放心购买和使用这些产品，从而真正实现"健康中国"战略的目标。

（一）国内适用于银龄族的中药种植现状

1. 中药种植的规模及地域分布

中药种植的规模有限，地域分布不均。药食同源类中药材的种植面积较大，仅作为药用的种植面积相对较小。在《全国中药材生产统计报告（2020年）》中，将中国中药协会中药区划与生产统计专业委员会统计汇总的329种中药材进行数据整理，发现由各方面文献、报告中收集整理的药食同源类中药材有116种，其中有77种实现了人工种植。对77种药食同源类中药材种植面积进行分析，结果显示：77种药食同源类中药材种植面积约5486.31万亩，约占中药材种植总面积的65.79%[11]。

对各地区药食同源类中药材种植总面积和均值进行分析，结果如图1、图2所示。图1可以看出，广西、甘肃、云南等地区药食同源类中药材种植面积较大。图2可以看出，广西、四川、甘肃等地区不同中药材种植面积的差异较大，说明不同地区药食同源类中药材种植总面积大小受某几种中药材种植面积的影响较大。

按乔木、灌木、藤本、草本类对药食同源类中药材种植面积进行分类统计，结果如图3、图4所示。图3可以看出，乔木类种植面积为3217.36万亩，灌木类种植面积为350.04万亩，藤本类种植面积为369.18万亩，草本类种植面积为1528.33万亩。

对药食同源类中药材和临床常用中药材种植面积进行分析显示，既是药食同源物质又是临床常用的中药材有56种，种植面积为3374.91万亩，占全国总面积的40.47%；仅是药食同源的中药材种植面积为2111.4万亩，占全国总面积的 25.32%；仅是临床常用的中药材种植面积为 2399.07 万亩，占全国总面积的 28.77%。说明药食同源类中药材的种植面积较大，仅作为药用的种植面积相对较小，结果如图 4 所示。

2. 中药材种植技术现状

中药材种植业是保障中医药事业健康发展的源头产业，也是中医药事业传承和发展的物质基础，更是关系国计民生的战略性资源。目前，我国中药种植的地域分布广泛，南方地区的中药种植相对发达；中药材种植的规模呈现出逐年增长的趋势，我国的中药种植总面积已超过 50 万公顷。

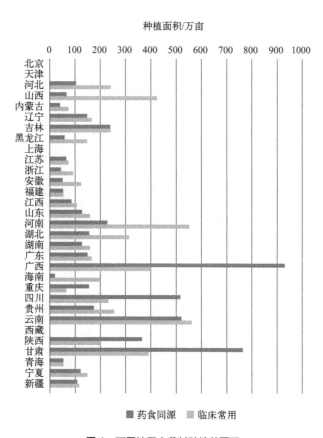

图 1　不同地区中药材种植总面积

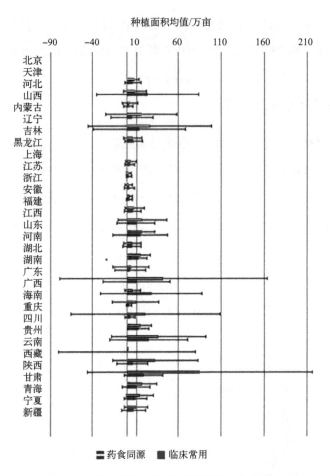

图 2 不同地区中药材种植面积的均值与置信区间

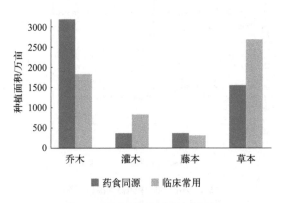

图 3 不同类型中药材种植总面积

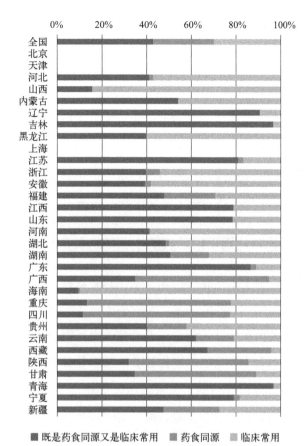

图 4 不同地区不同类型中药材种植面积百分比

中药材种植技术的发展得益于科技创新和现代化农业技术，实现了从手工操作向机械化、自动化、智能化的转变，但是目前总体占比不高。这种转变包括改良传统技术如土壤改良、病虫害防治和肥料施用，以及应用新型技术如智能化养殖、水培和绿色种植技术。智能化养殖通过智能设备和系统管理提高产量和品质；水培技术适用于某些中药植物，具有生长周期短、产量高和品质好的优势；绿色种植技术基于生态学理论，通过园艺管理和土壤改良种植更健康、更有营养的中药植物。这些技术的革新提高了中药的品质和产量，并推动了中药种植的可持续发展[12]。

3. 问题与建议

生产不规范。为提升药材品质，应加强规范化建设，核查生产者的资质，建立中药材追溯体系，规范化生产、管理[13]。

品种单一。中药材种植品种的单一化对生态、药材可持续性和种植者经济安全均构成威胁。

生产成本高且价格不稳定。季节性、市场不稳定性、品质与价格的关系以及国际贸易是影响中药市场的关键因素。

（二）目前国内适用于银龄族的中医药相关产品的质量控制现状

质量控制是保障中医药相关产品安全性和有效性的关键。为保证中医药类产品质量，需要加强监管力量、完善相关法律法规、集中专项整治等来优化中医药相关产品包括中药、保健食品、食药同源食品的安全监管机制；通过提高消费者维权意识、发挥社会信用引导等方式，构建多元共治的中医药类产品安全监管格局。监管部门、企业、专业机构应三方联动，帮助企业解决标签标识、检验检测、原辅料管理等方面的实际问题，指导企业提高产品品质，防控风险。

1. 质量评价一般参考标准

中医药类产品的质量控制涉及两个主要方面：食品属性评价和中药属性评价。食品属性评价依据食品安全国家标准及行业标准，包括安全性评价（检测有害物质含量、毒理学评价）和营养性评价（检测营养成分含量）。中药属性评价则依据《中华人民共和国药典》和文献方法，测定指标性成分或组分含量，以评估其保健功能。这两项评价共同确保保健食品、药食同源食品的安全性、营养性和保健功能。

2. 质量评价的问题与建议

第一，基础研究薄弱。我国保健食品、药食同源食品主要存在基础研究不足、低水平重复、夸大产品功效、产地不均衡、产品过度包装、价格较高、缺少诚信等问题，并且许多产品功能因子的作用机理、构效关系、量效关系等基础理论方面还不够清晰，新一代保健食品、药食同源食品研发与其他国家相比还有一定差距；已经批准的保健食品的功能比较集中或单一，如抗疲劳、调节免疫、调节血脂等功效，无法满足广大银龄族消费者的需求；产品较高的售价，也超出了大多数银龄族消费者所能接受的消费水平。研发单位要切实重视功能食品的分子水平研究，从分子、细胞和器官水平研究功能因子的构效关系、量效关系、作用机理和可能的毒副作用，积极研发新的保健食品、药食同源食品；采用高新技术，从各种天然动植物资源中寻找、提取或合成各种特殊功能因子，同时建立和发展检测各类功能因子的方法；特别是具有中国特色的基础原料，如银杏、红景天、人参、鹿茸等，不仅研究其中的功能因子，还研究分离保留其活性和稳定性的工艺技术，包括去除原料中一些有害、有毒的物质。

第二，新技术、新工艺在食品中的应用不足。要引入生物技术、膜技术、挤压成型技术、微波技术、冷杀菌技术、超临界升华技术、超微技术、现代分析检测技术等，推进保健食品、药食同源食品进入深层的研究开发。

第三，相关标准不完全适用或缺失。尽管有食品安全国家标准、《中华人民共和国药典》等行业标准，但它们并不完全适用于药食同源食品的质量控制；以饮料类药食同源食品为例，现有标准如《GB 7101—2022 食品安全国家标准 饮料》缺少营养性和中药属性评价的规定，安全性评价内容不全面。

第四，评价指标单一。研究多以单一成分或组分为评价指标，未明确区分质控性和功能性评价，导致评价指标单一，无法全面表征药食同源食品的功能属性。

第五，非法添加和替代问题。评价指标单一易导致非法添加和替代行为，如在银杏叶提取物中添加芦丁，阿胶中掺入劣质皮类胶等。

第六，产品定位不明确。药食同源普通食品和中药类保健食品评价指标相似，缺乏功能针对性，易导致产品定位不明确，产生夸大宣传或滥用现象。

第七，功能声称与中医药理论不符。药食同源食品质量控制标准的不健全，尤其是功能性评价标准的缺失，导致其功能声称与中医药理论不符，限制了药食同源食品的精准化与多样化发展。

第八，质量控制标准缺乏或者不统一。建议利用多学科、多组学技术，结合中医药理论，确定中药类保健食品的功效标志物或功能因子数据库，建立相关质量控制标准，以对其功能性进行评价。针对药食同源食品质量控制研究的不足，中国中药杂志在 2022 年提出了图 5 所示的质量控制的研究策略。该策略强调了药食同源食品质量控制的复杂性，综合考虑食品和中药的双重属性，并针对性地进行科学、适宜的评价研究，具有很高的可行性。

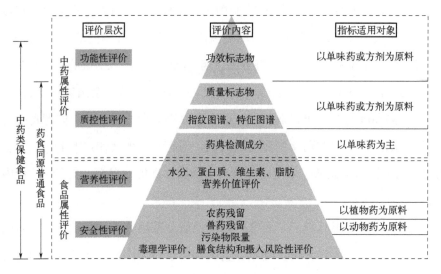

图 5 食药同源产品质量控制的研究策略

第九，安全追溯机制缺乏。建立中医药相关产品的安全追溯机制并在监管部门的敦促下遵照执行，由生产者、加工者及流通者分别将食品的生产销售过程中可能影响食品质量安全的信息进行详细记录、保存并向消费者公开。安全可追溯制度主要由生产经营记录制度、包装与标识制度、编码与查询制度、消费者通报制度构成，且应在食品药品监督管理部门会同农业行政等有关部门监督下执行[14]。

目前国内适用于银龄族的中医药相关产品的上游产业现状总体来说一片向好，十分利于银龄经济发展。同时，也要进一步规范化，加强监管，确保产品质量和安全。未来，应继续推动科技创新，优化种植技术，提升产业链水平，以满足日益增长的市场需求，保障银龄族的健康福祉。

参考文献

[1] Mitchell E, Walker R. Global ageing: successes, challenges and opportunities. Br J Hosp Med, 2020, 81（2）: 1-9.

[2] Wiederhold BK, Riva G, Graffigna G. Ensuring the best care for our increasing aging population: health engagement and positive technology can help patients achieve a more active role in future healthcare. Cyberpsychol Behav SocNetw, 2013, 16（6）: 411-412.

[3] 崔晓东, 陈友华, 周海花.中国老年寿命与健康寿命变动趋势研究人口与发展 [J]. 2022, 28（5）: 20-31.

[4] 王琦.中医体质学在大健康问题中的应对与优势 [J]. 北京中医药大学学报, 2021, 44（3）: 197-2021.

[5] 白明华, 王济, 郑燕飞, 等.基于 108015 例样本数据的中国人群中医体质类型分布特征分析 [J]. 北京中医药大学学报.2020, 43（6）: 498-507.

[6] 袁尚华, 富斌, 陈斐斐, 等.老年人中医体质特征及干预对策 [J]. 中华中医药杂志.2015, 30（10）: 3450-3452

[7] 施易灵.A 公司骨质疏松药品竞争策略研究 [D]. 上海: 华东师范大学, 2022.

[8] 李光耀.基于研发和市场的中药现代化战略研究 [D]. 沈阳: 沈阳药科大学, 2011

[9] 黄璐琦, 何春年, 马培, 等.我国药食两用物品产业发展战略思考 [J]. 中国工程科学, 2022（6）: 81-87.

[10] 查建霞.老年用药（中药）现状调查分析及建议 [D]. 成都: 成都中医药大学, 2018.

[11] 王慧, 张小波, 汪娟, 等.2020 年全国中药材种植面积统计分析 [J]. 中国食品药品监管, 2022（1）: 4-9.

[12] 马新辉.中药种植的现状与优化对策 [J]. 农业灾害研究, 2024, 14（4）: 55-57.

[13] 乔国立, 张春霞, 杨彗慧, 等.我国中药材种植业现状与发展建议 [J]. 新农业, 2020（22）: 27-28.

[14] 边红彪, 王菁.食品安全监管的国际趋势与经验借鉴.中国市场监管研究, 2021（11）: 35-38.

HB.05

中国银龄族可穿戴心电设备应用现状及调查研究

韩文博 ❶，周沪方 ❷，高昂 ❸，吴婵 ❹，郭金水 ❺

摘要： 可穿戴心电设备作为一种非侵入性的微型健康监护工具，在心血管疾病的监测、治疗及康复管理等多个环节展现出了独特价值。本报告采用文献研究和问卷调查等方法，对当前可穿戴心电设备在银龄族中的普及程度、接受程度以及需求程度进行了深入调查分析，认为可穿戴心电设备目前正面临着市场开发不足、技术亟待改善、数据安全隐患等挑战，需积极拓展市场、推进技术研发，保障数据安全以促进银龄产业数智化发展。

关键词： 银龄族；可穿戴心电设备；应用现状；调查研究

随着社会发展，中国老龄化程度也不断加深。心血管疾病作为威胁人类健康的重要元凶，在银龄族中的发病率和死亡率逐年攀升，严重降低了人们的生活质量 [1]。可穿戴心电设备在心血管疾病的监测与治疗、危重症

❶ 韩文博，中西医结合临床博士，北京中医药大学第三附属医院副主任医师，研究方向：中西医结合防治心血管疾病。

❷ 周沪方，中西医结合临床博士，博士后，首都医科大学附属北京友谊医院主治医师，研究方向：中医药防治心脑血管疾病。

❸ 高昂，中西医结合临床硕士，北京中医药大学东直门医院住院医师，研究方向：介入心脏病学与中医药学。

❹ 吴婵，北京中医药大学东直门医院博士研究生在读，研究方向：中西医结合防治心血管疾病。

❺ 郭金水，北京中医药大学东直门医院硕士研究生在读，研究方向：中西医结合防治心血管疾病。

急救、慢性病管理，以及心脏康复等多个方面展现出了重要价值。尽管可穿戴心电设备防治心血管疾病具有确切的医疗价值及广阔市场，但由于市场开发、技术更新等因素限制，产业发展仍面临挑战。本研究通过问卷调查形式，了解银龄族对可穿戴心电设备的认知程度，并对市场需求进行定性定量分析，以期为银龄产业数智化发展策略提供参考。

一、中国可穿戴设备现状调查

（一）参与问卷调查的银龄族基本信息

1. 性别分布

参与本次问卷调查的银龄族共 226 人，其中男性 106 人，占比 46.90%；女性 120 人，占比 53.10%。具体见图 1。

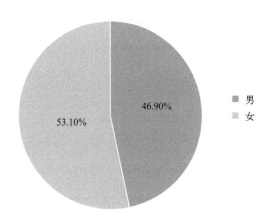

图1　参与问卷调查的银龄族性别分布

2. 年龄分布

参与调查问卷的群体分为三个年龄段，其中年龄为 60～69 岁的有 193 人，占比最高，达到 85.40%；年龄为 70～79 岁的有 25 人，占比 11.06%；年龄≥80 岁的有 8 人，占比 3.54%。具体见图 2。

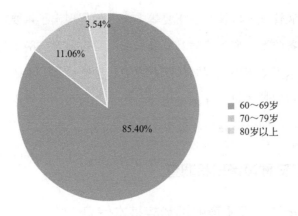

图2 参与问卷调查的银龄族年龄分布

3. 受教育程度

从受教育情况来看，参与调查群体以本科及以上的人数居多，为83人，占比36.73%；小学及以下的人数最少，为22人，占比9.73%；其他为初中（16.81%）、高中/中专（23.01%）、大专（13.72%），具体见图3。

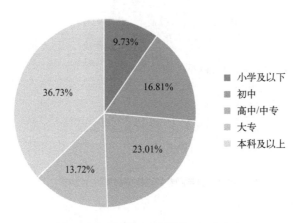

图3 参与问卷调查的银龄族受教育程度

4. 居住情况

居住情况调查显示，选择与老伴一起居住的占大多数，比例为

57.52%；与子女一起居住的有 32.7%，不到 10% 的银龄族选择独居，参与问卷调查的银龄族中没有人在养老院居住者，具体见图 4。

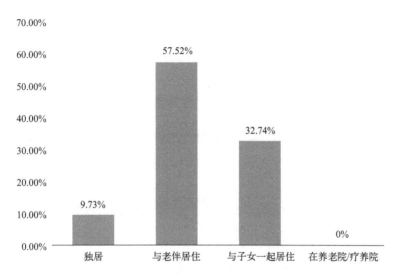

图 4 参与问卷调查的银龄群体居住情况

5. 收入水平

参与问卷调查的银龄族的月收入水平可分为四个水平，其中月收入 3000 元以下者占比 18.58%；3000 ~ 5000 元区间的人数最多，为 92 人，占比 40.71%；5000 ~ 8000 元区间占比 25.22%，大于 8000 元的人数最少，仅有 35 人，占比 15.49%。具体可见图 5。

6. 健康状况

健康状况调查显示，无心血管疾病的人群占 37.17%，患有心血管疾病的人群中占比最高的为高血压，达到 48.67%，其余依次为冠心病（20.80%）、心房颤动（6.64%）、心力衰竭（3.10%），其他疾病占 6.64%，具体见图 6。

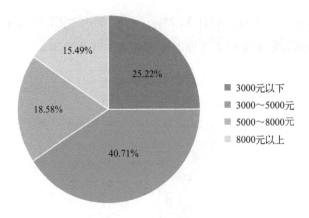

图 5　参与问卷调查的银龄族的收入水平

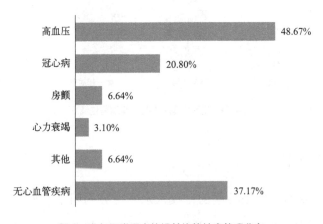

图 6　参与问卷调查的银龄族的健康状况分布

（二）可穿戴心电设备使用情况

1. 银龄族对可穿戴心电设备使用程度及了解情况

调查显示，仅有 29.65% 的银龄族使用过可穿戴心电设备，提示心电穿戴设备实际使用程度尚低。其中对可穿戴心电设备非常了解者仅占 4.48%，有一定了解者占 50.75%，知道但不了解细节者占 31.34%，完全不了解者占 13.43%。具体可见图 7、图 8。

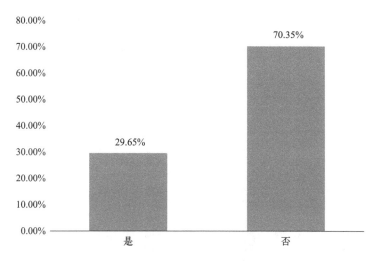

图 7 参与问卷调查的银龄族可穿戴心电设备的使用情况

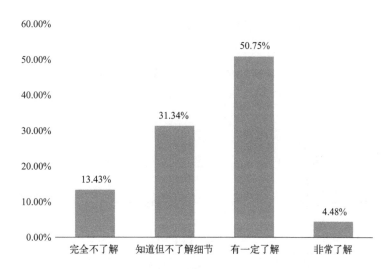

图 8 参与问卷调查的银龄族对可穿戴心电设备了解程度

2. 可穿戴心电设备的产品类型及使用目的

对于已经佩戴可穿戴心电设备的银龄族而言，使用手环（表）式心电设备者占比最高（77.61%），每天都在使用该设备的银龄族占比为 53.73%，极少使用该设备的人群占 22.39%。而且对此类产品均有一定的了解的银龄族超过半数（占比 50.75%）。此外，参与调查的银龄族佩戴可穿戴心电设备多用于监测心脏健康，占比 74.63%。具体见图 9、图 10、图 11。

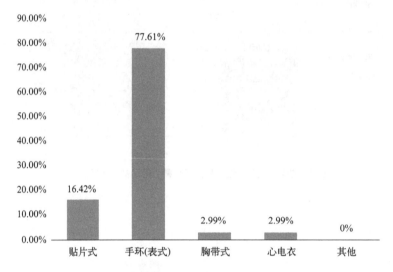

图 9 参与问卷调查的银龄族使用可穿戴心电设备的类型

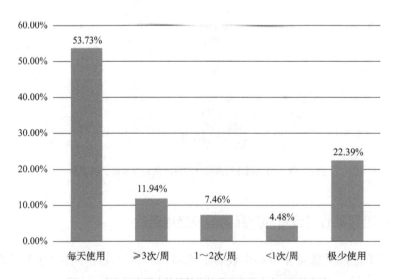

图 10 参与问卷调查的银龄族使用可穿戴心电设备的频率

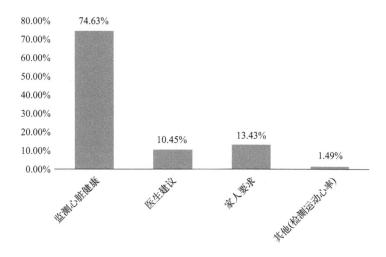

图 11 参与问卷调查的银龄族使用可穿戴心电设备的主要目的

（三）设备认知度与满意度

本次参与问卷调查的银龄族对于可穿戴心电设备的使用情况中，表示满意以及非常满意的银龄族约占 73.14%，但也有不同意见。可穿戴心电设备吸引银龄族的特点主要包括操作便捷、异常预警、数据可视化、实时监测及其他特点，其中最具吸引力的特点为实时监测功能，占比 83.58%，其次为异常预警及数据可视化，超过了 50%，说明心电穿戴设备的多种功能均被认可。具体见图 12、图 13。

（四）需求与挑战

1. 银龄族对可穿戴心电设备的关注焦点

本次调查的银龄族对于可穿戴心电设备的需求中，数据的准确性在人群关注的问题中占比最高，约占 68.66%，其他依次是，操作便携性（61.19%）、电池续航（61.19%）、价格（55.22%）、舒适度（44.78%）等，对于设备数据的可靠性、便携性以及性价比提出了要求。而对于使用可穿戴心电设备面临的挑战时，数据解读困难占比最高，约占 58.21%，其次在操作方法、设备的连接和隐私保护等方面均面临着较大的挑战。具体见图14、图 15。

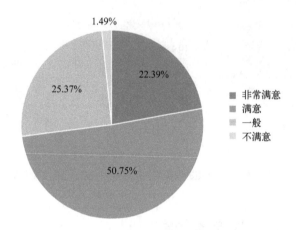

图 12　参与问卷调查的银龄族对可穿戴心电设备的满意度

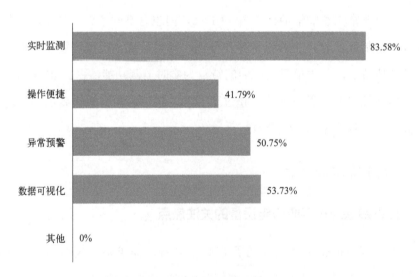

图 13　可穿戴心电设备吸引银龄族的特点统计

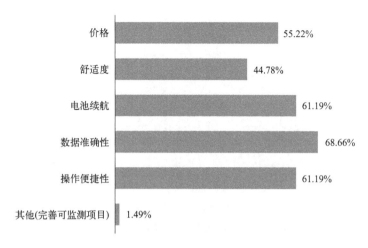

图 14 可穿戴心电设备需要改进的方面

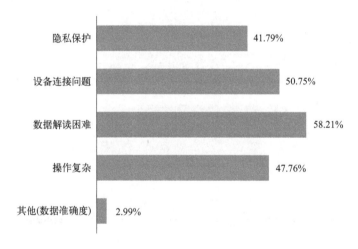

图 15 参与问卷调查的银龄族使用可穿戴心电设备的主要挑战

　　同时，参与问卷调查的银龄族中，大多数人愿意将监测数据与家人或医师分享（占比为 68.66%），而且期望可穿戴心电设备在未来健康管理中成为合格的健康管理工具（占比为 82.09%），从而提供健康预警及辅助医师诊断。具体可见图 16、图 17。

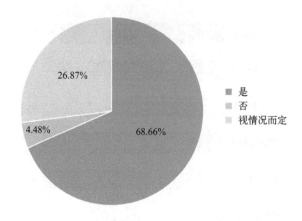

图 16　参与问卷调查的银龄族将可穿戴心电设备数据共享的意愿

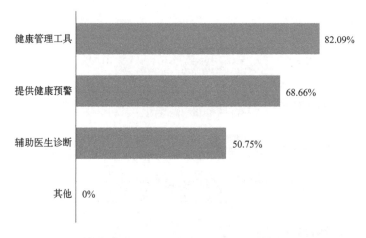

图 17　参与问卷调查的银龄族对可穿戴心电设备在未来健康管理中的期待

2. 可穿戴心电设备的普及程度及使用情况

　　参与问卷调查的银龄族中，对于从未使用过可穿戴心电设备的银龄族，对此设备了解较少是他们未使用的主要原因，占比 79.87%。同时，多数人担心该设备可能带来技术更新问题（53.46%）、数据安全问题（47.80%）及健康问题（43.40%），而 26.42% 的人对电子设备过度依赖性问题表示担忧。具体可见图 18、图 19。

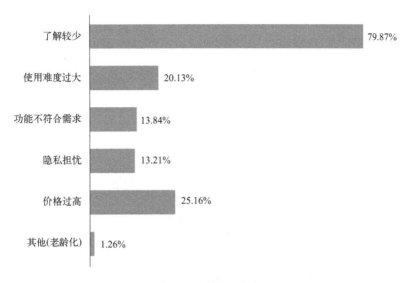

图 18　参与问卷调查的银龄族未使用可穿戴心电设备的主要原因统计

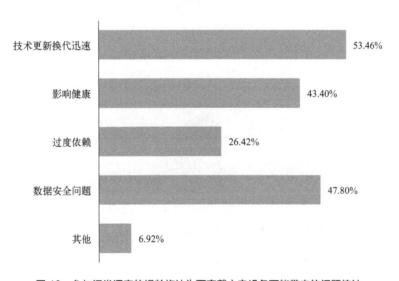

图 19　参与问卷调查的银龄族认为可穿戴心电设备可能带来的问题统计

（五）接触可穿戴心电设备意向

对于可穿戴心电设备的接受程度，66.04%的调查银龄族表示可能会尝试使用可穿戴心电设备，25.79%的银龄族表示一定会尝试心电设备，绝对不会尝试的银龄族占比最少，为1.26%。愿意参加可穿戴心电设备的相关培训或教育活动的银龄族可占76.11%，暂时不愿意参加的银龄族占23.89%。可见参与问卷调查的银龄族对于接触可穿戴心电设备的接受度很高。具体见图20、图21。

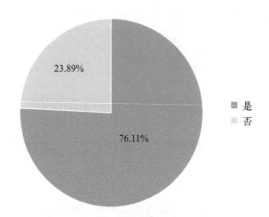

图20　参与问卷调查的银龄族对于参加可穿戴心电设备的相关培训或教育活动的意向

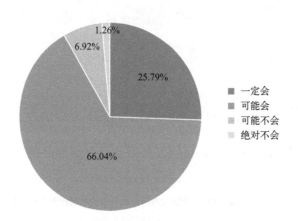

图21　参与问卷调查的银龄族对可穿戴心电设备的接受程度

二、银龄族可穿戴心电设备应用现状及挑战

本研究通过问卷调查的形式，对银龄族的可穿戴心电设备了解程度及

市场需求进行定性定量分析，认为可穿戴心电设备目前面临着市场开发不足、技术开发不足、数据安全隐患等挑战。

（一）市场开发不足

1. 市场人群拓展不足

截至 2023 年底，中国 60 岁及以上人口的数量已达到 2.97 亿人，占据总人口的 21.1%[2]，社会老龄化程度明显提高。在这样的背景下，满足银龄族的健康需求显然更为迫切。对可穿戴心电设备的人群需求的分析发现，高龄、超高龄及健康人群的市场有待开发。本次报告的调查结果显示，60 ～ 69 岁年龄段的银龄族占比达 85.40%，该年龄段的银龄族多处于退休阶段，对健康状况更为关注，因此对健康监测和疾病预防有着更高要求。相对来说，尽管参与本次调查的 70 岁及以上的银龄族累计占比不到 15%，然而随着年龄增长，该部分群体的疾病状况显然更为复杂，对心血管健康的监测也更为迫切，因此对 70 岁以上高龄甚至超高龄群体拓展设备需求具有重要的现实意义。同时，我们关注到，参与问卷调查的银龄族中没有心血管疾病的群体占 30%，这与我们传统的认知有所不同，说明银龄族对健康的关注具有普遍性和超前性，从疾病预防到后期管理全流程把握不同群体的健康需求显得至关重要。

2. 可穿戴心电设备的了解程度偏低

本次调查结果显示，对可穿戴心电设备完全不了解的银龄族占比 13.43%，知道但不了解细节的银龄族占比 31.34%；关于未使用可穿戴心电设备的主要原因，79.87% 的银龄族认为是不了解，这些结果提示银龄族对于可穿戴心电设备的了解程度偏低。究其原因，一是市场推广方面，由于手机、笔记本电脑等电子设备的普及应用，青中年群体对可穿戴心电设备相关信息及广告接触概率更高，而银龄族对电子设备的使用率、使用时间都明显较低，因此在可穿戴心电设备了解方面形成了信息差。二是与消费者心理有关，本次调查结果在一定程度上反映了银龄消费者普遍的心理状态——对于高科技产品的迷茫。这一现状直接导致了市场大量潜在消费者因"不了解"或"缺乏深入了解"而畏惧使用，从而对市场宣传拓展造成巨大的障碍。同时，许多消费者对可穿戴心电设备的认知仅停留于其基本功能，如心率监测、心电图记录等，对于潜在的运行原理、数据准确性、隐私保护以及长期监测获益方面知之甚少。这种信息的不对称也会影响消费者的购买决策，以及对产品的信任度和忠诚度。

（二）技术开发不足

可穿戴心电设备作为一种便携式医疗设备，能够精准实时监测心脏电生理活动，通过装备内置的传感器精准捕捉人体心脏电信号，并将其转化为可供专业医师分析的实时真实的数据。这类设备具有小巧便携、操作简便、实时监测、数据精准等特点，可以为用户提供个性化的健康管理服务[3]。但其在操作与数据处理以及设备的管理和培训等方面存在不足。

1. 数据准确性有待提高

对可穿戴心电设备改进需求的调查结果显示，数据准确性是银龄族关注的占比最高的问题，占到 68.66%，可见可穿戴心电设备赢得银龄消费者信任的关键在于数据的准确性。然而，由于可穿戴心电设备本身的局限性以及外部环境的干扰，数据的准确性往往难以得到全面保证。研究表明，可穿戴心电设备的测量结果的精准程度依赖于人体血流量、皮肤温度、体位改变、空气温度及湿度等多种因素，当任一因素发生改变，都有可能会对设备读数产生影响，出现数据的偏差，甚至导致漏诊、误诊及治疗延迟[4]。

2. 操作流程复杂

操作流程复杂是大多数智能可穿戴心电设备面临的共同难题，从银龄族对设备改进的需求来看，关于操作便携性的需求度很高（61.19%）。不同于年轻消费者对操作界面智能化、个性化的要求，简洁明了的操作界面对银龄族更为实用，复杂的操作流程往往成为推广使用的首要障碍。

3. 设备管理滞后

设备管理是确保可穿戴心电设备稳健运行、数据准确传输的重要环节。然而，目前市场上许多可移动电子设备在软件更新、远程管理等方面面临一定挑战。首先，软件更新滞后为普遍问题，随着技术迅猛发展，设备需要及时更新软件系统以适应新的医疗准则。然而，部分开发商在软件应用更新方面反应较为迟缓，信息滞后，导致设备更新方面落后，甚至存在时间窗口，容易造成安全隐患。这不仅限制了设备的性能提升，也可能因系统漏洞而被外界不良信息恶意攻击，危及用户数据安全。同时，远程监控功能的不完善也影响了设备管理的效率，对于渴望长期健康监测的群体而言，能够实时远程监控、及时接收异常报警信号至关重要。然而，目前部分设备在远程监控方面存在信息延迟、信号不稳定等问题，一定程度上影响了医师对患者健康状况的诊疗。

4. 设备培训欠缺

设备培训是确保可穿戴心电设备正确使用、充分发挥其效能的重要基础。然而，目前针对消费者的培训资源有限，培训内容和方式存在诸多不足。一方面，设备培训内容缺乏针对性，不同年龄段、不同健康情况的群体对设备的需求和理解存在差异，但目前市面常规培训往往采用"一刀切"的方式，难以满足不同群体的个性化需求。另一方面，设备培训方式枯燥单一，传统的线下培训虽然能够直接与用户互动，但受限于时间、地点等因素，难以覆盖所有潜在用户。而线上培训虽便捷，但缺乏面对面实时交流沟通，在用户遇到问题时往往难以得到及时有效回复。此外，培训效果的评估机制不完善，检验用户是否真正熟练掌握设备的使用方法暂时缺乏有效的评估手段。

（三）数据安全隐患

可穿戴心电设备在实时记录、收集及分析群体数据的同时，隐私及数据保护问题也日益凸显。本次调查结果显示，隐私保护问题是可穿戴心电设备面临的重要挑战，占比 41.79%。由于可穿戴心电设备在信息收集时涉及其他敏感信息，如运动模式状态下运动情况、睡眠质量状况等。若存在信息保护隐患或不当使用风险，将对消费者隐私构成严重威胁。此外，若设备制造商或相关应用程序的隐私保护政策不明确，或未征得消费者同意擅自收集和使用数据，也将侵犯用户的隐私权。一些设备在存储过程、数据传输中缺乏足够的安全有效措施，如安全加密技术、访问控制权限等，导致数据面临被非法获取的风险。因此，当前可穿戴心电设备的数据安全性仍有待提高，用户隐私保护面临风险。

三、银龄族可穿戴心电设备发展策略探讨

（一）拓展市场群体

本次调查发现，银龄族具有购买意愿高、使用频率高、接受推荐度高的"三高"特点，可以明显感受到银龄族对可穿戴心电设备的消费需求。因此，针对不同健康需求群体，精准把握消费场景和消费者心理，是拓展市场的重要抓手。

首先，对于健康及亚健康的银龄族，尽管没有慢性疾病及心血管疾病问题，但仍迫切希望针对身体潜在疾病风险而寻求更为精细的监测手段，这为可穿戴设备领域提供了广阔的市场空间。

其次，家庭成员的消费选择会影响可穿戴心电设备的应用。关于使用目的的调查结果提示，部分银龄族购买可穿戴心电等设备是出于家人的要求，这反映了家庭成员对疾病健康管理的重视程度，以及通过科技手段了

解家人健康的市场发展趋势。特别是对于异地工作或学习的年轻人，往往更倾向于选择能够实时监测家人健康状况的设备，以确保在紧急情况下能够迅速响应。这一消费场景不仅促进了相关产品的销量增长，也为未来细分化市场和定制化服务提供了可能。尤其对于高龄及超高龄群体，由于健康水平及社会活动能力下降，自身很难作出有效消费决策，更多是依靠家人及专业医师推荐，因此从减轻家庭负担、减少管理成本等消费场景而言，精准把握相关群体进行推广很有必要。

再次，随着年轻人对健康生活方式的追求和对新兴科技的敏锐认知，他们自身也成为可穿戴心电设备的重要消费群体。这部分用户不仅关注产品的技术先进性，还注重其设计美感、穿戴舒适度及数据准确性，产品功能多样性成为他们决策的关键因素。年轻群体的加入，不仅为市场注入了新的活力，也推动了产品向更加智能化、个性化、人性化的方向发展。值得注意的是，对于那些已经养成使用习惯的用户而言，高频率的使用往往意味着更强的客户黏性，他们不仅依赖设备提供的健康数据，还常通过社区分享、专业咨询等方式，构建基于共同健康目标的社交网络，从而进一步巩固了市场基础，为持续的市场拓展奠定了坚实的基础。同时，年轻人的消费习惯也会影响银龄族，对于接受度高的银龄族，他们并不排斥智能化、个性化的可穿戴心电设备。

（二）加强技术研发与管理培训

将技术研发与市场需求紧密结合，提高可穿戴心电设备的数据准确性、便携性及操作简易性，优化设备管理与培训，创新应用场景，将有助于提升消费者体验。

1. 设备便携化及数据准确化

在数据准确性方面，可加大生物传感技术、无线传输技术等方面的研发投入，探索新型传感器技术，如开发具备高度集成、低能耗、高精度的新型传感器，以便提升设备对人体生理参数监测的准确性。在便携性方面，需注重产品的外观设计和用户体验，如采用柔软、轻便、简洁的材料，提高设备的佩戴舒适度。

2. 设备功能智能化

当前各大知名品牌均运用智能语音识别系统提高产品竞争力，不断简化操作步骤，消费者只需通过简单的语音指令，就能完成设备设置、数据监测、提醒设置等任务，无需烦琐的手动操作。这种交互方式不仅便捷，还减少了因操作不当导致的错误，提升了用户体验。此外，语音操作还能与智能家居系统相结合，形成更加智能化的生活环境。值得一提的是，2022 年底，ChatGPT 引发了智能化热潮，加速了 AI 时代的到来，各大细分场景的大模型争相涌现。如科大讯飞的"讯飞星火"大模型，在医疗、教育领域已落地应用；2024 年，阿里巴巴全球首款开源语音大模型 FunAudioLLM 重磅发布，具备多语音识别、语音生成、情绪识别及情感调控、多角色对话等功能，未来若应用于可穿戴心电设备领域，无疑将大幅度提升用户体验及生活便利性。

3. 设备管理高效化

通过加强设备管理，可确保软件及时更新、数据安全可靠、远程监控稳定高效。制造商应建立完善的软件更新机制，及时响应新的医疗需求和产业标准。同时，加强数据安全措施，保护用户隐私，优化远程监控功能，提高设备管理的高效性和准确性。

4. 设备培训个性化

设备培训方面，丰富用户培训内容，提高培训的针对性和有效性。针对不同用户群体制定个性化的培训计划，提供多样化的培训方式，如线上课程、线下讲座、实践操作等。另外，建立培训效果评估机制，确保用户真正掌握设备使用方法，能够准确解读数据信息。加强用户支持，通过制作使用手册、视频教程等资源，帮助用户更好地了解设备的功能和使用方法。也可以通过建立用户社区或论坛，方便用户之间的交流与学习，提供全天候的客户服务支持，及时解答用户在使用过程中遇到的问题。

（三）强化数据安全保障

强化数据安全，确保数据处于有效保护和合法利用状态。首先，加强数据加密与传输安全，采用高级加密技术，对存储在设备或云端的数据进行加密处理，确保数据在传输和存储过程中的安全性。采用如超文本传输安全协议（hyper text transfer protocol secure，HTTPS）等安全传输协议，以防止数据在传输过程中被窃取或篡改。同时需注意定期更新加密算法，随着各大制造商的迅速研发，各大内部加密算法随时可能面临被破解的风险。因此，制造商应加快更新算法，确保数据的前沿性及保密性。其次，提供用户数据访问控制，用户可以通过控制设备的数据访问权限，包括数据的收集、存储、使用和分享，并且在用户协议中明确告知用户数据的使用方式和保护措施，并提供透明的数据使用政策，让用户随时能够查看、修改或删除自己的数据。同时，制造商也应提供更加简洁易懂的数据访问控制界面，让用户特别是银龄族更加方便地管理自己的数据，对于验证方式，采用如指纹识别、面部识别等多种选择，确保只有经过授权的用户才能访问设备或数据。最后，制造商必须遵循相应的法律法规，遵守国家和地方关于个人隐私保护、数据安全等方面的法律法规，确保产品的合法合规性。

四、总结与展望

可穿戴心电设备在银龄族健康风险监测中发挥着重要作用，目前面临市场开发不足、技术开发不足、数据安全隐患等挑战。针对这些问题，应进一步拓展市场，依托 AI 技术加强产品研发，强化数据安全保障，同时关注产业政策，推动可穿戴心电设备与其他医疗技术的深度融合和发展。未来，随着 AI 技术的不断进步和市场的拓展，可穿戴心电设备将在医疗健康领域发挥更加重要的作用，为银龄族的健康提供更加全面和个性化的服务，推动银龄产业数智化发展。

参考文献

[1] 中国疾病预防控制中心慢性非传染性疾病预防控制中心，国家卫生健康委统计信息中心 . 中国死因监测数据集 2021[M]. 北京：中国科学技术出版社，2022：22-26.

[2] 中华人民共和国民政部全国老龄办 .2023 年度国家老龄事业发展公报 [EB/OL].（2024-10-12）[2025-01-09].https://www.mca.gov.cn/n152/n165/c1662004999980001752/part/19820.pdf.

[3] 王清松 . 十二导联可穿戴式心电设备在急性冠脉综合征诊断准确性及心血管疾病远程诊断中的应用研究 [D]. 北京：中国人民解放军医学院，2022.

[4] 楚俊昆，赵倩，杨毅宁 . 可穿戴心电设备在心血管疾病中的发展历程及应用进展 [J]. 中国医疗设备，2023，38（12）：158-164.

叁

服务开发篇

中国银龄产业医养结合服务发展研究

王立元❶　田娜❷　仇泽国❸

摘要： 医养结合服务能够为银龄群体提供充分且必要的健康生活保障。在国家提出加强居家和社区医养结合的政策引导下，政府与各界社会力量已经开展了医养结合服务的大胆探索，并取得了一些典型成绩。本报告回顾了我国开展医养结合服务以来所取得的成就，对比政策文本引导、相关机构服务能力，通过分析外部发展环境和发展趋势，借鉴已经较为完善的医养结合服务模式，从服务银龄群体的角度提出对策、建议。根据宏观环境分析结果，提出完善政策法规体系、发挥基层医疗卫生机构作用、丰富机构盈利渠道、运用数字智能手段赋能、加强宣传引导等措施，为高质量服务银龄群体，从供给端提升医养结合服务能力提供参考。

关键词： 银龄群体；人口结构；养老机构；医养结合；基层医疗卫生机构

　　银龄产业的产品和服务主要面对 60 周岁及以上人群，即我们常说的

❶ 王立元，博士，江西中医药大学中医药与大健康发展研究院教授，研究方向：中医药政策、健康产业、中医药发展战略。
❷ 田娜，博士，江西中医药大学中医药与大健康发展研究院副教授，研究方向：医药经济与药事管理。
❸ 仇泽国，博士，江西中医药大学经济与管理学院讲师，研究方向：公共卫生事业管理，医疗保险。

银龄群体。随着我国人口结构的变化，银龄群体所占比重正在不断上升，过去单纯的医疗、养老资源以及彼此相对独立的服务体系，已经跟不上银龄群体追求美好生活的需求。因此，医疗照护市场发展正在走向高端化和复合化，特别是与满足银龄群体的生活需求相叠加，将医疗资源与养老服务有机结合成为医养结合服务，以期为银龄群体提供更加专业和高端的综合服务。医养结合服务的出现，不仅有针对性地满足了银龄群体的高质量生活需求，也使得家庭和社会的负担得到了转移[1]。综合而言，医养结合服务处于银龄产业高质量发展的核心位置，也是面对人口老龄化、高龄化趋势的必然选择。

银龄群体对健康养老服务的需求日益增长，使得银龄产业的市场潜力巨大[2]。根据来自中研普华产业研究院的《2024—2029 年中国医疗养老行业市场全景调研与发展前景预测报告》，2023 年我国医养结合服务市场规模已增长至 15222 亿元，较 2018 年复合增长了 20.65%。这表明，医养结合服务市场正在快速扩张，医养结合的现实需求正在不断释放。

一、中国开展医养结合服务取得的成绩

（一）老龄化情况与应对策略

根据《2023 年度国家老龄事业发展公报》，截至 2023 年底，我国有 29697 万的银龄群体，占总人口的 21.1%；其中 65 周岁以上（含 65 周岁）人群有 21676 万，占总人口的 15.4%[3]。根据预测，到 2035 年我国银龄群体将突破 4 亿，占比接近社会总人口的 30%；到 2050 年前后，银龄群体的规模和比重将达到峰值。我国即将面对人口结构重度老龄化带来的一系列挑战。

面对银龄群体不断增加带来的挑战，我国以系统化构建养老服务体系来应对。早在 2011 年，国家就开始重视医养结合服务，并期望从家庭、社区、专业机构三个层面共同发力提供养老服务，见表 1。2015 年，《全

国医疗卫生服务体系规划纲要（2015—2020 年）》中正式解读"医养结合"的概念，并在党和国家的多次重要会议上反复强调，如《中华人民共和国国民经济和社会发展第十四个五年规划和 2035 年远景目标纲要》提出要"发展多层次、多支柱养老保险体系"，要"积极应对人口老龄化，完善发展养老事业和养老产业政策机制"等。2024 年底，国家卫生健康委牵头印发《关于促进医养结合服务高质量发展的指导意见》，提出促进医养结合服务高质量发展，从多个维度为应对高龄化社会健康挑战提供行动指南。

表 1　我国银龄产业医养结合服务的政策沿革

时间	政策名称	主要内容
2011 年 3 月	《国民经济和社会发展第十二个五年规划纲要》	提出养老服务向医疗健康等方面延伸
2011 年 9 月	《中国老龄事业发展"十二五"规划》	建设供养型、养护型、医护型养老机构
2011 年 12 月	《社会养老服务体系建设规划（2011—2015 年）》	鼓励在老年养护机构中内设医疗机构
2013 年 9 月	《国务院关于加快发展养老服务业的若干意见》	推动医养融合发展，促进医疗卫生资源进入养老机构、社区和居民家庭
2013 年 9 月	《国务院关于促进健康服务业发展的若干意见》	推进医疗机构与养老机构等加强合作
2014 年 9 月	《关于加快推进健康与养老服务工程建设的通知》	将医养结合服务设施纳入推进健康与养老服务工程建设的主要内容，首次提出"医养结合"概念
2015 年 3 月	《全国医疗卫生服务体系规划纲要（2015—2020 年）》	明确提出医养结合需要更多卫生资源支撑，康复、老年护理等薄弱环节更为凸显
2015 年 11 月	《关于推进医疗卫生与养老服务相结合的指导意见》	这是首个关于医养结合养老服务的专项政策。随后，相继制定了相关配套政策
2016 年 4 月	《民政部 卫生计生委关于做好医养结合服务机构许可工作的通知》	提出要做好医养结合服务机构许可政策宣讲，做好医养结合服务机构筹建指导工作
2016 年 5 月	《国家卫生计生委办公厅 民政部办公厅关于遴选国家级医养结合试点单位的通知》	试点地区先行先试，积极探索，率先构建起覆盖城乡、规模适宜、功能合理、综合连续的医养结合服务网络
2016 年 6 月	《关于确定第一批国家级医养结合试点单位的通知》	确定北京市东城区等 50 个市（区）作为第一批国家级医养结合试点单位
2016 年 9 月	《关于确定第二批国家级医养结合试点单位的通知》	确定北京市朝阳区等 40 个市（区）作为第二批国家级医养结合试点单位
2017 年 11 月	《国家卫生计生委办公厅关于养老机构内部设置医疗机构取消行政审批实行备案管理的通知》	养老机构内部设置诊所、卫生所（室）、医务室、护理站，取消行政审批，实行备案管理

续表

时间	政策名称	主要内容
2019 年 10 月	《关于深入推进医养结合发展的若干意见》	从强化医疗卫生与养老服务衔接、推进医养结合机构"放管服"改革、加大政府支持力度、优化保障政策、加强队伍建设 5 个方面推进医养结合发展
2020 年 9 月	《医养结合机构管理指南（试行）》	从机构设置要求、养老服务管理、医疗服务管理、医养服务衔接管理、运营管理、安全管理等方面明确了医养结合机构管理内容和管理要求
2022 年 7 月	《关于进一步推进医养结合发展的指导意见》	针对医养结合养老服务发展的难点堵点问题，从发展居家社区医养结合服务、推动机构深入开展医养结合服务、优化服务衔接、完善支持政策、多渠道引才育才、强化服务监管 6 个方面提出 15 项政策措施
2023 年 11 月	《居家和社区医养结合服务指南（试行）》	对居家和社区医养结合服务的基本要求、服务内容与要求、服务流程与要求等方面作出明确规范

（二）医养结合服务开展情况

根据表 2 的数据，截至 2023 年底，我国共有各类养老机构和设施 40.4 万个，养老床位合计 823 万张[3]。其中，注册登记的养老机构 4.1 万个，床位 517.2 万张（护理型床位占比为 58.9%）；社区养老服务机构和设施 36.3 万个，床位 305.8 万张。具备医疗卫生机构资质并进行养老机构备案的医养结合机构有 7881 家，比上年增长 12.8%；医疗卫生机构与养老服务机构建立签约合作关系超过 8.7 万对，比上年增长 3.6%。

表 2　2019—2023 年我国养老机构和养老床位情况

机构类别	2019 年	2020 年	2021 年	2022 年	2023 年
养老机构和设施数 / 万个	20.4	32.9	35.8	38.7	40.4
注册养老机构数 / 万个	3.4	3.8	4	4.1	4.1
医养结合机构数 / 万个	0.4795	0.5857	0.6492	0.6986	0.7881
签约合作对数 / 万对	5.64	7.2	7.87	8.4	8.7
养老床位数 / 万张	775	821	815.9	829.4	823
注册养老机构床位数 / 万张	438.8	488.2	503.6	518.3	517.2
医养结合机构床位数 / 万张	/	158.5	175	/	200

对比 2019—2023 年我国养老机构数据 [3-6]，详见表 2。我国养老机构的硬件条件显著提升，与 2019 年数据相比，2023 年养老机构与设施数增长 98.04%，注册养老机构增长 20.59%，医养结合机构增长 64.36%，医疗卫生机构与养老服务机构建立签约合作数增长 54.26%。但是对比 2019 年床位数据，2023 年养老床位增长 6.19%，注册养老机构床位增长 17.87%，医养结合机构床位增长 26.18%（与 2020 年数据比较），均低于机构增长速度。显然，我国养老和医养结合服务的发展过程并非单纯数量的扩充，而是呈现机构分散化、小型化趋势，大型机构占比在缩小，小型机构、基层机构的数量在提升，这与党中央、国务院系列文件中的加强基层养老、社区养老的导向是一致的。另外，《2023 年度国家老龄事业发展公报》的数据也能说明基层养老、社区养老的导向，有 13545.7 万名约 62.49% 的 65 周岁以上（含 65 周岁）的银龄族是在基层接受健康服务，服务的发生场所是基层医疗卫生机构。

（三）老年医学研究开展情况

到 2023 年底，我国建设有 1 个位于北京医院的国家老年医学中心。北京医院也是我国 6 家国家老年疾病临床医学研究中心之一，另 5 家研究中心分别位于北京、长沙、成都、上海等地。全国共 6877 家二级以上（含二级）综合性医院设有老年医学科，有 11097 个综合性医院、11097 个基层医疗卫生机构属于老年友善医疗机构。这些机构的发展理念正在由过去的侧重医学导向转变为侧重健康导向，通过早期干预、日常干预，使银龄群体晚得病、少得病，反映了医养服务所强调的健康关口前移趋势。针对疾病终末期或长者最后时刻的安宁疗护服务已在全国 185 个市（区）推开，旨在减轻患者的痛苦和不适症状，提高银龄群体特殊阶段的生命质量。

二、医养结合服务的发展环境与趋势

（一）发展环境分析

1. 政治环境

（1）发展政策红利释放，政府引导支持

党的二十大报告提出，"把保障人民健康放在优先发展的战略位置，完善人民健康促进政策"。2022 年的《关于进一步推进医养结合发展的指导意见》中，要求推动医养结合高质量发展。政府还通过落实产业扶持、税收优惠政策，鼓励以产业投资基金支持医养结合，引导社会资本进入医养结合市场。

（2）机构多头管理，缺乏法律法规支撑

监管医养结合服务的具体机构不明确。涉及医养结合监管的部门有 13 个之多，部门间存在职能交叉重叠，同时又因为沟通不足，导致政策执行有遗漏或相互矛盾。医养结合服务缺乏明确的行业规章制度，现有政策法规多为行政法规及规范性文件，而且诸如《养老机构管理办法》和《医养结合机构服务指南（试行）》等文件于 2020 年前后出台，一些具体条款已经滞后于医养结合行业的发展 [7]。

2. 经济环境

（1）消费能力提升，多元化资金进入市场

随着我国经济快速发展和人均可支配收入的增加，银龄群体及其家庭成员更愿意投资于健康养老服务，医养结合市场的规模呈现增长趋势。数据显示，2023 年我国医养结合市场规模达到 15222 亿元，而 2018 年市场规模仅为 5954 亿元。各级政府正在建立健全应对人口老龄化、高龄化的保障机制，加大对医养结合服务的购买力度，引导国有资本布局医养结合基础设施。

（2）社会筹资机制不成熟，长期护理保险不健全

针对医养结合机构的筹资机制还不成熟。发展资金多来自政府财政，医养结合对社会资本吸引力不足，缺乏长期、稳定、高效的融资渠道。由于我国长期护理保险尚处于试点阶段，对个人而言，养老及相关费用的压力仍然偏大。

3. 社会环境

（1）人口结构变化催生医养需求，社会整体预期向好

随着我国银龄人口的增加，长者健康问题愈发受到重视，医养结合服务需求规模不断扩大。我国 90% 以上的长者选择在家庭和社区养老，因此要求医养结合覆盖家庭或社区。国家和各地出台多重政策，鼓励和引导社会力量关注银龄群体健康。目前，社会办医养结合机构已经占比超过 70%，显示出社会力量在医养结合中发挥着重要作用。

（2）传统观念有碍发展，中高消费劝退部分人群

总体上，医养结合服务还是新生事物，银龄群体的实际参与情况并不乐观。受传统观念影响，居家养老仍是我国银龄群体的首选。在大部分人的认识中，长者住进养老院容易与子女不孝顺、无家可归等际遇相关联。尽管医养结合机构的定位更加高端、更加专业，但人们仍然普遍持观望态度，部分有支付能力的长者，最终选择将资产留给子女，无法下定决心走进医养结合机构。医养结合机构的高端、专业，也意味着更高的收费标准，一些地区医养结合机构的收费标准是人均收入的 2 ~ 3 倍甚至更高[8,9]。如被调研的某医养机构收费标准设定为 6000 元 / 月，让一般收入人群望而却步。

4. 技术环境

（1）数字手段广泛应用，服务更加智能化

数字技术为医养结合机构插上"数字翅膀"，建立电子健康档案、加

强联动管理让医养结合服务更加方便快捷。依托"互联网＋医疗健康""互联网＋护理服务""互联网＋养老服务"等技术开展智慧健康养老服务，可以推进医养结合更加便捷、智能和专业。随着物联网、大数据和人工智能技术的兴起，医养结合服务更加趋向个性化服务和智能化管理，极大提升了医养结合服务的体验感。

（2）专业人员不足，运营服务模式不成熟

我国医养结合机构中，普遍存在工作人员水平参差不齐的现象。一些机构医养服务专业人员存在缺口，现有人员只能完成基本饮食、排泄等基本生活照料，难以为失能长者提供高质量护理。一些医养结合机构是由基层医疗卫生机构设置养老床位，或在养老机构中设立医务室，存在医疗服务能力不匹配医养结合需求的情况。如何协调医疗服务和养老看护服务的关系，实现机构内医疗和护理的有效衔接，实现两类服务人员的配备平衡，还有待在实践中进行总结。

（二）发展趋势预测

社区化服务是未来医养结合发展的主要趋势。社区是银龄群体生活的主要场所，通过社区化服务的扩展，可以使更多的银龄群体在熟悉的环境中接受医养结合服务。例如，依托社区医养结合服务点辐射周边，为长者提供就近、便捷的医养结合服务，提高生活质量和幸福感。

智能化服务是未来医养结合发展的重要特点。随着信息技术的快速进步，远程医疗、智能监护设备、人工智能等智能化技术将极大提高医养结合服务的效率和质量。通过远程医疗设备，长者完全不必外出就可以就医，在家中接受专业化诊疗服务；通过智能监护设备，长者的健康状况可以提供给家属或看护人员，实时发现问题并及时处理。

个性化服务是未来医养结合发展的重要方向。银龄群体的健康状况、需求和生活习惯各不相同，需要提供个性化的服务方案。例如，通过中医医养结合服务模式，可以根据长者的具体健康状况，提供中医医疗、护理、康复、保健、心理健康、咨询等个性化服务，提高生活质量，减少甚至提前消除威胁因素。

三、国内外开展医养结合服务的经验

（一）国外医养结合服务模式

1. 日本的长期照护保险制度

日本早在 2000 年就建立了长期照护保险制度，为 65 岁以上的银龄群体以及 40 岁以上的医疗保险参保者提供必要的照护服务[10,11]。通过强制保险和政府补贴的方式，确保了服务的高覆盖率和可及性，使用者在一般需要支付 10% 的服务成本。这种保险制度降低了个人支付的比例，极大提高了服务的可及性。

日本的长期照护保险制度还注重预防服务的提供，通过预防服务减少银龄群体的护理需求。例如，日本政府在 2006 年增加了对于较低需求或者对未来有需求的人员的预防服务，旨在防患未然，提前介入提高银龄群体的生活质量。此外，日本还通过培训和专业认证，提高了护理人员的素质和服务水平，确保了服务的质量和效果。

2. 美国的商业养老模式

美国最初采用高度市场化的商业保险照护体系，目前的主流模式则已经转变为社区养老。目前，美国最主要的养老模式是全包式老年人照护计划（program of all inclusive care for the elderly，PACE）和银龄族居家养老（home and community-based services for the elderly，HCBS）[11,12]。前者为银龄群体提供全面医疗照顾，尤其是为体弱多病的银龄群体提供长期照顾；而后者则是让银龄群体在家中享受到便捷生活和医疗照护服务，更加适合有一定生活自理能力的群体。

3. 欧洲的商业养老模式

欧洲的医保养老模式主要有两类[11,12]，以英国为代表的是税收筹资体制。英国的医养结合体现在由政府主导的全国性的医疗服务体系中，这是一个由政府主导的、全民覆盖的医疗保健系统，也就是国民医疗服务体系（National Health Service，NHS）。自 1948 年以来，通过类似于政府购买服务的 NHS 法案，英国公民可以免费享受医疗服务。以德国为代表的社会养老模式则主要依赖于以政府为主体、私人医疗保险为补充的医疗保险政策，以及市场的介入。另外，德国的"储蓄时间"计划则更多应用于长期照护和家庭养老，年满 18 周岁的公民提供的照料服务时间可以储蓄起来，用以支付其需要时的护理服务。

（二）国内医养结合模式

1. 泰康之家的民建民营"会员制"模式

泰康之家是泰康人寿保险有限责任公司旗下的医养结合品牌，以养康为核心对接保险产品提供银龄健康服务。目前，泰康之家在住长者超过 1.4 万人，在北京、上海、广州等 35 个城市均有布局设点。

泰康之家主推"会员制"模式，主要面向泰康保险用户群体，将用户精准定位于高端群体。通过自建养老社区和康复医院，为医养结合机构直接提供高效医疗保健服务。康复医院一般与社区建设在一起，基本做到实时提供医疗健康服务，并且全方位满足养老社区的健康需求。作为泰康人寿健康保险产品的重要支撑，泰康之家有机融入泰康健康保险生态体系中，得以打造"商业保险—医养服务—健康产品"闭环整合型健康服务。

2. 绿康医养的公建民营"精算决策"模式

浙江绿康医养集团股份有限公司（简称"绿康医养"）以公建民营、医养结合为特色，是具有全国影响力的养老服务品牌。目前已在浙江、江西、广东等 5 个省份 15 个城市建设运营了 20 家康复护理医疗机构、17 家养老服务机构，可提供服务床位 14000 多张。

绿康医养的服务对象主要是高龄、空巢、失能、失智、长期卧床、需要临终关怀的银龄群体，以刚需普惠型银龄群体为主。绿康医养根据初开机构养老床位的入住率，以精算决策内设医疗机构设立时机，以期实现运营成本最小化。绿康医养在满足银龄群体养老照护需求的同时，按照大致 10：1 的比例配置养老床位与医疗床位，确保医、养之间高效互转。绿康医养通过"医、养、护"一体化发展，其"养老院—医院—护理院"发展格局已经较为成熟。

3. 江西长天的公建公营"普惠型"模式

江西长天旅游集团有限公司（以下简称"江西长天"）是江西省政府全资设立的省管企业，旗下江西省医疗健康投资有限公司重点提供预防、保健、康复、医养、康养等服务产品。江西长天规划床位 5370 个，目前运营床位 3400 张，落地养老机构 122 个，覆盖 600 多个居民小区 60 万银龄人口，提供机构、社区、居家、旅居等全方位养老服务。

江西长天旗下医养中心项目属于中高端医养结合服务机构。医养中心引入日本对马集团管理理念，以"医、康、养、护"理念为核心建设医养结合型的普惠养老机构。空间上医养中心与三甲医院以连廊联结，直接打通医养通道；服务上医疗专家定期来中心坐诊，长者也可走绿色通道优先享受医疗服务。江西长天旗下的长天松康万科南养老服务中心定位于服务社区及周边失能刚需的银龄族，在提供养老服务的同时，为社区有需求的银龄族提供上门服务、托养、助餐、助娱、智慧养老等多元化、精细化、人性化的养老服务，同时为周边残疾人提供康复服务。江西长天旗下其余医养机构则采用"互联网＋医院"的模式，联系各级头部医疗资源，打通助医、助药与医疗综合服务"最后一公里"；同时与各设区市政府合作建设社区养老服务中心站，开设长者食堂，嵌入医疗、老年大学和短期助养、上门助餐、入浴助洁等服务内容。

四、推进医养结合服务发展的建议

1. 完善支持医养结合的政策法规体系

一是立法层面完善政策法规，从根本上解决医疗服务和养老服务协同发展的问题。政府应制定详细的医养结合机构建设和服务标准，为医疗机构开展养老服务松绑，明确养老机构和医疗机构的功能划分及合作模式，将医养结合管理纳入具体的政府机构职能中。

二是监管层面优化管理机制，形成国家卫生健康委、民政部、国家医保局等多个部门有效协作的常态化统筹机制[13]。统一养老需求评估机制、精准的资源分配机制和服务质量监管机制，确保政策真正落实[14]。

三是推进长期护理保险制度建设，重点服务银龄群体的基本医疗保健需求。整合基本医疗保险基金和养老保险补助资金，形成多渠道筹资机制，为银龄群体提供可持续的长期护理服务。

四是加大财政支持和优惠政策，重点保障医养结合体系建设。设立专项财税政策，从财政拨款、土地费用减免等渠道扶持医养结合机构。

2. 鼓励基层医疗卫生机构开展医养服务

一是持续完善提升基层医养服务能力。从政策层面鼓励三甲医院的治未病科与基层医疗卫生机构构建医联体，提升其医养保健的服务水平。依托基层医疗卫生机构，健全完善家庭医师签约服务模式，提供综合连续的公共卫生、基本医疗和健康管理服务。

二是打造社区卫生服务中心网格节点。针对银龄群体，开展上门诊疗服务、专业护理、特需服务等，同时依托分级诊疗制度，实现服务对象更加精准、服务内容更加专业、服务群体更加广泛。

三是完善基层医护人员的再教育体系。提供更多的培训和进修机会，联系上级医院做好基层全科专业医师医养结合服务规范化培训，为医养结合服务提供有力的人才支撑。同时提出考核要求，在基层医务人员的年度考核、职称评定、职务晋升中加入医养结合服务、为养老机构服务等加分、绩效奖励项目。

3.丰富医养结合服务机构的盈利渠道

一是鼓励商业保险等社会资本参与医养结合服务供给。保险公司通过创新"支付＋服务"商业模式，有效整合保险支付与医养服务，形成保险公司与医养机构的闭环服务体系。如采用会员制，将虚拟的保险支付与实体的医养服务有效整合，规避产权销售的后期管理难和物业租赁回收周期长等难题。

二是赋予社区卫生服务中心自主权，通过协商定价和市场化定价丰富盈利渠道。给予社区卫生服务机构更多的自主权，允许增加与医养结合相关的收费服务项目。例如由社区卫生服务中心与家庭医师等医务人员签约服务对象，对非基本医疗服务进行协商定价，激励机构和人员提供医养结合服务。

三是整合融入城市公共服务体系。围绕大型居住区域的公共服务设施、消费场所设立医养结合服务机构，实现与幸福食堂、健康驿站、居民活动中心、文化活动室等一体化布局建设，在现有公共服务场景开展医养结合服务，在满足居民健康需求的同时，还可以获取政府公共服务的补助。

4.利用数字化、智能化手段开展医养服务

一是以智能互联赋能医养结合服务。利用好互联网、人工智能，提升医养结合服务的便捷性和针对性。通过对接健康管理平台，为银龄群体提供更加精准、快捷、高效的健康管理服务，并直接与医疗机构达成健康服务的信息共享。

二是用好物联网手段快捷提供医疗服务。将健康传感器、智能监测仪、便携式诊疗设备统一连入物联网平台，对接好实时健康管理服务，必要时即为长者提供健康预警和医疗干预。在医养机构内应用智能设备，使用智能医疗设备如数字化影像设备和智能化药柜等，提高服务效率和安全性。

三是通过智慧导引和智慧查询提升长者的医养体验感。为长者及其家人提供健康信息集成、健康风险预警和生活指引等信息，让长者更好地掌握良好的生活节奏，也满足其家人对长者的关怀和关爱。

四是开展志愿服务互助帮扶。效仿德国社会养老"储蓄时间"计划，在有条件的地区开展医护志愿服务积分制，以区块链技术存储志愿服务信息，丰富医养服务机构志愿者来源。

5. 宣传普及引导银龄群体健康生活需求

一是加大对医养结合服务的宣传引导。政府部门和社会团体加强宣传教育工作，普及医养结合的理念和优势，通过社区讲座、媒体宣传、线上线下活动等，让更多的人了解并接受以医养结合为特色的健康养老模式。

二是瞄准目标群体宣讲成功案例。选取有需求、有能力的银龄群体推广医养结合特色健康服务案例，让享受医养结合好处的群体现身说法，以真实案例增强公众对医养结合特色健康生活的信任和认可。

三是加大医养结合科普力度。居民团体定期在医养结合机构开展文、体、艺、娱等社会活动，灵活运用传统媒体和新媒体平台广泛宣传医养健康生活。通过电视、广播、报纸以及社交媒体、网络平台等方式科普医养健康服务知识，提高公众的知晓率。

四是加强行业人才培养与引进。对接医疗卫生人才和护理、护工人才培养制度，引导部分合适的专业医务人员从事医养结合工作，同时大量培养护理、护工等非医务人员，减轻医务人员工作强度。可以通过与中医药院校、卫生院校合作，发挥中医药在医养健康服务中的独特优势，培养专业型健康服务技术人才，满足行业发展需求。

参考文献

[1] 侯胜田，耿嘉玮. 医养结合蓝皮书. 中国医养结合发展报告（2023）[R]. 北京：中国商业出版社，2024：3-38.

[2] 黄清峰. 以"五化战略"推进武汉智慧康养产业 [J]. 长江论坛，2020（5）：26-29.

[3] 中华人民共和国民政部全国老龄办. 2023 年度国家老龄事业发展公报 [EB/OL].(2024-10-12)[2025-03-12]. https://www.gov.cn/lianbo/bumen/202410/content_6979487.htm.

[4] 中华人民共和国民政部全国老龄办. 2022 年度国家老龄事业发展公报 [EB/OL].(2023-12-14)[2025-03-14]. https://www.gov.cn/lianbo/bumen/202312/content_6920261.htm.

[5] 国家卫生健康委，中华人民共和国民政部全国老龄办. 2021 年度国家老龄事业发展公报 [EB/OL].(2022-10-26)[2025-03-24].https://www.gov.cn/xinwen/2022-10/26/content_5721786.htm.

[6] 国家卫生健康委员会老龄健康司. 2020 年度国家老龄事业发展公报 [EB/OL].(2021-10-15)[2025-03-21].https://www.nhc.gov.cn/lljks/c100157/202110/b365898ae2a4406d91e1b1ecd10ca911.shtml.

[7] 王绚，杨慧媛，蔡海清，等. 我国医保支持医养结合服务的政策分析 [J]. 中国医疗保险，2024（8）：54-59.

[8] 郑函，王梦苑，赵育新. 我国"医养结合"养老模式发展现状、问题及对策分析 [J]. 中国公共卫生，2019，35（4）：512-515.

[9] 黄佳豪，孟昉. "医养结合"养老模式的必要性、困境与对策 [J]. 中国卫生政策研究，2014，7（6）：63-68.

[10] 梁晨. "医养结合"服务体系建设的国际实践及经验启示 [J]. 北京工业大学学报（社会科学版），2023，23（6）：82-92.

[11] 包世荣. 国外医养结合养老模式及其对中国的启示 [J]. 哈尔滨工业大学学报（社会科学版），2018，20（2）：58-63.

[12] 余瑞芳，谢宇，杨顺心，等. 医养结合服务发展的国际经验研究 [J]. 中国医院管理，2016，36（6）：79-80.

[13] 胡湛，彭希哲. 应对中国人口老龄化的治理选择 [J]. 中国社会科学，2018（12）：134-155.

[14] 张晓杰. 医养结合养老创新的逻辑、瓶颈与政策选择 [J]. 西北人口，2016，37（1）：105-111.

HB.07

中国银龄整合照护研究热点分析报告

郑秋莹❶　杨瑞❷　邓松涛❸

摘要： 随着我国人口老龄化、高龄化进程的加快，银龄族多元化的健康需求日益凸显。本报告系统分析了中国银龄整合照护领域的研究热点，重点探讨了以社区为基础的整合照护模式、智慧医疗的应用、长期护理保险的推广与优化、国际整合照护模式的比较与借鉴、世界卫生组织（World Health Organization，WHO）老年综合照护模式（ICOPE）框架的应用、整合照护在医疗费用控制中的效果，以及政策支持下医养结合向整合照护的转型。报告表明，这些热点领域的探索有助于推进我国银龄照护体系的建设，满足银龄族多层次的照护需求，同时为构建符合我国国情的老龄健康服务体系提供理论支持和实践参考。报告还指出现阶段银龄整合照护体系在资源分配不均、专业人才不足、政策与实践脱节等方面的挑战，并提出了未来的发展方向和研究展望。

关键词： 银龄整合照护；研究趋势；热点分析；政策支持

❶ 郑秋莹，管理学博士，北京中医药大学管理学院教授，研究方向：医药卫生方针政策与法律法规研究；医学教育与医学边缘学科；企业经济。

❷ 杨瑞，北京中医药大学管理学院研究生，研究方向：整合照护、医养结合。

❸ 邓松涛，北京中医药大学管理学院研究生，研究方向：智慧养老、数字健康。

一、背景说明

我国正面临快速发展的老龄化、高龄化挑战，65 岁及以上人口比例正逐年增加，预计到 2035 年将占总人口的 25% 左右。这一人口结构的变化对社会、经济以及家庭都带来了深远的影响。伴随着人口老龄化、高龄化进程，银龄群体中患有慢性病、失能或半失能者的比例逐渐增加，建立一个覆盖广泛、资源整合、功能完善的老年照护体系迫在眉睫[1]。当前传统的养老和医疗模式已难以满足老年人的多重需求，尤其是在基层社区和家庭照护资源匮乏的问题日益突出的情况下，银龄群体难以在家门口获得持续的健康支持，慢性病管理、康复护理和心理健康服务的缺位更是进一步加剧了服务脱节和资源浪费的问题[2]。在此背景下，整合照护体系的建设显得尤为重要，通过连接医疗、护理、康复、心理支持等多项服务，整合照护能够在社区和家庭环境中有效满足银龄群体的健康需求，减少医疗资源的过度使用，提高服务的连续性和综合性[3]。

国际上，整合照护体系发展较为成熟，为我国提供了宝贵参考。英国的"先锋计划"、美国的"全包式老年人照护计划（Program of All-Inclusive Care for the Elderly，PACE）"、日本的"地域综合照护模式"等，均是通过资源整合和多学科团队协作，为银龄群体提供高质量的社区和居家照护服务[4]。相比之下，我国整合照护体系尚处于起步阶段，尽管政府出台了《"健康中国 2030"规划纲要》等政策并试点长期护理保险，但在覆盖率和服务深度上仍需改进。未来，我国需进一步强化政策支持，推进社区和居家护理服务，提升智慧医疗技术应用，构建符合我国自身国情的整合照护模式，以实现"健康老龄化"目标。

二、银龄整合照护研究现状

近年来，随着我国人口老龄化问题的日益严峻，学术界对银龄、整合照护以及老年人整合照护的研究逐渐增多，展现出快速增长的趋势。本报告基于知网 2015—2023 年间相关主题的发文数量，梳理了"银龄""整合照护""银龄（老年 / 老年人）整合照护"三个主题的年度研究趋势，并绘制了相应的趋势图，以直观呈现近年来在这些主题上的研究热度变化。

1. 银龄（老年 / 老年人）主题的研究趋势

如图 1 所示，2015—2018 年间，银龄（老年 / 老年人）主题的研究关注度较低，年均发文量在 20 篇左右浮动。尽管此阶段学术界已开始关注银龄群体的特殊需求，但总体研究热度提升并不显著。2019 年，银龄（老年 / 老年人）主题的研究迎来小高峰，发文量达 64 篇，这可能与老龄化、高龄化加速及社会养老需求增加密切相关。2020 年发文量有所下降至 41 篇，随后研究热度恢复增长。2022 年和 2023 年发文量分别增至 101 篇和 127 篇。这表明，随着老龄化、高龄化问题的加剧，学术界对银龄群体需求的关注度持续上升。

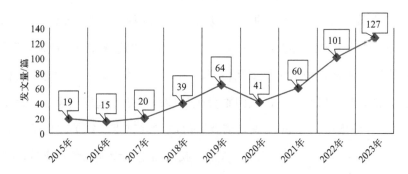

图 1 2015—2023 年银龄（老年 / 老年人）主题发文量的年度趋势

2. 整合照护主题的研究趋势

从图 2 中可以看出，2015—2017 年间，整合照护的研究关注度尚处于起步阶段，年发文量分别为 2 篇、3 篇和 15 篇。然而，随着银龄群体健康需求的增加，学术界对整合照护模式的关注逐渐提升。自 2018 年起，相关研究开始增多，到 2020 年发文量达到 37 篇，并在 2022 年和 2023 年分别达到 53 篇和 58 篇。这表明，整合照护作为应对老龄化、高龄化压力的重要解决方案，已经获得了越来越多的关注。

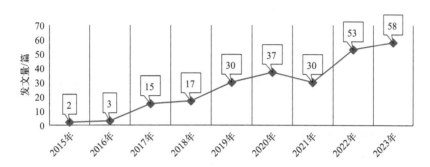

图 2　2015—2023 年整合照护主题发文量的年度趋势

3. 银龄（老年 / 老年人）整合照护主题的研究趋势

如图 3 所示，2015—2016 年间，银龄（老年 / 老年人）整合照护主题的研究关注度较低，发文量分别为 15 篇和 16 篇。此后，随着政策支持和社会需求的变化，研究热度逐步提升，2020—2023 年间该主题的发文量持续稳定在较高水平，并于 2023 年达到 65 篇的峰值。这一趋势反映出随着老龄化、高龄化问题的加剧，学术界对银龄（老年 / 老年人）整合照护需求的关注度保持上升。

总体来看，自 2020 年起，银龄、整合照护及银龄（老年 / 老年人）整合照护这些主题的研究逐年升温，体现了老龄化、高龄化社会背景下学术界、政策制定者及社会各界对银龄群体照护需求的重视。未来有必要在政策支持、社会服务、健康管理等层面继续关注这些主题的发展动态，以期为构建科学、高效的整合照护体系提供理论依据和实践参考。

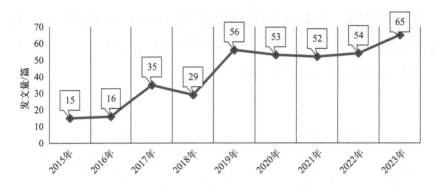

图3　2015—2023年银龄（老年/老年人）整合照护主题发文量的年度趋势

三、国内银龄整合照护研究热点

随着我国人口老龄化进程加速，老年人群的照护需求日益多元化、复杂化，传统养老模式难以满足老龄、高龄、失能及患有慢性病等银龄群体的特殊需求。在此背景下，整合照护模式逐渐成为国内银龄照护研究的焦点。整合照护模式以多层次、多方协作的理念，将医疗、护理、康复、社会服务等资源整合为一体，致力于为老年人提供系统、持续、个性化的照护支持，确保他们能够在熟悉的社区或家庭环境中获得高质量的健康服务。近年来，国内以社区为基础的整合照护、智慧医疗技术的应用、多学科协作、长期护理保险推广和政策支持等方面的研究不断深入，不仅丰富了整合照护的理论框架，也为应对高龄化社会的照护需求提供了切实可行的创新路径。

1. 社区为基础的整合照护模式

社区为基础的整合照护模式作为银龄整合照护领域的重要研究方向，尤其在满足老年慢性病患者、衰弱老年人群体的多元需求方面表现突出。该模式强调以社区为中心，将社区中的医疗、护理、康复和社会支持资源整合为一体，形成多方协作的网络系统。社区不仅是服务的主要场所，也是整合照护模式的中枢，通过社区资源的有效协作与分配，实现个性化、连续性、高质量的照护服务。

社区嵌入式服务体系，指的是在社区内部设置养老服务设施和照护点，以确保老年人获得便捷的护理服务。有研究认为，该服务将护理与银龄群体的日常生活场景相结合，显著提升了银龄群体的生活质量和安全感，使得银龄群体既能留在熟悉的生活环境中，又能享受到高质量的养老照护[2]。

社区整合照护模式中的多学科团队合作尤为关键，包括医师、护士、康复师和社工等多方专业人员参与，通过个案管理对银龄群体进行定期评估和动态跟踪，以确保照护方案的个性化与精准性。这种多学科协作模式对衰弱的银龄群体的复杂需求尤其适用，通过资源协调和路径优化，不仅提升了患者的健康结局，还显著改善了他们的生活质量[5, 6]。

2. 智慧医疗的应用

在智慧医疗技术的支持下，国内外的银龄整合照护模式正朝着高度整合与个性化方向发展。国外诸多研究表明，通过信息通信技术（ICT）支持老年慢性病管理有助于优化照护流程。例如，荷兰的 Embrace 模式整合了电子健康记录、个性化护理计划和多学科团队会议，形成了以人为本的全方位支持体系，为社区银龄群体提供健康促进、疾病管理等连续服务，显著提高了护理效率和质量。此外，意大利的 SmartCare 项目利用 ICT 平台为银龄群体提供跨组织的实时沟通支持和健康监测服务，通过远程护理和数据共享减轻了照护者负担，并减少了老年患者的住院率和医疗支出[7]。

在国内，智慧医疗背景下的"五元联动"模式也取得了显著成效。这一模式通过信息管理平台将三级医院、基层医院、社区卫生服务中心、养老机构和家庭联结成网络，为银龄群体提供无缝对接的连续照护[8]。平台实现了患者数据的实时共享、个性化健康监测和预约管理，极大地降低了患者再入院率，提升了患者的生活质量和满意度。五元联动模式的实施有效地整合了医疗和养老资源，不仅改善了银龄族的整体照护体验，还减少了医疗资源浪费和个人医疗支出 [8]。这种模式标志着智慧医疗在银龄整合照护中的应用逐渐成熟，为应对社会老龄化提供了创新的解决方案。

3. 长期护理保险的推广与优化

长期护理保险（长护险）的推广与优化作为银龄整合照护研究的关键热点之一，旨在为失能和半失能的银龄群体提供经济支持，减轻家庭的照护负担。但其在推广过程中面临着覆盖面有限、服务供给不足等问题。

首先，长护险在覆盖面上存在地域和人群的差异，部分地区尚未纳入长护险试点，导致银龄群体的保障水平不均衡。研究指出，当前的长护险更多聚焦于大、中城市中失能的银龄群体，农村和小城市的银龄群体则缺乏相应支持，这对全面推广长护险提出了更高要求 [12]。

其次，在服务供给方面，长护险的护理服务内容有限，供给渠道相对单一，尚未充分涵盖家庭护理、社区照护等多样化需求。针对此问题，建议加强政策上对家庭和社区护理的支持，拓宽长护险的服务范围，以便更好地满足银龄群体多层次的照护需求 [13]。此外，长护险的资金筹措和支付标准也需优化。由于老龄化的加剧，长护险的财务压力逐年增大，亟须通过合理的资金筹措机制来保证其可持续性。针对此问题，可以引入社会资本和商业保险进行补充，以分担公共财政的负担，并通过精细化管理控制费用支出，提升资金使用效率 [13, 14]。

总体来说，长护险在促进银龄照护服务保障方面发挥了积极作用，但仍需在覆盖面扩展、服务供给多样化、资金筹措机制等方面进一步优化，以更好地适应银龄群体的多元需求，为银龄整合照护提供有力支持。

4. 国际整合照护模式的比较与借鉴

银龄照护体系是政治、经济、社会体制相互作用的产物，受福利文化和风险属性认知的影响，各国采取不同的老年照护服务模式，极大推动了整合照护的发展，并为中国银龄照护体系提供了重要借鉴。英国、美国、日本、澳大利亚、瑞典等国家的经验表明，整合照护模式通常以社区为基础，强调多学科团队合作和个性化照护计划的实施。英国的整合照护体系以社区为中心，强调医疗和社会服务的协作；美国的"PACE"则以市场为主导，关注患有多种慢性病的银龄群体的个性化需求；日本、澳大利亚和瑞典则在不同程度上建立了结合社区资源的整合照护体系，使银龄群体能够在社区中获得长期支持和个性化服务[4]。

这些国家的整合照护模式普遍重视资源的高效整合和服务的连续性，通过社区资源的整合、多学科团队的合作、协调照护人员的配置等方式，确保银龄群体能够获得全方位支持。与此同时，部分国家还依托法律保障、长期护理保险和筹资机制，为整合照护体系的稳定性提供经济支持[9]。这些国际经验不仅提供了系统性的整合照护模式框架，也展示了在银龄群体健康管理、慢性病防控和心理支持等方面的综合性服务设计。

相比之下，我国在整合照护的推广上仍面临诸多挑战。国内的银龄照护体系在政策支持、经济资源和文化认同等方面与国外存在差异。尽管近年来政府陆续出台了《"健康中国2030"规划纲要》等政策，并在部分城市试点长期护理保险以缓解失能的银龄群体家庭的经济负担，但我国的整合照护体系在覆盖面和服务深度上仍有待提升[10]。传统文化中的家庭照护观念使得整合照护在接受度上存在一定难度，而经济发展水平的不均衡也导致农村地区的照护资源相对匮乏[11]。

总体而言，国外成熟的整合照护体系为我国提供了宝贵经验，尤其在政策支持、社区医疗资源整合、多学科协作等方面具有较高的参考价值。我国也在探索适合国情的整合照护模式，逐步推进政策、社区资源和医疗机构的协作，以更好地应对老龄化社会带来的多方面挑战。这些国际经验与本土实践的结合，将为我国构建符合自身国情的整合照护体系奠定重要基础。

5. WHO ICOPE 框架的应用

ICOPE 框架由 WHO 提出，旨在帮助银龄群体维持或恢复内在能力，通过个性化和持续的健康管理实现健康老龄化、健康高龄化。其核心理念是围绕银龄群体的全生命周期需求，结合医疗和社会支持，确保其生活质量的提升。研究显示，ICOPE 框架不仅强调身体健康，还关注心理、认知、社交等多方面因素，为银龄群体提供全面、协调的照护路径[12]。

在北京和济南等地，ICOPE 框架被应用于试点项目中。这些项目主要聚焦失能银龄群体，通过筛查工具对老年人的内在能力进行评估，结合家庭和社区的照护资源，提供以社区为基础的整合照护服务。例如，济南市通过家庭医师签约、社区护理站建设等措施，将 ICOPE 的评估路径和护理服务延伸到家庭和社区，为银龄群体提供高质量的个性化照护[13]。ICOPE 框架特别适用于基层保健和社区服务，它强调社区在初级照护中的核心作用，推动银龄群体健康管理从医院向社区和家庭转移。通过 ICOPE 的五步路径（包括筛查、评估、制定照护方案等），社区卫生工作者可以更有效地管理老年人的健康，减少过度医疗和资源浪费[14]。

该框架为我国"医养结合"服务提供了指导。以人为本的整合照护模式能够将医疗、护理和生活支持融合，通过跨部门合作、资源共享，优化服务路径。研究发现，ICOPE 的实施促进了老年人生活环境的适老化改造，有助于为老年人提供全方位支持，为健康老龄化提供了新的实现路径。总体来说，ICOPE 框架在国内的应用推进了社区整合照护的系统化发展，为实现健康老龄化提供了有效方案。各地在推广过程中还需要进一步完善个性化照护方案和部门间的协同机制，以更好地满足多样化的老年人健康需求。

6. 整合照护在医疗费用控制中的效果

整合照护在医疗费用控制中的效果已在多个研究中得到验证，特别是在认知障碍和慢性病管理领域。以"认知友好社区"试点为例，该项目通过以社区为主导的整合照护模式，为失能银龄群体提供全面、持续的照护支持，显著降低了银龄群体的住院概率和住院费用。研究显示，试点的失能银龄群体住院概率减少约 3%，且住院费用也有所下降 [15]。

首先，整合照护通过信息共享和跨部门协作提高了照护效率。整合照护模式将家庭医师、社区护理站和专业照护机构整合在一起，使得照护资源之间的无缝对接减少了重复诊疗和不必要的医疗支出，特别是对失能银龄群体而言，住院率显著下降。这种跨部门协作机制有效地提高了资源利用率，减少了传统医疗服务中的"碎片化"现象。此外，"认知友好社区"试点中也显示，整合型照护模式能够改善银龄群体的健康行为，如通过健康教育和认知风险测评引导个体采取积极的健康管理策略，从而降低了住院需求和急症发病率。这种预防性照护策略不仅提高了银龄群体的健康水平，还节省了医疗费用，展现出整合照护在成本效益方面的优势。总体而言，以社区为主的整合型照护在降低住院率和控制医疗费用方面效果显著，具有推广示范作用，未来在全国范围内的应用将对缓解高龄化社会的医疗资源压力、实现健康老龄化具有重要意义。

7. 政策支持下从医养结合向整合照护的转型

在推动我国从医养结合向整合照护转型的过程中，政策支持起到了关键作用。医养结合是我国应对人口老龄化的重要举措，而整合照护在此基础上进一步强调了医疗、护理、康复和生活支持资源的系统化协作，力求整体提升银龄群体的生活质量。随着人口老龄化进程加快，政策层面的支持愈加重要，以期构建更加完善的老龄健康保障体系。政策需首先明确各类照护机构的角色和职能，从而为整合照护模式的运行奠定清晰的职责划分。在相应的政策推动下，医疗机构与养老机构在服务模式上形成互补关系，不仅可以保障医疗质量，还能确保日常照护的高效性，从而解决医养结合中常见的服务分散和职责不清问题，为整合照护的顺利实施奠定了坚实基础[16]。

在此基础上，补贴和保险机制的优化也成为推动整合照护模式发展的关键因素。为了确保银龄群体能够负担综合照护服务，政策制定者在补贴和长期护理保险等方面需提供更有力的支持[17]。研究表明，当前的长期护理保险在覆盖范围和支付标准上存在限制，难以满足大多数失能银龄群体的实际需求[18]。因此，优化补贴制度、加大对社区和家庭照护的经济支持，不仅能有效减轻家庭负担，还能显著提升服务的可及性与持续性。同时，推动整合照护服务的标准化建设也至关重要。不同地区在实施整合照护时服务质量存在不均衡问题，因此有必要建立统一的服务标准和评估体系。严格监管照护服务的质量，可以确保城市、农村的银龄群体都能享受高标准的服务。标准化的服务质量体系能够有效解决地区差异和服务不规范问题，为银龄群体提供一致的照护体验[1]。此外，信息共享和数据整合也是整合照护模式中不可忽视的内容。整合照护的有效实施离不开医疗信息和照护数据的共享与流转，而政策的引导有助于跨部门的数据联动。通过电子健康档案和社区健康数据共享平台等机制，各机构之间的信息流通更为顺畅，这种数据驱动的整合照护提升了服务效率，并有助于实现个性化、精准化的健康管理[19]。政策支持在我国从医养结合向整合照护转型的过程中发挥了保障作用。通过明确机构职能、优化补贴与保险机制、推动服务标准化以及促进信息共享，政策有效推动了资源整合和服务协同，为构建全面的老年健康服务体系提供了坚实支撑。政策导向的转型路径将助力我国应对人口老龄化的挑战，实现银龄群体生活质量的整体提升。

四、问题与挑战

1. 资源分配不均

中国各地区在经济发展和公共资源分配上存在显著差异，导致整合照护服务在不同地区的可及性不平衡。在发达地区，社区照护设施、居家护理服务和医养结合机构较为普及，银龄群体能够享受到较完善的整合照护服务[19]。然而，欠发达地区，尤其是农村地区，普遍面临照护资源匮乏、设施不足、专业服务缺乏的问题。照护服务的城乡差距，使得农村的银龄群体难以获得及时和高质量的照护。

2. 专业人才不足

养老护理服务的专业人才严重短缺，且现有护理人员的培养体系不完善，无法满足快速增长的银龄群体的健康需求。整合照护不仅要求护理人员具备专业的医疗和护理技能，还需要掌握心理咨询和康复护理等多方面的知识。然而，目前我国在养老护理专业教育体系方面尚不成熟，培训机构和培训质量参差不齐，难以为整合照护体系培养出足够数量且具备综合能力的护理人才。

3. 文化因素影响

我国的传统家庭观念深厚，许多家庭依然认为赡养父母是子女的义务，导致一些家庭对外部的照护服务存有抵触心理[20]。尤其在农村和欠发达地区，子女承担了绝大部分银龄群体照护的责任，这种文化观念使得银龄群体和家属不愿意选择外部的机构照护或社区护理服务。此外，由于银龄群体对现代智能照护设备和服务的接受度不高，也阻碍了整合照护服务的全面推广。

4. 政策与实践脱节

尽管政府出台了一系列政策支持银龄整合照护的发展，但在实际实施过程中，政策和实践之间仍存在脱节问题[19]。政策层面的制定虽涵盖了医疗保险、居家护理、社区服务等内容，但在基层落实中存在人力、财力的瓶颈，政策执行的连续性和覆盖面也较为有限。许多政策在社区和机构层面难以完全落实，导致银龄群体未能充分享受到政策带来的服务红利。此外，各部门间的协调机制不完善，导致资源重复或错配，影响了政策实施的实际效果。

五、未来发展与研究展望

1. 完善政策与法规

为解决整合照护中资源分配不均的问题，未来需要制定更精细化、可操作性更强的政策。政策应进一步细化对城乡和不同经济水平地区的支持，确保欠发达地区的银龄群体也能获得基本的整合照护服务。此外，需建立和完善养老保险、护理保险等相关制度，确保在长期护理保险体系内形成对银龄群体照护的长期支持机制，以促进银龄群体在不同生活环境中获得持续的照护服务。同时，还应加强对整合照护政策执行情况的监督和评估，建立透明、有效的监督机制。针对政策执行过程中可能出现的落实不力现象，需明确监管责任，通过定期检查和反馈机制，确保政策切实惠及目标群体，并推动各地区政策的均衡落地，以实现整合照护政策的预期效果 [19]。

2. 推动多学科合作

整合照护服务需要多学科的协同合作，未来的发展方向应加强医学、护理、心理学、社会学等学科的深入合作。医学和护理专业人员能够提供基础的生理护理支持，而心理学和社会学的加入则有助于理解银龄群体的心理需求、社会支持和人际关系，从而提升老年人的整体福祉 [21]。多学科合作不仅能提升服务质量，还能促进各学科在养老照护研究中的相互支持与创新，进一步推动个性化、综合化的整合照护模式。

3. 增强技术创新应用

未来，技术创新将成为整合照护发展的重要推动力。智能健康监测设备可以实时收集银龄群体的健康数据，支持护理人员和家属及时了解其健康状况并作出响应。远程诊疗技术则使得银龄群体在家中即可获得医疗服务，尤其适合行动不便或身处偏远地区的老年人。此外，人工智能技术在银龄群体健康管理中的应用也将不断拓展，例如智能机器人在基础照护和情感陪伴中的应用，将显著提升照护的便捷性和个性化水平。

4.优化整合照护体系

我国的整合照护体系应基于本土需求和社会经济环境进行优化，逐步形成适合我国国情的本土化整合照护模式。未来研究应关注如何更好地在基层医疗机构、社区服务中心和家庭照护间实现无缝衔接，同时平衡多方参与者的利益关系，提升各类服务的覆盖面和可及性。此外，政策与社会文化因素的结合也至关重要，推动社会对整合照护服务的接受与支持，以适应中国的社会文化背景和经济发展水平。

参考文献

[1] 宫芳芳，李亚男，孙喜琢.我国整合照护服务体系的构成与问题研究 [J]. 卫生经济研究，2020，37（12）：9-11.

[2] 曹菁.社区嵌入式养老服务供给问题研究 [D].上海：华东师范大学，2023.

[3] 高玉斌.我国整合照护服务中多元主体间协同问题研究 [D].大连：东北财经大学，2023.

[4] 王莹，刘慧君，马晨娟.国际视野下老年整合照护服务模式的比较与借鉴 [J].人口与经济，2023（6）：71-86.

[5] 段迎，肖恒怡.整合照护模式在社区衰弱老年人群中的应用进展 [J].护理与康复，2022，21(7)：75-78，82.

[6] 郑研辉，郝晓宁.发展我国老年人社区整合照护服务的思考 [J].现代预防医学，2020，47（19）：3457-3460.

[7]田雨同，张艳，许冰，等.国外老年智慧整合照护模式的研究进展[J].护理学报，2022，29(24)：27-32.

[8] 刘双玉，陈芳，郭功兵，等.智慧医疗背景下五元联动整合照护模式的构建在老年慢性病患者中的应用研究 [J].护理管理杂志，2022，22（6）：415-419，445.

[9] 汪显东.英国老年人口"整合照护"体系研究及对中国的启示 [D].蚌埠：安徽财经大学，2020.

[10] 何铨.康养体系整合性发展框架与实践路径 [J].安徽师范大学学报（社会科学版），2024，52（2）：83-91.

[11] 王莉.老人整合型长期照护服务：理论构建、现实困境与应对策略 [J].北京行政学院学报，

2024（4）：120-128.

[12] 邓芷馨，黄韵薇，庄苑菁，等．基于 ICOPE 构建我国新型老年整合照护模式的思考 [J]．卫生软科学，2024，38（10）：29-33.

[13] 李新泰．基于 ICOPE 框架对失能老年人照护体系的调查——以济南市为例 [J]．老龄科学研究，2024，12（6）：55-65.

[14] 周雅茹，马丽娜．健康老龄化新路径：老年整合照护——WHO 老年整合照护（ICOPE）的做法及对我国的启示 [C]// 中国老年学和老年医学学会．新时代积极应对人口老龄化研究文集·2022．北京：华龄出版社，2022：8.

[15] 余央央，翟颖，张毅．整合型照护与医疗费用控制——基于"认知友好社区"试点的研究 [J]．财经研究，2024，50（6）：64-78.

[16] 黄健元，杨琪，王欢．我国养老服务体系发展：从医养结合到整合照护 [J]．中州学刊，2020（11）：86-91.

[17] 刘一诺．长春市长期护理保险制度试点调查及优化对策研究 [D]．昆明：云南财经大学，2024.

[18] 何青姗．西安市失能老年人长期照护服务问题研究 [D]．辽宁：东北财经大学，2023.

[19] 汪清．我国老年照护服务体系建设研究——基于政策文本量化分析 [J]．卫生经济研究，2024，41（3）：82-86.

[20] 李曼，周焦．探寻安宁疗护服务质量评估的整合之道 [J]．中国社会保障，2024（7）：82-83.

[21] 徐枫兰，周倩，秦阳，等．智慧服务背景下多学科团队协作的整合照护模式在高龄老年住院病人中的应用研究 [J]．全科护理，2023，21（36）：5121-5125.

HB.08

中国银龄居家康复服务发展研究

郭丽君❶，张明辉❷，黄春玉❸

摘要： 银龄居家康复已经成为21世纪我国养老服务现代化、产业化的重要内容。在社会高度重视社区居家康复发展和国家政策大力扶持的背景下，国内目前相关研究数量已有快速增长态势。本报告运用文献管理软件Note Express和引文分析软件Cite Space以知识图谱的形式对国内现有相关领域研究进行可视化呈现，系统综述，呈现领域前沿热点，进行机构网络、作者网络、关键词共现、突现词、关键词聚类时限分析。结果表明，养老服务和需求、医养结合和长期照护、居家康复和智慧养老是近年来的研究热点。报告提出未来行业发展应拓展研究视角，加强跨地区、跨机构、跨作者间的交流合作，以期为银龄居家康复产业的后续发展提供证据支持。

关键词： 银龄经济；社区居家康复；Cite Space；共现分析；医养结合

---

❶ 郭丽君，健康社会医学博士，上海健康医学院护理与健康管理学院教授，研究方向：人群健康服务与管理、老年医养结合服务与管理、社区居家康复服务。

❷ 张明辉，中西医结合康复学硕士，上海健康医学院科研助理，研究方向：老年医养结合服务与管理、社区居家康复服务。

❸ 黄春玉，日语语言学博士，上海工商外国语职业学院外国语言文化学院副教授，研究方向：中日语言对比。

　　银龄居家康复是社区康复的关键组成部分，是基层医疗卫生工作的重要延伸。银龄居家康复又可称为长者居家康复，它是指跨学科医疗服务团队对在家中需要接受医疗服务的长者进行的物理治疗、作业治疗和其他必要的康复活动，维持银龄族的身心功能，改善生活自理能力。WHO 的《社区康复指南（2010 年）》将社区居家康复视为须重点规划的世界卫生发展战略内容。我国发布的《关于加强老年人居家医疗服务工作的通知》（国卫办医发〔2020〕24 号）、《关于印发加快推进康复医疗工作发展意见的通知》（国卫医发〔2021〕19 号）均鼓励基层医疗机构为银龄族开展居家康复，我国康复服务事业迈入新阶段。本研究通过软件 Cite Space6.3.R1 对万方、维普、中国知网数据库银龄居家康复文献进行聚类分析，对国内银龄居家康复服务研究发展现况以知识图谱的形式进行可视化呈现，描绘研究前沿及热点，预测未来发展趋势，以期为我国的居家康复政策标准制定提供循证依据。

一、资料与方法

（一）资料来源

　　以"老年人＋居家＋康复"为主题词，检索时间为 2000 年 1 月 1 日—2024 年 12 月 1 日，检索万方、维普、中国知网等数据库。纳入文献类型包括代表性、学术性较强的期刊论文、博硕学位论文中文资料。而排除了涵盖会议、报纸、专利、通知公告、成果、标准类文章资料，或仅正文提到"长者居家康复"，但未将其作为主题进行讨论，以及重复性的资料。根据纳入和排除标准，最终以 1382 篇文献为研究对象（图 1）。将文献题录选择 ref works—Cite Space 样式（UTF-8 编码）导出为 txt 文件，内容包括标题、作者姓名、摘要、关键词等。

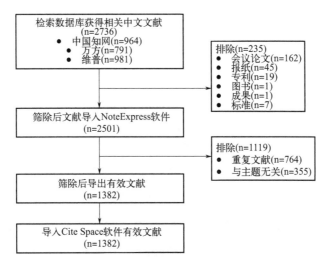

图1　文献筛选策略

（二）研究工具

Cite Space 软件由美国 Drexel 大学陈超美研发，可帮助研究者分析特定领域中的合作共引脉络和研究热点，制作可视化图谱，是主流的可视化分析工具。本研究应用 Cite Space 软件对银龄居家康复主题的文献进行了多元、分时、动态的知识网络分析。可视化图谱由代表元素的节点（nodes），例如引用的机构、作者、关键词以及表示共同作者、共现或者共被引关系的连线（links）组成。

Note Express 软件可进行文献采集、挖掘、管理，由北京爱琴海软件公司研发。

（三）研究方法

应用 Cite Space 时区选择、阈值选择等功能，借助聚类模块性指数（Q值，Modularity）、聚类轮廓性指数（S值，Silhouette），根据图谱聚类效果进行知识图谱绘制。Q值 > 0.3 时知识网络模块结构更显著，Q值越接近1，网络分离度越高，聚类的有效性越好。S值 > 0.5 聚类结果合理，S

值越接近 1，图谱网络内部一致性越高。

二、结果

1. 中国银龄居家康复服务文献的时间分布特性

经过分析可知，银龄居家康复服务文献研究可分为 3 个阶段。2001—2009 年（萌芽期），国内发表文章数量较少且增加速度缓慢，整体呈增长趋势；2010—2019 年（快速增长期），发文量迅速增加，2019 年共发表相关文章 147 篇；2019—2020 年度有所下降；2020—2021 年度又开始增加，2021 年发表相关文章 148 篇；2021—2024 年呈现下降趋势（内涵探索期），2024 年发表相关文章 81 篇（图 2）。

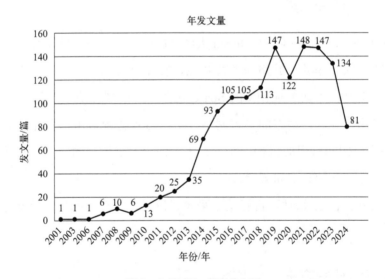

图 2　文献时间、数量分布图

2. 中国银龄居家康复服务文献的研究机构及作者的共现分析

对 1382 篇文献的研究机构合作网络进行分析，设置 "Node Types = Institution；Top 50；Time Slices=1"，关联强度采用 cosine 算法，g-index k=10，并选择 pruning sliced networks 进行图谱修剪得到机构的共现知识图谱，图谱网络密度（density）为 0.0023，含 196 个节点、43 条连线。节点大小代表机构学术影响力，连线粗细代表机构间的合作强度[1]。可见银龄居家康复的研究机构基本是高等院校及相关研究机构，养老机构和基层老龄部门的研究力量比较薄弱。国内研究机构间对于讨论银龄居家康复研究的合作较少较弱。国内发文量前 5 名的机构相关论文量分别为 29 篇（上海工程技术大学）、14 篇（吉林大学）、10 篇（山东大学）、9 篇（南京农业大学）和 8 篇（华南理工大学）（图 3）。

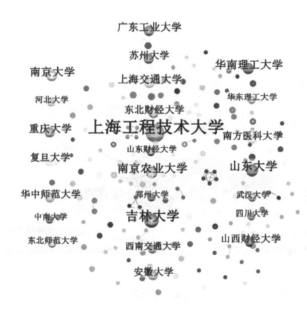

图 3　研究机构共现知识图谱

通过 Cite Space 软件对 1382 篇文献的作者进行共现性分析，设置"Node Types = Author"，其他与上文保持一致。作者知识图谱中有 215 个网络节点，91 条连线，网络密度为 0.004。从作者发文量来看，排名前 5位的作者分别是海军军医大学万霞（3 篇）、周兰姝（3 篇），吉林市化工医院李宪（3 篇），郑州大学第五附属医院汪桂琴（3 篇）、王少亭（3 篇），详见图 4。根据普赖斯定律 $M \approx 0.749 \times \sqrt{N\max}$ （其中 Nmax 为发文最多者的发文量，M 为核心作者的最低发文量）[2, 3]，计算可得核心作者 M≈1.3，该领域发文量不低于 2 篇者即为核心作者。结果显示核心作者有 58 位，发文 123 篇，占本研究文献数量的 8.9%。

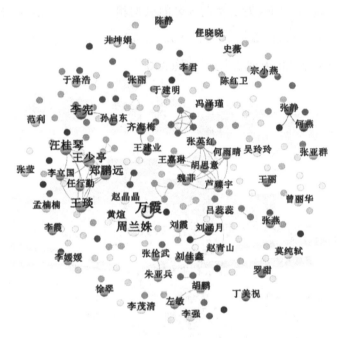

图 4　研究作者共现知识图谱

3. 中国银龄居家康复服务文献的关键词词频统计及其中心性分析

对样本文献频次 ≥ 50 次的高频关键词绘制知识图谱，设置 "Keywords" 为节点类型，其他设置与上文保持一致。得到的知识图谱含 220 个节点、631 条连线，网络密度为 0.0262。另外，本研究统计出前 20 位高频关键词及其中心性（表 1）。中介中心性 > 0.1 的高频关键词为关键节点，中介中心性越大，该关键词的影响力越大[4]。从表中可以看到关键节点有 "老年人""居家养老""医养结合""养老服务"（图 5，表 1）。

表 1 高频关键词及其中心性统计

序号	关键词	频次	中心性	序号	关键词	频次	中心性
1	老年人	225	0.52	11	生活质量	26	0.04
2	居家养老	166	0.35	12	养老机构	25	0.04
3	医养结合	176	0.17	13	老龄化	39	0.03
4	养老服务	91	0.14	14	运动康复	3	0.03
5	失能老人	56	0.08	15	机构养老	26	0.02
6	社区	48	0.08	16	居家康复	14	0.02
7	康复护理	28	0.06	17	互联网+	11	0.02
8	需求	43	0.05	18	家庭护理	9	0.02
9	影响因素	40	0.05	19	生活照料	7	0.02
10	社区养老	33	0.04	20	农村	6	0.02

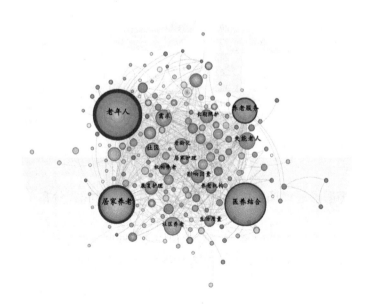

图 5 关键词共现知识图谱

注：节点越大、关键词频率越高。节点圈层颜色越多，代表关键词出现的年份越近。节点最外圈圈层厚度代表中介中心性的大小。

4.中国银龄居家康复服务文献的突现词分析

突现词分析是指对关键词频率出现的突然变化（激增）进行研究，用以反映相关研究热点演变情况。进行突现词分析和研究发现，近年来我国相关领域的 14 个最强突现词及各突现词出现和消失的时间。包括"家庭护理""居家养老""长期照护""医养融合""智慧养老""居家康复""延续护理"等。其中，"家庭护理"突现的时间跨度最大（2003—2013），突现值最高（5.42），持续热度较高（图6）。

关键字	时间	强度	起始时间	截止时间	2001—2024
家庭护理	2003	5.42	2003	2013	
居家护理	2008	2.69	2008	2011	
居家养老	2007	2.73	2012	2014	
长期照护	2014	2.94	2014	2015	
老龄化	2014	2.6	2014	2015	
医养融合	2016	3.14	2016	2017	
对策	2016	2.61	2016	2018	
社区养老	2012	4.5	2018	2020	
服务设计	2019	2.67	2019	2021	
智慧养老	2020	3.76	2021	2024	
影响因素	2016	3.06	2021	2024	
社会支持	2021	2.99	2021	2022	
居家康复	2019	2.82	2021	2022	
延续护理	2022	3.7	2022	2024	

图6　突现词分析知识图谱

5.中国银龄居家康复服务主题文献的关键词时间线分布

通过软件进行关键词聚类后，再利用 Timeline View 功能得到关键词聚类时间线图谱，该图谱能够展示各聚类包含的关键词以及每一聚类主题的起止时间点，呈现出我国银龄居家康复研究的演化脉络。Q 值 =0.3902，说明该图谱的网络结构显著有效，S 值 =0.7012，说明该图谱的聚类结果合理，内部一致性较高，知识图谱能够描绘我国银龄居家康复的研究热点（图 7）。

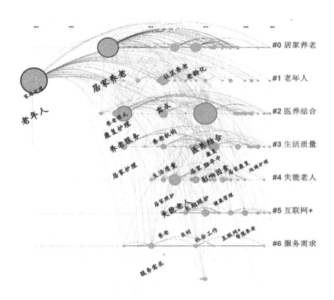

图 7　关键词聚类时间线分析

三、讨论

（一）中国银龄居家康复研究的政策引导和发展路径

通过研究结果呈现，银龄居家康复近年来的文献情况总体呈现阶段性分布，可分为以下三个时间段。

1. 萌芽期（2001—2009 年）

这一阶段的政策目标为社会福利社会化，旨在提供多元化养老服务[5]。2001 年中国政府通过改革试点寻求完善的基本养老保险制度。此后联合国在第二届世界老龄问题世界大会（Second World Assembly on Ageing, 8-12 April 2002, Madrid）中，倡议"积极老龄化"的银龄政策发展方向，提出"独立、参与、尊严、照料和自我实现"。2003 年我国基本养老保险参保人数超过 1.5 亿人，为居家康复的快速发展提供了条件[6]。2008 年国家出台《关于全面推进居家养老服务工作的意见》，加强了对居家康复服务的引导。政府部门通过改善养老产业政策条件推动了养老服务家庭化进程。这一阶段出现的突现词有"家庭护理""居家养老"等，时间线图谱中有"服务需求"、说明此时居家养老服务以一般的护理和照顾服务为主要内容，社区对于居家康复仍存在较大需求[7-10]。

2. 快速增长期（2010—2019 年）

这一阶段的政策目标旨在增加养老服务设施，改善多元供给模式，发展多层次养老服务。2010 年 WHO 发布《社区康复指南》，将居家康复作为重点发展方向。此后国务院发布《关于加快发展养老服务业的若干意见》（国发〔2013〕35 号）提出多元化建立养老服务体系，明确了居家养老的角色与功能定位。2013 年商务部发布《居家养老服务规范》（SB/T 10944-2012）为居家养老服务规范化管理提供了评价标准。2019 年国家发布了《关于推进养老服务发展的意见》（国办发〔2019〕5 号）、《关于深入推进医养结合发展的若干意见》（国卫老龄发〔2019〕60 号）、《关于建立完善老年健康服务体系的指导意见》（国卫老龄发〔2019〕61 号）等文件，在扩大养老服务消费、拓宽养老融资、健全养老服务设施建设等方面提供了体系化政策支持，国内银龄居家康复研究迎来了高潮。该阶段出现"长期照护""医养融合""生活质量"等突现词，2019 年"居家康复"开始作为关键词出现在研究者视野中，居家康复服务逐步成为银龄服务体系中的新星。

3. 内涵探索期（2019 年之后）

智能化产业化完善养老服务体系成为这一阶段的主要政策目标。2020年国家《关于加强老年人居家医疗服务工作的通知》（国卫办医发〔2020〕24 号）、《中共中央关于制定国民经济和社会发展第十四个五年规划和二〇三五年远景目标的建议》提出"构建居家社区机构相协调、医养康养相结合的养老服务体系"[11]。2021 年国家接连发布《关于印发加快推进康复医疗工作发展意见的通知》（国卫医发〔2021〕19 号）和《关于组

织实施 2021 年居家和社区基本养老服务提升行动项目的通知》（民办函
〔2021〕64 号），银龄居家康复事业标准化水平不断提高。这一阶段"智
慧养老""影响因素""互联网＋""延续护理"等开始突现，研究内涵不
断丰富，且层次不断提升。服务方式方面，探索物联网、网络平台化、远
程康复等系列新兴服务模式；服务质量方面，探讨并改善可能存在的包括
照护者支持、收入、自身健康状况、医保等一系列影响长者居家康复的因
素；服务能力上，探索为失能长者晚年生活进行一体化长期延续护理服务
等。体现了这一阶段经过深入实践思考后，银龄居家康复事业处于产业化
创新发展的趋势。

（二）银龄居家康复研究的合作共引分析

合作作者共现分析，万霞、周兰姝、李宪、汪桂琴、王少亭为该领域
发文较多的作者，通过分析普赖斯定律标识的核心作者情况可以看出，大
部分核心作者来自上海、吉林、河南等地区[12-14]。研究机构共现网络结果
则以上海工程技术大学、吉林大学、山东大学为主[15-17]。通过作者、机构
共现图发现我国银龄居家康复领域的合作网络十分局限，不同地区机构和
学者的合作网络较为松散。银龄居家康复领域的多个核心作者和核心机构
均来自上海地区，上海地区相关研究比较密集，作为居家养老制度的首批
试点地区，上海最早探索形成了具有地区特色的居家养老康复服务模式。

（三）银龄居家康复研究的热点主题分析

关键词是论文研究主题的凝练，研究高频关键词有助于反映对应研究
领域的热点。经过综合分析，近年来我国银龄居家康复的研究热点可以归
纳为以下三个方面。

1. 居家养老和服务需求

服务需求是指在不同消费水平时期，消费者愿意购买服务的意愿和能

力。需求三要素包括对服务的偏好、价格和收入。此类研究的焦点是对不同人群多样化养老服务需求现况的调研和影响因素分析。王琼通过对我国银龄族的相关数据分析，认为身体状况、照护者、消费偏好等因素能够对银龄居家养老需求产生影响[18]。曾友燕通过对上海市社区的银龄族接受的家庭照护项目进行调研，认为康复适宜技术应纳入居家养老服务中，以满足不同健康条件银龄族的个性化照护需求[19]。

2. 医养结合和长期照护

医养结合是指统筹社会医疗资源、养老服务资源为失能者进行照护服务，有助于实现资源最优化配置[20]。长期照护是指由家人、朋友等照顾者和专业照护人员进行的以保证银龄族的日常生活质量、人格尊严的照护活动。长期照护是医养结合的具体表现形式。此类研究的焦点是养老服务管理研究和长期照护服务模式构建及长护险养老保障体系研究，国内研究主要针对医养结合和长期照护的内涵、需求、发展困境展开探讨，也有不少实证研究以试点地区的案例分析为主进行成果总结，提出现实问题和改良建议，通过借鉴发达国家和地区经验，提出发展我国的长期照护保险，应基于居家康复服务实践和民政实践进行长期照护模式和方法探索。包世荣通过分析我国养老服务行业的发展特点，分析人口健康和养老追踪调查数据，结合国外养老保障制度经验，提出了深化居家社区养老服务业、完善服务管理体系等建议[21]。丁一通过运用不同理论模型和算法模型对中国城乡银龄人口状况追踪调查进行数据分析，提出应当充分考虑我国自身国情、立法保障、多元化主体等内容来构建我国长期照护模式[22]。李强基于山东省调查数据，系统分析了银龄长期照护意愿及其影响因素，并提出依据适度普惠原则分步骤构建长期照护社会保险制度的建议[23]。

3. 居家康复和智慧养老

智慧养老是指通过人工智能、物联网等新兴科技和智能硬件设施构建养老服务管理系统，持续推动智慧银龄产业进步，实现养老服务产业化发展。居家康复是智慧养老服务中的重要支柱。随着 2021 年"智慧养老"和"居家康复"的"突现"，国内银龄居家康复研究数量来到了最高点，随后相关研究数量不断减少，但研究质量不断提高，多学科交叉创新引导了多种国际前沿康复理念、技术、设备落地。银龄居家康复提供的模式逐步从最初的基本养老照护服务转型到医养结合养老模式再拓展到最后的智慧养老模式，银龄居家康复服务已经迈入产业化升级进程中。李浩腾提出要构建能够实现远程互动、人文化、智能化、集成化的智慧养老体系，充分发挥其在信息交流传递、资源配置和整合、数据分析与挖掘、服务效率等方面的独特优势，完成银龄服务转型升级 [24]。王晓慧认为社会要坚持以银龄族为中心，大力发展智慧养老，为银龄族提供包括居家康复在内的整体照护服务 [25]。

四、总结与展望

发展银龄居家康复服务是推动养老服务产业升级、提高社区康复服务可及性的重要抓手，需要通过扎实的理论应用分析、精准的现实问题讨论、大量的科学实证研究探讨问题解决路径。本研究系统梳理了近年来国内银龄居家康复研究文献，运用 Cite Space 软件进行知识图谱分析，结果表明，养老服务和需求、医养结合和长期照护、居家康复和智慧养老是近年来的研究热点。但本研究仍存在一定局限性，首先侧重于呈现国内研究相关进展，对万方、维普、中国知网等国内数据库的中文文献进行分析，未包括其他语言来源和数据库的文献。其次，本研究运用软件对作者、机构、关键词进行了共现网络分析，未能对研究文献的引文、期刊等内容进行共被引分析。另外，由于文献计量学分析偏于定量研究，文本定性分析过程较简略。

未来行业发展应拓展研究视角，进一步加强跨地区、跨机构、跨作者间的交流合作。我国银龄居家康复服务应当加快发展步伐，加强国际交流与合作，借鉴国内外居家康复的实践经验，充分协调整合养老行业各个利益相关方的行动与理念，围绕银龄族的需求，应形成以居家为基础，社区、机构共同补充的多元化、多层次智慧银龄康复服务体系。

参考文献

[1] 徐健，戴芳芳，潘文雷，等. "健康中国" 背景下我国社区中医药服务研究热点和前沿趋势的可视化分析 [J]. 中国全科医学，2023，26（34）：4343-4350.

[2] 郑彩云，王欣. 基于 CiteSpace 分析我国卫生服务整合研究进展 [J]. 中国预防医学杂志，2023，24（3）：174-182.

[3] 宗淑萍. 基于普赖斯定律和综合指数法的核心著者测评——以《中国科技期刊研究》为例 [J]. 中国科技期刊研究，2016，27（12）：1310-1314.

[4] 庞庆泉，赵云，黄贤昌. 国内外医养结合研究进展及趋势 [J]. 中国医院，2024，28（1）：64-69.

[5] 黄淑奕. 中国养老服务政策的发展历程、特点及变化研究 [J]. 当代中国研究期刊，2023，2（10）：69-105.

[6] 中华人民共和国国务院新闻办公室. 中国的社会保障状况和政策 [EB/OL]. （2005-05-27）[2024-12-22]. https://www.gov.cn/zwgk/2005-05/27/content_1533.htm.

[7] 罗筱媛，杨奇，黄丽丽，等. 广州市老年人社区与居家康复需求初步调查分析 [J]. 中国康复医学杂志，2022，37（4）：515-518.

[8] 刘金玲. 杭州市居家老年人健康状况与家庭型医养护一体化服务需求的调查研究 [D]. 杭州：浙江中医药大学，2017.

[9] 郭晶，张玲芝，袁亚琴，等. 医养结合居家医护服务体系的构建与管理 [J]. 中华护理杂志，2018，53（7）：773-777.

[10] 向小娜，杨霖，郭华，等. 老龄化趋势下，康养融合三级模式构建现状与发展 [J]. 中国康复医学杂志，2022，37（2）：269-272.

[11] 新华社. 中共中央关于制定国民经济和社会发展第十四个五年规划和二〇三五年远景目标的建议 [EB/OL]. （2020-11-03）[2024-12-22]. https://www.gov.cn/zhengce/2020-11/03/content_5556991.htm.

[12] 万霞，黄煊，赵晶晶，等. 上海市老年人家庭护理服务需求及支付意愿的质性研究 [J]. 护理管理杂志，2013，13（3）：227-228.

[13] 袁丽，李宪. 运用延续性非指示治疗改善多种慢性病老人院外居家康复的效果分析 [J]. 世界最新医学信息文摘（连续型电子期刊），2023，23（47）：194-197.

[14] 郑鹏远，王少亭，汪桂琴，等. 老年人的医养结合服务需求现状及对策研究 [J]. 健康必读，2020（16）：269-270.

[15] 赵静. 城市社区居家养老模式下的居住福祉研究 [D]. 济南：山东大学，2019.

[16] 张昀. 日本长期护理保险制度及其借鉴研究 [D]. 长春：吉林大学，2016.

[17] 李朝静. 上海市失能老人长期护理服务体系研究 [D]. 上海：上海工程技术大学，2013.

[18] 王琼. 城市社区居家养老服务需求及其影响因素——基于全国性的城市老年人口调查数据 [J]. 人口研究，2016，40（1）：98-112.

[19] 曾友燕. 老年家庭护理需求与服务内容的研究 [D]. 上海：第二军医大学，2007.

[20] 郭丽君 . 医养结合养老服务体系 [M]. 北京：科学出版社，2019：32-35.

[21] 包世荣 . 我国养老服务业发展研究 [D]. 长春：吉林大学，2019.

[22] 丁一 . 我国失能老人长期照护模式构建研究 [D]. 北京：首都经济贸易大学，2014.

[23] 李强 . 城乡居民长期照护社会保险制度构建研究 [D]. 泰安：山东农业大学，2015.

[24] 王晓慧 . 中国智慧养老服务体系建设研究 [D]. 武汉：武汉大学，2021.

[25] 李浩腾 . 智慧养老服务体系建设研究 [D]. 北京：北京交通大学，2021.

HB.09

中国银龄教育产业发展现状及未来展望

李旭 ❶　贵海峰 ❷　曹迎凤 ❸　尚娟娟 ❹

摘要： 步入 21 世纪，银龄教育作为推动中国社会进步与经济转型升级的新兴产业，正日益显现出其不可替代的重要价值 [1]。在国家政策的大力扶持下，中国银龄教育产业迎来了前所未有的发展机遇。本报告采用政策解读、案例研究及数据分析等多种研究方法，精心选取了多个具有典型意义的银龄教育案例进行深入剖析，从政策环境、教育模式、发展现状、特色亮点等多个维度，对中国银龄教育的综合竞争力进行了全面而系统的评估 [5, 7]。研究发现，尽管中国银龄教育在政策支持、服务模式创新、社会效益等方面取得了显著成就，但仍面临着区域发展不均衡、教育资源分配不均、教育内容与市场需求脱节、专业人才短缺等挑战 [12]。针对上述问题，本报告提出了优化政策环境、深化教育模式创新、强化教育资源整合、加强人才队伍建设等一系列具有前瞻性和操作性的对策与建议，旨在为中国银龄教育的可持续发展提供智力支持与战略指引，助力其在新时代背景下焕发更加蓬勃的生命力。

❶ 李旭，病理学与病理生理学硕士，沧州医学高等专科学校，副教授，研究方向：健康管理，康养发展。
❷ 贵海峰，临床医学硕士，沧州医学高等专科学校，讲师，研究方向：外科护理，养老护理。
❸ 曹迎凤，护理学硕士，沧州医学高等专科学校，副教授，研究方向：健康管理，养老护理。
❹ 尚娟娟，临床医学硕士，沧州医学高等专科学校，副教授，研究方向：外科护理，养老护理。

关键词：银龄教育；教育模式；发展现状；发展特色；未来展望

随着社会银龄族的增多和银龄族对精神文化生活需求的提升，人们对银龄教育的关注日益增强。在此背景下，既能丰富银龄族精神生活又能促进社会和谐的银龄教育产业成为 21 世纪推动中国社会进步与经济发展的重要力量。当前，学术界对于银龄教育产业的定义和范畴尚未形成统一认识，参考相关政策文件及实践经验，本研究团队将银龄教育产业界定为：以银龄族的学习需求和身心发展为基础，以提升银龄族生活质量、促进其社会参与为目的，为银龄族提供与教育直接或密切相关的服务（包括课程、活动等）的集合。

一、中国银龄教育相关政策分析

（一）老年教育的概念界定

《老年学词典》将老年教育界定为"由教育者按照一定的社会要求，向银龄族施加有目的、有计划、有组织的影响，以使他们的身心发生预期变化的活动"[1]。广义老年教育是指银龄族积极参与的一切有利于身心健康发展的教育活动。狭义的老年教育是指老年学校组织领导的，旨在满足银龄族学习需要、提高银龄族的素质、使银龄族适应社会发展需要而开展的终身教育活动。不同于普通教育，老年教育属于非学历教育，有其自身的特殊性。它既保留了教育属性，同时也具有老龄事业的福利性[2]。

（二）老年教育相关政策内容

发展老年教育，是积极应对人口老龄化、高龄化、实现教育现代化、建设学习型社会的重要举措，党和政府持续高度关注，尤其是从 2016 年至今陆续出台了多项老年教育政策，引领和推动着老年教育事业高质量发展。

1. 老年教育的意义

2016 年，国务院办公厅发布了首部老年教育专项规划《老年教育发展规划（2016—2020）》（以下简称《发展规划》）[1]。该规划系统阐述了发展老年教育事业对于积极应对人口老龄化的重要性 [4]。

2021 年，中共中央、国务院《关于加强新时代老龄工作的意见》首次明确将老年教育纳入终身教育体系，通过强化规划引导、发展适老产业等措施，积极培育银发经济，老年教育被列入银发经济发展的重要内容 [7]。

2024 年，国务院办公厅印发《关于发展银发经济增进银龄族福祉的意见》（以下简称《银发经济》）再次将老年教育作为银发经济高质量发展的核心考量指标。

老年教育是我国教育和老龄事业的重要组成部分。发展老年教育，是积极应对人口高龄化、推进教育现代化、建设学习型社会的关键举措，也是满足银龄族多样化学习需求、提升其生活品质、促进社会和谐的必然选择。老年教育产业的繁荣，有力推动了银发经济的增长。

2. 老年教育的对象及主体

银龄族享受教育权利逐渐在法律政策层面得以肯定。《中华人民共和国老年人权益保障法》（2018 修正），第七十一条明确规定：老年人有继续受教育的权利。《老年教育发展规划（2016—2020 年）》中也指出要"努力让不同年龄层次、文化程度、收入水平、健康状况的老年人均有接受教育的机会。"力争提高老年教育的可及性，最大限度地满足各类老年群体的学习需求；2019 年，中共中央、国务院印发的《中国教育现代化 2035》提出"加快发展城乡社区老年教育"。老年教育的对象不仅包括城市退休职工，还涵盖广大农村老年群体 [1]。老年教育对象惠及广泛，老龄事业彰显福利性。

老年教育的主体广泛，各司其职、协同合作。发展老年教育不仅是政府行为，更是体现党和国家意志的重要举措。《中华人民共和国老年人权益保障法》（2018 修正）第七十一条明确规定："各级人民政府对老年教育应加强领导，统一规划，加大投入。"《老年教育发展规划（2016—2020 年）》中也强调了政府在老年教育中的领导、统筹与协调作用。《宁波市终身教育促进条例》中指出，市和县（市）区人民政府应合理配置老年教育资源，优化布局，重视老年教育机构建设。老年教育事业的发展不仅需要各级地方政府和相关部门的共同努力，更离不开社会各界的广泛支持与参与。学校、社区、企事业单位、社会团体、大众媒体、家庭及公民个人都应共同承担责任。《老年教育发展规划（2016—2020 年）》明确指出，要坚持"党委领导、政府主导、社会参与、全民行动"的老龄工作方针，充分利用各类资源，引导社会力量积极参与，具体措施如推动各级各类学校向区域内老年人开放场地、图书馆、设施设备等资源；推动普通高校和职业院校面向老年人提供课程资源；推动开放大学和广播电视大学举办"老年开放大学"或"网上老年大学"，并延伸至乡镇（街道）、城乡社区，建立老年学习网点。《贵州省老年教育条例》第八条规定，鼓励、支持职业院校和普通高校参与老年教育，结合实际开设老年教育相关专业，培养专业人才。此外，地方条例还充分肯定了家庭在推进老年教育中的重要作用。如《山东省老年教育条例》明确规定，家庭成员应当支持老年人参加老年教育活动。

此外，《老年教育发展规划（2016—2020 年）》中还提到探索养教结合新模式，整合利用社区居家养老资源，在社区老年人日间照料中心、托老所等各类社区居家养老场所内，开展形式多样的老年教育。积极探索在老年养护院、城市社会福利院、农村敬老院等养老服务机构中设立固定的学习场所，配备教学设施设备，通过开设课程、举办讲座、展示学习成果等形式，推进养教一体化，推动老年教育融入养老服务体系，丰富住养老人的精神文化生活。

3. 老年教育的重点任务

《老年教育发展规划（2016—2020 年）》中提出老年教育应遵循"保障权益、机会均等，政府主导、市场调节，优化布局、面向基层，开放便利、灵活多样，因地制宜、特色发展"的基本原则。以"扩大老年教育资源供给、拓展老年教育发展路径、加强老年教育支持服务、创新老年教育发展机制、促进老年教育可持续发展"为主要任务，重点推动"社会主义核心价值观培育计划、老年教育机构基础能力提升计划、学习资源建设整合计划、远程老年教育推进计划和老有所为行动计划"的实施。

4. 老年教育的政策举措

在科技信息支持方面，《国务院办公厅关于发展银发经济增进老年人福祉的意见》（国办发〔2024〕1 号）中提出：依托国家老年大学搭建全国老年教育公共服务平台，建立老年教育资源库和师资库。治理电视操作复杂问题，方便老年人看电视。鼓励编辑出版适合老年人的大字本图书。发展面向老年人的文学、广播、影视、音乐、短视频等内容行业，支持老年文化团体和演出队伍交流展示[12]。

在经费投入方面，从中央到地方各级政府都对老年教育经费投入有着明确的规定，为我国老年教育高质量发展提供经费保障。国家层面，《老年教育发展规划（2016—2020 年）》明确指出要"形成政府、市场、社会组织和学习者等多主体分担和筹措老年教育经费的机制"。在地方层面，老年教育政策较为关注于经费投入渠道和经费使用。如《贵州省老年教育条例》第五条规定，"县级以上人民政府应当将老年教育工作纳入国民经济和社会发展规划，加大老年教育事业发展投入力度"。《安徽省老年教育条例》对经费使用作出具体规定："老年教育机构应当依法建立健全财务管理制度，严格管理、合理使用老年教育经费；不得违反国家有关规定作虚假宣传、收取费用。"

就队伍建设而言，2016 年，《老年教育发展规划（2016—2020 年）》首次从国家层面聚焦老年教育队伍建设，明确指出要"加强队伍建设"，表明国家和政府开始着力建设高水平老年教育师资队伍，为老年教育高质量发展提供人才支撑。地方政策方面，2013 年 8 月，武汉市《市人民政府关于进一步加强老年教育工作的意见》也指出"建设高素质的老年教育工作师资队伍"，并将其作为推进老年教育工作的主要内容。2016 年《老年教育发展规划（2016—2020 年）》出台后，贵州省、吉林省、浙江省杭州市、陕西省西安市等各省、市涉及队伍建设的地方政策快速出台。如《西安市加快发展老年教育实施方案》中指出"建立市、区县（开发区）两级老年教育人才库，培养一支结构合理、数量充足、素质优良，专职人员为骨干、兼职人员为主体、志愿者为补充的人才队伍。""建立老年教育教师岗位培训制度"。

5. 老年教育的标准建设

建立老年教育规范旨在科学规范教育主体的行为，提升教育质量，为银龄族提供高品质的教育活动，满足他们"老有所学、老有所乐、老有所为"的需求。《老年教育服务规范》（DB 3303/T070—2023）由温州市市场监督管理局发布，涵盖服务分类、命名、资源管理、安全管理、教学服务及评价改进。《养老机构老年教育服务规范》（DB 34/T 3884—2021）由安徽省市场监督管理局发布，明确了养老机构老年教育的基本要求，规定了服务内容、流程及评价与改进措施。这两项标准的出台，为老年教育的规范化和专业化提供了有力保障，有助于提升银龄族的学习体验和生活质量[13, 14]。

二、中国银龄教育模式、发展历程、现状分析

随着我国社会老龄化的不断加深，银龄教育作为银龄工作的重要内容，日益受到社会各界的广泛关注。银龄教育，作为老年教育的一种重要形式，旨在通过多元化的教育模式，满足银龄族对知识和文化的需求，提

升其生活质量，促进社会的和谐与进步 [4]。

（一）教育模式

银龄教育，即面向银龄族的教育，在我国已经形成了多样化的教育模式。这些模式不仅涵盖了传统的课堂教学，还拓展到了线上教育、社区教育、老年大学等多种形态，为银龄族提供了丰富的学习选择。

1. 老年大学模式

老年大学是中国银龄教育领域中的一个标志性模式。自 1983 年山东省率先创立我国首所老年大学以来，该模式逐渐在全国范围内得到推广与普及。这些大学通常包括老干部大学、退休职工大学等，旨在通过文化知识、科学技术知识、休闲知识及养生与保健知识等方面的教育，使银龄族实现"老有所学"，达到身心健康、知识增长和愉快度晚年的目标。老年大学通常由政府或社区主办，提供面对面的授课环境，让银龄族在熟悉的环境中交流学习 [16]。

2. 线上教育模式

随着信息技术的快速发展，线上教育成为银龄教育的新模式。银龄族可以通过互联网、移动设备等，在家中就能接触到丰富的教育资源。线上教育平台通常会提供书法、国画、诗词欣赏、艺术、养生等多元化的课程，满足银龄族多样化的学习需求。此外，一些平台还提供互动功能，让银龄族在学习过程中能够与老师和其他学员进行交流，增强学习的趣味性和互动性 [17]。

3. 社区教育模式

社区教育是银龄教育的重要组成部分。它通常以社区为依托，利用社区资源为银龄族提供学习机会。社区教育的内容多样，包括健康讲座、文化娱乐、技能培训等，旨在提高银龄族的生活质量和社会参与度。社区教育通常以小班授课、集体活动的形式进行，方便银龄族就近学习，促进邻里间的交流与互助。

4. 产学研合作模式

产学研合作是银龄教育创新发展的新模式。通过政府、高校、科研机构、企业等多方面的合作，共同开发适合银龄族的教育课程和教材。这种合作模式不仅丰富了银龄教育的资源，还提高了教育的针对性和实效性。例如，一些高校和科研机构会利用自身的专业优势，为银龄族提供科学养生、健康管理等方面的课程；而企业则可以通过提供资金、物资、志愿服务等方式，支持银龄教育事业的发展。

（二）我国银龄教育发展历程

我国银龄教育的发展历程可以追溯到改革开放初期。随着经济社会的发展和人口老龄化的加剧，老年教育逐渐受到社会各界的广泛关注。以下是我国银龄教育的主要发展历程：

1. 起步阶段（20 世纪 80 ~ 90 年代）

1982 年，中共中央颁布了《关于建立老干部退休制度的决定》，这一举措标志着中国开始高度关注银龄族的生活质量及其精神层面的需求。紧接着，在 1983 年，山东省率先创立了我国第一所老年大学，此举揭开了中国银龄教育发展的新篇章。此后，各地纷纷效仿，老年大学逐渐在全国范围内普及。这一时期的银龄教育主要以课堂教学为主，内容以文化教育为主，旨在丰富银龄族的精神生活[10]。

2. 发展阶段（2000—2010 年）

进入 21 世纪后，中国银龄教育迎来了快速发展的阶段。一方面，政府加大了对银龄教育的投入和支持力度，推动老年大学的建设和发展；另一方面，社会各界也开始积极参与银龄教育事业，通过捐赠资金、物资、志愿服务等方式为银龄族提供学习机会。此外，随着信息技术的快速发展，线上教育逐渐成为银龄教育的新模式，为银龄族提供了更加便捷的学习途径。

3. 创新阶段（2010 年至今）

近年来，中国银龄教育进入了创新发展的阶段。一方面，政府和社会各界开始积极探索新的教育模式和方法，如社区教育、产学研合作等，以满足银龄族多样化的学习需求；另一方面，银龄教育也开始与旅游、体育、文化娱乐等行业相结合，形成了"教育＋旅游""教育＋体育"等新型教育模式。这些创新不仅丰富了银龄教育的内涵和外延，还提高了教育的针对性和实效性。

（三）我国银龄教育现状分析

当前，我国银龄教育已经取得了显著的成效，但仍存在一些问题和挑战。以下是对我国银龄教育现状的分析。

1. 教育覆盖面不断扩大

随着银龄教育的快速发展，越来越多的银龄族有机会接受教育。据统计，截至 2023 年，全国各级各类老年大学（学校）已达 7.6 万所，参加学习的学员超过 2000 万人 [12]。这些老年大学涵盖了省、市、县、乡镇（街道）、村（社区）五级办学网络体系，为银龄族提供了便捷的学习途径。

2. 教育内容多样化

当前，中国银龄教育的内容已经涵盖了文化教育、科技教育、休闲教育、养生教育等多个领域。银龄族可以根据自己的兴趣和需求选择适合自己的课程。例如，一些老年大学开设了书法、国画、诗词欣赏等传统文化课程；而另一些则开设了健康讲座、科学养生等现代科技课程。这些多样化的教育内容不仅满足了银龄族的学习需求，还促进了他们的身心健康和社会参与度。

3. 教育模式不断创新

近年来，中国银龄教育在模式上不断创新，形成了多种新型教育模式。例如，社区教育利用社区资源为银龄族提供学习机会；线上教育利用互联网技术为银龄族提供便捷的学习途径；产学研合作则通过政府、高校、科研机构、企业等多方面的合作，共同开发适合银龄族的教育课程和教材。

4. 存在问题和挑战

尽管我国银龄教育取得了显著的成效，但仍存在一些问题和挑战。一方面，教育资源的分配不均衡，一些经济欠发达地区的银龄族难以享受到优质的教育资源；另一方面，教育内容的更新和创新不足，难以满足银龄族日益增长的学习需求。另外，师资力量匮乏以及教学方法缺乏多样性同样是阻碍银龄教育进步的一个重要因素。为应对这些难题与挑战，需要政府、社会各界以及企业等多方主体携手并进，共同作出努力与协作。

三、我国银龄教育的发展特色

（一）国外老年教育概况

在国外，老年教育同样受到广泛关注。各国根据自身国情和文化背景，发展出了各具特色的老年教育模式。

以英国为例，英国的老年教育主要依托第三部门（Third Sector）和社区组织。例如，英国老年大学（The Third Age Trust）是一个专门为银龄族提供教育机会的非营利组织，其课程涵盖健康、科技、艺术等多个领域。此外，英国的继续教育学院（Further Education Colleges）也向银龄族开放，提供各类证书和文凭课程。政府还通过拨款和税收优惠等政策，支持老年教育的发展[11]。

美国的老年教育起步较早，其体系较为完善。社区学院和大学开放课程是老年教育的主要形式。例如，许多大学通过开设老年学习中心（Senior Learning Center），为银龄族提供包括计算机技能、外语学习、艺术欣赏等在内的多样化课程。此外，美国政府还通过"终身学习法案"（Lifelong Learning Act）推动老年教育的发展，鼓励银龄族参与社区服务和志愿活动[6]。

日本的老年教育以终身学习理念为核心，形成了较为完备的体系[7]。日本的社区教育中心（Community Education Center）为银龄族提供各类兴趣班和职业培训课程。此外，日本的大学也积极参与老年教育，通过组织专题讲座与定制课程，为银龄族搭建持续学习的平台。政府通过制定《终身学习振兴法》和《高龄者雇用安定法》，从法律层面保障老年教育的推进。

（二）我国银龄教育的发展特色

1. 银龄计划的实施

中国的银龄教育始于2018年的"银龄讲学计划"。该计划致力于动员身体健康、热心教育的退休优秀教师前往乡村及基层学校进行支教与教学指导。这一计划的实施，不仅缓解了乡村和基层学校师资短缺的问题，也为退休教师提供了再发挥余热的机会。根据教育部等部委发布的《国家银龄教师行动计划》，银龄讲学计划已经覆盖17个省份和新疆生产建设兵团，累计招募2万余名退休教师[8]。

2. 银龄教育的多层次覆盖

中国的银龄教育不仅涵盖基础教育领域，还进一步拓展至高等教育与职业教育。2020 年，教育部启动了"高校银龄教师支援西部计划"，选派高校优秀退休教师到西部地区支教。这一计划不仅提升了西部高校的教学质量，还促进了东西部教育资源的均衡配置。截至 2022 年，该计划已选派近 1000 名高校退休教师，惠及西部 21 所高校。

3. 银龄教育的政策支持

中国政府高度重视银龄教育的发展，制定并发布了一系列相关的政策文件。例如，《中共中央 国务院关于全面深化新时代教师队伍建设改革的意见》明确提出实施银龄讲学计划。此外，教育部、财政部等部门也发布了《银龄讲学计划实施方案》《加快推进教育现代化实施方案（2018—2022 年）》等文件，为银龄教育的顺利推行奠定了坚实的政策基石。

4. 银龄教育的社会效应

银龄教育的实施不仅提升了银龄族的社会参与度，还促进了教育资源的优化配置。通过银龄讲学计划，许多退休教师将丰富的教学经验和教育理念带到了乡村和基层学校，有效缓解了师资短缺的问题。同时，银龄教育还促进了区域教育均衡发展，推动了教育公平的实现。

（三）我国银龄教育与国外老年教育的对比分析

1. 教育体系

美国的老年教育体系较为完善，涵盖了从社区学院到大学的多个层次。英国的老年教育则主要依托第三部门和社区组织，形成了较为灵活的教育模式。日本的老年教育则以终身学习为核心理念，形成了较为完备的社区教育体系。相比之下，中国的银龄教育起步较晚，但发展迅速，政府和社会各界高度重视其发展，积极推动教育模式和方法的创新，已经形成了从基础教育到高等教育的多层次覆盖。

2. 政策支持

美国、英国和日本等发达国家均通过立法和政策支持老年教育的发展。例如，美国的《终身学习法案》、英国的《终身学习振兴法》和日本的《高龄者雇佣安定法》等。这些法律和政策为老年教育提供了坚实的制度保障。相比之下，我国的银龄教育虽然起步较晚，但政府高度重视，相继出台了一系列政策文件，为银龄教育的实施提供了有力的政策支持。

3. 社会参与度

在美国、英国和日本等发达国家，老年教育的社会参与度较高。许多银龄族通过参加老年大学、社区教育中心等组织，积极参与各类学习活动。相比之下，中国的银龄教育虽然取得了一定的成效，但社会参与度仍有待提高。这可能与传统文化观念、教育资源分配不均等因素有关。

4. 教育效果

美国的老年教育注重提升银龄族的生活质量和社会参与度，取得了显著成效。英国的老年教育则通过灵活多样的教育模式，满足了银龄族的多样化学习需求。日本的老年教育则通过终身学习理念，促进了银龄族的全面发展。相比之下，中国的银龄教育在提升银龄族生活质量和社会参与度方面取得了积极成效，但在促进银龄族全面发展方面仍有待加强。

（四）我国银龄教育的发展特色

1. 政策驱动，体系完善

中国的银龄教育在政府的高度重视和政策支持下，形成了较为完善的体系。从基础教育到高等教育，从城市到乡村，银龄教育覆盖了多个层次和领域。政策的推动为银龄教育的实施提供了有力的保障[4]。

2.多元参与，资源共享

中国的银龄教育不仅依赖政府的力量，还积极鼓励社会各界参与。通过退休教师的支教讲学，高校和中小学的合作，以及社会各界的支持，银龄教育实现了教育资源的优化配置和共享。

3.注重实效，促进公平

中国的银龄教育注重实效，通过支教讲学等方式，有效缓解了乡村和基层学校教师资源短缺的问题，促进了教育公平的实现。同时，银龄教育还通过提升银龄族的生活质量和社会参与度，推动了社会的和谐稳定[3]。

4.传承文化，创新发展

中国的银龄教育不仅传承了优秀的传统文化，还注重创新发展。通过引入现代教育理念和技术手段，银龄教育不断提升教学质量和效果，为银龄族的终身学习提供了更多的可能性。

四、我国银龄教育的未来展望

随着社会进步的加速以及老龄人口的日益增多，针对银龄族的教育活动——银龄教育，正逐渐吸引社会各界的深切关注。银龄教育的重要性不仅体现在丰富银龄族的精神文化生活层面，更是成为提高银龄族生活质量、推动社会平稳和谐发展的关键一环。未来，银龄教育将在内容、形式、资源、政策支持、师资队伍以及服务质量等方面迎来更加广阔的发展前景。

（一）银龄教育的内容越来越精彩

在未来的银龄教育中，教育内容将更加丰富多彩，满足不同银龄族的多元化需求。

文化教育将继续受到重视，如传统文化、书法、国画、诗词欣赏、艺术等课程，让银龄族在培养兴趣爱好、丰富生活内容的同时，更好地了解和弘扬中华优秀传统文化，提升了文化素养和技艺水平[5]。

随着科技的发展，现代科技知识也将成为银龄教育的重要内容，如智能手机使用、智能助老设备应用、互联网信息收集、网络购物等，帮助银龄族跨越数字鸿沟，适应现代社会的科技发展，享受科技带来的便利，提高生活质量和生活品质。

随着银龄族对心理健康、养生保健、疾病预防等需求的增加，关于饮食营养、预防保健、康复理疗、中医中药、健身养生等方面的教育也需要加强。通过开设心理健康讲座、养生课程、疾病预防知识普及等活动，提高银龄族的自我保健意识和能力，促进身心健康。

银龄教育还需要注重银龄族兴趣爱好的培养，如音乐、舞蹈、园艺、插画、茶艺等，丰富银龄族的精神文化生活，提升生活品质，还能有效促进身心健康，增强社会参与感和幸福感，实现老有所乐。

职业技能培训与再就业教育是银龄教育中不可或缺的一环。伴随着社会的迅猛发展与技术的持续革新，众多传统行业正面临转型升级的挑战，与此同时，新兴行业亦层出不穷地涌现。对于银龄族来说，他们可能面临着技能过时、就业机会减少等挑战。因此，职业培训和再就业教育成为他们重新融入社会、实现自我价值的重要途径，实现老有所为。

（二）银龄教育的形式越来越多样

未来，银龄教育的形式将更加多样化，以适应不同银龄族的学习方式和需求。线下教育将不断创新和完善，线上教育也将成为银龄教育的重要补充。

老年大学是传统的教育教学场地，通常按照课堂教学的形式开设课程。如诗词鉴赏、经典诵读等文化类课程，太极、瑜伽等运动健身类课程，声乐、绘画、曲艺等艺术类课程。

社区老年教育作为一种重要的教育形态，对于增进银龄族的身心健康、提高其生活质量及加强社会参与度具有显著的意义。社区教育涵盖健康养生、文化娱乐等多方面，形式灵活多样，强调社区参与。未来，银龄族社区教育将注重个性化、智能化和跨界融合，加强与医疗、养老等领域合作，构建全面服务生态系统。

除了线下教育，线上教育形式也将成为银龄教育的重要补充。通过开设网络课程、在线直播、远程辅导等形式，打破时间和空间的限制，让银龄族随时随地接受优质教育。线上教育平台还可以利用大数据、人工智能等技术，为银龄族提供个性化的学习资源和信息推荐，提高学习效果。

银龄教育还可以与旅游、体育、文化娱乐等行业相结合，推出具有特色的教育旅游产品，让银龄族在旅游中学习，在学习中享受旅游的乐趣。

（三）银龄教育的资源日渐丰富

未来，银龄教育的资源将更加丰富，为银龄族提供更加全面的学习支持。一方面，政府将加大对银龄教育的投入，建设更多的老年教育设施和活动场所，为银龄族提供更加舒适、便利的学习环境。另一方面，社会各界也将积极参与银龄教育事业，通过捐赠资金、物资、志愿服务等方式，为银龄教育提供支持和帮助。

此外，银龄教育还将充分利用高校、科研机构、企业等社会资源优势，开展产学研合作，共同开发适合银龄族的教育课程和教材。同时，银龄教育还可以借助互联网、图书馆、博物馆等公共资源，为银龄族提供更加丰富的学习资源和文化体验。

（四）银龄教育的政策支持越来越有力

政府将强化对银龄教育的政策扶持与导向作用，以促进其稳健发展。具体而言，政府将着手制定并优化相关法律法规及政策措施，清晰界定银龄教育的地位与功能，确保银龄族受教育的合法权益得到有效保障。另一方面，政府将加大对银龄教育的投入力度，提高教育经费的使用效率，为银龄教育提供更加充足的经费保障。

政府还将加强对银龄教育的监管和评估工作，建立科学的评估体系和标准，对银龄教育的质量、效果等进行定期评估，确保银龄教育事业的健康有序发展。同时，政府还将积极引导和鼓励社会力量参与银龄教育事业，形成政府主导、社会参与的银龄教育格局。

（五）银龄教育的师资队伍逐渐壮大

银龄教育的师资队伍将不断壮大，为银龄族提供更加优质的教学服务。一方面，政府将加强对银龄教育师资的培养和培训力度，提高教师的专业素养和教学能力。通过设立专项基金、举办培训班、开展教学竞赛等方式，鼓励和支持更多的教师投身于银龄教育事业。

另一方面，银龄教育还可以充分利用高校、科研机构等社会资源优势，聘请专家学者、退休教师等担任兼职教师或顾问，为银龄族提供更加专业、权威的教学服务。同时，银龄教育还可以积极招募志愿者参与教学活动，通过志愿服务的形式，为银龄族提供更加贴心、温暖的学习支持。

（六）银龄教育的服务质量越来越有保障

银龄教育的服务质量将得到显著增强，为银龄族提供更为卓越的学习体验。一方面，银龄教育机构将深化对教学质量的管理与监督，构建一套科学的教学质量评估系统及标准，对教师的教学表现实施定期的评价与反馈机制，以确保教学质量的稳步提高与持续优化。

另一方面，银龄教育机构还将加强对银龄族的学习需求和服务需求的关注和了解，通过问卷调查、座谈会等方式，收集银龄族的意见和建议，不断改进和完善教学内容和形式，提高服务的针对性和实效性。同时，银龄教育机构还将加强对银龄族的学习成果和效果的跟踪和评估，为银龄族提供更加全面、客观的学习反馈和成果展示。

此外，银龄教育机构还将加强对银龄族的安全保障和健康管理，建立健全的安全管理制度和应急预案，确保银龄族在学习过程中的安全和健康。通过加强宣传教育、开展安全检查等方式，提高银龄族的安全意识和自我保护能力。

参考文献

[1] 国务院办公厅.国务院办公厅关于印发老年教育发展规划（2016—2020年）的通知[EB/OL].（2016-10-19）[20240-10].https：//www.gov.cn/zhengce/content/2016-10/19/content_5121344.htm.

[2] 王清爽，邢文海，中国老年教育学[M].石家庄：河北人民出版社，2018：14.

[3] 谢国东.积极老龄化农村老年教育的实践——农村社区学习中心能力建设项目案例集[M].南京：河海大学出版社，2022：137.

[4] 叶忠海.我国老年教育学科建设构想[J]，宁波大学学报（教育科学版），2022（2）：10-12.

[5] 孙立新.老年教育学科建立的必要性、可行性[J]，宁波大学学报（教育科学版），2022(2)：6-9

[6]Oyedeji L. Education for the Elderly: Coping with Learning in Adult Years[J]. Education and the Elderly, 1992（4）：363-373.

[7] 万蓉.人口老龄化背景下社会力量参与老年教育的机制与路径——以上海市老年教育社会学习点建设为例[J].成人教育，2020(8)：35-41.

[8] 魏君洪，赵鹏程.老年教育教学理念的树立与实践路径探索[J].继续教育研究，2022（9）：49-54.

[9] 马皓芩.我国老年教育研究的热点主题与演进脉络[J].继续教育研究，2022，（12）：22-28.

[10] 中共中央，国务院.中国教育改革和发展纲要[EB/OL].(2010-07-19) [2024-06-12]. https://www.edu.cn/zhong_guo_jiao_yu/zheng_ce_gs_gui/zheng_ce_wen_jian/zong_he/201007/t20100719_497964.shtml,2024.

[11] Ministerial Declaration on Adult Community Education 2002[EB/OL].（2023-03-15）[2024-06-20].https:/www.voced.edu.au/contentingy%3A37114.html.

[12] 中国发展网.全国老年大学（学校）已达7.6万所[EB/OL].(2023-04-26) [2024-06-21].http://www.chinadevelopment.com.cn/sh/2023/0426/1835724.html.

[13] 侯怀银，张慧萍.新时代老年教育学学科建设的若干关键问题[J].现代远程教育研究，2022(2)：47-56.

[14] 李建伟，王炳文.我国人口老龄化的结构性演变趋势与影响 [J]. 重庆理工大学学报（社会科学），2021，35（6）：1–19.

[15] 北京师范大学，北京师范大学智慧学习研究院，互联网教育智能技术及应用国家工程研究中心.2023 全球智慧教育大会会议简介 [EB/OL]. (2023-08) [2023-12-01]. http://gse.bnu.edu.cn/#navBrief，2023，8.

[16] 马伟娜，戎庭伟.中国老年教育新论 [M]. 杭州：浙江大学出版社，2019：51.

[17] 邹小艳，胡江伟，积极老龄化背景下"银发族"数字鸿沟弥合研究 [J]] 科技传播，2023，15(14): 113–116.

HB.10

中国社区居家养老服务模式研究

曹迎凤 ❶　董彦彬 ❷　贵海峰 ❸　李旭 ❹

摘要：本文聚焦中国社区居家养老服务模式，分析模式的形成背景、现状以及面临的问题及挑战，提出构建居家养老顾问、教育养老融合、产教融合型及智慧社区居家养老服务等具有新时代中国特色的社区居家养老模式，旨在为完善中国社区居家养老服务体系提供参考与思路。

关键词：社区；居家；养老；服务模式

随着人口老龄化加剧及家庭结构的显著变化，原有的养老模式正面临着前所未有的挑战。传统单纯依靠家庭养老或机构养老的模式，已难以满足日益增长且多样化的养老需求。社区居家养老模式顺势而生，以其独有的优势，成为应对养老困境的核心策略。社区居家养老是指以家庭为核心、以社区为依托，为居住在家的老人提供专业化养老服务，服务内容主要是由专业化的服务人员上门解决银龄族日常的生活照料与医疗服务[1]。整合家庭、社区和社会组织的力量和资源，让银龄族居住在自己熟悉的家

---

❶ 曹迎凤，护理学硕士，沧州医学高等专科学校，副教授，研究方向：失能失智照护、养老模式。

❷ 董彦彬，本科，中国人民解放军总医院第一医学中心，主治医师，研究方向：老年心理。

❸ 贵海峰，临床医学硕士，沧州医学高等专科学校，讲师，研究方向：外科护理，养老护理。

❹ 李旭，病理学与病理生理学硕士，沧州医学高等专科学校，副教授，研究方向：健康管理，康养发展。

庭环境中，同时社区组织专业服务机构、志愿者等，为银龄族提供包括日常生活照护、医疗护理、康复保健、康体文娱、精神慰藉等一系列服务，使银龄族既能享受到家庭的温暖，又能获得专业的社会服务，从而提高其生活质量。这种模式充分体现了"以人为本"的理念，尊重银龄族的意愿和选择，是一种符合中国国情和文化传统的养老模式创新。

一、社区居家养老服务的时代背景

（一）人口老龄化加剧

随着人口老龄化的加速，我国已成为全球银龄族人口最多的国家。2023 年，我国 65 岁及以上人口数已经达到 21676 万人，占总人口的 15.4%[2]，这意味着我国已经进入深度老龄化社会。随着经济社会的持续转型以及城镇化进程的推进，城市家庭结构发生显著变化，小微型家庭与空巢家庭数量呈明显上升趋势，家庭内部可用于照料银龄族的资源缺乏，传统家庭养老模式的功能正逐渐被削弱。更加值得注意的是，中国人口老龄化在城乡之间存在显著差异，农村地区的老龄化程度尤为突出。面对银龄族人口迅速增长所衍生出的多样化养老需求，单纯依赖家庭养老模式已难以应对，迫切需要构建一个更为完备、多元且高效的养老服务体系，以满足新时代银龄族的养老需求。

（二）银龄族需求的多样化

受到中国孝亲敬老传统文化的影响，大多数的银龄族更倾向居家养老。虽然我国银龄族人口基数庞大，但现阶段以低龄的银龄族为主。与新中国成立前出生的老一辈相比，这一代银龄族健康状况更佳、教育程度更高、社会保障待遇更好，因此对养老服务的内容与质量期望也更高。从健康水平看，我国银龄族的健康状况总体持续改善，人均预期寿命逐年提升，预计 2035 年人均预期寿命达到 80 岁以上，人均健康预期寿命逐步提高[3]。人口老龄化趋势的加剧，失能与半失能银龄族比例增加。据预测，2020—2050 年，我国失能的银龄族总量将从 2485.2 万人持续增长至 5472.3 万人[4]。因此，不同年龄层次、健康水平、自理能力，以及文化程度、经济状况和家庭环境的银龄族，在养老服务需求的内容与程度上，均呈现出显著差异。总体而言，这些需求可归纳为"医""康""养""护""娱"五大类别。

1. "医"的需求

医，指的是全方位的医疗服务。从服务内容上包括基础医疗服务、慢性病管理、紧急医疗服务和康复服务。基础医疗服务包括日常的健康检查、疾病预防、健康教育、疾病管理、药物管理等；慢性病管理包括疾病的特征数据的定期监测和管理、用药指导及随诊复诊指导；紧急医疗服务即在紧急情况下，快速地医疗响应和处理；康复服务即康复训练指导服务。从服务方式上包括线上诊疗、上门诊疗、陪同就诊以及绿通转诊等。

2. "康"的需求

康，指的是健康管理及健康促进需求。健康管理包括定期全面体检或常见疾病的专项筛查、建立健康档案、跟踪健康状况变化、提供个性化健康指导；健康促进包括健康教育等，如疾病预防、中医养生、运动保健和饮食营养等。

3. "养"的需求

养，指的是日常生活照料及精神关爱需求。日常生活照料需求，银龄族的自理能力不同，需求也不同。对于能够自理的银龄族，需求包括居住环境的适老化改造、日常清洁，以及安全监测和预警，健康生活习惯、行为运动、营养膳食指导，社交活动，代际关系，惠老政策，以及家庭理财等。对于失能的银龄族，日常生活照护需求包括信息咨询、健康评估、生活起居、居室清洁、助餐、助浴、助行、助医、代办、生活重建和康复护理指导等服务；对于失智的银龄族，日常生活照护需求包括基本的生活照护（如饮食、清洁、睡眠）、安全保障（环境安全设置、防走失）、认知与功能训练等。精神关爱需求包括情感陪伴和社会支持等。

4. "护"的需求

护，指专业的护理需求。不仅包括为银龄族提供的专业的护理，如用药照护、感染防控、急救照护、安宁疗护等，也包括对银龄族家庭照护者的技能培训。这些需求贯穿银龄族的日常生活与健康管理中，并且延伸至对银龄族的家庭照护者的支持与赋能。

5. "娱"的需求

娱，指的是娱乐活动、文化休闲等精神需求，包括文化学习，如茶艺、舞蹈、书法、绘画、文学、摄影、智能产品使用，以及休闲娱乐，如棋类、瑜伽、气功、武术等，社交互动如兴趣小组、主题聚会、旅游等。

（三）社会经济发展需求

从社会经济层面剖析，社区居家养老服务是一种符合可持续发展理念的养老模式。对经济结构优化和资源合理配置具有重要意义。一方面，此模式能够对社区资源进行深度整合与高效利用，从而避免大规模养老机构建设可能导致的资源错配与浪费。社区内部存在着一定数量的闲置不动产及公共设施，通过合理规划与功能重塑，可将其转化为养老服务基础设施。例如，将闲置的社区活动中心改造为日间照料中心，实现资源的二次利用与价值最大化，在降低养老服务成本的同时，提升社区资源的利用率。另一方面，社区居家养老服务具有强大的产业带动效应，能够催生并推动一系列相关产业的协同发展，如老年护理、康复医疗、老年餐饮、老年用品等细分行业。这些产业的蓬勃兴起与发展，不但契合了银龄族丰富多样的消费诉求，还为社会提供了大量就业岗位，极大地缓解了就业压力，有力推动着劳动力市场朝着多元化方向迈进。

依据《中国老龄产业发展报告（2014）》的预测，在 2014—2050 年期间，我国银龄族人口的消费潜力将呈现出爆发式增长，预计从 4 万亿元增长至 106 万亿元左右 [5]。银龄族在日常消费、医疗健康、社交娱乐以及养老金融等领域的支出占比均呈现出显著的上升趋势，这一变化不仅反映了银龄市场的消费活力与潜力，更为社会经济增长提供了新的动力与增长点。

（四）政策支持与推动

各级政府都在积极出台政策支持社区居家养老服务的发展。2000 年，国务院办公厅转发民政部等部门的《关于加快实现社会福利社会化的意见》，该意见明确提出"在供养方式上坚持以居家为基础、以社区为依托、以社会福利机构为补充" [6]，为我国居家养老服务政策的正式形成提供了基本框架。2001 年，民政部启动了"社区老年福利服务星光计划"，政府由此开始大规模投入社区居家养老服务设施建设。2006 年，国务院转发全国老龄委办公室和国家发展改革委等部门《关于加快发展养老服务业的意见》，提出要"逐步建立和完善以居家养老为基础、社区服务为依托、机构养老为补充的服务体系" [7]。2017 年，《"十三五"国家老龄事业发展和养老体系建设规划》明确指出发展目标是"居家为基础、社区为依托、机构为补充、医养相结合的养老服务体系更加健全" [8]。2019 年，国务院办公厅《关于推进养老服务发展的意见》中指出："支持养老机构运营社区养老服务设施，上门为居家老年人提供服务。""打造'三社联动'机制，以社区为平台、养老服务类社会组织为载体、社会工作者为支撑，大力支持志愿养老服务，积极探索互助养老服务。" [9] 2020 年，住房和城乡建设部等部门发布的《关于推动物业服务企业发展居家社区养老服务的意见》中指出，"推动和支持物业服务企业积极探索'物业服务＋养老服务'模式，鼓励物业服务企业开办社区医务室、护理站等医疗机构，招聘和培训专业人员，为银龄族提供基本医护服务"[10]。2023年，《居家养老上门服务基本规范》发布，推动了居家养老服务标准化、规范化、专业化发展。这些政策的出台，为构建多层次、多样化的社区养老服务体系奠定了坚实基础，推动了我国养老服务的全面发展。

二、中国社区居家养老模式的现状

（一）嵌入式社区居家养老服务模式

嵌入式社区居家养老服务模式，旨在把多元养老服务主体与服务设施融入社区，在此模式下，居家银龄族能依据自身实际情况，以免费或付费形式，获取量身定制的个性化养老服务。根据嵌入主体的角色及与其他主体合作方式，可以分为：政府主导运营型、政府引导中介协助型、政府资助机构执行型、政府购买市场供给型。①政府主导运营型：在此模式下，政府承担起全面责任，深度介入社区居家养老服务的各个环节。从政策的精准制定、资源的合理调配，到服务的具体实施，均通过各级政府部门的层级体系推进。这是一种政府全方位主导、深度参与运营的养老服务模式。②政府引导中介协助型：政府充分发挥主导职能，通过制定精准政策与明晰规划方向，为养老服务事业锚定发展路径；同时，利用中介机构的专业优势和资源整合能力，实现养老服务的落地实施，政府与中介形成引导与协作的关系。③政府资助机构执行型：政府通过资金资助等方式支持养老服务，养老服务机构作为主体负责具体的运营，依据自身专业能力和资源开展养老服务工作。④政府购买市场供给型：政府通过购买服务的方式，将养老服务需求释放到市场，由市场主体按照市场机制提供服务，政府通过购买行为来调控和引导市场为社区居家养老服务提供支持。

1. 上海市长者照护之家模式

上海于2014年在全市范围开启试点工作。以政府为主导，以长者照护之家、社区综合为老服务中心为主要形式[11]，实现了日间照料与专业照护的深度融合和创新发展。政府负责投资建设，并将运营权交由专业机构。与此同时，社区积极履行统筹协调职能，引导各类服务主体积极参与。上海市长者照护之家模式尤为关注自理能力相对较差、对专业照护需求迫切的银龄族。长者照护之家除了为银龄族提供短期的住养照护外，还可依据实际需求，提供上门服务。上海模式的突出特色是政府主动统筹社区各类资源，在发挥引领作用的同时，充分调动社会力量的积极性，构建起多方协同、资源互通的养老服务全新生态[12]。

2. 北京社区养老服务驿站模式

2016 年，北京市启动试点项目，从社区养老服务驿站切入，建设服务模式。由政府提供养老场地和设施，并联合专业化的为老服务机构共同运营，形成了"区级指导中心统筹、管理中心协调、照料中心或社区驿站实施"的三级服务体系；同时，建立了"指导中心动态监管、管理中心实地督导、社区居委会协助监督"的三级管理模式，确保服务质量。[12] 截至2020 年底，全市已建成 1005 家社区养老服务驿站。《北京市养老服务专项规划（2021—2035 年）》明确提出，"采取'政府提供设施、市场负责运营'的方式，进一步完善社区养老服务驿站建设，打造社区居家养老的'总服务台'；2025 年，全市配建设施的达标率将达到 100%"。[13]

3. "物业＋养老"模式

"物业＋养老"模式，将物业服务与养老服务有机结合，充分利用物业企业的资源优势、地缘优势和服务网络优势，为居家银龄族提供多样化、个性化的养老服务。"物业＋养老"模式作为第三产业，可带动家政、医疗、餐饮和旅游等服务业的兴盛，还能带动第二产业，如生活用品、食品和医疗器械等老年产品的繁荣发展，同时有助于盘活闲置劳动力，解决就业难题。[14]

上海某物业公司以设施融合、需求融合、团队融合、智慧融合和文化融合为社区居家的银龄族提供就近便捷的服务。主要业务板块为长护险服务、家政养老服务、适老化改造服务、百岁长者服务包项目，以及"五助一中心"服务。"五助一中心"即助餐、助浴、助洁、助急、助医，设立社区养老服务中心，提供智慧化养老服务。[15]世茂服务与长期照护专业养老品牌椿熙堂达成战略合作，共同发展居家养老服务业务。世茂服务旗下椿熙堂采取轻资产模式运营，针对半失能银龄族，提供各项基本的养老服务，形成基于长护险政策的居家上门养老服务模式。[14]

4. 重庆大石坝街道"15 分钟医养服务圈"模式

重庆大石坝街道以社区为依托，整合辖区内的医疗机构、养老服务机构以及社区卫生服务中心等资源，构建"15 分钟医养服务圈"。通过这个服务圈，居家银龄族步行 15 分钟内就能获得相应的医养服务。服务内容包括社区卫生服务中心为银龄族建立健康档案，提供基本医疗服务，包括常见疾病诊治、慢性病管理等。养老服务机构则提供生活照料，如助餐、助浴、日间照料等服务。同时，街道还组织志愿者定期上门为银龄族提供陪伴、心理慰藉等服务。例如，针对患有高血压、糖尿病等慢性病的银龄族，社区卫生服务中心的医护人员每月上门随访，监测血压、血糖，调整用药方案；养老服务机构工作人员则协助银龄族进行个人卫生清洁、准备营养膳食等。据统计，大石坝街道的银龄族对医养服务的满意度达到 90%以上，同时，由于疾病得到及时诊治和有效管理，银龄族住院次数明显减少，减轻了家庭和社会的医疗负担。这一模式极大地方便了居家银龄族获取医养服务。

（二）社区互助型居家养老服务模式

社区互助型居家养老服务模式，是指以社区为平台，以居家为基础，充分调动社区内银龄族之间、居民、志愿者、社会组织等多元主体，通过相互帮扶、协作的方式，为居家银龄族提供生活照料、医疗保健、精神慰藉、文化娱乐等全方位服务，以满足银龄族在熟悉环境中安度晚年的需求，同时在政府政策引导与资金支持下实现可持续发展。互助养老在本质上是一种基于交换和互惠的养老方式。

1. 上海"老伙伴"计划

该计划以社区为依托，组织低龄的银龄族志愿者与高龄、独居的银龄族结成对子，通过定期上门探访、电话问候等方式，为高龄银龄族提供生活照料、情感关怀等服务。志愿者们凭借邻里间的熟悉与亲近，深入了解银龄族需求，为其提供贴心关怀。服务内容涵盖日常生活陪伴及紧急情况照应。该计划有效缓解了高龄、独居银龄族的孤独感，提升了他们的生活质量。同时，促进了社区邻里互助氛围的形成，增强了社区凝聚力。众多银龄族因"老伙伴"的陪伴，生活更加丰富多彩，社区内邻里关系也更加和谐紧密。

2. 北京呼家楼街道"时间银行"

该模式以志愿服务时间存储为基础，鼓励社区居民参与养老服务。服务时长可存入"时间银行"，未来自己或家人需要时可兑换相应服务。此举有效激发了居民参与养老志愿服务的热情，提升了社区互助氛围。服务内容包括生活照料类（为行动不便的银龄族送餐、助浴）、医疗保健辅助类（陪同银龄族就医、协助测量血压）、文化娱乐类（组织开展适合银龄族的文化活动等）。该模式整合了社区内闲置的人力资源，形成了可持续的互助养老服务机制。吸引了更多居民关注和参与社区养老服务，丰富了社区养老服务供给，使社区养老服务更加多元化、个性化。

3. 河北肥乡"互助幸福院"

该模式由村集体组织，利用闲置校舍、村部等场所，建设互助幸福院。银龄族自愿入住，日常费用由政府补贴、村集体出资和社会捐赠共同承担。银龄族在院内互帮互助，共同生活。该模式的服务内容包括提供集中居住、日间照料等服务。设有食堂为银龄族提供一日三餐，有专人负责卫生打扫。银龄族在闲暇时间一起开展娱乐活动，如打牌、下棋等。同时，村里组织志愿者定期为银龄族开展健康检查、理发等服务。该模式解决了农村留守、孤寡银龄族的养老难题，让银龄族在熟悉的乡土环境中安享晚年。此模式促进了农村尊老、敬老、助老风气的形成，提升了村民的归属感和幸福感，为农村养老服务提供借鉴。

4. 浙江仙居"家院互融"养老模式

该模式以居家养老为基础，将农村居家养老服务照料中心与周边银龄族的家庭紧密相连。照料中心为银龄族提供集中服务，同时组织志愿者队伍为居家银龄族提供上门服务，实现"家"与"院"的资源共享与互动融合。服务内容包括照料中心提供助餐、助浴、康复理疗等服务项目，周边居家的银龄族可按需使用。志愿者定期上门为居家银龄族提供生活照料、健康关怀等服务。此外，还通过举办各类文化活动，邀请居家银龄族到照料中心共同参与，丰富银龄族的精神文化生活。该模式有效利用了农村现有资源，降低了养老服务成本，提高了服务效率，满足了农村银龄族既想居家养老又能享受专业服务的需求，提升了农村养老服务的整体水平，促进了农村社区的和谐发展。

（三）"智能设备 + 服务平台"居家养老模式

"智能设备 + 服务平台"居家养老模式，是借助现代信息技术，将智能设备与服务平台深度融合，旨在为居家银龄族提供便捷、高效、个性化养老服务的一种模式。智能设备是该模式的硬件基础，部署于银龄族的生活场景中，用于收集信息、提供帮助及保障安全，服务平台作为整个模式的核心枢纽，整合各类资源，为银龄族提供多样化服务。

1. 上海静安区 "邻里家" 智慧养老模式

该模式以社区为依托，打造"邻里家"综合为老服务平台，整合各类养老服务资源，运用信息化手段，为银龄族提供一站式、个性化的智慧养老服务。服务内容包括：智能健康管理、生活照料与服务预约、安全守护。①智能健康管理：为银龄族配备智能健康监测设备，实时采集健康数据并上传至平台，社区卫生服务中心的医师可随时查看，进行健康评估和干预。②生活照料与服务预约：通过"邻里家"平台，银龄族可便捷预约助餐、助浴、助洁等生活照料服务，银龄族在平台下单后，服务人员按约定时间上门服务，服务完成后，银龄族还能对服务进行评价。③安全守护：在银龄族的家中安装智能烟感报警器、燃气泄漏报警器和紧急呼叫装置，一旦发生异常，报警器自动向平台报警，平台工作人员迅速联系银龄族及相关救援人员。

该模式有效提升了社区居家养老服务的精准性和便捷性，提高了银龄族及其家属的安全感和满意度，促进了社区养老服务资源的优化配置。

2. 北京海淀区 "智慧养老服务平台＋线下服务网络" 模式

构建覆盖全区的智慧养老服务平台，同时完善线下服务网络，实现线上线下融合的养老服务模式。服务内容包括线上服务平台、线下服务网络。①线上服务平台：整合养老服务机构、医疗机构、家政服务企业等各类资源，形成养老服务资源库；银龄族及其家属通过平台可查询服务机构信息、预约服务、在线咨询等；平台还具备服务监管功能，对服务过程进行全程跟踪和评价。②线下服务网络：以社区为节点，建立多个养老服务驿站，为银龄族提供日间照料、短期托养、助餐助浴等服务；驿站配备智能健康监测设备，为银龄族建立健康档案；同时，组织志愿者队伍，为银龄族提供陪伴、探访等服务。

该模式通过信息化、标准化和规范化管理，扩大了养老服务覆盖面，激发了社会力量参与的积极性，营造了互助养老的良好氛围。

3. 江苏南京 "银发一键通" 智慧养老服务模式

该模式是以"银发一键通"呼叫服务中心为核心，结合智能养老设备和线下服务团队，为银龄族提供全方位的智慧养老服务。服务内容包括：紧急救援、生活服务、健康关怀。①紧急救援：银龄族通过"银发一键通"设备上的紧急呼叫按钮，可一键呼叫服务中心，服务中心接到呼叫后，根据银龄族信息迅速联系家属、社区工作人员或医疗机构，提供紧急救援服务。②生活服务：银龄族拨打服务热线，说明需求后，服务中心调度线下服务团队提供生活照料、维修、送餐等多样化生活服务，同时对服务质量进行回访和监督，确保服务符合标准。③健康关怀：为银龄族配备智能健康监测设备，定期收集健康数据；邀请医疗专家通过电话或上门方式，为银龄族提供健康咨询和指导；针对患有慢性病的银龄族，制定个性化的健康管理方案。

该模式解决了银龄族在日常生活中遇到紧急情况时求助无门的问题，为银龄族提供了便捷、高效的生活服务和健康关怀，提升了银龄族的生活质量和幸福感。

4. 重庆巴南区养老顾问服务模式

该模式构建了一套以专业化团队为核心、数字化平台及服务终端为支撑的银龄服务体系。

通过对银龄族的综合评估，主动感知银龄族的多元化需求；依托智能服务终端与数字化平台的双向联动，高效连接服务链与供应链资源，实现供需精准匹配；同时建立全流程监督机制，确保服务质量可控、服务过程可溯，形成"需求感知 - 资源匹配 - 服务交付 - 质量管控"的完整闭环，为银龄族提供智能化、精准化、规范化的综合服务解决方案。服务内容包括：政策解读、资源连接、养老规划。①政策解读：联合院校在社区培养养老顾问专业人员，面对面为银龄族进行政策咨询和解答。②资源连接：帮助辖区银龄族了解养老服务机构的基本情况、位置、服务对象、服务项目、收费情况等信息，并进行推荐。③养老规划：针对银龄族的身体状况、经济条件等进行养老服务整体规划，并推荐个性化养老服务计划方案。

该模式深度整合社区、医疗、家政等多方资源，既能精准匹配老年人在健康管理、生活照料、心理关怀等方面的需求，又能有效缓解异地家属的养老压力。同时联合科技公司构建了动态更新的"养老服务需求热力图"，为政府部门制定养老政策、优化资源配置提供了科学依据和决策支持。

三、中国社区居家养老服务面临的问题及挑战

（一）服务供需双方不匹配

1. 服务供给与需求信息不对称

一方面，银龄族及其家属往往不了解社区内提供哪些居家养老服务，服务的内容、质量、价格等具体信息也知之甚少。社区和服务机构在宣传推广方面力度不足，信息发布渠道有限，多依赖传统的张贴海报、社区通知等方式，对于不常关注此类信息或行动不便的银龄族来说，很难获取全面准确的服务信息。另一方面，服务提供者也难以精准掌握银龄族的实际需求。由于缺乏有效的需求调研机制，服务机构只能凭借经验提供一些常规服务，部分服务与银龄族的个性化需求脱节。

2. 服务项目与需求不匹配

随着银龄族生活水平和健康意识的提高，其需求日益多元化和个性化。然而，目前社区居家养老服务项目相对单一，主要集中在基本的生活照料如送餐、打扫卫生等方面，对于康复护理、精神慰藉、法律咨询等深

层次、个性化需求的服务供给不足。此外，服务标准化程度低，同类型服务在质量、内容和价格上差异大，银龄族难以判断优劣，影响了选择和服务满意度。

3. 服务人员与服务需求不匹配

社区居家养老服务需要大量专业人员，如护理员、康复治疗师和心理咨询师等。然而，当前服务人员数量不足，专业素质参差不齐。多数人员缺乏系统培训，仅能提供基本生活照料，难以胜任医疗护理和康复指导等专业性较强的工作内容。此外，服务人员年龄结构不合理，中年女性居多，年轻的专业人员稀缺，这导致服务团队缺乏活力和创新能力，难以满足银龄族多样化的服务需求，亟须优化队伍结构，提升整体服务水平。

（二）服务对象覆盖面不足

1. 特殊银龄族覆盖不足

社区居家养老服务在覆盖特殊老年群体方面存在明显短板。对于失能失智的银龄族，由于其护理难度大、服务需求特殊，需要专业的照护设备和人员，但很多社区缺乏相应的资源和能力，无法为他们提供全面、有效的服务。此外，低收入的银龄族由于经济条件限制，难以承担一些高质量的社区居家养老服务费用，而政府提供的补贴和优惠政策有限，他们在享受服务方面存在一定障碍。

2. 可自理银龄族的服务被忽略

可自理银龄族的服务需求常被不同程度地忽视，分析其原因：一是社区居家养老服务资源有限，需优先保障失能、半失能银龄族的基本生活和照护需求，不得不将大部分资源倾斜于此，导致分配给可自理银龄族的资源所剩无几；二是服务理念局限，一些服务提供者秉持传统养老服务理念，着重解决银龄族的生活照料和健康护理问题，忽视了可自理银龄族在提升生活品质、实现自我价值等高层次的需求，服务创新和拓展动力不足。

（三）"智能未智慧"的问题

当前，智慧养老模式虽发展迅速，但常被诟病为智能产品的简单堆积，未能达成真正的智慧运用。主要问题体现在：①功能利用不充分，众多智能养老设备功能丰富，但银龄族及其家属仅使用部分基础功能，大量潜在功能闲置；②系统集成度低，各类智能养老设备和服务平台相互独立，缺乏有效整合。究其原因：首先，技术研发与实际需求脱节，技术研发人员对养老服务实际需求了解不足，过于关注技术创新，忽视银龄族的使用习惯和个性化需求。其次，缺乏统一标准规范，智慧养老行业缺乏统一标准，各企业产品在数据格式、接口标准、通信协议等方面差异大，阻碍设备和系统互联互通。不同品牌智能健康监测设备采集的数据格式不同，无法统一接入养老服务平台进行综合分析。

四、构建新时代中国特色的社区居家养老模式

（一）"居家养老顾问"模式

社区居家养老服务体系的关键在于精准识别银龄族的需求，合理配置养老服务资源，提供全面、高效、个性化的服务。银龄族的需求不仅仅是现阶段已经存在和暴露的需求，更应挖掘他们因主客观条件限制而未能充分表达的需求。随着社区养老服务日益精细化，社区"养老顾问"及相关制度应运而生，旨在打破养老服务政策与资源的"信息壁垒"，助力全体银龄族享受适合自己的优质养老服务。

"养老顾问"是养老模式的"百事通"、养老政策的"明白人"，更是养老方案的设计师。按照调查、评估、设定目标、制订计划、提供服务和

监督六步流程，为银龄族量身定制服务方案，整合连接服务资源。养老顾问应具备多元化专业知识，以及把控全局统筹考量的能力，敏锐的观察、分析能力，高效的执行能力和沟通共情表达能力。"养老顾问制度"的效能显著，主要体现在以下几方面：其一，搭建起养老服务供给方与需求方之间的信息桥梁；其二，助力养老服务资源实现更为合理高效的配置；其三，促使社会治理重心下沉，提升基层治理效能。这一制度不仅对养老服务资源的优化布局意义重大，更是对银龄族合法权益的有力捍卫。《关于进一步促进养老服务消费 提升老年人生活品质的若干措施》（民发〔2024〕52号）中提出推广"养老顾问"模式。[16] 因此，需构建统一的养老顾问服务政策体系，探究切实有效的激励机制，加强服务团队建设，精心优化信息平台，通过开展专业且系统的培训，提升养老顾问的综合素养。同时，在职业上推广养老顾问职业教育和技能认定，鼓励职业院校开设相关课程，通过校企合作、协同育人，强化"养老顾问"人才的培养与储备。

在养老顾问制度推进的进程中，AI技术的深度融入将成为关键驱动力。首先，要以数字化为引擎，构建并持续优化养老服务数据垂直大模型，为养老顾问提供更具针对性的决策参考，辅助其制订个性化养老方案；其次，在服务模式上，以行政区域为单元，深度融合民政部门、卫健委、大数据管理部门的职能优势，联动养老服务企业与职业院校资源，创建"AI居家养老顾问服务模式"，通过多方协同，实现政策精准落地、产业资源优化、教育人才输送的良性循环。

（二）老年教育养老融合模式

老年教育养老融合模式是一种将老年教育与养老服务有机结合，以满足银龄族的精神文化需求、促进其全面发展为目标的新型养老模式。该模式旨在让银龄族在接受养老服务的同时，能够持续学习、提升自我，实现"老有所学、老有所乐、老有所为"，同时也提升了银龄族的消费能力、创造了市场需求，推动银龄经济的发展。

首先，老年教育养老融合模式的推广需构建完备的教育养老服务体系。在课程设置方面应根据银龄族的兴趣、需求和身心特点进行设计。如文化艺术领域，可开设书法、绘画、摄影、音乐、舞蹈、文学鉴赏等课程，提升艺术修养与审美情趣；健康养生方面，设置中医养生、营养膳食、运动保健课程，指导银龄族制作适合自己的养生药膳，传授太极拳、八段锦等养生运动技巧；信息技术类，安排智能手机应用、电脑基础操作、网络安全课程，让银龄族掌握数字技能，方便社交、获取信息及网络购物。

其次，老年教育养老融合模式的推广需整合教育与养老资源。①场所共享方面，整合社区内学校、培训机构、养老服务机构等闲置场地资源。白天学校教室、培训机构场地闲置时，供老年教育使用；社区养老服务中心空闲的空间，也可作为教学场所开展课程活动。②师资共用方面，组建多元化师资队伍，邀请学校教师、专业培训机构讲师、有特长志愿者担任老年教育教师。学校艺术教师可教老年舞蹈、音乐课程；专业养生机构的讲师传授健康养生知识；社区书法爱好者志愿者教书法技巧。③资源互通方面，学校、养老机构、图书馆、博物馆等加强资源互通，如学校图书馆向银龄族开放，方便借阅书籍，博物馆、科技馆为银龄族提供免费或优惠参观活动，并开展专题讲座，养老机构组织银龄族参加学校运动会、文艺活动等，丰富银龄族的精神生活。

（三）产教融合型社区居家养老模式

"产"指社区居家养老服务产业，"教"代表职业教育。产教融合型社区居家养老模式是职业教育与养老服务产业深度融合，通过职业教育为社区居家养老服务输送专业人才，推动养老服务产业发展；同时，产业需求反哺职业教育专业与课程设置，实现两者相互促进、协同发展，可以有效地解决养老服务专业人才短缺的问题。

首先，职业院校应优化专业与课程设置。职业院校应根据社区居家养老服务市场需求，开设老年服务与管理、康复治疗技术、护理（老年护理方向）等专业；针对社区居家养老服务特点，开发特色课程。例如，设置"社区老年常见疾病预防与照护"课程，让学生学习社区银龄族高血压、糖尿病等常见慢性病的预防、护理及紧急处理方法；开设"老年智能设备应用与服务"课程，使学生掌握智能健康监测设备、智能家居系统的操作与应用，以便为银龄族提供相关指导与服务；加大实践教学比重，构建实践教学体系，安排学生到社区居家养老服务机构进行实习，参与生活照料、康复护理、精神慰藉等实际工作。

其次，加强师资队伍建设。职业院校引进具有丰富养老服务行业经验的专业人才，如资深养老护理员、康复治疗师、心理咨询师等担任兼职教师；鼓励院校教师到社区居家养老服务机构挂职锻炼，了解行业最新动态和技术；建立师资共享机制，实现师资资源的优化配置。

再次，开展社会培训与服务。职业院校面向社区居家养老服务机构的在职人员开展技能提升培训。根据不同岗位需求，设置养老护理员技能提升、康复服务技术进阶、老年活动策划与组织等培训课程，帮助在职人员更新知识、提升技能，适应行业发展需求。针对银龄族及其家属开展相关培训，提高银龄族的生活自理能力和自我保健意识，帮助家属掌握基本的护理知识和技能。

最后，开展社区志愿服务。组织职业院校学生参与社区居家养老志愿服务活动，如定期到社区为银龄族提供生活照料、陪伴聊天、健康讲座等服务。通过志愿服务，学生将所学知识应用于实践，增强社会责任感，同时也为社区居家养老服务注入新的活力。

（四）智慧社区居家养老服务模式

智慧社区居家养老服务模式，是依托现代信息技术，将社区资源与居家养老深度融合，旨在为居家银龄族提供高效、便捷、个性化服务的新型养老模式。该模式以家庭为核心，以社区为依托，借助物联网、大数据、云计算、人工智能等技术手段，整合各类养老服务资源，构建了一个全方位、多层次的养老服务体系。

首先，需要完善基础设施建设，搭建智慧养老服务平台。加快网络设施覆盖及智能硬件的配套，构建集信息管理、服务预约、健康监测、紧急救援、数据分析等多功能于一体的智慧养老服务平台。通过人工智能技术和大数据分析，提前发现银龄族潜在的健康风险，预测服务需求。打破各部门、各机构之间的数据壁垒，实现社区、医疗机构、养老服务机构、政府部门等之间的数据共享。

其次，提升银龄族及其家属的接受度。通过社区宣传、媒体报道、举办体验活动等多种方式，向银龄族及其家属宣传智慧社区居家养老服务模式的优势和使用方法。充分考虑银龄族的身体状况、生活习惯和认知水平，设计简单易用、符合银龄族需求的智能产品和服务。

再次，加快标准、规范的制定。建立健全智慧社区居家养老服务的标准规范体系，涵盖智能设备的技术标准、服务质量标准、数据安全标准等。明确智能健康检测设备的数据准确性要求、养老服务人员的服务流程与规范、智慧养老服务平台的数据存储与保护标准等，确保智慧养老服务的规范化、标准化发展，保障银龄族的合法权益。

最后，培育专业服务队伍。鼓励高校和职业院校开设智慧养老相关专业或课程，培养既懂养老服务业务，又熟悉信息技术的复合型人才。针对现有的社区养老服务人员，定期组织开展智慧养老服务技能培训。

五、总结与展望

社区居家养老服务模式作为应对我国人口老龄化挑战的重要举措，在时代发展的进程中不断演变与完善。正在逐渐形成政府、企业、社会组织、家庭和个人共同参与、协同合作的良好格局，让所有的银龄族都能在熟悉的社区环境中享受高质量、个性化、有尊严的晚年生活，为积极应对人口老龄化国家战略的实施奠定坚实基础。

参考文献

[1] 郑莹，高源.政府购买社区养老服务的法学审视 [J]. 辽宁大学学报（哲学社会科学版），2017，45（3）：113-120.

[2] 国家统计局.2023 年国民经济回升向好 高质量发展扎实推进 [EB/OL].（2024-01-17）[2025-03-15]. https://www.stats.gov.cn/sj/zxfb/202401/t20240117_1946624.html.

[3] 国务院办公厅.国务院办公厅关于印发"十四五"国民健康规划的通知 [EB/OL].（2022-05-20）[2025-03-20].https://www.gov.cn/zhengce/zhengceku/2022-05/20/content_5691424.htm.

[4] 廖少宏，王广州.中国老年人口失能状况与变动趋势 [J]. 中国人口科学，2021（1）：38-49，126-127.

[5] 吴玉韶，党俊武.中国老龄产业发展报告（2014）[R].北京：社会科学文献出版社，2014.

[6] 国务院办公厅.国务院办公厅转发民政部等部门关于加快实现社会福利社会化意见的通知.[EB/OL].（2000-02-27）[2025-03-27].https://www.gov.cn/gongbao/content/2000/content_60033.htm.

[7] 国务院办公厅.国务院办公厅转发全国老龄委办公室和发展改革委等部门关于加快发展养老服务业意见的通知 [EB/OL].（2006-02-09）[2025-03-09].https://www.gov.cn/gongbao/content/2006/content_245668.htm.

[8] 国务院.国务院关于印发"十三五"国家老龄事业发展和养老体系建设规划的通知 [EB/OL].（2017-02-28）[2025-03-06].https://www.gov.cn/zhengce/content/2017-03/06/content_5173930.htm.

[9] 国务院办公厅.国务院办公厅关于推进养老服务发展的意见 [EB/OL].（2019-04-16）[2025-03-16].https://www.gov.cn/zhengce/zhengceku/2019-04/16/content_5383270.htm.

[10] 住房城乡建设部，发展改革委，民政部，等.关于推动物业服务企业发展居家社区养老服务的意见 [EB/OL].（2020-11-24）[2025-02-24].https://www.gov.cn/gongbao/content/2021/content_5581077.htm.

[11] 宋晓宇.上海社区嵌入式养老发展现状及建议 [J].科学发展，2020（9）：107-113.

[12] 陆洁如.嵌入式社区居家养老服务模式构建研究 [D].长春：吉林大学，2020.

[13] 北京市规划和自然资源委员会.北京市民政局 北京市规划和自然资源委员会关于印发《北京市养老服务专项规划（2021—2035 年）》的通知 [EB/OL].（2021-09-29）[2025-03-20].https://www.beijing.gov.cn/zhengce/gfxwj/sj/202109/t20210930_2505867.html.

[14] 陈曦，刘群，李红.人口老龄化背景下"物业服务 + 养老服务"模式创新研究 [J]. 安徽建筑，2023，30（6）：12-14.

[15] 王佳燕，杨静.关于开展"物业 + 养老"融嵌式居家养老模式的探索 [J].上海房地，2024(12)：56-59.

[16] 民政部，商务部，国家网信办，等.关于印发《关于进一步促进养老服务消费 提升银龄族生活品质的若干措施》的通知 [EB/OL].（2024-10-31）[2025-04-03].https://www.gov.cn/zhengce/zhengceku/202411/content_6985707.htm.

肆

运营监管篇

HB.11

中国西部地区银龄康养机构建设运营调研报告

张菁芳❶　薛晓❷　李秀丽❸

摘要： 中国西部地区银龄康养机构建设在政策支持下已取得一定成效，运营模式多样，但仍面临资金不足、专业人才短缺、服务内容单一、管理水平不高等问题。改进措施包括加大政策支持力度，如完善顶层设计、给予多方面支持等；加强专业人才培养，政府、院校、企业和社会公益组织协同发力；丰富服务内容，开展多元化服务项目；提高管理水平，完善顶层设计、健全管理制度、加强人员管理、强化监督评估、利用信息技术、注重体系建设和加强合作交流等，以推动西部地区银龄康养机构健康发展。[1-3]

关键词： 政策扶持；康养机构；问题挑战

❶ 张菁芳，管理学博士，历史学博士后，副研究员，高级会计师，广西民族医药糖尿病防治学会常务副会长，研究方向：健康产业信息化绩效及物流管理、卫生政策及发展战略、民族医药传承谱系研究及行业标准制定。
❷ 薛晓，经济学博士，讲师，重庆工商大学人口发展与政策研究中心副主任，研究方向：卫生政策。
❸ 李秀丽，成都信息工程大学物流学院，研究方向：康养物流。

一、中国西部地区银龄康养机构建设现状

（一）政策支持

2024 年 10 月，民政部等 24 个部门联合印发《关于进一步促进养老服务消费提升老年人生活品质的若干措施》，该措施聚焦于促进养老服务供需适配、拓展养老服务消费新场景新业态、加强养老服务设施设备和产品用品研发应用、加强养老服务消费保障以及打造安心放心养老服务消费环境这五个方面，共提出 19 条政策举措。其目的在于进一步有效挖掘养老服务消费潜力，推动银龄事业与银龄产业协同发展，实现养老服务高质量发展，从而更好地满足银龄族多层次、多样化、个性化的服务需求。

（二）建设情况

西部地区的银龄康养机构建设已取得一定成效。银龄康养机构数量增多，质量提高，满足了银龄族的基本需求。同时这些银龄康养机构的建设和发展，为当地带来了新的经济增长点。一方面，机构的建设需要大量的人力、物力和财力，带动了当地建筑、装修、设备制造等行业的发展；另一方面，机构的运营需要招聘大量的工作人员，为当地居民提供了就业机会。此外，银龄康养机构还会吸引外地银龄族前来康养，带动当地的旅游、餐饮、住宿等行业的发展，促进了当地经济的繁荣。

目前，西部地区的银龄康养机构主要有养老院、老年公寓等形式。其中部分机构设施简陋，服务水平欠佳；而另一些机构则在不断探索创新，致力于提高服务质量。

（三）运营模式

西部地区银龄康养机构的运营模式呈多样化。

1. 乡村康养生态旅游融合

在乡村振兴背景下，攀枝花等地的乡村旅游业迎来新的使命和机遇，尤其是"康养＋"旅游产业发展空间和潜力巨大。攀枝花旅游建设成绩斐然，率先提出康养概念，在乡村振兴和地方利好政策的共同推动下，当地康养产业已取得阶段性发展，如2017年被住建部命名为国家园林城市，2018年在中国康养产业报告中位列康养产业可持续发展能力第5名，同时作为西部唯一代表城市参与了"第二届中国人口与发展论坛"，介绍了不同场景健康养老服务有序发展的相关举措。乡村康养生态旅游融合将乡村旅游与康养产业相结合，既满足了人们对自然生态环境的需求，又提供了康养服务。

2. 医养融合的康养机构

攀枝花立足阳光、气候、生态等自然资源优势和产业发展实际，围绕创建"中国阳光康养产业试验区"的战略目标，积极探索推行"养老＋N"服务新模式，包括依托当地医院资源开办养老机构、开拓医院加盟共建养老院、社区医养服务、医疗服务送到农家乐等形式，逐步构建现代化养老服务新格局[4]。这种医养融合的模式将医疗资源与养老服务相结合，为银龄族提供了更加全面的健康保障。

3. 生态文旅康养融合发展

甘肃省康县立足生态资源优势，提档升级美丽乡村，优化旅游发展空间布局，完善公共服务保障体系，推动生态文旅康养融合发展，努力把康县建设成为集生态田园观光、农事创意体验、康体养生保健、高端休闲度假等多功能于一体的甘肃乃至西部原生态全域乡村旅游最佳集散地和目的地。这种形式将生态旅游、文化旅游与康养产业相结合，实现了绿水青山与金山银山互促共赢。

二、西部地区银龄康养机构运营面临的问题

（一）资金不足

西部地区经济发展水平相对滞后，财政收入有限，投入到银龄康养机构建设与运营的资金不足。这导致养老设施建设进度缓慢、设备简陋，难以满足银龄族的多样化需求。同时，银龄康养产业投资回报周期长、风险大，且西部地区市场消费能力相对较弱，使得许多社会资本对投资西部地区银龄康养机构持谨慎态度，积极性不高。

（二）专业人才短缺

银龄康养机构需要专业的医护人员、管理人员和服务人员。但西部地区由于养老服务起步较晚，专业人才短缺问题较为突出，一些机构的服务质量不高，难以满足银龄族的需求。社会对养老护理员存在职业偏见，导致其社会地位低、自我认同感不足，阻碍了人才进入该行业。老龄化带来的高龄化特征使银龄族失能、半失能风险水平大幅增加，对银龄服务的专业化、个性化要求更高，不仅涉及生活照料，还包括医疗、健康护理、心理慰藉等专业知识，然而目前康养服务人员普遍缺乏系统专业知识和技能培训。

（三）服务内容单一

1. 银龄旅游方面

数据显示，中、高龄消费者的旅游产品主要存在服务质量不稳定、价格偏高、行程安排不合理、缺乏文化体验等问题。部分旅游产品仅注重观光，未能充分结合旅游、教学、康养等服务，难以满足中、高龄群体对历史文化浓厚、自然景观优美相结合的景点的更高兴趣，以及他们对服务质量的高要求。

2. 医疗服务方面

养老院普遍存在养老护理力量紧缺的问题。根据国务院联防联控机制2020年3月9日举行的新闻发布会的内容，全国约有4万个养老院，其中有200万名长者入住，但工作人员只有37万人，真正的护理员仅20万人，平均1名护理员要服务近10位长者[5]。失能长者的护理需求具有长期性特征，同时健康人群面临的失能风险随着年龄的增长而持续上升，产生的护理需求持续增加。

3. 康养服务的其他方面

银龄族在退休后，有更多的时间和精力去追求自己的兴趣爱好，同时也需要丰富的精神文化生活来充实自己。部分银龄族喜欢音乐、绘画、书法等艺术活动，而另一部分银龄族则热衷于社交活动、旅游等。此外，银龄族也需要精神上的慰藉和关爱，如与家人的互动、与朋友的交流等。然而，现有的家政服务无法满足这些需求，导致银龄族的生活质量受到一定影响。目前的家政服务主要集中在生活照料方面，如打扫卫生、做饭、购物等日常家务。这些服务虽然能够满足银龄族的基本生活需求，但对于银龄族的兴趣爱好和精神文化需求却关注甚少。

（四）管理水平不高

第七次全国人口普查结果显示，西部地区65周岁以上人口占比达11.6%，比2010年上升3.58个百分点，部分地市老龄化程度较高。然而，西部地区经济发展相对滞后，在银龄服务体系建设方面财政投入明显不足，导致扶持政策难以落实、人才队伍缺失、社会参与度不高。例如，全国高龄化率前10的地市中，西部地区占到7席，其中仅四川就占到6席。而老龄化最为严峻的四川省资阳市，65周岁及以上人口达22.62%，已进入深度老龄化社会。

三、西部地区银龄康养机构建设运营的改进措施

（一）加大政策支持力度

持续完善顶层设计，科学确定康养产业的发展方向、重点和目标，将其纳入产业结构调整指导目录并列入行业统计目录。加大政策扶持力度，在技术、税收、金融等方面给予支持。例如，在产品试制、知识产权保护等方面给予优惠，在研发费用上予以倾斜，通过地方政府专项债券支持相关产业项目，用好普惠养老专项再贷款等。推动医养、康养、医旅等深度融合，大力建设医疗健康产业基地和园区，培育相关企业，发展新型健康产品，开启定制化、个性化的康养方案。加快健全居家社区机构相协调、医养康养相结合的银龄服务体系，打造康养服务品牌，拓展新兴消费领域，鼓励建设休闲康养小镇，推动公共体育场馆开放并完善相关设施。健全完善健康养老高层次人才引进、保留和激励机制，鼓励高校及职业院校优化专业和课程设置，建立康养产业人才培养公共实训基地并开展校企合作。加强投入保障，将基本养老服务所需资金列入财政预算，在中央转移支付资金分配上向西部地区倾斜。优化政策供给，在产业发展、税费减免、金融支持等方面出台更多扶持政策，支持西部地区先行先试，试点建立相关制度等。例如，西安市等地积极推动养老服务高质量发展，完善政策体系，优化养老服务生态；昆明市西山区打造医旅康养新高地，健全养老服务设施网络；攀枝花市通过系列举措激活冬季银发康养消费等。

以西安市为例，到 2025 年底，常住人口将达 1500 万人，其中 60 岁及以上人口占比超 20%。当地坚持政府与市场、城市与乡村、教育与养老相融合，促进养老事业与产业协同发展，推动构建城乡养老服务新格局，实现养老服务提质增效。如大力发展普惠型养老服务，推进公共设施适老化改造，加大政策扶持力度，推动公益性养老机构转型，鼓励营利性养老机构多层次发展，完善社区居家养老服务网络；加强对改革的整体谋划，健全市县乡村全覆盖的养老服务设施网络，构建辐射范围广、带动效应强

的就近就便养老服务支持体系；开展积极老龄观教育，培育和践行孝亲敬老传统美德，创新老年教育方式，构建以老年大学为支撑、社区教育为基础、信息教育为载体的立体化银龄教育体系等。

（二）加强专业人才培养

政府方面，出台相关政策，如给予补贴、完善薪酬待遇和社保政策等，鼓励人才投身康养行业；加强与教育机构合作，引导高校增设相关专业，培养多层次专业人才。院校方面，优化课程设置，加强实践教学，与企业合作搭建实习实训基地，为学生提供更多实践机会。企业层面，可通过与国内国际一线康养品牌合作，借鉴其经验；打造校企合作典范，如设立康养护理产教融合基地，让学生在实践中提升能力；像北京颐佳康人力资源服务有限公司一样的企业，可构建"招培管用"一体化解决方案，提供定制化招聘外包服务、专业培训体系及人力资源管理咨询等全方位服务；还可推出"国际储备干部培养计划"，与先进康养产业携手培养具备国际视野的人才[6]。社会公益组织也能发挥作用，例如举办职业技能大赛，挖掘和培养高技能人才；搭建交流平台，促进经验分享与合作。此外，还可实施"银龄医师"等行动计划，吸引退休的医疗卫生人才发挥余热；建设人才高地，推动大健康产业升级转型；打造如"壹天聚乐部"这样的创新品牌，融合内容、流量及商品服务端到端闭环，满足中、高龄群体多样化需求。各方共同努力，形成合力，以缓解西部银龄康养行业的人才短缺状况。

阿拉善职业技术学院与相关企业设立康养护理产教融合基地；昆明市召开"银龄医师"推介会并搭建平台，做好政策保障，吸引省内外银龄医师；重庆光大百龄帮推出"国际储备干部培养计划"，与国内外先进康养产业合作，搭建国内、国外双通道人才培养体系；云南实施"银龄人才万人计划"，引进高层次银龄人才服务各领域；旺苍县人民政府和成都市健康服务业商会签订《银龄经济主题研学战略合作协议》，推出银龄研学旅游产品并定制精品线路等。

（三）丰富服务内容

银龄康养机构应依据银龄族的需求，丰富服务内容，提供多元化的服务。可以开展医疗护理、康复服务、心理疏导、文化娱乐等服务项目，满足银龄族的不同需求。

成都市温江区花沐里以天然温泉为核心资源，形成涵盖酒店、住宅、办公、商场、公寓等多种业态的商圈，构建融合酒店康养、旅居康养、居家康养、社区康养及机构康养的服务体系，提供更开放的环境与细致的生活服务；打造天然温泉博物馆，与专业机构合作建立运营管理系统，发展温泉疗愈产业链。同时，开发形式多样的活动，如乒乓球活动节等，引入书店、老年学校、轻运动健康干预中心等，满足银龄群体的多元需求。宁夏利用得天独厚的环境，提供周全服务，发展文旅康养区，打造中医疗养旅游和多种旅居康养模式及精品线路。西安市通过大力发展普惠型养老服务、创新养老产业模式、推动数字技术赋能、优化城乡养老资源配置、发展银龄教育等方式，丰富养老服务；陕西省渭南临渭区推动一、二、三产业升级转型，强化协同发力、坚持改革创新、提升服务能力，探索医养结合完善健康养老体系；四川省广元市旺苍县推出银发研学旅游产品并定制精品线路，开发特色产品，建设智慧旅游信息化平台并推动相关设施适老化改造；云南省昆明市西山区建设银发经济产业园和黄金岸线康养产业带；青海省西宁市落实税收优惠政策，完善适老化服务，助力"银发经济"发展，包括举办文艺演出、打造医养结合新模式等；鄂尔多斯市康巴什区开展"银龄工程"，利用网格化管理收集需求，提供居家养老服务项目，推进适老化改造，打造"助老食堂"，设立老年大学分校并开设多样课程等。通过这些举措，为银龄族提供更多元化、个性化、品质化的康养服务，满足其在生活、健康、精神文化等多维度的需求。

（四）提高管理水平

银龄康养机构应加强自身管理，建立健全管理制度，提高管理水平。可以通过引进先进的管理理念和方法、加强内部培训、开展质量管理活动等方式，提高机构的服务质量和效率。

首先，政府应持续完善顶层设计，科学确定康养产业的发展方向、重点和目标，完善相关政策法规，为行业发展提供指导。例如，把康养产业列入产业结构调整指导目录，纳入行业统计目录，以提供决策所需的数据等信息。其次，机构自身要建立完善的组织架构，明确各部门职责，实现高效协同工作。同时，制定规范化管理制度，形成标准操作流程，确保服务质量和安全。在人员管理方面，加强员工职业道德教育，定期开展专业技能培训，提升其服务意识和专业素养。例如，鼓励员工自我学习和提升，建立激励机制，吸引和留住人才。还要强化监督与评估机制，定期对服务质量和运营情况进行监督检查，及时发现并改进问题。再次，利用信息技术手段，实现信息化管理，提高工作效率和管理水平。例如，构建医养结合信息管理系统，发展智慧医养结合服务。另外，康养机构需注重品控体系及合规风控体系的建立健全。例如，确保各项记录完整，协议条款清晰，各项告知明确，出现纠纷时依据法律维权。最后，需加强跨行业合作与交流，整合社会资源，形成合力。例如，与医疗、康复、心理咨询等行业建立紧密合作关系，共享社区资源，争取政府政策和资金支持，鼓励社会组织参与等。通过以上举措，全面提升我国西部银龄康养行业的管理水平。[7]

中国西部地区银龄康养机构建设运营情况虽取得了一定进展，但仍面临诸多问题和挑战。政府、社会和机构应共同努力，加大政策支持力度，加强专业人才培养，丰富服务内容，提高管理水平，推动西部地区银龄康养机构的健康发展。

四、进一步发挥"银龄之光"

(一)树立正确养老观念

银龄族自身应认识到年龄不是参与社会活动的限制,要保持积极的心态,主动追求有意义的生活。树立"老有所为"的观念,积极参与社会活动,实现自我价值,避免陷入消极养老的状态。根据自身的兴趣、特长和身体状况,选择适合自己的参与方式。有教育经验的银龄族可以参与支教或社区教育活动,传授知识和经验;有艺术才能的银龄族可以参与文化艺术活动,丰富社会文化生活;有组织协调能力的银龄族可以参与社区治理,为社区发展出谋划策等。同时,保持良好的生活习惯,积极锻炼身体,预防疾病,保持身心健康,为参与社会活动提供身体基础。定期参加体检,及时发现和治疗疾病,确保自己能够有足够的精力和体力参与各种活动。保持学习的热情,不断更新知识和技能,适应社会发展的变化。通过学习新的知识和技能,提高自己的竞争力,更好地参与社会活动,学习使用互联网技术,拓宽自己的社交和信息获取渠道,提升参与社会活动的便利性和效率。

(二)积极参与社会活动

银龄族在工作和生活中积累了丰富的经验和技能,应积极寻找机会将其运用到社会服务中。退休的医师可以参与社区健康服务,为居民提供医疗咨询和义诊等服务。银龄族可以参与志愿服务活动,如社区关爱行动、文化传承活动、环保公益活动等,发挥自身的经验和技能优势,为社会作出贡献。同时,建立志愿服务激励机制,对表现优秀的银龄志愿者给予表彰和奖励,提高银龄族参与志愿服务的积极性。银龄族可以前往边疆支教。云南德宏傣族景颇族自治州芒市志愿教师张明明,退休后从东北跨越4600多公里到西南边疆支教,承担初三英语教学任务,针对学生英语基础薄弱的情况,通过分组积分奖励等方式鼓励学生开口说英语,活跃课堂气氛，提升教学成效，同时还旁听其他老师课程，不断学习提升自己的教学水平，为当地教育贡献力量。银龄族也可以参与银龄教育工作。更多有教育经验的银龄族参与老年大学或社区老年教育课程的教学工作，丰富他们的精神文化生活，促进银龄教育事业的发展。

（三）传承传统文化

银龄族可以在家庭和社区中，通过讲述民间故事、神话传说、家族历史等，将传统文化的精髓传递给年轻人。这些故事蕴含着先辈们的智慧、道德观念和生活哲学，有助于年轻人了解自己的文化根源，增强文化认同感和归属感。有些长者掌握着独特的传统技艺，如手工刺绣、剪纸、木雕、陶艺等。银龄族通过手把手地教学，可以将这些技艺传承下去，避免其失传。有些长者开设工作室或参加文化活动，向年轻人传授传统手工艺制作技巧，培养新一代的手工艺人。比如剪纸艺人现场教学，让年轻人体验剪纸艺术的乐趣，传承这一民间艺术瑰宝。在社区或文化机构中，银龄族可以积极组织各类文化活动，如戏曲表演、书法绘画展览、传统节日庆祝活动等，利用自己的社交网络和组织能力，召集爱好者参与，推动传统文化的传承与发展。例如，社区里的银龄戏曲爱好者组织戏曲社团，定期排练并演出经典剧目，吸引了众多居民观看，丰富了社区文化生活，也让戏曲文化得以传承。有些长者参与到地方文化遗产保护传承项目中，如协助整理地方文史资料、参与古建筑保护等。以自己的亲身经历和对当地文化的了解，为项目提供宝贵的信息和建议。比如，在古镇保护项目中，长者向工作人员讲述古镇的历史变迁、建筑特色和传统习俗，帮助制定更科学合理的保护方案。鼓励和引导家庭成员对文化艺术产生兴趣，支持子女和孙辈学习传统文化知识和技能。

参考文献

[1] 李礼，韦家兴，罗驰.广西康养产业发展面临的挑战及路径 [J]. 旅游纵览，2024（20）：142-

144.

[2] 郭飞祥. 论职业院校助推深度老龄化社会培养康养服务人才的价值意蕴及有效路径 [J]. 西南科技大学学报（哲学社会科学版），2024，41（5）：101-110.

[3] 何会. 高职院校复合型康养人才培养模式改革的实践 [J]. 学园，2024，17（28）：76-78.

[4] 陈果. 贵州省康养企业高质量发展路径探索 [J]. 中外企业文化，2024（9）：103-105.

[5] 邓亚平，张云帆. 老龄化背景下"新老人"康养游戏设计应用 [J]. 丝网印刷，2024（17）：94-97.

[6] 原新，涂坤鹏. 全面适老化改革视域下银发经济发展的路径、必要性与方向 [J]. 家政学刊，2024，1(3)：177-186.

[7] 李晓嘉. 我国老龄消费的新趋势、现实挑战及对策研究 [J]. 人民论坛，2024（19）：24-28.

HB.12

基于 PMC 指数模型的健康养老政策评价

杨思秋 ❶　　龚超 ❷　　周娟 ❸　　薄云鹊 ❹　　马明慧 ❺

摘要：目的：对中国的健康养老政策进行量化评价，为未来政策的制定与优化提供参考和借鉴。方法：使用 ROSTCM6 软件对 2015—2024 年国家层面出台的 20 项健康养老政策进行文本挖掘，构建 PMC 指数模型评价体系，共包含 9 个一级指标和 40 个二级指标，对健康养老政策进行量化分析。结果：20 项政策的 PMC 平均得分为 0.542，其中 1 项达到完美标准，13 项被评为优秀，6 项处于可接受水平，没有不良政策。结论和建议：我国健康养老政策总体表现优秀，但仍有改善空间。建议强化政策时效，实时监测政策环境动态；明确政策参与主体角色，建立多元协同治理机制；完善法律规范，提供根本遵循和保障，以促进健康养老产业发展。

关键词：健康养老；政策评价；文本挖掘；PMC 指数模型

2025 年 1 月 17 日，国家统计局发布数据显示，2024 年我国 60 岁及

---

❶ 杨思秋，管理学硕士，天津市医学科学技术信息研究所助理研究员，研究方向：健康养老，医院管理。
❷ 龚超，管理学硕士，天津医学高等专科学校助理研究员，研究方向：卫生政策，大数据，家医签约。
❸ 周娟，管理学硕士，天津大学中心医院院办副主任，副研究员，研究方向：老年医疗，医院管理。
❹ 薄云鹊，管理学硕士，天津市医学科学技术信息研究所助理研究员，研究方向：基层医疗服务体系。
❺ 马明慧，管理学学士，天津市医学科学技术信息研究所副研究员，研究方向：卫生政策，卫生信息。

以上人口 31031 万，占全国人口的 22.0%，我国已处于中度老龄化社会。中国人口老龄化具有规模庞大、发展较快、未富先老、区域失衡、老龄化显著等鲜明特征。中国银龄族数量位居全球第一，据联合国预测，这种状况将持续至 21 世纪下半叶。目前中国经济虽然有了很大发展，但在应对高龄化问题上，经济基础仍较为薄弱，养老保障、养老服务面临较大压力。区域失衡体现在存在明显的城乡差异和地区差异，中国农村的老龄化程度与速度均高于城市，从全国来看，总体呈现出东部较高、中西部较低的两大板块分布格局。随着生活水平提高和医疗条件改善，银龄族数量不断增加，对养老护理、医疗保障等提出了更高要求。为完善老年卫生健康服务体系，积极推进健康老龄化，助力健康中国建设，国家相继出台了一系列政策意见，大力促进健康养老服务的发展。

近年来，PMC[1] 指数模型凭借其在量化分析方面的优势，越来越多地被学者应用于卫生健康领域相关政策文本的评价与剖析。本研究聚焦国家层面颁布的健康养老政策文件，充分融合文本挖掘技术与 PMC 指数模型[2]，构建了一套科学、系统的政策量化评价指标体系，并借助这一体系对国家健康养老的相关政策内容进行了全面评估，精准洞察其中存在的问题与短板，从而为我国健康养老政策的持续优化提供有价值的参考。

一、资料与方法

（一）资料来源

本文以近十年国家层面发布的健康养老政策文本作为研究对象，检索时间跨度设定为 2015 年 1 月 1 日至 2024 年 12 月 24 日。为确保所选取政策具有广泛代表性和全面性，研究团队通过中国政府网、国家卫生健康委员会官网、国家中医药管理局官网等官方权威渠道，同时结合"北大法律信息网"中的"法律法规数据库"，选取了"养老""老年""老龄""医养结合"等核心关键词开展手动检索工作。

（二）筛选标准

在本次研究中，政策文件的纳入遵循以下严格标准：一是文件内容需直接对健康养老相关事项作出规定，或涵盖健康养老相关内容；二是文件类型限定为法律、行政法规、部门规章等具有正式效力的规范性文件；三是文件发布主体必须是国家机关，以确保文件的权威性与官方性。与之相对应的排除标准如下：一是地方部门发布的文件；二是非正式的讲话、工作报告、便函以及通报；三是在检索时间范围内已失效的政策。经过上述筛选流程，最终共收集到 20 份完全符合标准的政策文件，具体清单详见表 1。

表 1　健康养老政策样本

编号	政策名称	发文机构	发布时间
P1	关于推进医疗卫生与养老服务相结合指导意见的通知	国家卫生计生委、民政部、国家发展改革委、财政部、人力资源社会保障部、国土资源部、住房城乡建设部、全国老龄办、中医药局	2015.11.18
P2	关于印发老年教育发展规划（2016—2020 年）的通知	国务院办公厅	2016.10.19
P3	关于全面放开养老服务市场提升养老服务质量的若干意见	国务院办公厅	2016.12.7
P4	关于促进中医药健康养老服务发展的实施意见	国家中医药管理局	2017.3.8
P5	关于制定和实施老年人照顾服务项目的意见	国务院办公厅	2017.6.16
P6	关于加快发展商业养老保险的若干意见	国务院办公厅	2017.7.4
P7	关于推进养老服务发展的意见	国务院办公厅	2019.4.16
P8	关于深入推进医养结合发展的若干意见	国家卫生健康委、民政部、国家发展改革委、教育部、财政部、人力资源社会保障部、自然资源部、住房城乡建设部、市场监管总局、国家医保局、国家中医药局、全国老龄办	2019.10.26
P9	关于建立完善老年健康服务体系的指导意见	国家卫生健康委、国家发展改革委、教育部、民政部、财政部、人力资源社会保障部、医保局、中医药管理局	2019.10.28
P10	关于切实解决老年人运用智能技术困难实施方案的通知	国务院办公厅	2020.11.24

续表

编号	政策名称	发文机构	发布时间
P11	关于建立健全养老服务综合监管制度促进养老服务高质量发展的意见	国务院办公厅	2020.12.21
P12	关于促进养老托育服务健康发展的意见	国务院办公厅	2020.12.31
P13	关于印发《智慧健康养老产业发展行动计划（2021—2025年）》的通知	工业和信息化部、民政部、国家卫生健康委	2021.10.20
P14	关于加强新时代老龄工作的意见	中共中央、国务院	2021.11.18
P15	关于印发"十四五"国家老龄事业发展和养老服务体系规划的通知	国务院	2021.12.30
P16	关于开展社区医养结合能力提升行动的通知	国家卫生健康委、国家发展改革委、民政部、财政部、住房城乡建设部、应急部、国家医保局、国家中医药局、中国残联	2022.3.23
P17	关于印发加强中医药老年健康服务工作实施方案的通知	国家中医药管理局综合司、国家卫生健康委办公厅	2022.12.30
P18	关于推进基本养老服务体系建设的意见	中共中央办公厅、国务院办公厅	2023.5.22
P19	关于发展银发经济增进老年人福祉的意见	国务院办公厅	2024.1.15
P20	关于促进医养结合服务高质量发展的指导意见	国家卫生健康委、民政部、国家医保局、国家中医药局、国家疾控局	2024.12.12

（三）政策文本挖掘

在完成政策文件筛选后，针对所收集的政策文本开展整理工作。若文件仅有部分条款与健康养老相关，将精准筛选出符合要求的条款，并纳入后续统计分析；若文件属于健康养老专项政策，则将全文纳入分析范畴，以确保研究内容的完整性与全面性。完成整理后，将所有纳入分析的文本数据导入 ROSTCM6 软件，对政策文本进行深入挖掘和剖析，提取文本中的高频词汇，使用 NET DRAW 工具构建词汇共现矩阵，生成社会网络图谱 [3]，直观展示词汇间的联系，详见图 1。

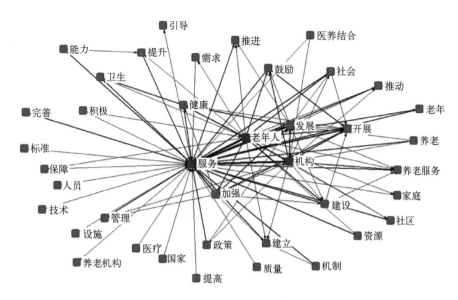

图 1　2015—2024 年中国健康养老政策主题词社会网络图谱

（四）PMC 指数模型

PMC 指数模型通过量化分析，能够精准衡量政策的科学性、合理性与有效性。模型的构建主要包含四个关键步骤：变量识别与选取、多投入产出表建立、PMC 指数计算以及 PMC 曲面构建。在实际操作中，首先需对多投入产出表中的二级变量进行赋值，依据公式（1）计算各个一级变量，然后应用公式（2）计算出政策的 PMC 指数，再依据公式（3）绘制出相应政策的 PMC 曲面图。当对比各项政策的优劣势时，为使分析更具科学性与客观性，会引入均值作为重要参考依据，并通过绘制雷达图对政策的各项指标进行对比，从而更直观地呈现不同政策间的差异与特点。

$$X_t = \left[\sum_{j=1}^{n} \frac{X_{tj}}{T(X_{tj})} \right] t = 1,2,3,4,5,6,7,8,9,\dots \qquad 公式（1）$$

$$PMC=\left[\begin{array}{l}X_1\left(\sum_{i=1}^{5}\dfrac{X_{1i}}{5}\right)+X_2\left(\sum_{i=1}^{4}\dfrac{X_{2i}}{4}\right)+X_3\left(\sum_{i=1}^{5}\dfrac{X_{3i}}{5}\right)+X_4\left(\sum_{i=1}^{3}\dfrac{X_{4i}}{3}\right)+X_5\left(\sum_{i=1}^{4}\dfrac{X_{5i}}{4}\right)\\[2mm]+X_6\left(\sum_{i=1}^{8}\dfrac{X_{8i}}{8}\right)+X_7\left(\sum_{i=1}^{4}\dfrac{X_{7i}}{4}\right)+X_8\left(\sum_{i=1}^{4}\dfrac{X_{8i}}{4}\right)+X_9\left(\sum_{i=1}^{5}\dfrac{X_{9i}}{5}\right)\end{array}\right]$$

公式（2）

$$PMC曲面=\begin{bmatrix}X_1 & X_2 & X_3\\X_4 & X_5 & X_6\\X_7 & X_8 & X_9\end{bmatrix}$$

公式（3）

二、数据分析

（一）政策文本挖掘结果

为切实保障分析结果的准确性与权威性，本研究邀请4位在健康养老和政策研究领域深耕多年的专家参与咨询工作。在词汇筛选环节，纳入标准聚焦专业性、高频性以及明确性，旨在挑选出能够精准反映健康养老政策核心内容、在政策文本中频繁出现且语义明确的词汇；排除标准则着重考量通用性、模糊性以及非政策相关性，对于那些普遍使用但无法体现健康养老政策独特内涵、语义模糊难以界定以及与政策主题毫无关联的词汇予以排除。具体操作过程中，像"发展""加强""积极""必要"这类词汇，由于无法清晰体现健康养老政策的主题及侧重点，属于无效关键词，均被排除在外[4]。同时，针对意义相近的词汇进行合理归并，如将"中医"归入"中医药"范畴，最终形成健康养老政策文本主题词词频分布表（表2）。

表2　健康养老政策文本主题词词频分布

主题词	词频	主题词	词频	主题词	词频	主题词	词频
服务	1194	养老	250	技术	177	家庭	137
老年人	821	政策	240	能力	176	康复	130
机构	565	社区	222	人员	172	企业	128
养老服务	553	管理	212	老年教育	160	培训	128

主题词	词频	主题词	词频	主题词	词频	主题词	词频
健康	352	养老机构	209	监管	157	规划	127
老年	325	保障	188	医疗	149	体系	122
建设	307	设施	186	组织	144	保险	115
医养结合	284	卫生	184	需求	141	创新	113
中医药	281	机制	183	质量	140	市场	108
鼓励	269	资源	178	标准	139	参与	106

（二）PMC 指数模型结果

1. 变量的识别与提取

PMC 指数模型作为科学评估政策的重要工具，其有效性依赖于对政策制定与实施全流程中各类变量的综合考量。基于此，本研究在确定 PMC 指数模型变量时，广泛查阅并参考了多位学者对 PMC 指数模型的优化修订研究成果，以及健康养老领域的前沿学术文献，同时结合前期对健康养老政策文本内容的深度挖掘结果，经过多轮研讨与分析，最终确定了涵盖 9 个一级变量和 40 个二级变量的评价体系（表 3）。

表 3　健康养老政策量化评估体系的变量设置

一级变量	二级变量	评价标准（是为 1，否为 0）
X1 政策性质		
	X11 预测	政策是否具有预测性和前瞻性内容
	X12 建议	政策是否提出意见或建议
	X13 监管	政策是否存在相应的监管方式
	X14 描述	政策是否有总结性描述的详细内容
	X15 引导	政策是否具有引导性内容
X2 政策时效		
	X21 长期	政策时效是否 >5 年
	X22 中期	政策时效是否为 3~5 年
	X23 短期	政策时效是否为 1~2 年

续表

一级变量	二级变量	评价标准（是为1，否为0）
	X24 当年	政策时效是否 <1 年
X3 发布机构		
	X31 国务院	政策发布机构是否为国务院
	X32 国务院办公厅	政策发布机构是否为国务院办公厅
	X33 国家卫生健康委	政策发布机构是否包括国家卫生健康委
	X34 其他机构或部门	政策发布机构是否包括其他机构或部门
X4 政策工具		
	X41 供给型	是否涉及公共服务、基础设施等政策工具
	X42 环境型	是否涉及目标规划、标准规范等政策工具
	X43 需求型	是否涉及宣传示范、补贴激励等政策工具
X5 政策目标		
	X51 优化资源配置	政策目标是否包含优化资源配置
	X52 促进产业发展	政策目标是否包含促进产业发展
	X53 增加服务供给	政策目标是否包含增加服务供给
	X54 提升服务质量	政策目标是否包含提升服务质量
X6 政策内容		
	X61 全周期养老服务	是否涉及健康教育、预防保健、疾病诊疗、康复护理、安宁疗护等内容
	X62 智慧健康养老产品	是否涉及健康监测和管理等智慧养老产品研发应用
	X63 老年人自我发展	是否涉及老年教育、老年人社会参与和丰富文化休闲服务等
	X64 老年社会支持环境	是否涉及公共服务适老化改造、老年友好型社会环境构建等
	X65 养老服务提供机构	政策内容是否涉及公办、社区和专业化养老服务机构等
	X66 养老服务社会保障	政策内容是否涉及基本养老保险、长期护理保险、社会救助等
X7 政策类型		
	X71 方案	政策类型是否是方案
	X72 意见	政策类型是否是意见
	X73 规划	政策类型是否是规划
	X74 通知	政策类型是否是通知
X8 政策评价		

续表

一级变量	二级变量	评价标准（是为1，否为0）
	X81 目标明确	是否明确阐述政策目标
	X82 规划合理	政策规划是否合理
	X83 内容翔实	政策内容是否翔实
	X84 权责清晰	政策安排是否权责清晰
	X85 协同推进	政策是否考虑到不同实施主体之间的协调关系
X9 激励约束		
	X91 法律保障	政策是否包含对法律保障的约束措施
	X92 经济投入	政策是否包含对经济投入的激励措施
	X93 人才引进	政策是否包含对人才引进的激励措施
	X94 部门协同	政策是否包含对部门协同的激励措施
	X95 绩效考核	政策是否包含对绩效考核的约束措施

2.计算 PMC 指数

按照健康养老政策的变量设置，形成投入产出表。构建过程采用二元标识法对变量进行赋值，若某项政策与特定的二级变量存在关联，能够直接体现该变量所代表的政策要素或影响，则将此变量明确标识为"1"；若政策与该二级变量毫无关联，未涉及相关内容或未产生对应影响，便标识为"0"。本研究涉及 9 个一级变量，参考 Ruiz Estrada[5] 提出的 PMC 指数评级标准并结合健康养老政策的实际情况，划分出四个评价等级："完美"等级对应的指数范围为 7.00 ~ 9.00，表明政策在各方面表现卓越，能够高效达成政策目标；"优秀"等级的指数区间是 5.00 ~ 6.99，意味着政策成效显著，在多数关键指标上表现良好；"可接受"等级为 3.00 ~ 4.99，说明政策虽存在一定改进空间，但基本能实现预期的主要目标；"不良"等级处于 0.00 ~ 2.99，说明政策在实施过程中可能存在较多问题，未能有效发挥作用。20 项健康养老政策的 PMC 指数值详见表 4。

表 4 相关政策文件的 PMC 指数

政策	X1	X2	X3	X4	X5	X6	X7	X8	X9	PMC	排名	等级
P1	0.800	0.500	0.500	1.000	1.000	0.500	0.250	0.600	0.800	0.661	3	优秀
P2	0.600	0.250	0.250	0.667	0.750	0.500	0.250	0.600	0.800	0.519	13	优秀
P3	0.600	0.250	0.250	1.000	0.750	0.667	0.250	0.800	0.400	0.552	11	优秀
P4	0.800	0.250	0.500	0.667	0.750	0.833	0.250	0.400	0.200	0.517	14	优秀
P5	0.600	0.250	0.250	0.333	0.500	0.500	0.250	0.200	0.200	0.343	20	可接受
P6	1.000	0.250	0.250	0.667	0.750	0.667	0.250	0.600	0.400	0.537	12	优秀
P7	0.600	0.250	0.250	1.000	1.000	0.667	0.250	0.400	0.600	0.557	9	优秀
P8	0.600	0.250	0.500	0.667	1.000	0.833	0.250	0.800	0.600	0.611	5	优秀
P9	0.600	0.250	0.500	1.000	0.750	0.667	0.250	0.600	0.600	0.580	7	优秀
P10	1.000	0.500	0.250	0.667	0.500	0.833	0.250	0.600	0.400	0.556	10	优秀
P11	0.800	0.250	0.250	0.333	0.500	0.333	0.250	0.800	0.400	0.435	17	可接受
P12	0.600	0.250	0.250	1.000	1.000	0.833	0.250	0.800	0.400	0.598	6	优秀
P13	0.800	0.250	0.500	1.000	0.500	0.833	0.250	0.600	0.400	0.570	8	优秀
P14	0.800	0.250	0.250	1.000	1.000	1.000	0.250	0.800	0.800	0.683	2	优秀
P15	1.000	0.250	0.250	1.000	1.000	1.000	0.250	1.000	1.000	0.750	1	完美
P16	0.600	0.250	0.500	0.667	0.500	0.167	0.250	0.800	0.200	0.437	16	可接受
P17	0.600	0.500	0.500	0.333	0.250	0.333	0.250	0.400	0.400	0.396	19	可接受
P18	0.600	0.250	0.250	0.333	0.500	0.333	0.250	0.600	0.600	0.413	18	可接受
P19	0.800	0.250	0.250	1.000	0.750	1.000	0.250	0.800	0.600	0.633	4	优秀
P20	0.600	0.250	0.500	0.667	0.750	0.667	0.250	0.400	0.400	0.498	15	可接受
均值	0.720	0.288	0.350	0.750	0.725	0.658	0.250	0.630	0.510	0.542	—	优秀

3. 构建 PMC 曲面

本研究通过软件 Matlab 绘制 PMC 曲面。PMC 曲面可以从多个维度呈现政策评价结果，曲面的色彩差异表示不同指标的得分，凹凸则直观展示政策的优缺点，其中得分较高的区域表面凸起，较低的区域凹陷，若相邻变量的得分均为满分，则在图中构成平面[6]。受篇幅限制，本文仅展示 PMC 指数最高（P15）、最低（P5）及位于中位数（P10 和 P3）四项政策的曲面图，如图 2 所示。P15 曲面多区域凸起，政策性质、目标、内容等维度得分高，政策规划长远，目标明确，涵盖多领域且内容翔实，为政策制定树立标杆；P5 曲面凹陷明显，在政策时效、工具、内容完整性等方面不足，反映其政策设计存在局限。中位数政策 P10 与 P3 曲面有起有伏，P10 在服务内容维度表现突出但政策工具协同弱，P3 的产业发展目标明确但监管与激励措施有缺，直观呈现不同政策的优势与瓶颈，为针对性优化提供精准靶向。

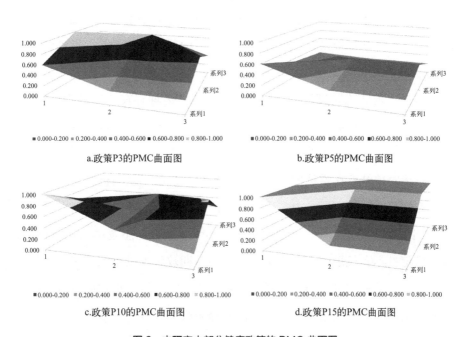

图 2　本研究中部分健康政策的 PMC 曲面图

（三）PMC 指数模型量化评价结果

1. 政策整体评价结果

20 项健康养老政策的 PMC 指数平均值为 0.542，整体质量表现为优秀，但内部差异显著。P15 指数 0.750 达完美等级，政策要素完备、逻辑严谨、协同高效；P5 指数 0.343 为可接受等级，在多变量上存在明显短板。优秀等级政策（P1～P4、P6～P9、P12～P14、P19）在多方面表现良好，但仍有改进之处；可接受等级政策（P5、P11、P16～P18、P20）在部分关键变量上得分较低，影响整体效能。

2. 变量分析

通过对政策均值雷达图（图3）的分析，在健康养老政策体系中，政策评价、政策内容、政策目标、政策工具以及政策性质这五个维度的指标呈现出较为突出的表现，表明政府在制定健康养老政策时，高度关注政策的科学性、合理性以及有效性，力求通过全面且精准的考量，推动健康养老政策的高质量发展。然而，政策时效、发布机构和政策类型这三个维度在雷达图上的凹陷程度较为明显，反映出这些方面存在一定的提升空间，需要在后续的政策制定与完善过程中，给予更多的关注和深入的研究，采取针对性的措施加以改进和优化。

政策时效维度在雷达图中得分相对较低，反映出当前健康养老政策在时效方面存在明显短板，较多政策集中在短期（1～2年）和中期（3～5年），长期政策占比不足。健康养老是一个长期且动态发展的社会议题，需要稳定且具有长远规划的政策支持。中短期政策难以确保政策的连贯性和持续性，不利于健康养老体系的长期稳定建设。发布机构维度得分处于中等范围，意味着政策发布机构在健康养老政策制定过程中既有一定的协同合作，又存在改进空间。国务院、国家卫生健康委和国家中医药管理局等主要机构在政策发布中发挥了重要作用，但各机构之间的协同深度和广度有待加强，部分政策由单一机构主导发布，其他相关机构参与度有限，可能导致政策在实施过程中出现部门协调不畅、资源整合困难等问题。政策类型维度得分较低，表明健康养老政策在类型多样性和合理性方面存在欠缺。目前政策类型以意见和通知为主，规划和方案相对较少。意见和通知通常在灵活性和及时性上具有优势，能够快速应对新问题和新趋势，但在系统性、长远性规划方面相对不足。而规划和方案能够从宏观层面进行全面布局，明确长期发展战略和实施步骤，为健康养老事业提供稳定的政策框架，因此，需适当增加规划和方案类政策的比例。

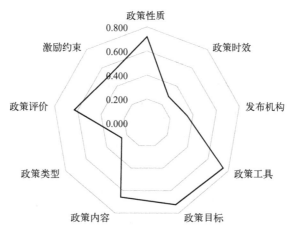

图 3　政策均值雷达图

三、讨论与建议

1. 强化政策时效，掌握政策环境动态

在健康养老政策体系中，时效维度的强化至关重要[7]。本研究样本中的政策大多属于中长期发展政策，只有 3 项政策的时效性得分超过平均水平，难以契合健康养老长期动态发展轨迹。未来健康养老政策的制定应平衡长期、中期与短期政策，提升政策的时效性。长期政策聚焦于构建健康养老事业产业融合、保基本与满足个性化需求兼具的服务体系，中期政策侧重于具体策略与行动计划，短期政策应快速响应市场变化与突发事件。应构建长期政策战略框架，明确各阶段核心目标与关键任务，确保政策连贯性与稳定性。完善政策规划的周期性，明确年度工作重点，利用大数据、人工智能技术监测人口老龄化趋势、银龄族需求结构演变及养老服务市场动态，依此适时调整政策细节，增强政策适应性与前瞻性。建立政策

定期评估与更新机制，审视政策实施成效，及时淘汰或修订不合时宜条款，使政策始终贴合社会发展进程，为健康养老事业持续发展筑牢时效根基[8]。

2. 明确角色定位，实现多元协同治理

我国健康养老政策大多由单一机构发布，缺乏主体间的联合，且政策对象主要着眼于政府部门，涉及社会第三方的政策较少。健康养老是以银龄族的健康为目标，涵盖医疗、医药、医保、公共卫生等多个领域，需要政府、医疗机构、养老机构及社会力量共同参与的协同创新服务机制，明确各方角色定位是协同治理的关键。政府部门应强化主导责任，国务院及国家卫生健康委等核心部门统筹规划，民政部、财政部等协同配合，清晰界定职责边界，避免职能交叉与推诿。构建跨部门协调委员会，定期召开联席会议，促进信息共享、资源整合与行动协同，如联合制定养老服务设施建设标准与运营规范。积极引导社会力量参与，明确企业、社会组织在养老服务供给、技术创新、志愿服务等方面的角色，给予政策扶持与激励[9]，如税收优惠、荣誉表彰等。同时，鼓励银龄族及家属参与政策制定反馈，形成政府主导、社会协同、公众参与的多元共治良好局面，提升政策执行效率与服务质量。

3. 完善法律规范，提供根本遵循和保障

激励约束维度得分较低，究其原因，是受到了法律保障约束措施不足的影响。法律规范完善是健康养老政策有效实施的根本保障[10]。针对老年健康管理相关政策总体尚缺少法律层面根本保障的现状，要梳理现有法律法规漏洞与冲突，积极推动老年健康管理的立法进程，制定专项法律，如老年福利法、老年保健法等，明确银龄族权益保障、养老服务体系架构、服务质量标准等基本原则与规范，提升法律层级与权威性。针对养老服务机构运营、医养结合监管、养老产品质量认证等关键环节，出台专项法规

细则，细化操作流程与责任认定，增强法律实操性。强化法律执行监督，构建专业执法队伍与监督网络，加大对违法违规行为的惩处力度，确保法律严肃性[11]。定期开展法律宣传与培训活动，提升从业者与公众法律意识，营造依法推进健康养老事业发展法治环境，推动政策在法治轨道稳健前行。

参考文献

[1] 乔嘉慧，鲁贝，杨辰啸，等.我国按病种分值付费（DIP）政策量化评价——基于 PMC 指数模型 [J]. 现代预防医学，2023，50（21）：3947-3952.

[2] 吴瑶，马芳，马国芳.医联体政策内容量化与评价——基于 PMC 指数模型 [J]. 中国社会医学杂志，2023，40（5）：526-530.

[3] 李祥飞，张振，于佳卉，等.基于 PMC 指数模型的我国医保支付方式改革政策量化与评价分析 [J]. 中国医疗管理科学，2023，13（1）：33-39.

[4] 卿华，杨恩，李慧欣，等.基于 PMC 指数模型的"互联网＋"医保支付政策量化评价——16 个省市的政策水平比较 [J]. 中国卫生事业管理，2023，40（9）：655-660，673.

[5] Ruiz Estrada M A. Policy modeling：Definition，classification and evaluation [J]. Journal of Policy Modeling，2011，33（4）：523-536.

[6] 林鹏，徐爱军，叶蕊，等.基于 PMC 指数模型的中医医保支付方式改革政策文本分析 [J]. 中国医院，2023，27（12）：14-18.

[7] 宁皓，王志伟，常慧.我国省级医保支持中医药发展专项政策量化评价研究 [J]. 世界中医药，2024，19（8）：1168-1175.

[8] 殷晓露，贺睿博，王华静，等.基于 PMC 指数模型的我国公立医院高质量发展政策量化评价研究 [J]. 中国医院，2024，28（1）：7-11.

[9] 孙瑞英，陈宜泓.基于 PMC 指数模型的我国公共数据开放政策评价研究 [J]. 情报理论与实践，2023，46（8）：33-42.

[10] 吴建，左一博，蒋帅，等.基于 PMC 指数模型的临床专科建设政策质量评价研究 [J]. 中国卫生政策研究，2023，16（12）：17-25.

[11] 臧维，张延法，徐磊.我国人工智能政策文本量化研究——政策现状与前沿趋势 [J]. 科技进步与对策，2021，38（15）：125-134.

HB.13

中国银龄保健食品安全监管现状及对策研究

梁静姮❶　李诗雯❷

摘要：当前老龄化趋势下，保健食品在银龄群体健康管理中的作用日益显现。本报告结合保健食品的含义，发现其在满足银龄群体生理和心理需求方面具有重要作用；从银龄保健食品安全监管的现状出发，介绍了当前监管模式下存在虚假宣传、诈骗犯罪案件频发的两大问题。当前，由于保健食品本身功能定位不清，其在市场中与普通食品、药品的界限模糊，给虚假宣传行为提供了可乘之机。我国保健食品的相关制度规定依然存在对"保健功能"定义模糊、安全监管实质性内容缺失、广告监管不到位以及银龄群体安全保障不到位等漏洞。对此，本报告提出强化保健食品的功效声称与产品定位，健立健全保健食品的安全性监管制度，包括完善保健食品市场准入制度和引入第三方监管机制；通过广告宣传的社会治理和银龄群体的反悔权保障等措施，强化针对银龄群体的消费者权益保护，以确保他们能够安全、有效地利用保健食品。

关键词：保健食品；安全监管；银龄群体

❶ 梁静姮，民法学博士，澳门大学法学院高级导师，法学士学位（中葡双语授课）课程主任，中文法学士课程主任，研究方向：卫生法、亲属法、继承法。

❷ 李诗雯，澳门大学法学院硕士，研究方向：民法与知识产权法、亲属法、卫生法。

一、引言

世界人口结构随着社会的发展逐渐发生变化。医疗技术的突飞猛进，使人类寿命延长。随着银龄群体的人口比例增加，银龄群体的健康和福祉已成为一个重要的关注点。在这种情况下，针对银龄群体设计保健食品安全监管体系，已成为一个需要全面关注和规划的重要目标。

随着银龄群体对这些产品需求的增加，迫切需要确保这些产品的安全性、有效性和监管合规性，以保障银龄消费者的健康。本报告将探讨专为银龄群体设计的保健食品的复杂情况，旨在探讨现有监管体系对银龄保健食品的规范框架，分析目前的安全监测实践状况，并提出有效的策略和措施，以加强对这些产品的监管和规范。通过揭示银龄保健食品监管领域的挑战、差距和机遇，为确保银龄群体健康至关重要的保健产品的安全性和质量提供有价值的参考。

二、保健食品与需求

（一）保健食品

目前国际上没有对保健食品的统一定义。

在美国，保健食品主要被称为 dietary supplements，1994 年《膳食补充剂健康与教育法案》（《Dietary Supplement Health and Education Act of 1994》）标志着营养在人类健康中的重要性进入了一个新时代。数以百万计的消费者已经接受了使用食品、膳食补充剂和草药萃取物的概念[1]。根据该法案的第三条，可以把 dietary supplements 总结为营养补充品，不包括烟草，用于补充饮食的产品，包含或含有维生素、矿物质、草本植物、氨基酸、饮食用物质（用于通过增加总饮食摄入量来补充饮食），或这些成分的浓缩物、代谢物、成分、提取物或组合。

欧洲联盟，保健食品主要称为 food supplements，2002 年 6 月 10 日通过的 2002/46/EC 指令《食品补充剂指令》（Food Supplements Directive

2002/46/EC）中要求所有成员国在 2003 年 7 月 31 日之前将其纳入国家法律 [2]。它涉及与食品补充剂有关的法律，所包含的营养素仅限于维生素和矿物质，其他营养素如氨基酸、必要脂肪酸和纤维可以稍后添加。对于目前产品所含成分尚未列入欧盟指令列表的国家，这些产品将能够继续销售，但不允许在欧盟范围内使用。

在澳大利亚，保健食品主要称为 complementary medicine[3]，澳大利亚没有"健康食品"的法律定义，政府将可供食用的产品当作食品或治疗用品予以规管。当局主要根据产品的预定用途或主要用途，以决定该产品应是食品还是治疗用品。在澳大利亚，治疗用品"Therapeutic Good"主要规范在 1990 年，《治疗用品条例》（The Therapeutic Goods Regulations 1990）将补充药品定义为"完全或主要由一种或多种指定活性成分组成的治疗用品，每种活性成分都有明确的特性和传统用途。"辅助药物"complementary medicines"是较接近保健食品的概念，主要包括：草药、传统药物和顺势疗法药物，其主要分别在《国际植物药典》（International Code of Botanical）和《治疗用品条例》中进行了规范 [3]。

在我国，保健食品的相关规定也有很多，上至法律，下至行政规章、国家标准。就保健食品的定义而言，法律层面的规定见于《中华人民共和国食品安全法（2021 修正）》第 75 条："保健食品声称保健功能，应当具有科学依据，不得对人体产生急性、亚急性或者慢性危害。"行政规章层面的定义见于《保健食品管理办法》第 2 条："本办法所称保健食品系指表明具有特定保健功能的食品。即适宜于特定人群食用，具有调节机体功能，不以治疗疾病为目的的食品"。另外，作为国家强制性标准的 GB16740—2014《食品安全国家标准 保健食品》也对保健食品的定义作出明确说明："声称并具有特定保健功能或者以补充维生素、矿物质为目的的食品。即适用于特定人群食用，具有调节机体功能，不以治疗疾病为目的，并且对人体不产生任何急性、亚急性或慢性危害的食品。"

尽管各国对保健食品的定义和管理方式有所不同，但它们在以下几个方面仍具有一些共同特点，①用途：保健食品通常被设计为用于补充饮食，提供额外的营养物质，帮助维持健康和促进身体功能。②成分：这些产品通常包含维生素、矿物质、氨基酸、草本植物提取物等营养成分，旨在补充人体日常饮食中可能不足的营养素。③非药用：保健食品通常不被用于治疗或预防疾病，而是用于增加营养摄入或维持整体健康。④市场需求：随着人们健康意识的增强，对保健食品的需求逐渐增加，这在全球范围内都是一个普遍趋势。⑤监管：尽管各国对保健食品的监管方式各有不同，但普遍都有一定的监管机构负责确保产品的安全性、质量和标签准确性。⑥科学依据：越来越多的国家开始要求保健食品具有科学依据支持其所声称的保健功能，以确保消费者的安全和合理期望。

尽管各国的法规和定义存在差异，但保健食品在为人们尤其是银龄族提供额外营养支持和维持整体健康方面具有相似的目标和特征。

（二）银龄保健食品的需求

经济的发展和医疗技术的进步，使人类的寿命延长[4]。银龄群体的剩余寿命增加，如何能在这些时间中有质量地活着，是银龄群体关注的要点。每个人都有欲望，都希望满足自己的需求。

马斯洛需求层次理论中的需求包括生理需求（食物和衣物）、安全需求（工作保障）、社交需求（友谊）、自尊以及自我实现[5]。银龄保健食品是银龄经济的一部分。我国正在退休的六零后是新型的银龄群体，他们刚好赶上了改革开放高速发展的红利。他们中的部分人已积累了足够的财产，因此他们消费的动机已经从一般生存需求过渡到更高层面的、更丰盛的生理和心理需求。

就生理方面而言，银龄群体需要保健品的原因主要包括：一是营养需求增加，随着年龄增长，身体对某些营养素的需求可能增加，例如钙、维生素 D 等，保健品可以补充这些营养素[6]。二是身体机能下降，随着年龄增长，身体机能可能会下降，包括免疫系统、消化系统等，适当的保健品可以帮助维持身体功能 [7]。三是疾病预防，某些保健品可能有助于预防某些与年龄相关的疾病，如关节炎、骨质疏松等 [8]。四是健康状况管理，对于已经存在某些慢性疾病或健康问题的银龄群体，特定的保健品可能有助于管理其健康状况 [9]。总体来说，合理使用保健品可以帮助银龄群体维持健康。

就心理方面而言，这个时代造就了个性化的经济，对银龄群体来说也不例外，他们的消费模式也越来越复杂多元。他们在意的不单是物质生活，更需要精神层面的辅助。他们需要实现更多年轻时未实现的自我价值，希望发挥余热，体验新东西，取悦自己和享受生活。

因此，通过保健食品，银龄群体可以实现以下目标：一是维持健康和活力，随着年龄增长，银龄群体的身体健康和免疫系统的功能会逐渐下降。保健食品可以提供额外的营养和抗氧化物质，帮助他们维持良好的健康状况和活力 [10]。二是弥补饮食不足，银龄群体可能由于饮食习惯或消化吸收能力的减弱而出现营养不良。保健食品可以弥补饮食中的不足，确保他们获得足够的营养 [11]。三是促进心理健康，一些保健食品含有有益于大脑功能和心理健康的成分，如 ω-3 脂肪酸等，有助于改善心理状态和情绪 [12]。四是延缓衰老，某些保健食品含有抗氧化剂和其他成分，可以帮助减缓细胞老化的过程，保持皮肤弹性和健康 [13]。

保健食品在满足银龄群体生理和心理需求方面起着重要作用，帮助他们在延长的寿命中保持健康、活力和幸福，实现更加充实、美好的生活。

三、银龄保健食品安全监管的现状及问题

（一）安全监管现状分析

自 20 世纪 90 年代《保健食品管理办法》《中华人民共和国食品卫生法》等政策法规制定以来，我国保健食品的法律监管框架逐渐形成。与之前政策法规的不同，2015 年通过的《中华人民共和国食品安全法》不仅将保健

食品归为特殊食品，还丰富了对其的具体管理规定，明确了原料管理、功能声称管理、注册与备案双规制管理模式、原料目录与功能目录、生产经营许可、标识和广告审查等一系列制度[14]。2018 年，为配合机构改革，《中华人民共和国食品安全法》对食品安全监督管理部门进行了修正。

2016 年起，我国在《中华人民共和国食品安全法》中规定了注册与备案双轨制，成为保障保健食品安全性的重要手段。体现在如下方面：第一，标签标识的准确。保健食品的标签和说明书必须真实，且不得涉及疾病预防或治疗功能，只能载明适宜人群、不适宜人群、功效成分及其含量等，并声明"本品不能代替药物"。第二，清单内备案，清单外注册。使用保健食品原料目录清单以外原料的保健食品以及首次进口的保健食品必须经过国家市场监管总局注册，而其他保健食品则需报省、自治区、直辖市市场监管部门进行备案。这一双轨制不仅提高了市场准入的透明度，还通过明确的监管职责划分，保障了保健食品的安全性和有效性[15]。

行政法规方面，2019 年 12 月 1 日起施行的《中华人民共和国食品安全法实施条例》（以下简称《食品安全法实施条例》）对保健食品的管理进行了补充规定，即禁止对保健食品等特殊食品制定相关地方标准，以防止食品生产者对本应实施严格管理的保健食品以地方特产保护为由，放宽标准，逃避法定监管义务；加强对生产环节的规制——生产者应当具备处理保健食品生产工艺的原料提取、纯化等前置工序的能力；强化对销售环节的监管——销售者应当核对保健食品标签、说明书内容是否与经注册或者备案的内容一致，不一致的不得销售；销售时不能将保健食品与普通食品或者药品混放[16]。

我国对保健食品的监管机构也进行了多次调整。最初，保健食品监管机构是卫生部（现国家卫生健康委），之后还经历过原国家食品药品监督管理局（SFDA）、原国家食品药品监督管理总局（CFDA）两次变更。直到 2018 年国家机构改革，最终确立国家市场监督管理总局为监管机构。在其总领之下，由特殊食品安全监督管理司负责具体的监管工作[17]。纵向来看，保健食品监管分为国家、省、市三级。国家层面负责保健食品的立法和政策制定，省级进行监督检查和执法，市级则承担了日常的管理和市场监管工作。横向来看，食品药品监督管理部门负责审批、注册、监管；工商行政管理部门负责监督检查保健食品的市场经营行为，防止欺诈、虚假宣传等扰乱市场秩序行为的出现。

尽管以上法规制度相继出台并不断完善，目前也已基本形成了相对完整的框架体系，推动保健食品行业逐步健康发展。但保健食品市场仍面临虚假宣传、网络销售不规范以及诈骗案件频发等问题。尤其在当前老龄化趋势不断加深的背景之下，由于银龄群体获取信息的渠道较为有限，对市面上的营销手段不够敏感，他们对保健食品的实际效用和生产安全情况了解不足，从而在消费过程中容易受到不实宣传的影响。因此银龄产业中的保健食品监管相较于一般市场会面临更多挑战。

（二）安全监管问题分析

1. 虚假宣传

保健食品市场中，虚假宣传和夸大产品功效的现象普遍存在。销售者通过线下或线上媒体夸大宣传产品功能，以牟取暴利。此种行为不仅损害了消费者的合法权益，还严重扰乱了市场秩序。

一是普通食品冒充保健食品。根据《中华人民共和国食品安全法》第七十一条和《中华人民共和国广告法》第十七条的规定，食品标签、广告不得涉及疾病预防、治疗功能。也就是说，普通食品不得声称具有保健功能。然而，目前市场上某些产品未经国家相关职能部门审批，通过冒用保健食品商品名称、批准文号等标签标识非法添加非食用物质、药品，虚假夸大宣传具有保健功能等形式与保健食品产生关联[18]，冒充保健食品甚至药品，误导银龄群体购买。例如，浙江省杭州市千岛湖春鑫蜂业有限公司在自有网站上宣传其销售的普通食品"秘性皇浆"时描述"蜂王浆九大药理作用""抗肿瘤""预防肝硬化"等疗效、功能性用语，还宣称该蜂王浆是"首次南极科考的唯一营养补充剂"。后经中国疾病预防控制中心营养与健康所调查，发现上述宣传内容没有出处或与实际情况严重不符。最终，该行为被当地市场监管局依法查处并处以 26 万元罚款 [19]。

二是不当夸大保健食品的功能效用。当下，保健食品日益受到银龄群体的青睐，依然存在夸大其词、虚假宣传，产品的实际功效与宣传效果大相径庭的现象。以鱼油软胶囊为例，其因富含 ω-3 多不饱和脂肪酸而备受保健品市场推崇，号称对心脑血管疾病有良好的预防作用，但从大量随机对照试验的分析来看，这一功效并不确切；又如红曲米，其中所含活性成分 monacolin K 具有一定的调节血脂作用，但是目前市场上销售的相关保健食品中该成分含量差异很大，有的甚至低于有效剂量，难以达到真正的疗效；再如葡萄籽提取物，其中含有的原花青素可抗氧化，但由于其本身人体吸收利用率较低，所谓的"抗氧防老"功效实际上也是微乎其微 [20]。

尽管如此，实践中依然存在夸大产品功能的现象。某些商家通过虚假宣传手段，声称其销售的、仅具调节人体机能效用的保健食品具有治疗高血压、糖尿病等多种疾病的功能 [21]，此种行为不仅违反了《中华人民共和国食品安全法》和《中华人民共和国广告法》的相关规定，还严重误导了消费者，尤其是银龄群体，使他们误以为这些产品可以替代药品，从而导致健康和经济上的损失。

2. 保健食品诈骗犯罪案件频发

随着 2021 年《最高人民法院 最高人民检察院关于办理危害食品安全刑事案件适用法律若干问题的解释》发布，我国关于保健食品诈骗立法体系不断完善，同时监管和执法力度也越来越大。但目前，针对银龄群体的消费维权问题依然没有得到全面解决，相关诈骗案件频发 [22]。该现象产生的原因有三：

一是银龄群体对保健食品的辨识能力较弱。目前，保健食品市场上存在大量虚假宣传和诱导消费，银龄群体在购买保健食品时，往往因为对产品功能认知不足而容易受到误导，进而购买到假冒伪劣甚至有害生命健康的产品[23]。

二是商家为牟取更大利益、降低成本，利用营销手段销售存在安全隐患的产品。一方面，保健食品商家常常通过"免费体验""亲情营销"等推销陷阱，用低成本的保健品套取银龄群体的高额现金；另一方面，当产品被有关部门调查或出现问题时，商家会故意在银龄群体面前示弱，利用银龄群体的同情心，让老年人配合他们逃避监管，有的不法商家甚至丑化执法部门的形象，让银龄群体对执法部门产生抵触情绪。同时，有的商家还会利用法律法规的漏洞，仅通过口述而非书面合同进行虚假夸大宣传，且提示"员工口头承诺无效，一切以书面合同为准"，以此规避自身责任。以上种种，最终会给银龄群体带来不可逆的财产损失和健康伤害。

三是银龄群体的家庭关怀缺失，导致其更易冲动消费、上当受骗。根据相关调查，与子女分居的银龄群体受骗率远远高于与子女同居者[24]。这说明子女的劝诫能够帮助银龄群体辨识诈骗推销话术，防止消费风险进一步增大，造成严重的后果。再者，独居的老年人接收信息渠道相对闭塞，获得信息的渠道多来源于亲戚朋友或他人口耳相传，加上其本身不具备关于保健食品安全资质、功效程度的相关知识，更加容易盲目相信商家的宣传。

四、银龄保健食品安全问题的成因

（一）保健食品本身定位不清

有关于保健食品的功能定位问题，目前我国是基于产品原料及其所声称的功能对其进行监管，具体细则规定见于国家市场监管总局于 2019 年出台的《保健食品原料目录与保健功能目录管理办法》。另外，国家市场监管总局在 2023 年公布的《保健食品新功能及产品技术评价实施细则（试行）》再一次明确了保健食品的功能定位，即满足补充膳食营养物质、维持或改善机体健康状况、降低疾病发生风险因素三类功能。然而，实践中，绝大多数银龄群体，甚至保健食品行业生产者、销售者及监管人员对保健食品的定位依然认识不足，经常将其与普通食品或药品混淆。

1. 保健食品不同于普通食品

根据《中华人民共和国食品安全法》第一百五十条的规定，食品，指各种供人食用或者饮用的成品和原料以及按照传统既是食品又是中药材的物品，但是不包括以治疗为目的的物品。从宏观概念上看，保健食品分属于食品大类之下，但属于特殊食品。其特殊性具体体现在两个方面：第一，功能声称不同。保健食品可以声称具有特定的、可以调节人体机能的保健功能，消费者购买保健食品也是基于该专门功效。虽然普通食品中也可能含有少量人体所需的微量元素，但其不能进行任何形式的健康声称或暗示其具有预防、治疗疾病的功效，但消费者购买普通食品也主要是基于饱腹、满足食欲、维持生命所需。第二，生产和监管要求不同。相较普通食品，保健食品的生产过程应当符合更严格的监管要求，包括原料的采购、生产过程的控制、产品的标签和说明书等，都必须遵循相关的法律法规和标准。但目前保健食品相关的生产工艺、提取技术尚不成熟。

2. 保健食品不同于药品

根据《中华人民共和国药品管理法》第二条的规定，本法所称药品，是指用于预防、治疗、诊断人的疾病，有目的地调节人的生理机能并规定有适应证或者功能主治、用法和用量的物质，包括中药、化学药和生物制品等。由此可知，药品具有直接治疗属性，而保健食品仅对人体有调节功效而无治疗疾病的作用，因此其与药品的概念并无交叉。再者，两者安全性不同，保健食品安全性较大，不易对人体产生危害，药品则易产生不良反应，因此应当受到更为严格的监管，包括临床试验、药效和安全性评价等[25]。

国家市场监管总局发布的《保健食品标注警示用语指南》明确要求保

健食品要有"保健食品不是药品，不能代替药物治疗疾病"的警示语句[26]。《中华人民共和国食品安全法》第七十八条也明确规定了保健食品均要在其标签、说明书中声明"本品不能代替药物"。

（二）法律法规及相关规定尚付阙如

近些年，虽然我国陆续出台了一系列保健食品相关的规章、规定以及文件，保健品监管法规体系得到逐步完善，行政监管效果有了一定的提高，但是依然缺乏总领性、系统化、强效性的监管法律，这会影响保健食品监管效果的发展和完善。当前，总体上我国保健食品监管主要以《中华人民共和国食品安全法》为基础，其中关于监管的条文内容只起到了概括性的作用，并未具体明确保健食品从"生"到"死"全过程的监管措施和实施细则。

首先，《中华人民共和国食品安全法》对保健食品实行了注册与备案分类管理制度，并且明确了保健食品原料目录及保健功能目录管理制度。《中华人民共和国食品安全法》中提及的"保健功能"目前暂无明确法律定义[27]。实践中，国家标准如《GB 7718—2011 预包装食品标签通则》《GB 28050—2011 预包装食品营养标签通则》中关于我国预包装食品允许使用的营养声称和营养成分功能声称，仅列举了 23 种能量和营养成分功能声称的标准用语，远少于保健食品实际的能量和营养成分类别。此种情形下，由于保健食品营养成分功能声称的使用受限，生产者、销售者为追求利益最大化，极有可能将一些普通食品与保健食品的保健功能声称产生关联，造成市场混乱，侵害消费者的合法权益。

其次，《中华人民共和国食品安全法》构建了食品安全监管的基本框架。为了更好地落地执行，建议未来在安全性监管的具体标准、流程和判定依据等方面，能够出台更详尽、更具可操作性的配套规定。一方面，从条文内容上看，无论是第七十五条（保健食品声称的保健功能不得对人体产生急性、亚急性或者慢性危害），还是强调对保健食品声称功效与实际一致性的监管的第七十八条（保健食品的功能和成分应当与标签、说明书相一致）、第一百零九条（生产过程中的添加行为和按照注册或者备案的技术要求组织生产的情况作为监督管理的重点）以及第一百二十六条（保健食品生产企业若未按备案的产品配方、生产工艺等技术要求组织生产会受到不同程度的行政处罚），都只是原则性规定，仅概括性地赋予国家市场监督管理总局监管保健食品的权利。同时，相关的下位法也并未作相应的细化规定，如《保健食品注册与备案管理办法》第六十一条至六十八条，规定了注册管理、监管机构人员履职要求、注册与备案信息公布以及保健食品注册证书的撤销、注销规定。但其中并未体现对于保健食品产品本身安全性、功效发挥情况监管的内容。另一方面，注册制到双轨制的转变同样促使了安全性监管的缺失。对于保健食品这样的复合产品来说，单一原料的安全性无法确保整体产品的安全性。在采用注册制时，每一种原料的安全性都会经过检验；改为双轨制后，因为对于复合产品安全性监管规定的缺失，保健食品生产者、经营者会根据当前备案目录规定的原料随意搭配，再通过备案程序，逃避安全性检查阶段，这样操作最终会带来备案与注册制度的无序性[28]。

另外，关于针对银龄群体的保健食品宣传的监管，我国目前的监管模式是重事前监管，轻事后监管[29]。《中华人民共和国广告法》对于保健品的宣传也未做特殊的说明，仅在第五章规定了广告主、广告经营者、广告发布者为广告的责任主体，且违法责任较轻，这与《中华人民共和国食品安全法》相应的处罚强度大相径庭，使得保健食品宣传广告的监管无法直接适用《中华人民共和国广告法》。

（三）缺乏针对银龄群体的保健食品安全保障措施

1. 缺乏针对银龄群体的保健食品安全性评估

如前所述，保健食品的安全性监管制度尚不完善，具体到银龄产业中，目前针对这一特殊群体进行的专门研究也是不完备的。相较于一般受众，银龄群体具有身体机能退化、药物动力学以及药效特点变化频繁、对药物和保健品的耐受性下降等特点。以维生素 D 补充剂为例，由于皮肤合成维生素 D 的能力下降，银龄群体需要额外补充该微量元素。然而，过量摄入维生素 D 可能引起高钙血症，导致肾结石和心血管问题。此外，由于对维生素 D 的敏感性增加，银龄群体可能因为肾功能下降而影响维生素 D 的代谢，增加了维生素 D 中毒的风险。再者，银龄群体多数患有基础疾病，需要长期服药，而许多药物可能与保健品发生相互作用。例如，蔓越莓补充剂会干扰肝脏中代谢抗凝药物的酶系，可抵抗华法林的抗凝作用，增加出血风险；银杏叶提取物可能抵抗抗血小板药物的效果，增加出血风险[30]。因此，银龄群体在摄入保健食品时更需要特别注意，对相关产品的安全性展开评估，以避免与他们正在服用的药物发生不良的相互作用或给身体代谢带来压力，造成健康受损。

2. 第三方监督不到位

保健食品的第三方监督是要求传统新闻媒体以及新媒体（如自媒体、公众号）如实向社会反映相关产品信息，传递消费者难以获悉的深层消息。但是当下，我国新闻媒体大多数时候采用被动式方式获取银龄群体的保健食品相关信息，根据保健食品相关事件的热度和紧急程度，只有当信息达到必须公开的程度时，才向公众传达，采取的是"非必要不公开"的态度。此种做法会加剧保健食品行业信息的不对称性，不能直接适用银龄保健食品这样的特殊的行业。银龄群体对保健食品的需求更为迫切，但他们对产品信息的获取能力和辨别能力相对较弱，被动式信息公开无法满足银龄群体对保健食品安全性、有效性以及可能的药物相互作用等关键信息的需求。此外，由于银龄群体多数存在多种慢性疾病，需要长期服用多种药物，他们更需要及时、准确的信息来避免潜在的健康风险。

五、对策与建议

（一）强化保健食品的功效声称与产品定位

面对当前保健食品市场中存在的大量虚假宣传的问题，为了避免消费者尤其是银龄群体陷入消费陷阱，需要从根本上提高他们对于保健食品功能定位的认知，具体而言，主要包含以下两个方面的内容：

一是加强对保健食品功效声称的监管。具体分为两个方面：①统筹健全食品声称管理体系。保健食品属于食品大类之下，要防止普通食品冒充保健食品就需要同步管理普通食品声称制度，协同食品声称制度制定的部门，合力完善食品声称体系设计，保障普通食品的营养成分含量、营养成分功效声称与保健食品的功效声称能够被区分；同时，还应当对保健食品进行分级、分类管理，基于不同类型的保健功能，优化相应功能声称产品的申请路径[31]。②细化保健食品功效声称合理性的评判标准。以抗氧化功能为例，应当明确界定评价标准，如过氧化脂质含量、蛋白质羰基、抗氧化酶活性、还原型谷胱甘肽水平等，根据机制研究和人体试验结果，确定具有生理意义的变化幅度，才能做出相应功效声称。

二是提高各主体对产品定位的认知。应当从不同主体出发，提升整体认知，减少盲目消费。①保健食品生产者作出的标签标识需更加严密，应严格遵照生产相关要求标注产品信息和功能声称。此时生产者不仅要完整列明产品配方成分及用量，标识各成分的具体生理功能及其作用机制；还应当专门针对银龄群体作出特别提示和说明，充分保障消费者的知情权。②保健食品销售者应确保在销售过程中能够准确传达产品信息。销售者需要接受专业岗前培训，了解保健食品的科学依据、适宜人群和禁忌，以及可能的不良反应和药物相互作用。此外，销售者应当在广告中明显位置标注消费提示信息，提醒消费者保健食品不能代替药物治疗疾病，引导消费者理性消费。③保健食品消费者，尤其是银龄群体，应当提高对保健食品的科学认知。首先他们需要了解保健食品并非万能，不能替代药物。由于银龄群体的体质特殊且不同个体对保健食品的反应可能不同，因此他们在购买保健食品前应咨询医师或营养师的建议，根据自身健康状况和需求做出选择。同时，银龄群体应学会识别保健食品的批准文号和标志，通过正规渠道购买，并在遇到问题时及时向市场监管部门举报或投诉。

（二）健全保健食品的安全性监管制度

1. 完善保健食品市场准入制度

如前所述，双轨制下缺乏对复合产品安全性的监管规定，为保健食品生产随意搭配原料逃避安全性检查提供了机会，解决这一漏洞还应当明确复合产品的原料搭配和使用的监管要求。出于对法律的安定性以及修法耗时过长的考虑，应回归到对保健食品安全监管措施的完善上来。一方面，要对于复合型保健食品的安全性实施严格规定和审查，通过建立详细的产品配方和工艺审查机制，经过专业机构的评估和验证，最终明确相关安全性标准[32]；另一方面，同时加强事前监管与事后追责。在保健食品进入市场后，政府部门还可通过实地抽检检查其标签、说明书与实际原料是否一致，建立消费者反馈体系，及时了解消费者尤其是银龄群体在使用保健食品后所体会到的功效与其所声称是否一致。

2. 引入第三方监管机制

当前，为响应我国现代化社会治理要求，政府、市场及其他社会主体间应当相互协调，共同治理，实现更加高效、良性的社会共治格局[33]。在此背景下，引入第三方监管机制是一个有效的策略。如中国食品药品行业协会就能够独立于政府和企业之外，提供客观的产品安全性和功能性评估。具体来说，可以由行业协会开展不定期的产品抽检，包括对生产原料、生产环境、工艺流程以及最终产品的质量进行检验，配合政府工作，做好事前排查；中国食品药品行业协会还可以基于其灵活性建立专门针对银龄群体保健食品消费保障小组，定期对银龄群体展开教育，普及保健食品辨伪识假和合理选用的知识，建立事中跟踪、事后回访等保障流程。同时，还要建立统一的保健食品功效宣传审核平台，集中处理消费者对虚假宣传的投诉举报，并及时反馈结果。

（三）强化针对银龄群体的消费者权益保护

1. 加强广告宣传的社会治理

基于我国大部分消费者对于保健食品了解浅显以及虚假广告宣传盛行的现状，政府监管部门应加大对虚假广告和不当宣传的打击力度。①行政部门可以通过新闻媒体、互联网等方式，聘请保健食品领域专家定期向银龄群体宣讲保健食品相关的知识。②发挥社区和家庭在提高银龄群体防骗意识和能力方面的重要作用。社区可以根据银龄群体的消费心理、独居等的家庭情况因素，了解他们的内心需求，通过组织普法教育和消费知识讲座等活动，帮助银龄群体了解消费市场的动态和风险，普及保健食品的专门知识和防骗窍门，增强其辨别虚假信息的能力。

2. 赋予银龄群体反悔权

实践中，银龄群体中的很多人是在销售人员的"诱导"之下，冲动购买保健食品，并非基于自身健康或者营养所需。此时买卖合同成立生效，无法通过正常的途径退货。针对这种情况，应当例外地赋予银龄群体反悔权。《中华人民共和国消费者权益保护法》第二十四条赋予了消费者在商品或服务不符合质量要求时的反悔权。若将该条文直接适用于银龄保健食品消费领域，基于保健食品的成分复杂性和专业性，银龄群体难以举证证明其不符合质量要求而导致无法行使反悔权。此时可以借鉴高额金融商品交易中的"冷静期"制度——某些保险和证券产品交易中通常规定消费者可以在"七天冷静期"内取消交易[34]。政府监管部门可以建议或鼓励保健食品销售者通过合同的形式，为购买高额保健食品的银龄群体提供在一定期限内反悔、退还产品的权利，以此有效降低冲动消费的风险，遏制不实宣传和欺诈行为，从而维护银龄群体的合法权益。

参考文献

[1] Shawn M, Talbott, Kerry Hughes.The Health Professional's Guide to Dietary Supplements[M].Philadelphia: Lippincott Williams & Wilkins, 2006.

[2] Y. H. Hui, Ramesh C. Chandan, Stephanie Clark, et al, Handbook of Food Products Manufacturing, 2 Volume Set[M]. Hoboken: Wiley-Interscience, 2007: 942.

[3] Therapeutic Goods Administration, Australian Regulatory Guidelines for Registered Complementary Medicines (ARGRCM)[S/OL]. (2025-05-29) [2025-06-16].https://www.tga.gov.au/how-we-regulate/australian-regulatory-guidelines-args/australian-regulatory-guidelines-registered-complementary-medicines-argrcm.

[4] 黄丽菁. 澳大利亚有关健康食品的规管 [M]. 香港: 香港立法会秘书处数据研究及图书服务部, 2001.

[5] Marcia G. Ory, Matthew Lee Smith. Insights in Aging and Public Health: 2022[J]. Frontiers in Public Health, 2023, 11: 51.

[6] Dr. Sujatha M. Socio-Psychological Dimensions for Social Work[M]. Bhopal: Nitya publications, 2019.

[7] Jennifer Bottomley, Carole Lewis. A Clinical Approach to Geriatric Rehabilitation[M]. New York: Routledge, 2024: 121.

[8] Jay Kalra, Nancy J. Lightner, Redha Taiar. Advances in Human Factors and Ergonomics in Healthcare and Medical Devices – Proceedings of the AHFE 2021 Virtual Conference on Human Factors and Ergonomics in Healthcare and Medical Devices[J]. Springer, 2021, 7: 25-29.

[9] Melissa Bernstein, Nancy Munoz, Nutrition for the Older Adult[M]. Boston: Jones & Bartlett Learning, 2019.

[10] Abdul Rauf, Norhayati Zakuan, Muhammad Tayyab Sohail. Proceedings of the 3rd International Conference on Management Science and Software Engineering (ICMSSE 2023) [J]. Dordrecht: Atlantis Press International BV, 2024.

[11] Soto-Quijano DA. Promoting Health and Wellness in the Geriatric Patient[J]. Physical Medicine & Rehabilitation Clinics of North America, 2017, 28(4): i.

[12] Dr. Paul Insel, Don Ross, Kimberley McMahon, Melissa Bernstein ,Discovering Nutrition[M]. Boston: Jones & Bartlett Learning, 2018.

[13] Jean W Lange, The Nurse's Role in Promoting Optimal Health of Older Adults Thriving in the Wisdom Years[M]. Philadelphia: F.A. Davis Company, 2011.

[14] Surajit Pathak, Antara Banerjee, Asim K. Duttaroy. Evidence-based Functional Foods for Prevention of Age-related Diseases[M].Berlin: Springer, 2023.

[15] 王志钢, 吴晓毅. 我国保健食品法律法规和标准体系的现状研究 [J]. 食品与药品, 2022, 24

（4）：381-384.

　　[16] 郭丰，宋倩倩.中美保健品监管法律制度的比较性分析 [J]. 湖北工业职业技术学院学报，2020，33（4）：56-60.

　　[17] 孙桂菊.我国保健食品产业发展历程及管理政策概述 [J]. 食品科学技术学报，2018，36（2）：12-20.

　　[18] 陈莹莹，黄华艳.保健食品监管法律问题探讨 [J]. 开封教育学院报，2019，39（2）：251-252.

　　[19] 田明，王玉伟，冯军，等.保健食品及相关食品典型案例分析 [J]. 中国食品学报，2024，24（1）：487-496.

　　[20] 国家市场监督管理总局.杭州市市场监管局公布 2023 年违法广告典型案例 [EB/OL].（2024-01-08）[2024-12-07]. https://www.samr.gov.cn/xw/df/art/2024/art_74dcca4b49bf44fda12321d0b976af4a.html.

　　[21] 赵琪，吴光颖，张静怡，等.UPLC-DAD 同时测定降血压类保健食品中 20 种非法添加化学药物 [J]. 粮食与油脂，2024，37（7）：138-141.

　　[22] 高晓东.《中国食品》对保健食品广告进行法律规制很有必要 [J]. 中国食品，2022（19）：20.

　　[23] 彭飞.多管齐下惩治保健品"坑老"专访中国法学会消费者权益保护法研究会副秘书长陈音江 [J]. 法人，2022（2）：34-36.

　　[24] 韩玲，杨民.人口老龄化背景下保健品欺诈的刑法规制 [J]. 大连民族大学学报，2019，21（2）：168-172.

　　[25] 谢翠雯，王钟泓.银龄族医疗保健品消费风险与干预策略研究 [J]. 理论观察，2020（2）：89-93.

　　[26] 邹荣，屈文妮.保健食品行政监管中对安全性监管的缺失与完善 [J]. 卫生法学，2024，32（5）：23-28.

　　[27] 国家市场监督管理总局.市场监管总局关于发布《保健食品标注警示用语指南》的公告 [EB/OL].（2019-08-20）[2024-12-07]. https://www.samr.gov.cn/zw/zfxxgk/fdzdgknr/tssps/art/2023/art_2a332e60a07f4661a6ef22ae970b9a69.html.

　　[28] 李娜.上海市保健食品直销企业经营中的政府监管问题研究 [D]. 上海：华东师范大学，2023.

　　[29] 李容琴.新《食品安全法》下保健食品监管难题及其应对措施 [J]. 食品与机械，2016，32(11)：229-231，236.

　　[30] 李昂.我国保健食品监管法律制度研究 [D]. 太原：山西财经大学，2020.

　　[31] 冠华.市场监管总局鼓励特殊食品企业优化包装标签 [J]. 广东印刷，2024（3）：59.

　　[32] Alina Adany, Kanya H, Martirosyan D . Japan's health food industry: An analysis of the efficacy of the FOSHU system [J]. Bioactive Compounds in Health and Disease, 2021, 4(4)：63-78.

　　[33] 萨翼，李淑娟，陈晓怡.我国保健食品的市场准入制度及对未来产品研发的启示和展望 [J]. 食品安全质量检测学报，2021，12（11）：4446-4452.

　　[34] 申卫星，刘畅.论我国药品安全社会治理的内涵、意义与机制 [J]. 法学杂志，2017，38（11）：47-56.

　　[35] 郭文琳.完善供给 优化环境 进一步激发银发消费市场活力 [J]. 发展研究，2020，（5）：41-46.

HB.14

银龄时代高技能养老服务人才培养现状和需求分析

杨蕾❶   刘群秀❷   牟红安❸

摘要：银龄时代已经到来，我国正从传统的养老服务向多元享老的银发经济转变。本报告通过多维度分析，指出产业发展中高技能健康服务人才的培养现状和需求，并提出相应对策。银龄产业对高技能人才的需求巨大，特别是具备现代数智化技术和养老服务技能的复合型人才。当前人才教育和培养体系在持续发展，但仍不健全，职业教育存在不足。基于银龄产业链，分析银龄产业领域与典型工作岗位对应情况及人才需求。未来银龄产业高技能人才需求主要包括复合型人才需求、新兴职业需求和数智化技术需求三方面，建议从创新课程体系，提升人才培养与养老服务产业需求的匹配度；培养高技能、多元化的复合型养老服务人才；改善职业待遇，拓展养老人才发展空间等培养路径培养高技能、多元化的复合型养老服务人才。

关键词：银龄时代；人才培养；需求

---

❶ 杨蕾，护理学硕士，上海城建职业学院副教授，研究方向：护理学、康复医学、老年认知障碍康复。
❷ 刘群秀，生态学博士，上海城建职业学院教授，研究方向：健康管理，康复治疗。
❸ 牟红安，健康管理专业硕士，上海市徐汇区枫林街道社区卫生服务中心健康管理师，研究方向：慢病管理、功能医学、全科医学。

随着我国老龄、高龄人口的急剧增加，人口高龄化问题越来越突出。《2023 年度国家老龄事业发展公报》显示，截至 2023 年底，全国 60 周岁及以上老年人口为 29697 万人，占总人口的 21.1%，预计到 2050 年前后，将达到 4.87 亿人，占总人口的 34.9%[1]。为积极应对人口老龄化现状，2024 年初，国务院办公厅印发《关于发展银发经济增进老年人福祉的意见》，提出多项举措，旨在促进银发经济发展、增进老年人福祉。银龄时代已经到来，我国正从养老服务向银发经济转变，从兜底保障向多元享老转变，从"以养老服务为主体"的养老产业，向"医、康、养、护"多元并举的新时代养老产业新格局转变[2]。现代老年人更加注重品质生活和个人价值实现，对衣、食、住、行、育、乐等方面的养老需求有极大提升，也对相关产业的发展提出了更加个性化的要求，并且消费方式也在发生巨大变化[3]。据《中国老龄产业发展报告（2021—2022）》预测，2020 至2050 年，我国老年人口的消费能力将从大约 4.3 万亿上升到约 40.6 万亿元。银龄产业作为一种新兴的产业形态，是满足老年人特殊需要的复合型产业链，涵盖金融、地产、医疗、药品、文化、娱乐等多个领域，拥有巨大的发展潜力，成为宏观经济的重要组成部分和增长点。全面发展银发经济，是国家积极应对人口老龄化的重要举措。我国银龄产业刚刚起步，养老市场供需情况尚存在发展不均衡等诸多问题，其中，养老服务高技能人才的匮乏是制约银龄产业发展的重要因素[4]。

一、养老服务人才培养现状分析

2023 年，民政部等多部委联合发布《关于加强养老服务人才队伍建设的意见》，将养老服务人才定义为具有一定养老服务专业知识和专业技能，为在居家、社区、机构等不同场景养老的老年人提供生活照护、康复服务、精神慰藉、心理咨询等多元化服务的专门人才。在"银发经济"新时期，培养精通数智化信息技术、掌握养老服务专业知识、了解老年消费需求的高技能、综合型人才，是促进银发经济可持续发展的重要保障，是实施积极应对人口高龄化和提升养老服务高质量发展的重要举措[5]。

（一）政策体系逐渐完善

为积极应对人口老龄化现状，国家及地方政府颁布了一系列政策措施，从多方面进行规划和部署，优化养老服务和提升高技能人才培养。2014 年教育部等多部委联合印发《关于加快推进养老服务业人才培养的意见》，对教育支持社会服务产业发展提出了明确要求和具体措施。2019 年，教育部、国家发改委等七部门联合下发的《关于教育支持社会服务产业发展 提高紧缺人才培养培训质量的意见》指出，通过教育体系的优化，促进社会服务产业供给质量的提升，文件中特别强调了养老等紧缺领域专业人才的培养。2021 年，中共中央、国务院印发了《关于加强新时代老龄工作的意见》，为我国老龄工作提供了明确方向和具体政策措施，旨在提升老年人的获得感、幸福感和安全感。2023 年，民政部等 12 部门联合发布《关于加强养老服务人才队伍建设的意见》，旨在解决养老服务人才短缺问题，推动养老服务高质量发展，为新时代养老服务提供强有力人才支撑。2023 年，中共中央办公厅、国务院办公厅印发《关于进一步完善医疗卫生服务体系的意见》，在养老人才培养、康复医疗和养老护理服务供给、医养结合等方面提出了明确要求和具体措施。2024 年，人社部印发《关于强化支持举措助力银发经济发展壮大的通知》，提出要加大银发经济技术技能人才培养，畅通银发经济领域人才发展空间。在各类政策支持下，银龄产业已经形成了较长的产业链和多元化的业态，正在不断向纵深发展，对高技能人才的需求也在不断增加。

（二）教育和培训体系持续发展

在全国政策的支持下，近年来全国大量高校新增设护理学、养老服务管理等专业点，截至 2023 年末，全国高校共开设护理学、养老服务管理等专业点 770 余个。职业教育方面，现行职业教育专业目录设有智慧健康养老服务、老年人服务与管理等 15 个中职、高职专科、职业本科相关专业，2023 年中职相关专业布点 1700 余个，高职专科相关专业布点 1600 余个。继续教育方面，国家开放大学等 33 所高校 2023 年备案智慧健康养老服务与管理等专业点 34 个 [6]。除了学历教育外，各地还积极开展养老服务职业培训，通过短期集训、在线课程等方式，提升养老服务人才的专业素养和服务技能。如泰康之家的"泰康模式"：泰康保险集团通过多年的探索实践，建立了由高管研修项目、中层骨干培训项目和一线岗位专业技能提升项目构成的养老人才培养培训体系；该体系注重理论与实践相结合，通过"千人计划"等举措，广泛招募并培养养老服务人才。

（三）养老服务人才培养中存在的问题及挑战

1. 养老服务人才缺口巨大

我国老年人口众多，养老服务人才缺口巨大，对具备老年照护、康复护理等专业能力的人才需求尤为突出。根据《全国民政人才中长期发展规划（2010—2020 年）》，到 2020 年，计划培养养老护理员 600 万名，社会工作人员 150 万名 [7]。截至 2023 年底，我国 60 岁及以上人口已超 2.9 亿，65 岁及以上老年人口已超 2 亿（国家统计局），其中失能、半失能老人大约 4400 万，在不同程度上需要医疗护理和长期照护服务 [8]。按照每 3 位老人配备 1 名护理人员计算，我国养老护理员的需求量在 1400 万人以上，而我国持证的养老护理员的人数只有 50 万人 [9]，即养老服务人员缺口很大，尤其是具有医养结合技能的护理服务人员更加紧缺。在人社部发布的全国招聘求职"最缺工"的 100 个职业排行中，养老护理员居于前列 [10]。当前，全国社会养老服务机构中，医护人员与其他工作人员的比例不高，多数机构尚未实现高技能人才的全覆盖，因此亟须培养大量兼具专业性、技术性的高技能的综合型人才，以支撑银龄产业的发展。

2.人才培养体系仍不健全，职业教育存在不足

当前，我国开设养老服务相关专业的高职院校有 32 所，所有院校老年服务与管理专业毕业生总数仅有 4554 名，而在校生总数目前仅有 3638 名；中等职业院校仅有 25 所，总计年招生数仅约 2500 人[7]。在我国，养老服务相关专业主要开设于各类高职院校，而实施高学历培养的高校相对较少，因此不少高职院校学生毕业后会选择专升本，专业对口就业率并不高。另一方面，养老服务专业学生毕业后，需要经过长时间的实习、实践，方可获得社会的认同，加之近年来银龄产业发展迅速，国内大、中专院校开设的相关课程无法精准定位市场动态和岗位变化，使得高技能人才的供给无法满足银龄产业日益增长对人才的迫切需求。

二、银龄时代高技能服务人才需求分析

随着科技的进步和养老需求的多样化，各类养老机构均在快速发展，并且有越来越多的资本注入，如百度、腾讯等，为银龄产业的发展提供了强力支撑，同时对技术和人才的需求也越来越高[11]。新进入者需要掌握先进的养老服务技术和管理经验，同时还需要拥有专业的医护团队和服务人员。然而，目前养老行业的人才储备相对不足，专业的医护和服务人员培养周期长、成本高，且难以在短期内形成规模。这使得新进入者在技术和人才方面都面临较大的挑战。

（一）银龄产业链分析

银龄产业由多个领域组成，形成了庞大且复杂的产业链。该产业链通过为老年人提供优质服务，以满足老年人养老、照护、康复、护理、休闲等服务需求。银龄产业链上游包括设备器械、食品、药品等；中游包括养老产品、老年旅游、养老金融、老年教育、养老服务等；下游包括居家养老、社区养老和机构养老三种模式，更多信息见图1。

图1　银龄产业链图

（二）银龄产业典型工作岗位及人才需求

利用人工智能、大数据技术，构建人才需求算法模型，基于互联网招聘网站2024年人才招聘数据，对上海地区银龄产业各领域的典型工作岗位、工作任务及需求人数进行整理分析。

设备器械领域包括老年人辅具适配师（负责为老年人选择合适的辅助设备，提高他们的生活质量）、智慧养老平台运营（管理智慧养老平台，确保其有效运行，提供远程监控和紧急响应服务）、AI智慧健康监测与管理员（负责AI健康监测设备的日常维护与校准，确保设备正常运行）、AI智能设备硬件技术员（负责智慧健康养老应用场景下相关智能设备的开发、测试、运维）。

食品/药品领域包括养老食品研发人员（开发适合老年人的营养食品）、餐饮安全管理员（确保老年人餐饮的安全和卫生）、食品安全科普教育员（普及食品安全知识）、营养师（提供营养咨询，制定个性化饮食计划）、健康饮食指导师（指导老年人如何健康饮食）、健康食品检验工程师（对养老相关食品进行检验）、运动营养管理师（对老年人的运动健康和营养提供专业的咨询与服务）。

养老地产领域包括养老地产销售顾问（提供养老地产购买咨询）、养老社区销售经理（管理养老社区的销售团队）以及老年旅游、旅居养老规划师（规划适合老年人的旅游活动）。

养老金融领域包括银行养老金融综合岗（提供养老金融服务）、养老金融产品设计岗（设计适合老年人的金融产品）、养老金融政策研究和市场分析岗（研究养老金融政策和市场趋势）。

老年护理领域包括养老护理员（提供日常护理服务）、康复护理员（协助老年人进行康复训练）。

老年教育领域包括心理咨询与辅导师（提供心理辅导服务）、健康促进专员（帮助老年人养成健康的生活习惯）。

医疗康养领域包括医养个案管理师（管理老年人的医疗和护理需求）、健康照护师（提供健康照护服务）、呼吸治疗师（为需要呼吸支持的老年人提供服务）、临床护士（提供临床护理服务）、医疗护理员（协助医疗护理工作）、老年陪诊师（陪同老年人就医）。

养老服务领域包括老年人能力评估师（评估老年人的自理能力）、养老顾问（提供养老咨询服务）、健康管理师（管理老年人的健康）。

居家养老领域包括家庭关系协调员（协调家庭成员间的关系）、家庭照护员（提供家庭照护服务）、养老护理员（提供专业的护理服务）。

社区养老领域包括社群健康助理员（协助社区内老年人的健康事务）、社区综合为老服务中心健康指导（提供健康指导服务）、活动策划与组织者（组织社区活动）、社区联络官（作为社区与老年人之间的联络人）、权益维护者（维护老年人的权益）、社区护士（提供社区护理服务）、养老社区运营经理助理（协助管理养老社区）。

机构养老领域包括养老机构管理（管理养老机构的日常运营）、养老护理员（提供机构内的护理服务）。工作岗位人才需求情况见表1。

表 1　银龄产业链典型工作岗位及需求人数表（以 2024 年上海地区为例）

产业链环节	典型工作岗位	需求人数 / 人
智慧养老产品 / 设备器械	养老大数据平台开发工程师	1546
食品 / 药品	功能食品研发	2283
	营养师	663
	养生保健师	480
医疗康养	康复护理师	3755
	养老护理员	1193
智慧养老服务	健康管理师	1354
	养老设备装调员	558
	老年心理咨询师	667
养老金融	养老管家	916
老年教育	社会工作者	84
老年护理	老年护士	4497
	社区护士	3167
	家庭护士	4332

注：数据基于招聘岗位信息抓取，仅供参考。

　　中国老龄科学研究中心发布的《养老服务人才状况调查报告》指出，养老服务机构紧缺人才主要集中于日常照护护理员（85.6%）、康复治疗师（41.7%）和专业护理人员（护士）（34.7%）三个方面，此外，社会工作者（32.1%）和心理咨询师（31.0%）也为各养老机构所急需。见表 2。

表 2　养老服务机构紧缺人才类别状况（调查的机构总数：271 个）

人才类型	亟需该类型人才的机构数 / 个	选择率 /%
日常照护护理员	232	85.6
康复治疗师	113	41.7
护士	94	34.7
社会工作者	87	32.1
心理咨询师	84	31.0
医师	81	29.9
基层管理人员	61	22.5
健康管家	57	21.0

来源：人力资源和社会保障部信息中心 . 养老服务人才状况调查报告 [R/OL]. （2024-05-08）[2025-01-20].https://www.hrssit.cn/info/3244.html.

（三）银龄产业高技能人才需求预测

银龄产业的持续增长，势必对高技能专业人才提出迫切需求。

1. 复合型人才需求

银龄产业不仅需要医疗护理、营养健康、康复保健、心理咨询等专业知识，还需要人工智能、大数据等信息技术能力，这类人才对银龄经济具有更高水平和深层次的了解和认知，以构建符合新时期老年人日益精细化和个性化的消费和照护需求的银龄产业。银龄产业正处于蓬勃发展的阶段，产业链日新月异，对服务质量的要求高，因此需要大量的银龄高技能服务人才，以及高素质的管理人才，为银龄产业的稳定发展提供重要支撑。

2. 新兴职业需求

随着养老服务的细分和专业化，社区助老员、老年人能力评估师、认知障碍照护员等新职业应运而生[12]，要求从业者具备更多专业知识和技能（表3）。

表3　养老服务新兴职业名称

名称	工作内容
陪诊师	专门陪同患者就医的职业，其主要职责包括陪同患者就医、提供情绪支持、协助患者与医务人员沟通等
康复治疗师	运用物理治疗、作业治疗、言语治疗等手段或方法，从事康复治疗和训练的技术人员
安宁疗护师	评估和处理患者的身体症状，密切观察患者的病情变化等，专门为生命末期患者及其家属提供身心照护和支持的专业人员
照护管理师	侧重于老年人日常生活需求、身体状况监测分析、居家养老风险防控、心理情绪、康复等全方位、系统性的服务
养老护理员	从事老年人生活照料、护理服务工作的人员，是养老服务的主要提供者
认知障碍照护员	在养老机构、社区或其他相关场所工作照顾认知障碍老年人，提供日常照护服务
适老化改造评估师	依据老年人的实际需要，评估老年人的身体状况、居家环境等因素，以匹配老年人的改造需求

续表

名称	工作内容
养老辅具适配师	专门从事康复辅助器具评估、适配、调试和维护的工作人员
养老顾问（银发顾问）	又被称为"养老中间人"，根据不同细分领域，有提供居间服务的团队，也有提供养老保险等产品规划的群体
社区助老员	养老护理员职业类别下的一个细分工种，主要职责包括为老年人提供日常生活照料、精神关怀、健康监测、紧急救援以及政策宣传等多重服务

3. 数智化技术需求

新一代信息技术的应用催生了康养服务岗位设置的变化，对相关从业人员提出了更高的技术要求。智慧养老成为新趋势，利用人工智能、数智化等技术提供远程健康监测、紧急救援、康复治疗等服务。

三、银龄时代高技能健康人才的培养路径

养老服务工作涵盖众多学科，包括老年医学、社会学、心理学等多领域，对从事相关行业的人才具有较高的、综合性要求。当前很多养老机构仍以传统的照料模式为主，而对于新时期的养老需求，如养生、心理慰藉、老年康复等，存在很大不足，应培养高技能、综合型养老服务人才，构建高水平的人才梯队，以促进银龄产业的可持续发展。

1. 创新课程体系，提升人才培养与养老服务产业需求的匹配度

高校作为人才培养的重要基地，应密切关注银龄产业的发展动态，以市场和岗位需求为导向，精准设置办学定位、制订专业方向和教学计划，实现人才培养与产业需求的高度匹配。一方面，聚焦养老护理、健康照护、老年康复等关键岗位，开设与行业动态紧密结合的课程体系，提高办学专业和产业发展需求的匹配度。整合或创建智能养老服务、养老旅游、老年康复等契合区域产业动态的数智化课程，以满足智能健康养老工作的岗位需求。另一方面，加强校企合作，产教融合，实现专业理论课与实践

技能课深度融合，培养兼具理论与实践技能的养老服务人才。通过校企合作，开发多样化的实训项目，为学习者提供真实的养老服务环境，提升其快速融入工作岗位、解决实际问题的能力。

2. 培养高技能、多元化的复合型养老服务人才

银龄时代背景下，老年人对养老服务需求日趋个性化和多元化，促进养老服务业从业者分工日益细化。因此，高职院校在实施高质量发展战略时，要兼顾养老服务人才数量和质量，制定个性化的人才培育方案，以契合"银发经济"的发展需求。高技能养老服务人才应具备专业的理论知识和实践技能，拥有规范全面的知识结构和良好的职业素养，能够面向各类养老服务行业及产业单位，因此只有打造一支高技能、复合型专业人才队伍，才能满足新时期的人才需求。通过全日制教育以及校企合作培训等方式，培养养老服务人才的专业知识和技能，提升其职业素质，快速融入工作岗位并得到认可，凸显高技能养老服务人才的优势。同时还要注重培养养老服务人员的爱心、耐心和责任心，提升专业技能和服务态度。

3. 改善职业待遇，拓展养老人才发展空间

政府部门应加大对养老服务业的资金投入，提高养老服务人员的职业技能和薪资待遇，增强职业吸引力。此外，为养老服务人才创造更多的晋升机会和发展空间，完善养老服务职业技能等级认定制度，提高职业技能等级的认可度和含金量，鼓励用人单位自主开展技能人才评价，遴选发布社会培训评价组织。支持养老服务机构中从事医疗、康复、护理等各类专业技术工作的医务人员，按规定参加国家统一组织的卫生专业技术职业资格考试，或按规定通过各地有关社会化人才评价机构申报职称评审。

参考文献

[1] 新华社.到 2050 年老年人将占我国总人口约三分之一 [EB/OL].（2018-07-19）[2025-01-22].

https：//www.gov.cn/xinwen/2018-07/19/content_5307839.htm.

[2] 吴玉韶，赵新阳.推动新时代老龄工作高质量发展的纲领性文件——《中共中央、国务院关于加强新时代老龄工作的意见》解读 [J]. 行政管理改革，2022，4：9-14.

[3] 陈星梦.老龄化、人工智能与产业结构升级 [D].成都：西华大学，2022.

[4] 彭婷，蒋玉芝，罗清平.老龄化背景下养老人才使用现状与需求研究 [J].长沙民政职业技术学院学报，2020，27（4）：17-20.

[5] 董璐，郭威，王鹏，"银发经济"时代下人才需求分析 [J].消费经济研究，2019，31：106

[6] 中国网.以职业教育之光，点亮老龄化社会新征程 [EB/OL].（2025-01-14）[2025-01-22]. http：//iot.china.com.cn/content/2025-01/14/content_43010902.html.

[7] 德泓咨询.医养康养 | 养老护理行业现状、问题、需求及发展建议 [EB/OL].（2023-12-14）[2025-01-25]. https：//zhuanlan.zhihu.com/p/311198550.

[8] 环球网.减轻失能老人家庭负担 我国加快健全老年护理和长期照护服务体系 [EB/OL].（2023-08-30）[2025-01-24].http：//ysxw.cctv.cn/article.html?item_id=13998272673088207119.

[9] 人民网.养老护理人才缺口大，怎么看、怎么办？[EB/OL].（2024-04-29）[2025-01-24]. http：//yjy.people.com.cn/n1/2024/0429/c440911-40226578.html.

[10] 人社新闻.2022 年第四季度全国招聘大于求职"最缺工"的 100 个职业排行 [N/OL]. 2023-1-18[2025-01-26]. https：//www.mohrss.gov.cn/SYrlzyhshbzb/dongtaixinwen/buneiyaowen/rsxw/202301/t20230118_493691.html.

[11] 向金花，娄文婧.老年服务与管理专业发展现状及人才需求调查研究 [J].才智，2022，5：187-189.

[12] 中国社会报.看！这些养老服务新职业.[N/OL].2024-3-21[2025-01-25]. https：//www.mca.gov.cn/n152/n166/c1662004999979998320/content.html.

[13] 人社部.养老服务行业细分，新职业已超 15 种，如何守护最美夕阳红？[N/OL].北京日报，2024-12-09[2025-02-01].https：//news.bjd.com.cn/2024/12/09/10996325.shtml.

伍

数智赋能篇

HB.15

中国智慧养老产业高质量发展战略导向、政策支持与路径选择

肖彦博❶　郭然❷

摘要： 随着老龄化社会的到来，智慧养老成为提升养老服务效率与质量的重要途径。本报告探讨了大数据、物联网和云计算等技术在智慧养老中的应用，重点评估了技术的创新性、适应性与普及性、智能化水平和政策的包容性。研究表明，这些技术能够满足老龄化社会中个性化、多元化的需求，特别是对低技术接受度群体的适应性。同时，政策需要为创新型企业提供公平竞争环境，政府在发展智慧养老中起到政策引导和社会保障体系完善的双重角色。通过构建全民覆盖的养老服务体系、建设公共服务平台、应用智能健康设备和社区互助模式，智慧养老能够有效提升银龄族的生活质量和社会参与感。最终，本报告提出了智慧养老服务和产品标准化的重要性，并建议加强国际合作与交流，推动智慧养老标准的国际化。

关键词： 智慧养老；战略导向；政策支持；路径选择

---

❶ 肖彦博：公共管理学博士，政治学博士后，毕业于北京师范大学，北京中医药大学讲师。研究方向：创新城市与创新生态建设、知识动员、健康行为等。
❷ 郭然，北京中医药大学讲师，管理学博士，毕业于协和医学院。

全球老龄化的浪潮席卷而来，已成为不可忽视的时代命题。根据联合国的预测，至2050年，全球65岁及以上的老龄人口将占总人口的22%以上，老龄化所带来的社会、经济及文化变革将深刻影响世界各国。在中国，人口老龄化的速度和规模更是前所未有。根据国家统计局最新数据，截至2023年末，我国60岁及以上的人口数量为29697万人，占总人口的21.1%；65岁及以上的人口数量为21676万人，占总人口的15.4%。预计到2050年前后，我国老龄人口数将达到峰值4.87亿人，占总人口的34.9%[1]。老龄化不仅是人口结构的变化，更是社会服务、公共政策乃至文化观念等多方面的深刻挑战。面对数量如此庞大且日益增长的银龄族，如何保障他们的晚年生活质量，已成为亟待破解的重大课题。

在这一时代背景下，智慧养老应运而生，成为应对老龄化、高龄化危机的创新路径。智慧养老，依托物联网、大数据、人工智能等前沿科技，将传统养老服务进行全面升级，打造智能化、个性化、多元化的综合服务体系。它不仅能够提升银龄族的健康管理、生活照护和安全保障等基本需求，还可以通过科技手段增强银龄族的社会参与感与幸福感。近年来，国家和地方政府纷纷出台政策，如《"十四五"健康老龄化规划》和《关于加快发展智慧养老产业的若干意见》，为智慧养老产业的快速发展注入了政策动能和资本支持。然而，尽管智慧养老在理念和技术上取得了突破，产业发展仍面临技术瓶颈、市场供给不足、政策落实不均等多重困境，亟须从更高层次进行系统性探索和深度创新。

智慧养老产业的高质量发展，不仅关乎技术的突破和市场的开拓，更涉及产业生态的重构与社会保障体系的完善。从技术层面来看，智慧养老所依赖的技术体系仍面临智能硬件不完善、数据安全隐患以及跨平台协同等问题。与此同时，市场上的产品和服务呈现出不均衡的供需局面，区域性、层次性的差异亟待解决。而在政策方面，尽管政府出台了一系列支持性政策，但实际落地的效果和执行的力度依然存在差异，进一步削弱了行业发展的协同效应。因此，如何推动智慧养老产业向高质量方向发展，已成为当前亟须厘清的核心问题。

本研究将聚焦智慧养老产业高质量发展的路径，旨在深入探讨如何通过技术创新、政策支持和产业协同推动这一新兴领域的蓬勃发展。研究将重点围绕以下问题展开：首先，如何科学规划智慧养老产业的未来发展战略，以实现可持续的长远增长；其次，政府应如何精准施策，完善政策框架，为智慧养老产业提供更有力的支持；再次，如何突破当前技术瓶颈，推动智能硬件、数据处理和平台整合等技术的革新；最后，如何通过优化产业链条、加强跨部门协作、动员社会资源，推动智慧养老生态系统的全面升级 [2]。

本研究的意义在于，借助对中国智慧养老产业现状与挑战的深入分析，为智慧养老的未来发展提供理论依据与实践指导。通过系统地探讨产业发展的核心问题，旨在为政府、企业及学术界提供有益的思路与参考，为推动智慧养老产业健康有序发展、提升高龄群体的生活质量贡献智慧与力量。

一、战略导向

（一）战略定位

智慧养老作为"健康中国"战略的关键支撑之一，肩负着应对人口老龄化、提升银龄族群体生活质量的历史使命。随着我国老龄化进程的加快，传统养老模式逐渐暴露出种种瓶颈，特别是在服务能力、质量保障和资源分配等方面的短板愈发明显。智慧养老，作为利用信息化技术提升养老服务质量的创新模式，必须紧扣时代需求，为老龄化社会提供切实可行的解决方案。

在战略定位上，智慧养老必须强调"高质量发展"与"全覆盖"的战略目标。具体而言，高质量发展不仅仅关注技术的创新与服务的提升，更要注重银龄族群体的全面健康和社会参与感的提升，确保其生活环境、健康水平、社会认同感等多维度的全面优化。同时，全覆盖战略要求智慧养老的技术、服务和政策能够覆盖到各个社会层级，尤其是在城乡、区域和社会经济状况之间的差异化背景下，确保每一位银龄族都能享有平等、高效的智能化养老服务。

（二）发展目标

智慧养老的发展目标需要科学制定，并根据短期、中期和长期的不同阶段特点进行明确分解，以确保其稳步推进，并且与国家战略高度契合，最终实现"健康中国"战略中的高龄社会发展目标。

在短期内，智慧养老的核心任务是夯实基础设施建设，特别是推动智能设备和健康监测技术的广泛普及。应着力构建完善的智能硬件设备体系，包括智能穿戴设备、健康监测仪器等，确保银龄族的健康数据能够被实时采集与监控。与此同时，短期目标还应注重技术普及，通过政府主导的政策支持和地方政府的示范应用，推动各类智能养老服务平台的建设，特别是在银龄族居住密集的社区中实现智能服务的初步应用。

关于中期的目标，则在于推动智慧养老的技术深度融合与服务模式创新。同时，应全面推进人工智能、大数据、物联网等技术在养老领域的应用，推动健康数据的采集、存储、分析和应用向个性化、精准化转型。通过数据智能分析，提供更加精准的健康干预和服务。此外，还需探索与社会保障体系、医疗服务体系深度融合的养老模式，推动形成以居家养老为主、社区养老为补充、机构养老为保障的多层次服务网络，实现更加系统化、综合性的智慧养老服务供给。

从长期来看，智慧养老的核心目标是实现全社会范围内的服务普及与技术标准化，建立健全的智慧养老产业生态系统。通过全覆盖的服务网络，确保不同社会阶层、不同地区的银龄族均能够享受到高效、安全、个性化的智慧养老服务。与此同时，要积极推动智慧养老领域的国际化发展，探索符合我国国情的智慧养老模式，积极参与全球老龄化问题的解决方案，并推动相关技术标准的国际化，为全球智慧养老产业的规范化与持续发展贡献中国经验。

（三）重点发展方向

智慧养老的战略发展需要围绕技术创新、服务模式、市场拓展等多维度展开，以下是三个核心发展方向的详细阐述。

1. 技术层面：智能化与数字化的提升

智慧养老的技术驱动力主要来源于智能化与数字化技术的提升。在此层面，首先要推动健康监测设备的智能化升级，如通过智能穿戴设备实时监控银龄族的生理指标（心率、血压、血糖等），并通过传感器网络和云计算平台，提供个性化的健康干预建议。其次，推动物联网技术的应用，构建智能家居系统和环境感知系统，确保银龄族在居住环境中的安全与便捷。此外，人工智能的引入，尤其是机器学习与大数据分析的结合，将极大地提升疾病预防、健康预测与个性化服务的精度。通过人工智能技术分析大数据，可以精准识别银龄族的健康风险，提供定制化的健康管理方案。

2. 服务层面：构建多层次、多模式的养老服务网络

服务层面，智慧养老的发展应在多层次、多模式的养老服务体系建设上不断深化。服务体系不仅要满足银龄族的基础生活需求，还要关注其精神层面的需求与社会参与感。首先，要推动居家养老服务的智能化，确保银龄族在家中能够享受到便捷的健康管理、生活照料及紧急呼叫服务。其次，社区养老应成为智慧养老服务的核心支撑点，建立智能化的社区养老服务平台，促进社区内外部资源的整合，形成医疗、社交、文化活动等多功能服务的统一体。最后，机构养老要加强与智慧技术的深度融合，推动传统养老院向智能化、个性化、数据化的方向转型，提升服务质量和运营效率。

3. 市场层面：促进产业链整合与市场拓展

智慧养老的市场潜力巨大，但如何有效整合产业链、拓展市场，仍是其持续发展的关键。首先，产业链整合是推动智慧养老产业发展的必由之

路。从硬件设备生产、软件平台开发、养老服务提供到数据分析和智能设备的后期维护，各环节的紧密衔接至关重要。政府应加强政策引导，促进养老产业和相关产业（如信息技术、医疗健康等）的深度融合，形成健康的产业生态系统。其次，市场拓展是智慧养老实现可持续发展的关键。随着中国老龄化进程的加速，国内市场需求日益增长，而国外市场，尤其是"一带一路"共建国家，亦有巨大的发展潜力。因此，智慧养老产品与服务的国际化布局，不仅能拓展市场空间，还能通过技术输出与经验共享，推动中国智慧养老产业的全球竞争力提升。

二、政策支持分析

本研究系统梳理了 2011—2023 年间我国智慧养老政策体系的多层级架构，从国家级和地方级两个维度，分类呈现规划型、实践型、支持型和规范型四大政策类型，涵盖政策发布时间、发布单位及具体名称，全面展现了政策演进的连续性和实施路径的多样性。2011—2023 年国家及地方关于智慧养老的政策，见表 1。

表 1 国家及地方智慧养老有关政策分类层级对照表（2011—2023 年）

政策类型	政策级别	发布时间	发布单位	政策名称
规划型	国家级	2011 年 9 月	国务院	《中国老龄事业发展"十二五"规划》
		2017 年 3 月	国务院	《"十三五"国家老龄事业发展和养老体系建设规划》
		2016 年 10 月	中共中央、国务院	《"健康中国 2030"规划纲要》
		2017 年 2 月	工信部等	《智慧健康养老产业发展行动计划（2017—2020 年）》
		2017 年 2 月	国务院	《"十三五"国家老龄事业发展和养老体系建设规划》
		2019 年 7 月	健康中国行动推进委员会	《健康中国行动（2019—2030 年）》
		2021 年 2 月	国务院	《"十四五"国家老龄事业发展和养老服务体系规划》
		2022 年 2 月	国家卫生健康委等	《"十四五"健康老龄化规划》
		2021 年 10 月	工信部等	《智慧健康养老产业发展行动计划（2021—2025 年）》

续表

政策 类型	政策 级别	发布时间	发布单位	政策名称
规划型	地方级	2016 年 12 月	北京市政府	《北京市"十三五"时期老龄事业发展规划》
		2018 年 1 月	广东省卫生计 生委等 13 部门	《广东省"十三五"健康老龄化规划》
		2017 年 12 月	上海市政府	《上海市智慧健康养老服务发展规划》
		2018 年 9 月	四川省政府	《四川省"互联网 + 健康养老"行动计划（2018— 2022 年）》
		2019 年 1 月	天津市政府	《天津市智慧养老服务发展专项规划》
		2019 年 3 月	南京市政府	《南京市智慧养老发展规划（2019—2025 年）》
		2020 年 5 月	浙江省政府	《浙江省智慧养老产业发展规划》
		2021 年 3 月	上海市政府	《上海市"十四五"健康养老产业发展规划》
		2021 年 7 月	江苏省政府	《江苏省智慧健康养老服务体系建设规划》
		2021 年 8 月	广州市政府	《广州市老龄事业发展"十四五"规划》
		2022 年 1 月	青岛市政府	《青岛市智慧养老服务发展规划（2022—2026 年）》
		2022 年 2 月	北京市政府	《北京市老龄事业发展和养老服务体系"十四五" 规划》
		2022 年 6 月	安徽省政府	《安徽省智慧健康养老产业发展规划（2022—2026 年）》
		2022 年 7 月	陕西省政府	《陕西省智慧健康养老服务体系建设规划》
		2023 年 2 月	山东省政府	《山东省智慧养老服务体系发展行动计划（2023— 2025 年）》
		2023 年 5 月	南京市政府	《南京市老龄事业发展"十四五"规划》
实践型	国家级	2011 年 10 月	国务院	《关于加快推进养老服务业发展的若干意见》
		2013 年 10 月	国务院	《关于发展老龄事业和养老产业的若干意见》
		2016 年 12 月	国务院	《关于促进养老服务业健康发展的若干意见》
		2017 年 9 月	国务院	《关于推动养老服务发展的若干意见》
		2018 年 11 月	民政部等	《关于加快养老服务质量提升的实施意见》
		2020 年 12 月	国务院	《关于加快推动养老服务高质量发展的实施意见》
		2021 年 6 月	国家发展改 革委	《关于推动养老服务业和老龄产业高质量发展的实施 意见》
		2022 年 3 月	民政部等	《关于推动养老服务高质量发展的意见》
		2023 年 6 月	民政部	《关于加快推进养老服务高质量发展的实施意见》

续表

政策类型	政策级别	发布时间	发布单位	政策名称
实践型	地方级	2018 年 2 月	重庆市政府	《重庆市智慧养老服务发展实施方案》
		2018 年 5 月	杭州市政府	《杭州市智慧养老服务实施意见》
		2019 年 7 月	湖南省政府	《湖南省智慧养老服务平台建设实施方案》
		2020 年 8 月	成都市政府	《成都市智慧养老服务实施方案（2020-2025 年）》
		2021 年 4 月	北京市政府	《北京市智慧健康养老服务平台建设方案》
		2022 年 3 月	武汉市政府	《武汉市智慧养老服务平台建设实施方案》
		2022 年 4 月	广东省政府	《广东省智慧健康养老试点工作实施方案》
		2023 年 4 月	河南省政府	《河南省智慧养老产业发展实施意见》
支持型	国家级	2020 年 10 月	工信部等	《关于加快推动智慧养老产业发展的意见》
规范型	国家级	2012 年 9 月	中共中央、国务院	《关于加强老龄工作的若干意见》
		2017 年 3 月	国家发改委等	《关于发展智慧健康养老产业的指导意见》
		2019 年 4 月	工信部等	《关于推动"互联网＋"健康养老发展的若干政策意见》
		2022 年 4 月	国家市场监管总局等	《关于推进养老服务领域标准化建设的指导意见》
		2022 年 6 月	工信部等	《关于推进智慧养老应用和服务创新的若干意见》
		2022 年 6 月	民政部	《智慧养老服务平台建设指南》
		2022 年 9 月	工信部等	《智慧城市建设与养老服务深度融合发展指南》
		2023 年 3 月	国家市场监管总局等	《养老服务标准化建设行动计划（2023—2025 年）》
		2023 年 4 月	工信部等	《关于推进"互联网＋健康养老"发展的若干政策意见》
	地方级	2017 年 10 月	深圳市政府	《深圳市智慧养老服务发展指导意见》

当前，智慧养老政策在我国逐步形成了全面、系统、质量导向的多维度支持体系。政策的核心聚焦于推动行业发展，尤其是在技术创新、服务质量和产业体系构建方面，反映了政府应对人口老龄化挑战的前瞻性与积极作为。

从政策功能来看，规划型政策通过制定长远发展目标，为行业指引方向，实践型政策则提供了具体的操作路径和措施，确保政策落地实施，支持型政策则为产业提供必要的财政支持和扶持，规范型政策则通过制定标准和指南，推动行业规范化和标准化建设。

近年来，有关政策的重点逐步从单纯的养老服务供给扩展到智慧化、健康化的综合发展，特别是"智慧养老""互联网+"等概念频繁出现，凸显了技术驱动在养老服务创新中的关键作用。这些政策的出台和实施，促进了智慧养老产业链的培育和生态系统的完善，同时也促使各级政府、部门之间加强跨领域协作，央地协同推进，形成了层次分明、特色化的政策体系。随着政策体系的日益完善，尤其是对服务质量、技术创新和标准化建设的重视，政策不仅推动了养老服务的普及，也有效提升了服务质量，保障了高龄群体的生活质量。因此，政策对智慧养老的支持，既体现在技术驱动和产业构建方面，也体现在质量提升和服务规范化方面，推动了智慧养老从量的扩张转向质的提升，展现了政策支持在推动智慧养老发展中的多重作用。

三、路径选择

在推动智慧养老产业发展的过程中，技术驱动是核心动力。随着信息化、智能化技术的不断进步，智慧养老产业正在逐步从传统的服务模式向更加智能化、数据化的方向转型。在这一过程中，设备与平台的建设以及隐私与安全保障将是关键环节。以下是具体的路径选择和实施策略。

1. 增强技术驱动

增强技术驱动是智慧养老产业高质量发展的关键。这一进程需要从基础设施建设、数据安全保障到前沿技术应用的全方位推进。首先，智能养老设备的普及和智慧管理平台的构建是基础。通过推广健康监测仪、智能家居等设备，并建立统一的数据管理平台，可实现养老服务的精准化和高效化 [3, 4]。政府应通过政策扶持和教育培训，加速这些技术的落地应用。

其次，随着大量敏感数据的产生，数据安全和隐私保护成为重中之重。建立严格的数据加密系统、制定专门的隐私保护政策、构建多层次的安全审查和应急响应机制，都是确保银龄族信息安全的必要措施[5]。更进一步，智慧养老的发展还依赖于新兴技术的深度融合。利用大数据和人工智能实现健康风险的精准预测和智能干预，发展"互联网＋养老"模式提供远程医疗和在线咨询[6]，探索虚拟现实和增强现实技术在养老服务中的创新应用，都将极大提升服务质量和用户体验。这种多维度的技术驱动不仅能满足银龄族日益多元化的需求，还将推动整个产业链的优化升级，最终实现智慧养老产业的高质量可持续发展。

2. 满足市场需求

智慧养老产业的高质量发展必须以精准满足多元化市场需求为核心，同时创新支付模式以扩大服务覆盖面。首先，市场细分是关键。随着老龄化程度加深，银龄族呈现出健康状况、经济能力和生活方式的多样化特征。因此，智慧养老服务需要针对不同细分市场提供定制化解决方案。例如，对于有慢性病管理需求的银龄族，可提供集成了人工智能分析的智能监测设备，实时跟踪血压、血糖等指标，并给出个性化健康建议。对于独居的银龄族，智能家居系统和跌倒检测装置可大幅提升他们的居家安全性。而针对存在社交孤立风险的银龄族，虚拟现实技术可以创造沉浸式社交体验，远程视频咨询则可提供及时的心理支持。

支付模式的创新是推动智慧养老普及的关键因素。传统的一次性全额付款模式往往成为许多银龄族采用智慧养老服务的经济障碍。为此，可以探索多种灵活的支付方式[7]。分期付款可以降低一次性支付压力，使更多银龄族能够负担得起高质量的智慧养老服务[8]。将智慧养老服务纳入养老保险支付范围，可以充分利用银龄族的保险资源，减轻个人经济负担[9]。"消费＋积分"模式不仅提供了支付灵活性，还能激励银龄族更积极地参与到智慧养老服务中，形成良性循环[10]。

　　政府和社会组织的补贴政策在推动智慧养老普及方面也扮演着重要角色。通过设立专项资金，为低收入的高龄族提供智能设备购买补贴或服务费用减免，可以确保智慧养老的普惠性。一些地方政府已开始探索将部分智慧养老服务纳入基本公共服务范畴，这种做法值得在更大范围内推广。同时，鼓励社会组织和企业参与，通过慈善捐赠或企业社会责任项目，为经济困难的银龄族提供智慧养老服务，也是扩大覆盖面的有效途径。

　　最后，需要强调的是，满足市场需求和创新支付模式并非孤立的过程，而是需要产业链各环节协同努力。硬件制造商需要不断提升产品性能和用户友好度；软件开发者要注重数据安全和隐私保护；服务提供商则需要加强人员培训，提高服务质量。只有通过全产业链的协同创新，才能真正实现智慧养老的高质量发展，为银龄族提供全方位、多层次的智能化养老服务，从而应对人口老龄化带来的社会挑战，提升整个社会的养老服务水平。

3. 推动社会参与

　　智慧养老的高质量发展不仅依赖于技术创新和市场驱动，更需要全社会的广泛参与和协同合作。这种社会参与应该从社区和家庭这两个最贴近银龄族生活的层面开始，逐步扩展到更广泛的社会网络。在社区层面，智慧养老的推进需要建立完善的智能化设施，如健康监测设备和智能家居系统，同时发展社区健康服务中心，提供基础医疗和个性化健康管理[11]。社区还应组织丰富的社交活动和心理关怀服务，缓解银龄族的孤独感。家庭参与同样至关重要，通过对家庭成员进行培训，提升他们使用智能设备的能力，并鼓励他们参与照护决策，可以显著提高智慧养老的效果。

　　志愿者和基层组织的力量也不容忽视。建立完善的志愿者体系，包括招募、培训和激励机制，可以为智慧养老服务提供重要支持，特别是在照顾经济困难或偏远地区银龄族方面。基层组织则可以充当连接各方资源的纽带，通过建立服务网络，强化与社会组织的合作，推动智慧养老服务的普及和落实。

实现智慧养老的全面发展，需要形成多方共治的生态系统。政府应提供政策支持和资源倾斜，企业负责技术创新和产品开发，社会组织则通过公益项目和志愿服务填补市场空白。这种多元化的参与模式不仅能确保智慧养老服务的广泛覆盖，还能提高服务质量，满足银龄族多样化的需求。

通过推动社会各界的广泛参与，智慧养老将不再是单纯的技术应用，而是融入社会治理的重要环节。这种全面参与的方式可以充分利用社会资源，形成互助互帮的养老文化，最终建立一个包容、友善、适老化的社会环境，使银龄族能够享受到科技进步带来的便利，同时获得社会的关爱和支持。[12]

4. 完善政策引导

政府在推动智慧养老产业发展中扮演着关键的引导和支持角色，其政策举措主要体现在财政支持、税收优惠和标准化建设三个方面。在财政支持方面，政府可通过企业补贴、项目资助和银龄族直接补贴等多种形式，降低企业创新成本，鼓励社会组织参与，并帮助经济困难的银龄族获得服务。税收优惠政策包括对智慧养老企业的所得税减免、研发费用税前扣除等，以及为投资该领域的社会资本提供税收激励[13]。这些措施旨在吸引更多资金和人才进入行业，推动技术创新和市场拓展。

标准化建设是确保行业健康发展的基石。政府需要联合行业协会制定智慧养老服务和产品的统一标准，涵盖健康监测、居家照护等多个方面。同时，建立产品认证体系和服务质量评估机制，保障消费者权益。此外，推动智慧养老标准的国际化也日益重要，政府应积极参与国际标准制定，支持企业拓展海外市场，提升中国在全球养老产业中的影响力。

政策引导还包括设立专项基金、奖励创新企业和个人，以及制定符合地方特色的支持政策。这种多层次、全方位的政策支持体系，不仅能激发市场活力，还能确保智慧养老服务的质量和可持续性。通过政府的有力引导，结合市场机制和社会参与，智慧养老产业能够更好地满足日益增长的养老需求，为应对人口老龄化挑战提供有力支撑。

5. 人才培养路径

智慧养老产业的蓬勃发展离不开高质量的人才储备，这就要求我们建立一个全面的人才培养体系。首先，高等院校应设立智慧养老相关专业，如智慧养老工程与技术、老年健康管理与服务等，培养跨学科的复合型人才。这些专业需要融合信息技术、老年医学、社会工作等多个领域的知识，培养既懂技术又了解银龄族需求的专业人才。同时，加强校企合作，通过实习项目和定向培养，提升学生的实践能力。

对于现有的养老服务人员和 IT 从业者，应提供针对性的技能提升培训。养老服务人员需要学习智能设备操作、老年心理与社交技能等，而 IT 从业者则需要了解银龄族的特殊需求，学习数据安全与隐私保护等知识。这种跨领域培训可以通过线上线下结合的方式进行，确保培训的系统性和实用性[14]。

高级管理人才的培养同样重要。通过项目管理培训、创新思维训练和领导力课程等，培养具备战略眼光和综合管理能力的高层次人才[15]。这些人才需要能够统筹协调技术与服务、政府与企业等多个层面的关系，推动行业的创新发展。

国际化人才培养也不容忽视。通过引进国际人才、鼓励出国深造、设立国际交流项目等方式，提升国内人才的全球视野和技术能力。同时，建立有竞争力的薪酬体系和清晰的职业发展通道，通过股权激励、技术创新奖励等措施，吸引和留住优秀人才。

这种多层次、多维度的人才培养体系，将为智慧养老产业提供持续的人才支撑，推动行业的技术创新和服务升级。通过培养具备跨学科知识、实践经验和国际视野的复合型人才，我们能够更好地应对人口老龄化带来的挑战，推动智慧养老产业的高质量发展[16]。

参考文献

[1] 中华人民共和国民政部全国老龄办.2023 年度国家老龄事业发展公报 [R/OL].（2014-10-12）[2025-03-16].https://www.mca.gov.cn/n152/n165/c1662004999980001752/content.html.

[2] 王伟一，蔡菁菁.我国智慧养老服务发展现状与需求分析 [C]// 浙江树人学院.夕阳群体的朝阳研究——2024·新医科大健康学术研讨会康养专题论文集.郑州大学第一附属医院互联网医疗系统与应用国家工程实验室，浙江树人学院.2024：71-77.

[3] 肖菲.智慧养老服务平台市场化运营瓶颈及策略研究——基于湖北省的调查 [J].湖北社会科学，2022（5）：64-70.

[4] 郭骅，屈芳.智慧养老平台的辨析与构建 [J].贵州社会科学，2017（12）：125-132.

[5] 杨利军，何欣彤，陈永生.区块链技术用于电子档案真实性保障的再认识与再思考——兼论档案管理的技术应用与自主可控问题 [J].档案学研究，2024（2）：99-105.

[6] 刘盼，马丽娜.人工智能在老年衰弱综合征领域的应用现状与挑战 [J].中国医学前沿杂志（电子版），2024，16（8）：29-35，5.

[7] 毕玉跃，丁钰.商业银行适老支付服务的难点与对策探究 [J].新金融，2023（5）：22-27.

[8] 常河山."分期电商"，如何又稳又好走"钢丝" [N].现代物流报，2022-10-26（6）.

[9] 臧旭恒，周博文.人口老龄化影响家庭金融脆弱性的机制与缓解路径 [J].浙江工商大学学报，2024（3）：101-114.

[10] 李伟.积分养老制推进社区居家养老服务研究——以河南新乡积分养老制为例 [J].中共福建省委党校学报，2018（6）：93-99.

[11] 戴媛.基于智慧养老的社区适老化改造模式探索 [J].工程抗震与加固改造，2024，46（5）：195.

[12] 马捷，李璐，耿寒冰，等.智慧居家养老服务三级应急响应信息协同体系构建 [J].图书情报工作，2019，63（15）：33-43.

[13] 李增刚.构建推动新质生产力加快发展的制度框架 [J].山东师范大学学报（社会科学版），2024，69（2）：79-91.

[14] 张郿.养老机构突发公共卫生事件应急管理机制研究——基于 PPRR 视角 [J].江淮论坛，2020（4）：21-27.

[15] 中国教育科学研究院课题组，曾天山，聂伟，等.未来五年我国教育改革发展预测分析 [J].教育研究，2015，36（5）：20-37.

[16] 王立剑，朱一鑫，马伟.智慧健康养老产业的现实需求与发展进路 [J].西安交通大学学报（社会科学版），2024，44（3）：31-39.

HB.16

京津冀智慧养老产业发展现状及创新路径研究

韩雪飞 ❶

摘要：京津冀智慧养老产业发展潜力巨大，得益于国家战略、老龄化社会需求、技术发展和政策推动。京津冀地区人口老龄化程度高，智慧养老通过信息技术提供便捷、个性化服务，可满足区域内银龄族的多样化养老需求。北京市作为核心城市，推动产业数字化转型，天津市和河北省也在积极发展智慧养老产业。三地政府出台政策，推动智慧养老平台建设、服务创新和医养结合。然而，产业发展面临产品与服务供给不足、成本与使用门槛高、资源分布不均、数据保护与个人信息保护等挑战。未来，京津冀可通过科技引领、平台建设、实践拓展、跨界合作和人才支撑等创新路径，推动智慧养老产业高质量发展。

关键词：京津冀；智慧养老；智慧化；人口老龄化

一、京津冀智慧养老产业发展潜力分析

京津冀智慧养老产业发展潜力巨大，这主要得益于京津冀协同发展的国家战略、老龄化社会的需求增长、智慧技术的快速发展以及政策的持续推动。

---

❶ 韩雪飞，管理学博士，天津中医药大学讲师，研究方向为中医药健康经济与管理。

（一）京津冀协同发展背景

《京津冀协同发展规划纲要》提出 2030 年京津冀地区公共服务水平趋于均衡的目标要求，为推动京津冀养老服务协同发展奠定了基础。三地有关部门签署了一系列合作文件，如《共同推动京津冀民政事业协同发展合作框架协议（2015—2020 年）》《京津冀养老工作协同发展合作协议（2016—2020 年）》等，旨在打破户籍限制、行政阻力和"地方保护主义"，努力让京津冀地区的银龄族异地养老无障碍。2017 年 12 月，北京市民政局、天津市民政局、河北省民政厅、内蒙古自治区民政厅共同印发《京津冀区域养老服务协同发展实施方案》，统筹建设特色养老服务片区，引导京津社会资本向河北养老服务领域流动，并设立京津冀养老服务协同发展试点机构，逐步实现三地的银龄族异地养老无障碍。2024 年 3 月，北京市民政局、天津市民政局、河北省民政厅共同印发《关于进一步深化京津冀养老服务协同发展的实施方案》，提出要依托信息化手段，实现京津冀地区养老服务资源信息同步共享。同时，三地政策鼓励企业、高校、科研院所、养老机构联合组建智慧养老技术协同创新中心、联合实验室，开展产学研用协同创新，推动关键技术、核心器件、重点产品研发创新[1]。此外，三地政策还推动建立区域间利益补偿、利益共享和利益让渡机制，促进京津冀地区优质公共服务资源的高效流动和均衡发展。

（二）老龄化社会需求增长

京津冀地区人口规模大，银龄族人口增长速度快，老龄化程度高于全国平均水平。按照 2023 年人口抽样调查样本数据结果，北京市 65 岁以上银龄人口占比为 15.9%，天津市 65 岁以上银龄人口占比为 17.9%，河北省 65 岁以上银龄人口占比为 16.2%❶。不断增多的银龄人口需要照料，智慧养老产业通过运用先进的信息技术，为银龄族提供更加便捷、高效、个性化

---

❶ 根据国家统计局公布的人口抽样调查样本数据计算得出。

的养老服务，能够满足银龄族的多样化需求。

（三）智能化设备普及率提高

京津冀地区聚集了我国诸多未来产业与战略型产业，智能化设备普及程度较高，三地形成"一心、一环、多极"的辐射科技发展布局，北京作为京津冀地区的核心城市，充分发挥自身的辐射带动作用，以中关村及高校共创为核心，形成科技要素在两市一省内自由流动形成多极发展模式。三地利用物联网、大数据、人工智能等先进技术，实现了养老服务的智能化和高效化发展。通过智能穿戴设备、智能家居系统等技术手段，可以实时监测银龄族的生理指标和安全状态，为紧急救援提供宝贵时间。同时，基于云平台建立的健康档案可以为银龄族提供精准的医疗建议和康复计划。

（四）政策支持与推动

随着信息化技术不断发展进步，养老政策于 2014 年首次与信息化同框，于 2017 年明确将"智慧"与"养老"结合，提出智慧健康养老新业态的发展目标。此后，相关政策从产品、服务、监管等多方面不断完善智慧养老体系，逐步推进智慧养老落地，将智慧养老作为未来发展的重中之重。2011—2024 年国家层面的智慧养老领域的部分政策要点如表 1 所示。在政策驱动下，智慧养老市场增量空间有待释放，发展前景广阔。

表 1　2011—2024 年国家在智慧养老领域的主要政策

年份	发文单位	文件名称	主要相关内容
2014	国家发展改革委、中央编办、工业和信息化部、财政部、教育部、公安部、民政部、人力资源社会保障部、国家卫生计生委、审计署、食品药品监管总局、国家标准委	《关于加快实施信息惠民工程有关工作的通知》	通过信息化手段整合各类养老服务资源，实现跨部门的信息共享和业务协同。鼓励市场参与，创新服务模式，拓宽服务渠道。要求各地方在实施信息惠民工程中，要注重资源整合，在已有资源基础上集中构建政府公共服务平台。强调要推进民生领域信息化深度应用，培育传统服务业的信息消费新热点

续表

年份	发文单位	文件名称	主要相关内容
2015	国务院	《关于积极推进"互联网＋"行动的指导意见》	在智慧养老方面提出了多项具体举措，旨在通过信息化手段提高养老服务的效率和质量，满足银龄族的多样化需求
2017	工业和信息化部、民政部、国家卫生计生委	《智慧健康养老产业发展行动计划（2017—2020 年）》	通过推动技术研发、丰富产品供给、推广智慧服务、建设服务平台和制定标准体系，加快智慧健康养老产业发展，满足人民群众健康养老需求
2017	工业和信息化部办公厅、民政部办公厅、国家卫生计生委办公厅	《关于开展智慧健康养老应用试点示范的通知》	支持建设一批智慧健康养老示范企业、示范街道（乡镇）和示范基地，推动智慧健康养老产业发展和应用推广
2020	国务院办公厅	《关于切实解决老年人运用智能技术困难的实施方案》	聚焦银龄族高频事项和服务场景，坚持传统服务与智能化并行，切实解决银龄族运用智能技术的困难，推动智慧养老发展
2021	国家卫生健康委办公厅	《关于确定第二批老龄健康医养结合远程协同服务试点机构的通知》	确定 346 家机构为第二批老龄健康医养结合远程协同服务试点，推动智慧养老，提升医养结合服务智慧化水平
2022	国家卫生健康委、全国老龄办	《关于深入开展2022年"智慧助老"行动的通知》	聚焦银龄族智能技术运用困难，通过线上线下多种方式帮助银龄族提升智能技术运用能力，推动智慧养老发展
2023	工业和信息化部、民政部、国家卫生健康委	《智慧健康养老产品及服务推广目录（2022 年版）》	推广包括健康管理类智能产品、老年辅助器具类智能产品等在内的智慧健康养老产品及服务，推动智慧健康养老产业发展
2024	国务院办公厅	《关于发展银发经济增进老年人福祉的意见》	打造智慧健康养老新业态，推广应用智能护理机器人等智能设备，并大力发展康复辅助器具产业，以推进智慧养老服务和产品的发展

二、京津冀智慧养老产业发展现状

（一）北京智慧养老产业发展情况

1. 政策支持

北京市政府在智慧养老产业发展中给予了大力支持，出台了一系列政策鼓励和扶持智慧养老的发展。2022 年 5 月《关于加强新时代首都老龄工作的实施意见》中提出要通过加强规划引导、推动适老产业发展、促进老年服务消费、推动京津冀老龄产业协同发展、加强人才队伍建设、完善财政支持政策、强化科技支撑来培育发展银发经济。2022 年 7 月《关于全面推进新时代民政标准化工作的意见》中，明确提出在智慧养老领域推动制定一批与国际接轨的养老服务标准。2024 年 2 月《2024 年市政府工作报告重点任务清单》中也提到要健全养老金融服务体系，支持康养产业、银发经济发展，开发更多养老金融产品。

2. 技术应用

北京市在智慧养老领域积极应用人工智能、物联网、云计算和大数据等技术。由北京市民政局指导，北京健康养老集团和卓世科技联合打造的"北京养老行业千亿大模型"通过挖掘北京民政养老领域大数据资源，并引入国家卫生健康委员会发布的系列健康教育核心信息、诊疗指南、药品使用指南以及人民邮电出版社提供的健康内容等，构建包括养老服务产业链上各环节服务及管理人员的数字员工矩阵。依托北京养老服务网和小程序端构建服务平台，包含供需对接、服务商管理、服务调度、质量控制四大功能，实现了养老服务供需的高效对接和资源优化配置，有效提升了养老服务的便捷性和可靠性，确保提供服务的人员有资质、品质有保障、过程有记录、进程可追溯。

3. 社区养老服务

北京市在社区养老方面也取得了显著进展。政府组织了 59 个街道、72 个点位，复制并推广创新的居家社区养老服务模式。这种模式旨在通过智慧养老终端产品和照护系统的普及，实现照护服务的标准化、可视化和管理的智能化。目前北京市已部署 1 万台智慧照护终端，基本覆盖了养老机构的失能银龄族照护服务，这些终端包括生命体征监测仪、跌倒检测仪等，能够实时监测银龄族的健康状况并发出警报。

4.示范企业和项目

北京市涌现出了一批智慧养老示范企业和项目。例如，泰康之家（北京）投资有限公司在全国多地布局了养老社区，融合保险、医疗、养老服务等多种元素，打造了"活力养老、高端医疗、卓越理财、终极关怀"四位一体的商业模式，通过信息化系统，实现对老人健康数据的实时监测、生活服务的便捷呼叫等智慧养老功能；联通在线信息科技有限公司是中国联通集团面向消费互联网和家庭互联网的平台型创新全资子公司，凭借其在通信技术和网络基础设施方面的优势，积极拓展智慧养老业务，通过物联网、大数据、云计算等技术手段，为养老机构和社区提供智能化的解决方案；北京光大汇晨养老服务有限公司旗下的养老机构配备了先进的智能设施设备，如智能安防系统、健康管理系统等，通过这些系统可以实现对银龄族的安全监控、健康数据采集与分析等功能，为银龄族提供更加安全、舒适、便捷的养老环境；远洋养老运营管理有限公司是远洋集团旗下的养老业务板块，引入智能科技产品和信息化管理系统，为老人提供个性化的健康管理、生活照料、精神慰藉等服务，利用智能穿戴设备监测老人的身体状况，通过养老服务 APP 实现老人与家属、服务人员的实时沟通；北京爱侬养老科技发展股份有限公司于 2017 年 12 月成为国家首批"智慧健康养老应用试点示范企业"，其自主研发的"爱侬到家"小程序，开启了智慧化居家养老服务新模式，还推出了如无感睡眠伴侣等智能守护设备，为银龄族提供健康监测及安全守护等服务；北京清雷科技有限公司专注于智能家居、智能机器人、智能终端等人机交互技术的研发与应用；北京诚和敬投资有限责任公司投资建设智能化的养老社区，引入先进的智慧养老设施和服务模式；北京华卫迪特健康科技有限公司开发的健康管理平台可以实现对银龄族健康数据的长期跟踪和分析，为银龄族制定个性化的健康管理方案；北京凯禾瑞华科技有限公司的营养配餐系统可以根据银龄族的身体状况和饮食偏好制定个性化的食谱，心理学相关的智能评估和干预系统可以关注银龄族的心理健康状况，及时发现和解决心理问题；北京量子之歌科技有限公司，通过其"线上＋线下"一体化平台，基于CTA模型构建专属的兴趣学习平台，为银龄族打造一站式服务平台，覆盖从学习成长到健康管理、社交娱乐的全方位需求，在智慧养老的精神文化服务方面独具特色。

北京智慧养老产业在政策支持、技术应用、案例实践以及产业发展成效等方面均取得了显著进展。

（二）天津智慧养老产业发展情况

1. 政策支持

天津市政府高度重视智慧养老产业的发展，2022年6月发布的《天津市进一步推进老龄事业发展和养老服务体系建设的具体措施》中提出要大力发展银发经济，加大智慧健康养老产品供给、智慧健康创新应用、智慧养老服务推广。2024年6月天津市民政局发布《智慧化养老服务综合体建设指引》，从智慧接待、智慧评估、智慧安防、智慧监护、智慧关爱、智慧照护、智慧健康管理、智慧健身康复、智慧助餐、智慧延伸——居家上门服务等方面提出建设指引，推动智慧养老服务的建设和发展。

2. 智慧养老服务综合体

天津市已成功建设10家智慧化养老服务综合体，覆盖南开区、河东区、河西区、东丽区、西青区、津南区、北辰区、武清区等多个行政区。这些智慧化养老服务综合体集成了多种智慧应用场景，包括但不限于智慧安防、智慧监护、智慧照护、智慧评估和智慧健康管理等，旨在为银龄族提供更加安全、便捷、高效的养老服务。如武清区高村镇智慧化养老服务综合体，配备了跌倒报警器、无感智能睡眠与健康监护仪等先进智能设备，能够实时监测银龄族的身体状况和日常活动，有效预防跌倒等意外事件的发生，为银龄族提供更加周全的监护服务；北辰区智慧化养老服务综合体严格按照《智慧化养老服务综合体建设指引》要求，配置了多种检测设备和智能养老设备，如智能手环、健康监测仪等，能够全面监测银龄族的健康状况，及时发现并处理潜在的健康问题，推动养老服务向智慧化、智能化方向发展；东丽区金桥街智慧养老服务综合体设有金桥街道智慧养老数据中心，作为智慧养老体系的中枢神经，能够实时收集、分析和处理银龄族的服务需求信息，实现养老资源与银龄族服务需求的精准对接匹配，为银龄族提供更加个性化的养老服务。这些智慧化养老服务综合体提高了服务效率，提升了服务质量，增强了安全保障，为银龄族提供更加安全的生活环境。

3. 跨区域合作

天津市的养老企业积极拓展跨区域业务，将服务延伸至京冀两地，实现了城市间的优势互补和共建共享。天津还积极推动养老迁入地和迁出地医疗机构的有效衔接，实现医疗资源共享和异地就医结算便利化。例如，康宁津园养老社区配套的天津静海泊泰医院，设立了诊疗中心、体检中心、健康管理中心和养生康复中心，是天津市医疗保险定点单位，并开通了全国医保联网结算系统，方便异地银龄族就诊。此外，天津市积极搭建银龄族健康监测系统和养老综合服务平台，构建多元化养老服务体系，加快养老服务智慧化建设进程，以医疗好、环境优、性价比高等优势吸引了不少外地的银龄族来津安度晚年。

4. 企业数量与投资

根据企查查统计，天津市已经注册的养老企业达到了 747 家，1 ~ 3 年内注册的养老相关企业达到 174 家。这些数据反映了智慧养老产业的快速增长趋势。天津智慧养老产业中也出现了多家知名企业，如天津小橙集团有限公司，作为数字化养老领域的"瞪羚"企业，业务已扩展至全国 30

多个城市，自主搭建数字化平台管理系统，形成"线上＋线下"一体化业务体系，涵盖生活照料、专业护理、医疗护理等多项服务内容，并拥有专业的护理人员培训学校；还制定了全国康复辅具租赁标准，其自主研发的毫米波技术产品可对银龄族的呼吸率、心率、离床情况、睡眠深度等进行实时监测；天津九安医疗电子股份有限公司，产品涉及电子医疗等多个领域，其生产的一些家用医疗检测设备等，可以方便银龄族在家中进行简单的健康监测；天津天同老龄产业发展集团有限公司专注于智慧养老与慢性病服务领域，为银龄族提供包括健康管理、医疗护理、生活照料等在内的综合性养老服务；天津泽福医养管理服务集团有限公司，将医疗康复与养老服务相结合，借助智能化设备和专业的医养团队，为银龄族提供个性化的医养解决方案，帮助银龄族恢复身体机能，提高生活质量；依脉人工智能医疗科技（天津）有限公司，专注于医疗健康、人工智能、健康管理、医疗智能化等领域，其开发的探测仪等产品，利用人工智能技术为银龄族的健康管理提供支持，通过对银龄族身体数据的采集和分析，实现疾病的早期预警和健康风险评估；康宁津园，荣获 2023 年"中国养老十大品牌"称号，曾入选全国智慧健康养老应用示范企业，是集养老、医疗、康复、旅居、教育等服务于一体的新型养老社区，充分利用康养资源优势发展康养旅居业务，并结合天津旅游资源，推出多种康养旅居套票和路线，为银龄族提供专业的适老化房间以及 24 小时管家、医护、安保等服务。

（三）河北智慧养老产业发展情况

河北省智慧养老产业正处于快速发展阶段，通过引入互联网、物联网、大数据等技术，逐步实现养老服务的智能化和现代化。通过医养结合、"互联网＋养老"智慧平台、智慧化养老服务综合体以及旅居养老和医养结合项目等多种形式的创新实践，河北省正在为银龄族提供更加优质、便捷、智能的养老服务。

1. 政策支持

河北省政府高度重视智慧养老产业的发展，出台了一系列政策文件，支持商业养老保险、养老服务市场全面放开，并推进长期护理保险（长护险）试点。2022 年 4 月发布的《河北省养老服务体系建设"十四五"规划》提出要推进"互联网＋养老服务"，推动养老领域供需信息对接，提升养老服务信息化水平；通过成立老年科技大学、设置数字场景体验馆、开设数字技术培训课程等方式，提升银龄族数字素养，帮助银龄族跨越数字鸿沟，增强银龄族对智慧养老服务与产品的适应性和接受能力。

2. 智慧养老平台建设

河北省在智慧养老服务平台建设方面取得了显著进展。例如，康泰医学系统（秦皇岛）股份有限公司搭建的医疗云平台，整合医疗数据，实现对居家银龄族的全天候、全方位健康监测。邯郸市打造服务提供商与银龄族供需双方的"互联网＋养老"智慧对接平台，银龄族可以通过小程序下单家庭保洁、做饭等服务，服务商接单后派单给工作人员，工作人员按照预约时间上门为银龄族提供服务，该平台已覆盖养老机构 179 家、社区居家养老服务中心及日间照料站 683 家，161.5 万银龄族足不出户便可享受贴心便捷的居家养老服务。

3. 产业协同与区域合作

在京津冀协同发展的背景下，河北省积极推进智慧养老产业与京津资源深度对接，实现政策衔接、资质互认、标准互通、资源共享，搭建京津冀区域智慧养老合作平台，支持环京津地区与京津联合建设智慧养老项目，加快创建协同养老示范带，构建"一区、一圈、三带"的康养产业发展格局。

4. 示范企业及项目

河北省智慧养老产业中也出现了多家知名企业，如秦皇岛市惠斯安普医学系统股份有限公司专注于健康管理设备的研发与生产，其研发的 HRA 健康风险评估系统等产品，能够对人体的各项生理指标进行全面检测和分析，为银龄族的健康管理提供科学依据，帮助养老机构和社区更好地开展个性化的健康服务；石家庄渡康医疗器械有限公司在康复医疗器械和智能养老设备方面有一定的技术优势，其生产的经颅磁刺激仪等康复设备及智能养老监护设备等，为银龄族的康复治疗和日常监护提供了有效的解决方案，提高了银龄族的生活质量和自理能力；河北爱晚红枫投资集团有限公司旗下的邢台市爱晚红枫医养服务有限公司是长护险定点服务机构，为养老机构提供数字化智慧医养体系，助力企业降本增收，其"智慧照护之家"新模式，为银龄族提供智能居家照护服务，通过人工服务和智能服务相结合，解决银龄族居家安全和无人照顾的问题；河北智慧康（雄安）养老服务有限公司的"智慧康养银发经济生态融合平台"项目，荣获第六届"中国创翼"创业创新大赛河北选拔赛银发经济专项赛一等奖，公司积极探索"智慧生态＋居家＋社区＋机构养老全面融合发展"的新模式，通过"数字＋健康＋养老＋供应链＋智库"的智慧康养综合服务体系，满足银龄族多元化、多层次的养老服务需求。

三、困难与挑战

1. 产品与服务供给不足

京津冀智慧养老产业在产品与服务供给方面存在明显不足。产品种类有限，功能单一且质量参差不齐，无法满足银龄族多样化的需求[2]。同时，服务范围尚未全面覆盖，内容单一且水平参差不齐，限制了银龄族的选择。供需之间信息不对称，定制化服务程度低，导致供需不匹配问题突出。为提升智慧养老产业的服务质量和效率，需要政府、企业和社会各界共同努力[3]，加强政策引导、技术创新和服务优化，以满足银龄族日益增长的养老需求。

2. 使用成本与费用较高

由于智慧养老设备和技术的引入需要较高的初期投资，而且如 AI 数据分析、远程健康监测等服务的持续提供也需要相对较高的运营和维护成本，智慧养老产品和服务价格较高，难以在广大的银龄族中普及。目前市场上一些智能养老设备的价格在几千元到上万元不等，大多数银龄族难以负担。而一些价格较低的智慧养老产品，功能比较单一，无法满足银龄族的多样化需求。这在一定程度上限制了智慧养老服务的普及和推广。

3. 技术门槛高影响体验

智慧养老平台和服务往往融合了大数据、云计算、AI 等前沿技术，部分银龄族可能因技术操作困难而无法充分利用智慧养老平台提供的便捷服务，如在线预约、健康监测等。此外，随着技术的迭代升级不断加速，银龄族还需要不断学习新的操作方法和技能，以跟上技术发展的步伐。然而，由于银龄族的学习能力和记忆力相对较弱，他们可能难以适应这种快速的技术变化，从而加剧了技术门槛对养老体验的影响。

4. 智慧养老资源分布不均

京津冀地区的城市与农村在养老服务资源方面存在巨大差距。城市地区，尤其是北京、天津等一线城市，拥有较为丰富的养老服务资源，吸引了大量的资金和人才投入到智慧养老产业中。农村地区的养老服务资源则十分匮乏，农村地区经济发展相对滞后，基础设施薄弱，难以吸引足够的资金和人才，养老机构数量少、规模小，且设施简陋，缺乏智能化设备。发达地区与欠发达地区的资源差距同样明显，河北的一些欠发达地区由于经济实力有限，与京津地区相比仍存在较大差距。

5. 数据使用与个人信息保护问题

目前不仅是京津冀地区，在整个智慧养老领域，数据保护仍缺乏有力法律依据。随着智慧养老产业的快速发展，大量银龄族的个人信息和健康数据被收集、存储和使用。然而，我国在数据安全与隐私保护方面的法律法规尚不完善，无法为银龄族的数据安全提供充分的保障。此外，对于数据的使用目的和范围，也缺乏明确的规定，一些企业可能会将银龄族数据用于商业目的，而银龄族却不知情，给银龄族带来极大的风险。

四、京津冀智慧养老产业创新路径

1. 科技引领创新

积极引入大数据、云计算、物联网、人工智能等前沿技术，推动智慧养老平台的智能化升级；加大智能养老设备的研发力度，如健康监测设备、智能穿戴设备等，以满足银龄族多样化的健康需求；同时，开展产学研用协同创新，推动关键技术、核心器件、重点产品的研发创新，提升银龄用品及相关领域的科技创新能力，为银龄族提供更加便捷、高效、个性化的智慧养老服务。

2. 平台建设创新

首先，积极构建集健康管理、生活服务、社交娱乐等功能于一体的综合性智慧养老平台，推动平台的智能化升级，加强平台的互联互通，促进信息共享与资源整合，同时，不断优化平台界面和操作流程，提升用户体验，为银龄族提供更加便捷、高效、优质的智慧养老服务；其次，推动平台的智能化升级，利用大数据、云计算等技术手段，实现养老服务的精准化、个性化；最后，加强平台的互联互通，促进不同平台之间的信息共享和资源整合，提高养老服务的便捷性和效率，为银龄族提供更加优质、高效的智慧养老服务。

3. 实践拓展创新

积极探索智慧养老的新模式，如医养结合、旅居养老等，以满足银龄族多元化的养老需求，拓展智能家庭养老床位等智慧养老的应用场景。开展试点示范，培育智慧养老企业和示范乡镇（街道），打造一批区域特色鲜明、经济带动作用显著的智慧养老产业示范园区（基地），通过示范项目的建设和推广，在实践中不断总结经验，形成可复制、可推广的经验，为智慧养老产业的规模化发展提供有力支撑。

4. 跨界合作创新

京津冀三地建立健全养老协同专题工作机制，共同推动智慧养老产业的跨界合作。通过加强沟通交流、信息共享和平台宣介，促进了养老产业与科技、医疗、旅游等领域的深度融合。京津冀智慧养老企业应积极与科研机构、高等院校等开展产学研用协同创新，推动关键技术、核心器件、重点产品的研发创新，促进科技成果的转化和应用。积极探索与金融、保险等领域的合作，为银龄族提供更加全面的养老保障和服务。通过跨界合作，不断拓展服务范围、提升服务质量，为银龄族创造更加优质的养老环境。

5. 人才支撑创新

提升专业人才科技创新能力和水平，根据产品研发、服务提供、数据处理、后台管理等领域人才需求，依托职业院校、高等院校、科研院所等机构，采用订单式、定制化模式培养一批素质优良、能力过硬的智慧养老专业技术人才。建设"养老管家"队伍，为银龄族提供全方位服务，推动老年数字素养教育与智慧养老产业同步发展。推动老年数字素养教育与智慧养老产业同步发展，通过成立老年科技大学、设置数字场景体验馆、开设数字技术培训课程等方式，提升银龄族数字素养，帮助银龄族跨越数字鸿沟，增强银龄族对智慧养老服务与产品的适应性和接受能力。

参考文献

[1] 张国禄.河北省依靠科技创新积极应对人口老龄化研究 [J]. 海峡科技与产业，2024, 37（8）：81-84.

[2] 冯文猛.我国智慧养老的发展现状、问题与应对策略 [J]. 重庆理工大学学报（社会科学），2024, 38（6）：1-10.

[3] 杨思婕，郭玮，胡萌珊，等 . 运营商如何发展智慧养老产业 [J]. 中国电信业，2024（8）：51-53.

HB.17

数字赋能银龄产业高质量发展的实践路径研究

张思文 ❶

摘要：随着我国步入中度老龄化社会，养老服务高质量发展已经成为一个重要的政策目标。面对人口老龄化带来的社会经济转型、人口红利消失、医疗保障压力、代际关系负担等一系列社会问题，发展银龄经济、助推银龄产业高质量发展已成为必然途径。中国的养老服务已经初步构建了成熟的框架，在政策体系、金融服务、组织模式等方面积累了相当有效的经验，这为银龄产业的发展提供了重要支撑，而数字技术的飞速发展则进一步拓宽产业边界，释放增量空间，成为银龄经济转型的核心驱动力，银龄产业正在步入机遇与挑战并存的关键阶段。本报告以我国银龄产业现状为切入点，探讨数字赋能银龄产业的主要情境，通过选取昆山、重庆这两个城市的典型案例进行深入分析，总结提炼出可供借鉴的经验启示，进而从加强数字基础设施建设、推动适老化数字产品与服务创新、弥合银龄族数字鸿沟、强化数据安全与隐私保护等方面提出可行性建议，旨在为促进银龄经济发展提供理论支撑和实践指导，助力探寻数字化、专业化、生态化的银龄产业高质量发展路径。

---

❶ 张思文，管理学硕士，辽宁中医药大学经济管理学院讲师，研究方向：医药卫生经济与管理、中医药发展战略。

关键词：银龄产业；数字赋能；养老产业；智慧养老

一、引言

当前，全球范围内人口结构都在呈现老龄化趋势，作为世界上老龄人口最多的国家，我国也正面临老龄化困扰，根据国家统计局数据，截至 2023 年末，我国 60 周岁及以上的银龄人口占比达 21.1%，65 岁及以上的银龄人口占比也突破了 15%[1]，这标志着我国的社会形态已全面进入老龄化阶段，在未来数十年，老龄化带来的社会经济转型、人口红利消失、医疗保障压力、代际关系负担等一系列社会问题，将成为一个长期社会议题，但与此同时也将孕育出广阔的银龄产业新蓝海。对此国家不断完善顶层设计，《高举中国特色社会主义伟大旗帜 为全面建设社会主义现代化国家而团结奋斗——在中国共产党第二十次全国代表大会上的报告》明确提出，实施积极应对人口老龄化国家战略，发展养老事业和养老产业……推动实现全体老年人享有基本养老服务[2]；《"十四五"健康老龄化规划》明确了智能技术在创新老龄产业服务模式、丰富养老服务场景方面的重要作用[3]；2024 年国务院办公厅《关于发展银发经济增进老年人福祉的意见》也进一步阐明指导意见，鼓励培育智慧养老新业态，优化养老服务环境[4]。由此可见，银龄产业供给端政策体系已初步成形，彰显了政府部门对银龄产业发展规划的高度重视，为银龄产业高质量发展提供了完善的制度保障。

数字技术正掀起新的经济浪潮，以大数据、人工智能、物联网、云计算等为代表的数字技术正在重塑银龄产业的生态格局，成为推动银龄经济转型的关键引擎。一方面，基于大数据智能算法可以精准描绘银龄群体画像，分析并捕捉其需求，为银龄群体提供个性化、智能化服务，显著提升服务质量和效率；另一方面，数据要素的挖掘和使用、智能设备的适老化改造等也可以很好地弥合银龄群体的数字鸿沟，帮助银龄群体实现身份角色从"帮扶者"到"受益者"的转变[5]，从而解决"数字难民"无法充分享受数字服务便利的困境，切实践行积极老龄化理念。

除此之外，从发展维度来看，作为赋能型的新质生产力要素，数字技术对于银龄产业的深度赋能可以催生更多的变革效应：其一，可以重构智慧养老服务体系，依托远程诊疗、智能监护等应用场景创新，全面提升服务可及性；其二，可以驱动产业链价值重构，促进康养服务与金融保险、健康管理等领域的跨界融合，形成产业协同发展新范式；其三，可以培育银龄经济增长新动能，成为推动经济结构优化的重要力量。这些变革不仅有效缓解了高龄化社会的系统性压力，更为实现代际数字包容发展提供了创新路径。

二、银龄产业概述

（一）银龄产业发展现状

银龄产业也称为银发经济、老年产业，根据国务院办公厅发布的《关于发展银发经济增进老年人福祉的意见》，银发经济即银龄产业是"向老年人提供产品或服务，以及为老龄阶段做准备等一系列经济活动的总和"，且具备覆盖领域广、产业链长、服务业态多元[6]等核心特征。

本报告认为，对于银龄产业的定义，应充分结合国家"积极老龄化""银龄友好"的理念倡导，以保障银龄群体多层次需求为导向，综合满足银龄群体的基础生存需求（医疗、照护）、发展成长需求（再教育、再就业）和精神价值需求（社交、文化娱乐），兼具社会公益和市场经济的双重属性，同时体现全生命周期覆盖特征。因此，本报告界定的银龄产业是以保障及优化银龄群体生活质量为核心目标，满足银龄群体全生命周期需求的、通过市场化机制配置资源的经济活动的集合，其中包括向银龄群体直接提供养老照护等产品服务的核心业态、支持银龄生活品质提升的延伸业态，以及养老金融等社会资本关联支撑体系，是一个兼具福利性与盈利性的综合性产业体系。随着人口老龄化程度的加深，应充分发挥银龄产业对于增进银龄群体福祉、建设普惠型养老服务体系的重要作用，以数字技术为引擎，不断激发银发经济的内生动力。

1. 养老服务体系初步成型，资源供给结构失衡

在养老服务领域，目前主要存在机构养老、居家养老和社区养老三类主要的养老服务模式，其中以居家养老的服务为主体，社区嵌入式养老服务为辅助，专业机构重点承接失能失智等刚性养老需求，基本形成了三级供给的服务架构。根据民政部《2023 年民政事业发展统计公报》，截至 2023 年底，全国各类养老机构和设施总数超过 40 万个，养老床位总数达到 823 万张（图 1），即每千名银龄族拥有养老床位 27.7 张 [7]，尽管硬件设施规模稳步扩张，但依然存在资源错配问题，一方面整体床位使用效率并不高，全国各地都存在养老床位闲置现象，尤其是农村地区，根据 2023 年《中国民政统计年鉴》，中国农村养老床位闲置率高达 58%，区域资源配置不均衡问题较为明显。另一方面，由于银龄族能力评估体系不够健全，护理型床位存在供需错配、结构失衡的问题 [8]。除此之外，中小型机构占据市场主体地位，但服务能力参差不齐，甚至个别机构不具备相关护理资质，也进一步导致了护理床位资源的浪费。整体而言，以居家为基础、社区为依托、机构为补充的多元化养老服务格局初步形成 [9]，养老服务体系建设也取得阶段性进展，但个性化、精准化服务能力仍需加强，资源匹配问题尚待解决。

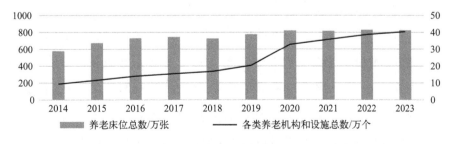

图 1　2014—2023 年各类养老机构和设施与养老床位数据

数据来源：中华人民共和国民政部公开数据整理。

2.银龄医疗保健产业蓬勃发展

银龄医疗保健产业是银龄产业的重要组成部分，主要聚焦于满足银龄族的医疗、康复和保健需求，它是一个综合性的产业体系，涵盖了从疾病诊断治疗到健康维护和促进的各个环节。随着我国银龄人口的快速增长和银龄族健康意识的提升，银龄医疗保健产业市场规模正逐年扩大，根据中研普华产业研究院报告显示，中国银龄健康服务市场规模已经超过5000亿元人民币，并且预计未来几年将继续保持高速增长[10]。银龄医疗服务机构数量也稳步增加，截至2024年6月，中国共建成银龄友善医疗机构的综合性医院8627个，预计到2025年，这一数据将达到2.1万个，且会在60%以上二级及以上综合医院建设老年医学科[11]。除此之外，医疗保健产品种类繁多，包括医疗器械、保健品等，覆盖了银龄族从预防、诊断、治疗到康复等各个阶段、不同层次的健康医疗需求，尤其是随着智慧医疗技术在银龄健康管理中的应用逐渐普及，如远程医疗、智能健康监测设备等，为银龄族提供了更加便捷、高效的医疗服务。

3.银龄金融市场潜力巨大

随着银龄族数量增加，其对养老金、医疗保障、财富管理及资产传承等金融服务的需求也持续稳定存在且不断增长，2023年10月中央金融工作会议明确提出要"做好科技金融、绿色金融、普惠金融、养老金融、数字金融五篇大文章"[12]，为此银行、保险等金融机构纷纷推出针对银龄族的金融产品和服务，尤其是个人养老金制度实施后，养老理财产品、特定养老储蓄、商业保险年金等产品供给极大丰富，其中养老保险类产品规模已超过6万亿元。金融机构纷纷布局，不断创新产品和服务、提升质量以吸引银龄客户，通过设置银龄服务专区、改造适老化设施、推出银龄版线上渠道等方式不断优化服务，为银龄族的养老生活提供了经济保障和理财支持。但整体而言，银龄金融市场的金融产品和服务供给仍未充分满足市场需求，且存在产品同质化问题，作为养老金体系第三支柱，个人储蓄养老计划占比仍较低，还有明显提升空间。

4. 银龄文化娱乐和旅游产业呈现良好发展态势

养老文化娱乐是银发经济中的重要一环，庞大的银龄人口基数为银龄文化娱乐产业提供了广阔空间，银龄（老年）大学、银龄活动中心等文化娱乐场所不断增多，书法、绘画、舞蹈、歌唱等银龄文化活动丰富多彩。随着互联网技术渗透性逐渐增强与银龄族需求的多样化，依托互联网的养老文化娱乐形式和内容也更加多元化，根据中国互联网络信息中心发布的《第54次中国互联网络发展状况统计报告》显示，截至2024年6月，我国网民规模近11亿人[13]，其中50岁及以上的中老年网民人数已达3.25亿，占比33.3%（图2），平均每月上网时长高达127.2小时，以即时通讯、网络视频、网络购物等应用为主，文化娱乐消费能力逐步显现，需求不断增长。除此之外，天眼查数据显示，多家专注于中老年文娱市场的企业不断涌现，市场竞争日益激烈。一方面，一些大型文化娱乐企业开始进入中老年市场；另一方面，众多中小创业企业也在努力挖掘银龄文化娱乐市场的潜力，行业内企业数量不断增加，竞争格局逐渐形成，2024年中国养老文化娱乐市场规模达8585亿元，同比增长7.1%。

图2 2024年中国网民年龄结构示意图

银龄旅游市场也日益火爆，据中国旅游研究院测算，"十四五"末，我国出游率较高、旅游消费较多的健康银龄族将逾1亿人，银龄旅游收入有望超万亿元，银龄旅游从小众市场向主流市场转型，从福利事业向旅游产业转变，正在成为旅游市场发展的新蓝海。

（二）数字技术在银龄产业中的应用情况

随着数字技术的飞速发展，其在银龄产业中的应用也日益广泛和深入，为银龄产业的创新发展带来了新的机遇。互联网、大数据、人工智能等数字技术在银龄产业中的应用已涵盖多个领域，正在为银龄族提供实时、高效和低成本的服务，且呈现出不断深化的趋势。

1. 智慧赋能，老有所养

在养老服务方面，数字技术的应用主要体现在智慧养老平台的建设和智能养老设备的推广。智慧养老平台是指依托云计算、GPS定位技术、大数据、人工智能等信息技术，构建的"系统+服务+老人+终端"的智慧平台，平台整合了养老服务机构、医疗机构、社区服务中心等资源，能够提供实时、快捷、高效、低成本的物联化、互联化、智能化养老服务，满足银龄族在生活、健康、安全、娱乐等方面的需求。智慧养老平台一站式的养老服务包括在线预约、健康咨询、紧急救援、生活照料等功能，实现了养老服务的信息化、智能化管理。随着《关于推进养老服务发展的意见》《智慧健康养老产业发展行动计划（2021—2025年）》等政策文件的相继发布，国家对于加快发展智慧养老服务展现出大力的支持，自2020年10月国内首个综合大型一站式养老信息平台——康养云联养老服务平台建立并运行后，包括金养通智慧养老云平台、社村通智慧养老平台、青岛市智慧养老平台等多个智慧养老平台也相继建立，充分整合服务资源，打造智慧养老服务网络。

数字技术在智能养老设备领域的应用也日益广泛。智能养老设备主要是指紧密结合信息技术，具备显著智能化、网络化特征和健康养老服务功能的新型智能终端产品，主要用于辅助银龄族日常生活、健康管理、安全保障和娱乐休闲等方面。根据工业和信息化部和国家卫生健康委员会的定义，目前智能养老设备主要包括以下六大类：一是健康管理类智能产品，如可穿戴健康检测设备、健康监测设备、家庭医师随访工具包和社区自助式健康检测设备等；二是功能代偿型等银龄辅助器具类智能产品，如智能助听、助视设备等；三是养老监护类智能产品，如智能监测设备和智能看护设备等；四是具有健康状态辨识、中医诊断治疗等功能的中医数字化智能产品；五是围绕助老助残、家庭生活需求的家庭服务机器人；六是针对银龄族进行适老化改造的智能设备，如智能电视、手机等[14]。2024年，我国智慧养老市场规模约6.8万亿元，展现出了巨大的市场潜力。

2. 空间拓展，辅助诊断

在银龄医疗保健方面，数字技术的应用深度和广度不断拓展。一些大型医院引入了人工智能辅助诊断系统，该系统能够快速分析医学影像（如X射线、CT、MRI等）数据，准确识别病变部位和特征，为医师提供诊断参考，有效提高了诊断的准确性和效率，减少了误诊和漏诊的发生。以肺部疾病诊断为例，人工智能系统通过对大量肺部影像数据的学习，能够在短时间内精准检测出肺部结节等异常情况，辅助医师进行早期肺癌的筛查和诊断。

远程医疗技术也得到了广泛应用，随着数字技术的飞速发展，远程医疗作为一种创新的医疗模式正逐渐改变着传统的医疗格局，它借助先进的信息技术手段，打破了时间和空间的限制，使得医疗服务能够跨越地域的界限，为患者提供更加便捷、高效的医疗保健服务。通过高速稳定的网络传输，医师和患者可以进行实时、清晰的视频通话，医师能够直观地观察患者的病情表现，如面色、精神状态、肢体活动等，从而更准确地进行诊断，物联网医疗设备的广泛应用也极大地丰富了远程医疗的数据采集手段，通过实时采集患者的生命体征数据，并自动上传至远程医疗平台，为医师提供持续、动态的健康信息，还能够实现对慢性病患者的长期管理和病情预警。总之，数字赋能下的远程医疗极大地改善了医疗资源分配不均，提高了医疗服务的可及性，避免了银龄族的就医奔波。

3. 便捷适老，结构升级

数字技术在银龄金融领域的应用主要体现在金融服务的便捷化和个性化。线上金融服务平台的建设，使银龄族可以通过手机银行、网上银行等数字化渠道，便捷地办理转账汇款、理财购买、账户查询等业务，无需到银行柜台排队办理业务，打破了时间和空间的限制，提高了金融服务的便利性和效率。同时，金融机构利用大数据分析技术，对银龄族的消费习惯、资产状况、风险偏好等数据进行深入挖掘和分析，刻画养老理财客户画像，为其量身定制金融产品和服务，满足银龄族多样化的金融需求。数字技术还推动了银龄金融服务的创新和升级，金融机构普遍实现服务渠道优化，针对银龄族研发了专属手机银行 APP，实现界面简洁化，功能精简化，模块清晰化，交互适老化，同时可实现远程服务渠道拓展，让银龄用户可通过视频、语音联系服务专员，在家办理复杂业务。大数据风控等技术，还具备优化防范欺诈功能，能够精准识别身份，拦截疑似非本人转账，为银龄族提供安全保障。

4. 优化体验，丰富资源

在银龄文化娱乐和教育方面，数字技术也为银龄族带来了全新的体验。在线教育平台为银龄族提供了丰富的学习资源，涵盖书法、绘画、摄影、养生保健、历史文化等多个领域，银龄族可以根据自己的兴趣和时间自由选择学习内容，通过视频课程、在线互动交流等方式，学习新知识，不受地域和时间的限制，实现了自我价值的提升，提升了他们的生活质量和幸福感。虚拟现实（VR）、增强现实（AR）等技术在银龄文化娱乐活

动中的应用，为银龄族带来了更加沉浸式的体验，如虚拟旅游项目，通过
3D 全景展示、虚拟导游等功能，让银龄族在家中就能领略世界各地的自
然风光和人文景观，满足了银龄族的旅游需求，拓宽了他们的视野。数字
技术通过多渠道扩大学习和文化活动资源供给，提升银龄族的参与能力与
体验，丰富了银龄族的精神文化生活。

然而，数字技术在银龄产业中的应用仍存在一些问题和挑战。部分银
龄族由于受教育程度、身体机能等因素的限制，对数字技术的接受程度较
低，存在数字鸿沟问题，这在一定程度上阻碍了数字技术在银龄产业中的
推广和应用，需要加强数字技术的普及和培训，提高银龄族的数字素养和
操作技能。此外，数字技术在银龄产业中的应用标准不统一，不同企业和
机构之间的系统兼容性较差，数据安全和隐私保护问题也亟待解决，这些
问题可能导致银龄族的个人信息泄露，影响其合法权益。同时，数字技术
与银龄产业的融合还不够深入，目前的应用大多停留在表面，尚未充分挖
掘数字技术的潜力，需要进一步探索和创新，推动数字技术与银龄产业的
深度融合，实现产业的高质量发展。

三、数字赋能银龄产业的案例分析

（一）昆山市的数字高龄产业发展实践

昆山市作为中国经济发达的县级市，在数字赋能银龄产业方面进行了
积极探索，取得了显著成效，为其他地区提供了有益的借鉴。

在数字基础设施建设方面，昆山市致力于打造"全国数字化发展标杆
城市"，已连续 2 年位居全国县域工业互联网发展指数排行榜首位。为进
一步夯实数字根基，昆山市积极引入中科可控信息产业有限公司、中科寒
武纪科技股份有限公司、北京中科晶上科技有限公司、昆高新芯微电子
(江苏) 有限公司等算力龙头公司的项目，扎实推进互联网提速降费等惠民
工程，成立全省县级市首个 5G 产业联盟，目前已累计建成 7500 多个 5G

基站，位列苏州第一，实现数字设施广泛接入、数字服务便捷联通，信息数字化服务能力不断提升，银龄族数智技术可及性显著提高，为银龄产业的数字化发展奠定了坚实的网络基础，使养老服务机构、医疗机构、社区服务中心等能够高效地应用数字技术，为银龄族提供更加优质、便捷的服务。

昆山市深入开展调研，重点厘清银龄群体中失能、半失能银龄族等特殊群体的需求，倡导分层分类匹配适老产品，在适老产品目录中推出更多数字化的"亲民"产品。为顺应数字时代下的消费新趋势，昆山市通过政府采购、试点示范、财税补贴等形式，鼓励企业参与适老化科技产品生产和服务，提供智能穿戴设备、生命体征及健康监测管理系统等智能产品，满足银龄族紧急援助、亲情关怀、健康管理、远程安全看护等生活和健康的需求。此外，昆山市依托银龄族居家适老化一站式服务中心，开展养老辅具体验、销售、租赁等服务，构建完善的智慧居家适老化管理系统，引入专业服务运营商为银龄族及其家庭提供安全、适合、智慧的3S（safety、suitability、smart）级居家适老化服务解决方案，提高了银龄族的生活质量和居家养老的安全性、便利性。

除此之外，昆山市还大力推进"老有所学"工程，不断完善政府-社会-家庭联动机制，协调一致、共同发力，帮助银龄群体跨越数字鸿沟。昆山市卫生健康委员会、昆山市民政局等职能部门细化培训任务分工，建立月度通报和考核评估机制，并联合成员单位对培训实施情况开展专项督查，保质保量完成银龄族运用智能手机等移动终端的专项培训；各类非政府组织、社会团体依托"市-区镇-村（社区）"银龄教育三级网络及昆山市银龄科普基地等平台，为银龄族提供兼具实用性、操作性的数智科技教育，助力营造数字包容的社会环境；各方协同发力，积极引导青年群体亲和主动、用自身娴熟的数字终端运用技能反哺银龄族，帮助银龄族摆脱数字鸿沟的困境，自觉将银龄族视为数字时代的重点关怀对象。通过这些举措，昆山市有效地提高了银龄族的数字素养和技能水平，增强了他们对数字产品和服务的接受度和使用能力，使银龄族能够更好地享受数字时代带来的便利和福利。

昆山市通过坚持基建先行、深化供需调研、倡导协同联动等一系列举措，形成了一个较为完整的数字银龄产业发展模式，在提升银龄族生活质量、促进银龄产业发展、推动社会和谐进步等方面发挥了重要作用，为全国其他地区银龄产业高质量发展提供了宝贵的经验和示范。

（二）重庆市数字赋能银龄经济案例

重庆市作为中国西南地区的重要城市，在数字赋能银龄经济方面也进行了一系列积极有效的探索和实践，为应对人口老龄化、推动银龄产业高质量发展提供了宝贵的经验。

在产品供给方面，重庆市积极利用数字技术优化银龄产品和服务的供给结构与质量。通过云平台收集银龄族的生活和健康数据，应用大数据精准分析银龄族的新需求，为补齐产品供给短板提供现实依据，并围绕重庆"33618"现代制造业集群体系中的智能装备和智能制造、AI及机器人产业集群打造，支持鼓励企业加快开发家庭服务机器人、智能可穿戴设备、智能护理机器人、智能防走失终端和数字化医疗产品等智慧健康养老产品，丰富了银龄族的产品选择，为银龄族的幸福晚年保驾护航[15]。

在服务提升方面，重庆市着力提升数字化公共服务水平，深化公共数据的共享共用，深入推动养老服务"指尖办""网上办""就近办"。通过推广"渝悦·养老"应用，落实养老服务"一网通办"和"一件事一次办"，以数字技术为银龄族办事减负增效。同时，推进"渝悦·养老"云平台建设，加快开发助餐、助浴、助医、定期巡防、紧急救援、服务咨询等云端养老服务产品，提供"一键式"菜单化定制服务，创新养老服务新场景，根据银龄族的需求，精准调配服务资源，为银龄族提供个性化的养老服务套餐，包括上门护理、康复理疗、文化娱乐等服务，实现了养老服务的精准化供给，提高了银龄族的生活质量和满意度。

在数字鸿沟弥合方面，重庆市采取了多项措施助力银龄族更好地融入数字社会。一是加强公共设施和智能家居数字适老化改造，通过优化交互界面、提供数字化操作指引、开发智能语音助手，在"智慧人社"平台打造"长辈服务"专区，简化应用程序的使用步骤及操作流程，降低银龄族的使用门槛。二是加强数字技能教育和培训，着力构建"市级主导、区县主体、网点主抓"的银龄科技大学工作体系，开发银龄族数字素养提升课程，帮助更多银龄族想用、敢用、会用智能技术。以基层社区为单位，组织志愿者开展"银龄跨越数字鸿沟"专项科普行动，为银龄族提供智能手机使用培训，包括微信聊天、网上购物、预约挂号等常用功能的教学，使许多银龄族能够熟练使用智能手机，享受到数字时代带来的便利，增强了他们的社会参与感和生活便利性。

此外，重庆市还加大数字助老惠老宣传力度，发挥"渝字号"新型网络媒体的作用，提升数字助老惠老宣传效果；协同多方主体，扩大数字助老惠老宣传覆盖面，以社区课堂、驻点服务、数字生活体验等活动为抓手，集中展示数字助老惠老成果，让高龄群体真正感受到数字化成果的温度，为银发经济高质量发展提供了有力支撑。

重庆市在数字赋能银发经济方面的实践，通过优化产品供给、提升服务水平、弥合数字鸿沟等多维度举措，推动了银龄产业的高质量发展，为银龄族创造了更加便捷、舒适、智慧的生活环境，也为其他地区数字赋能银龄产业发展提供了有益的参考和借鉴。

四、数字赋能银龄产业高质量发展的实践路径

（一）加强数字基础设施建设

1. 建设高速稳定的网络设施

高速稳定的网络设施是数字赋能银龄产业发展的基础支撑，在养老服务机构中，高速网络使得智能养老设备能够实时、稳定地传输数据，供医

护人员和家属随时查看，以便及时发现健康问题并采取相应措施。在银龄医疗保健领域，远程医疗服务依赖高速稳定的网络来实现专家与基层医疗机构之间的高清视频会诊，确保医疗诊断的准确性和及时性。对于银龄教育和文化娱乐产业，高速网络支持在线教育平台和文化娱乐平台的流畅运行，银龄族可以通过网络观看高清视频课程、参与虚拟文化活动。

为此，一是需要政府政策支持与规划引导。政府应制定全面的数字基础设施建设战略规划，将高速稳定的网络设施建设作为重点内容，要明确建设目标、重点区域、实施步骤等，确保网络设施建设的系统性和连贯性。根据人口分布、经济发展水平等因素，对网络设施建设进行科学布局。优先在银龄人口密集区域、养老社区等加大网络设施建设投入，以满足银龄族的数字服务需求。此外，还应该出台税收优惠、财政补贴政策，鼓励电信运营商和网络基础设施建设企业加大投资，尤其是对参与偏远地区网络建设的企业可以给予一定的税收减免，对购买先进网络设备的企业提供资金补贴。同时注重设立专项基金，用于支持网络技术研发和创新，特别是能够提升网络稳定性和速度的关键技术，如 5G、光通信等领域的研究。

二是要推进网络技术升级与创新。5G 网络的高速率、低延迟和大容量特性能够为银龄数字服务（如远程医疗、高清视频娱乐等）提供强大支持，因此要加快 5G 基站的建设和布局，特别是在银龄族经常活动的场所，如社区活动中心、医院、公园等周边，不断推动 5G 技术与物联网、云计算等融合，开发适用于银龄族的智能应用场景。同时也要优化光纤网络，采用先进的光纤通信技术，如波分复用技术，提升网络传输速度和容量，加大光纤宽带网络的覆盖范围和接入能力，以满足银龄族日益增长的高清视频通话、在线学习等需求。

三是要促进多方合作与共建共享。鼓励不同电信运营商之间开展合作，通过共享基站、管道等网络基础设施，减少重复建设，降低建设成本，建立运营商之间的网络互联互通机制，优化网络路由，提高网络数据传输的效率和稳定性。引导社会资本参与网络设施建设，通过公私合作

（PPP）等模式，吸引企业、社会组织等资金投入，充分利用社区资源，与物业管理公司、社区志愿者等合作，协助进行网络设施的日常维护和简单故障排除。

2. 提高数据存储与计算能力

随着银龄产业数字化程度的不断提高，数据量呈爆炸式增长，完善的数据存储与计算能力至关重要。

一是要促进产业协同发展，加强数据存储设备制造商、软件开发商、系统集成商、云服务提供商等企业之间的合作，形成完整的产业链条，共同推动数据存储与计算产业的发展。推动数据存储与计算产业与人工智能、大数据、物联网等新兴产业的深度融合，创新应用场景，提高数据价值挖掘和利用能力，促进数字经济的发展。

二是要加大对数据存储和计算技术的研发投入，集中攻克关键核心技术，如高性能存储介质、分布式存储系统、新型计算架构、量子计算等，提高数据存储密度、读写速度和计算效率。加快先进存储和计算技术的应用推广，如固态硬盘、闪存存储等，推动传统数据中心向软件定义存储、超融合架构等新型数据中心转型，提升数据存储与计算的智能化水平。

三是要搭建云计算平台，引导云计算平台在养老、银龄医疗保健、银龄金融、银龄文化娱乐等关键行业的有序搭建和应用，设立专项指导意见，根据不同地区、不同行业的特点，提出差异化的建设路径和技术选型建议。充分发挥云计算平台的数据冗余和备份机制，安全存储海量健康数据，通过统一的数据管理系统，优化服务流程，提高服务效率。

（二）推动适老数字产品与服务创新

1. 开发智能养老服务平台

智能养老服务平台的建设是数字赋能银龄产业的关键举措，其广泛应用，不仅提升了养老服务的质量和效率，也为银龄族提供了更加自主、舒适的养老生活方式，有力地推动了银龄产业的数字化、智能化发展。

应结合各地老龄化程度、经济发展水平，因地制宜规划平台建设布局，确保资源合理配置，在老龄化严重的一线城市，优先打造集高端医疗、智慧家居、个性化服务于一体的综合性智能养老服务平台；在经济欠发达但老龄化趋势加快的地区，侧重于依托现有社区资源，构建简易实用的基础型智能养老服务平台。

此外，要加快标准规范制定，组织行业专家、企业代表制定智能养老服务平台的技术标准、数据标准、服务规范等，以便于不同地区、不同机构间的银龄数据共享与交互，提升养老服务协同效率。技术标准涵盖平台架构设计、接口规范等，确保平台兼容性与扩展性。服务规范明确服务内容、质量要求、响应时间等，保障银龄族享受优质、标准化的服务。

2. 丰富智能养老产品供给

随着科技的不断进步，智能养老产品的种类日益丰富，为银龄族的健康和生活提供了全方位的支持和保障，不仅满足了银龄族对自身健康状况监测的需求，还为医疗保健市场开辟了新的增长点，加速了银龄产业的数字化、智能化进程。

为此，一是应充分关注银龄用户需求，企业和相关机构要定期开展市场调研，了解银龄族的需求、偏好和消费能力，通过问卷调查、用户访谈、焦点小组等方式，收集银龄族对智能养老产品功能、外观、价格等方面的意见和建议，建立银龄族用户体验反馈机制，设立专门的用户体验中心，鼓励银龄族试用新产品，及时反馈使用感受，并根据反馈对产品进行优化，根据银龄族的不同需求，提供定制化的智能养老产品。

二是加强产学研合作，由政府牵线搭桥，促进高校、科研机构与企业之间的合作，高校和科研机构在人工智能、物联网等领域的科研成果可以与养老产品制造企业共享，共同开发新型智能养老产品，设立产学研合作项目专项资助，对合作开发的智能养老产品项目给予资金支持。

三是强化信息技术支撑，通过实施智慧健康养老产品供给工程，重点发展健康管理类、养老监护类、康复辅助器具类、中医数字化智能产品及家庭服务机器人等产品，带动微处理器、操作系统等底层技术突破，从根本上提升智能养老产品供给能力。

（三）弥合银龄族的数字鸿沟

1. 开展数字技能培训与教育

数字鸿沟极大地限制了高龄群体的生活便利性，加剧了银龄族的社交孤立感，也阻碍了银龄族的自我提升与知识更新，开展数字技能培训与教育是帮助银龄族跨越数字鸿沟、融入数字社会的重要举措。

一是要整合教育机构、社区服务中心、银龄（老年）大学等资源，建立综合性的银龄族数字技能培训网络，由政府统筹协调，将当地的社区活动中心作为培训点，利用银龄大学的师资力量和教育机构的课程体系，为银龄族提供系统的数字技能培训。可以采用多样化的培训方式，线下可以集中授课与一对一辅导相结合，在社区活动中心、银龄（老年）大学等场所定期开展集中授课，讲解数字技能的基本原理和通用操作方法，同时，安排志愿者或培训教师为学习困难的银龄族提供一对一的辅导，解答个性化问题；线上开展远程培训。制作简单易懂的数字技能教学视频，通过社交媒体、银龄族专属 APP 等渠道发布，银龄族可以在家中根据自己的时间和进度进行学习，此外，还可以开展线上直播教学，实时解答银龄族在学习过程中的疑问。

二是要注重搭建银龄族教育培训队伍，一方面可以广泛招募志愿者作为银龄族数字技能培训的师资力量，志愿者可以是来自学校的学生、社区居民、退休的技术人员等群体，利用课余时间为银龄族提供数字技能培训服务。另一方面也可以鼓励银龄（老年）大学、职业院校等教育机构的教师参与银龄族数字技能培训，教育机构可以将数字技能培训纳入教师的教学任务范畴，给予相应的教学报酬和激励措施。

2. 优化数字应用适老化设计

优化数字应用的适老化设计对于提高银龄族对数字产品和服务的接受度和使用体验具有重要意义，既可以提升银龄族的数字体验，增强其生活便利性，也可以保障银龄族的数字安全，增强他们的数字信任，同时优化数字应用适老化设计还能够激发银龄族的数字消费欲望，为银龄经济的发展注入新的活力。

首先，应深入调研银龄族对电子产品的使用需求，精准把握银龄族在数字应用场景中的困难与期望，简化操作流程与界面设计，精简功能布局，去除冗余复杂的功能模块，突出银龄族常用的核心功能；增大界面元素尺寸，包括字体、图标、按钮等，确保银龄族在不借助放大镜等辅助工具的情况下，也能清晰识别屏幕内容；优化操作流程，减少不必要的确认步骤和跳转页面，解决高龄群体在使用智能手机购物、社交软件聊天、医疗健康类 APP 问诊等过程中的首要痛点问题。

其次，加强数字应用适老化标准建设，由政府部门牵头主导，联合工信部、民政部、国家卫生健康委等相关部委，吸纳科研院校的专家力量，邀请人机交互、老年心理学、视觉设计等领域的学者加入，同时引入行业协会与龙头企业代表，组成多方协同的专业标准制定团队，运用前沿研究成果，从银龄用户认知、感知、操作习惯等多维度出发，建设数字应用适老化标准体系，基于银龄族需求精准细化标准内容，同时构建动态更新与评估机制，逐步构建起严密、科学、实用的数字应用适老化标准体系，为银龄族开启无障碍数字生活之门。

最后，应适配不同终端与网络环境，确保数字应用在各类常见终端设备上都能运行良好，包括智能手机、平板电脑、智能电视、老人手机等。针对不同设备的屏幕尺寸、分辨率、性能特点，进行针对性优化，例如，在老人手机上开发适配的精简版数字应用，保留基本的通话、短信、天气查询等功能，以满足部分银龄族对简单功能的需求。综合考虑银龄族所处的不同网络环境，优化应用的数据加载和传输策略，降低流量消耗，确保应用在低带宽环境下也能流畅运行，避免因网络问题导致银龄族使用体验不佳。

（四）强化数据安全与隐私保护

1. 建立健全数据安全管理体系

建立健全数据安全管理体系是数字赋能银龄产业高质量发展的重要保障，关乎银龄族的切身利益和产业的可持续发展。

首先，在数据安全管理体系中，数据加密技术起着关键作用。对于银龄产业中涉及的银龄族的个人身份信息、健康状况、金融账户等敏感数据，应采用先进的加密算法进行加密存储和传输，确保数据在各个环节的保密性。例如，养老服务机构在将银龄族的健康数据上传至智慧养老平台时，可通过 SSL、TLS 等加密协议对数据进行加密传输，防止数据在网络传输过程中被窃取或篡改[16]。在数据存储方面，采用 AES、RSA 等加密算法对数据进行加密存储，只有经过授权的人员使用特定的密钥才能解密查看数据，有效保障了数据的安全性。

其次，严格的访问控制措施必不可少。通过建立用户身份认证机制，如用户名和密码、指纹识别、面部识别等多种认证方式相结合，确保只有合法授权的用户能够访问特定的数据资源。同时，根据用户的角色和职责，设置不同的访问权限，如养老机构的医护人员可以访问银龄族的健康档案，但对于财务人员则限制其访问该部分数据，而仅赋予其访问财务相关数据的权限，实现了数据访问的精细化管理，降低了数据泄露的风险。

最后，数据备份与恢复策略同样重要。银龄产业的数据量大且涉及银龄族的重要信息，定期进行数据备份是防止数据丢失的有效手段。可以采用全量备份和增量备份相结合的方式，将数据备份到多种存储介质上，并存储在不同的地理位置，如本地磁盘、外部硬盘、云存储等，以防止因硬件故障、自然灾害、人为误操作等原因导致的数据丢失。在数据发生丢失或损坏时，能够及时利用备份数据进行恢复，确保业务的连续性和数据的完整性，为银龄产业的稳定运行提供坚实的数据安全基础。

2. 加强隐私保护政策的制定与执行

隐私保护政策是数字时代银龄产业发展过程中维护银龄族合法权益的重要依据，其制定与执行应遵循严格的原则和规范。

在制定隐私政策时，应遵循透明性、合法性、必要性等原则。隐私政策应明确清晰地告知银龄族数据收集的目的、方式、范围以及数据的使用和共享方式等信息，确保高龄群体在知情的情况下自愿提供个人数据，且明确数据仅在必要的情况下使用，不会将该信息泄露给第三方用于其他商业目的，从而增强银龄族对数字产品和服务的信任。

同时，隐私政策的制定应符合《中华人民共和国网络安全法》《中华人民共和国个人信息保护法》等国家相关法律法规的要求，确保银龄族的个人信息在法律框架内得到充分保护。在数据的收集和使用过程中，应严格遵循最小必要原则，即只收集与提供服务直接相关的必要数据，避免过度收集银龄族的个人信息，防止数据滥用和隐私泄露风险。

在服务过程中，要切实保障银龄族的隐私权益，养老机构在使用智能监控设备时，应设置合理的监控范围和权限，避免对银龄族的私人生活空间进行过度监控，确保监控数据仅用于保障银龄族的安全和健康管理目的，且应严格限制数据的访问人员范围，防止监控数据被非法获取和传播。对于涉及银龄族隐私的医疗数据、财务数据等，应采取更加严格的保密措施，如在数据存储和传输过程中进行加密处理，在数据使用和共享时进行脱敏处理，确保银龄族的隐私信息不被泄露。

此外，还应建立健全隐私泄露的应急响应机制。一旦发生隐私泄露事件，能够迅速启动应急预案，及时通知受影响的银龄族，采取措施降低损失，并对事件进行调查和处理，追究相关责任人员的责任，同时向社会公开事件的处理情况，以维护银龄族的合法权益和社会公信力，为数字赋能银龄产业营造安全可靠的发展环境，推动银龄产业在数字时代实现高质量、可持续发展，让银龄族能够放心地享受数字技术带来的便利和福利。

五、结论与展望

数字赋能银龄产业高质量发展是一个系统性工程，需要政府、企业、社会组织和个人的共同参与和努力。本报告提出的加强数字基础设施建设、推动适老数字产品与服务创新、弥合银龄族数字鸿沟、强化数据安全与隐私保护等实践路径，充分发挥数字技术的优势，能够实现银龄产业的数字化、智能化、个性化发展，满足银龄族日益增长的物质和精神需求，推动社会的和谐进步与银发经济的可持续发展，也能够为积极应对人口老龄化挑战提供有效的解决方案。

参考文献

[1] 中华人民共和国民政部全国老龄办.2023年度国家老龄事业发展公报[EB/OL].（2024-10-12）[2024-12-19]. https://www.gov.cn/lianbo/bumen/202410/content_6979487.htm.

[2] 习近平.高举中国特色社会主义伟大旗帜 为全面建设社会主义现代化国家而团结奋斗——在中国共产党第二十次全国代表大会上的报告[N].人民日报，2022-10-26（1）.

[3] 国家卫生健康委，教育部，科技部，等.关于印发"十四五"健康老龄化规划的通知[EB/OL].（2020-02-07）[2024-12-19]. https://www.gov.cn/gongbao/content/2022/content_5692863.htm.

[4] 毛军.共享银发经济：老龄社会的新机遇[J].中国外资，2024（19）：44-51.

[5] 黄璜，宗昊.从"数字难民"到"数字互惠"：老龄网络文明建设与价值呈现[J].江南大学学报（人文社会科学版），2024，23（6）：88-100.

[6] 国务院办公厅.关于发展银发经济增进老年人福祉的意见[EB/OL].（2024-01-15）[2024-12-19]. https://www.gov.cn/zhengce/zhengceku/202401/content_6926088.htm.

[7] 中华人民共和国民政部.2023年民政事业发展统计公报[EB/OL].（2024-08-30）[2024-12-19]. https://www.mca.gov.cn/n156/n2679/c1662004999980001204/attr/355717.pdf.

[8] 易婕，杨敏.养老机构视角下的护理型床位发展及困境[J].中国社会保障，2023，（9）：86-87.

[9] 郭婷婷.农村智慧养老服务高质量发展的路径探析[J].中共南宁市委党校学报，2023，25（3）：

30-34.

[10] 中研普华.2024 年老年健康服务行业市场发展现状及未来发展前景趋势分析 [EB/OL].（2024-10-10）[2024-12-19]. https：//www.chinairn.com/news/20240902/135421584.shtml.

[11] 澎湃新闻.明年将建成老年友善医疗机构超两万个 [EB/OL].（2024-06-21）[2024-12-19]. https：//www.thepaper.cn/newsDetail_forward_27812118.

[12] 吴秋余.努力形成科技、产业、金融良性循环 [N]. 人民日报，2024-08-09（2）.

[13] 中国互联网网络信息中心.第 54 次中国互联网络发展状况统计报告 [R/OL].（2024-08-29）[2024-12-19]. https：//www.cnnic.cn/NMediaFile/2024/0911/MAIN1726017626560DHICKVFSM6.pdf.

[14] 左美云.智慧养老产业发展前景和路径 [J].人民论坛，2024（13）：24-27.

[15] 王念，周列琴，石姗.大数据背景下旅游业适应银发经济发展的研究策略 [J].中国商论，2024，33（20）：74-77.

[16] 李琦.数字化时代信息弱势群体的权利保护路径 [J].河北企业，2024（2）：155-15.

HB.18

数字赋能社区长者服务的现实约束与优化策略

赵迪 ❶

摘要：数字赋能与居家养老服务需求双向融合的社区智慧养老模式是长效解决养老问题的新思路。明确识别社区智慧养老服务现存的困境并提出解决策略对提升养老服务质量，完善中国特色养老服务体系具有重要价值。本报告基于"国家 - 地方 - 社区"三级政策实践现状，梳理数字赋能社区智慧养老服务实践的参与主体，搭建社区智慧养老服务责任网络，以生态系统理论为理论溯源，从宏观、中观、微观层面探讨社区智慧养老服务的现实约束。报告建议以包容型社会环境赋能社区智慧养老服务，以执行者高效组织助推社区智慧养老服务，以数字适老迎合社区智慧养老服务。

关键词：社区智慧养老；数字化；养老服务

根据《2023 年度国家老龄事业发展公报》显示，全国 65 周岁及以上老龄人口约为 2.17 亿人，占总人口的 15.4%，中国社会已经迈入中度老龄化阶段，养老问题一直是社会关注的热点。近年来，信息技术已融入养老领域，成为行业的基础性力量。国家出台的《智慧健康养老产业发展行动

---

❶ 赵迪，教育学硕士，辽宁中医药大学管理学院讲师，研究方向：老年健康与管理、中医药管理。

计划（2017—2020年）》《智慧健康养老产业发展行动计划（2021—2025年）》等专项政策文件，旨在促进数字化在养老领域的深层应用，推进智能服务适老化，提升养老品质，长效解决养老问题。在利好政策推动及信息技术的支持下，满足超九成长者"不离家、不离亲、不离群"养老的现实需要，以社区为纽带，依托数字化平台的优势，汇集盘活现有养老服务资源，塑造以数字赋能为主的社区养老服务模式成为城市养老问题的新引擎。数字赋能社区长者服务的本质是居家养老与社区养老结合的社区智慧养老服务，将互联网、物联网、大数据等多种信息技术有机嵌入社区养老服务体系，使信息技术贯通于社区上门服务与社区照料服务中，实现养老服务供给内容与供给方式的技术创新、流程创新与内容创新。[1]

经过前期研究发现社区智慧养老发展尚存症结，如信息监管存在漏洞导致居家长者成为隐私泄露及电信诈骗的主要受害群体；照顾服务人才数量短缺及专业性不足，难以满足居家长者多样化的服务需求[2, 3]；受传统观念影响，部分长者不愿意接受非家人提供的社会化养老服务，这些痛点在一定程度上会影响社区智慧养老服务的长远发展。因此，本报告从整体上理解社区智慧养老"三级"政策落地的复杂性，梳理责任网络主体，搭建社区智慧养老服务责任网络，从宏观、中观、微观层面回应其在服务实践层面存在的困境并提出调整对策，以期为持续推进数字赋能社区养老服务发展提供策略优化和实践指导。

一、社区智慧养老服务政策实践现状

（一）宏观层面：国家政策颁布

社区智慧养老服务模式的实施过程遵循了国家政策的颁布、地方层面的实践探索以及社区层面试点运行的发展路径。在国家政策颁布层面，《智慧健康养老产业发展行动（2017—2020年）》成为智慧养老第一个国家级产业规划，首次指明推动智慧养老产业高速发展的具体行动路径。[4]

《智慧健康养老产业发展行动计划（2021—2025 年）》中强调了政府引导、多方联动的原则，提升养老服务能力与健康管理能力。国务院办公厅《"十四五"城乡社区服务体系建设规划》提出了公共服务资源下沉，优先发展社区养老服务行动，明确了社区养老的工作发展思路、实施方法、监管重点和责任。国家出台了一系列相关政策，预示着社区养老拥有长足发展空间，逐渐成为养老服务体系建设的重点内容之一。

（二）中观层面：地方实践探索

在地方实践探索方面，31 个地区根据当地银龄产业发展情况，提出进一步发展智慧养老、数字养老的政策。如 2021 年江苏省发布《江苏省"十四五"养老服务发展规划》、2021 年《广东省养老服务体系建设"十四五"规划》、2022 年《辽宁省"十四五"公共服务规划》等，这些政策的落地推动了养老产业模式创新，引领数字养老产业新业态发展。在政策推动和实践探索的双重合力下，智慧养老取得长足进步。2017—2023 年，工业和信息化部等部委先后评选出五批智慧养老应用试点，包括智慧健康养老示范企业 253 家；示范街道（乡镇）326 个；示范基地 99 个。示范机构作为智慧养老发展先行者，引领养老服务行业的智慧化转型，推动智慧养老产业形成政府、企业、社会共同参与的良好局面。

（三）微观层面：社区试点运行

在国家政策的指导下，地方政府落实国家政策，社区根据自身实际情况，对智慧养老服务进行了创新性的尝试和实践，不断优化和调整服务内容，为社区智慧养老服务的推广和普及奠定了坚实的基础。目前社区智慧养老运行模式主要有三种，分别是政府主导公办型、市场主导民营型、社区主导互助型。社区智慧养老供给模式虽然有所差异，但以政府为主导，社区和企业合作的公办民营或民办公助的社区智慧养老运营模式更为突出，参与社区智慧养老的服务主体主要有政府、社区、长者、服务提供商以及服务平台。因此，本报告依据政策文件，聚焦各地实践探索，梳理服务责任主体，搭建了社区智慧养老服务责任网络（图1）。

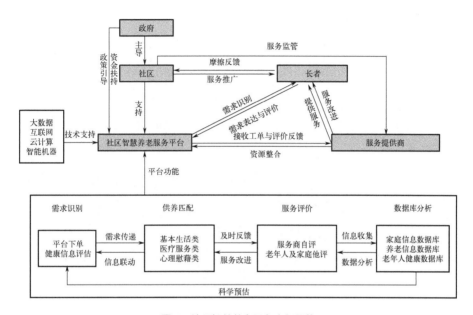

图1　社区智慧养老服务责任网络

长者是服务责任网络终端需求者，处于服务链源头。长者通过平台表达基本生活护理、智慧医疗护理、智慧精神慰藉等服务需求，选择服务形式为上门服务或网络服务。长者对服务质量、服务态度等环节实行动态考评，将服务过程中遇到的信息障碍反馈给社区，向服务平台提交服务评价，推动服务的改进与优化。

社区智慧养老服务平台作为责任网络服务链需求上下联动重要技术支撑，是责任网络的运营载体，属于中间枢纽。平台接收来自长者的信息递送，识别服务诉求，迅速整合社会组织资源，使服务高效化，更好地满足长者服务需求。

服务提供商是数字赋能社区智慧养老服务责任网络的执行者。接收到来自服务平台递送的工单信息，组织专业服务团队，为长者提供基本生活服务、智慧医疗护理、智慧精神慰藉等服务。服务商接受社区服务监管，接收长者服务信息反馈，及时纠偏、改进。与长者、服务平台共同构成"供需对接、互联互通、横向联动"的服务系统微循环。

社区是智慧养老模式的中间环节，负责服务链上下游协调沟通，联系需要政策帮助及拥有承办意愿的服务企业，协助其提供高质量服务。社区肩负着监督养老服务流程和推广社区养老服务活动的职责，与基础生活服务提供商、医疗专业服务提供商以及心理慰藉服务提供商实现有效对接。在政府的主导下协调利益相关方落实政府政策，加强信息共享，推动模式高效运作。

政府位于社区智慧养老服务多元主体的统领地位，决定运营机制的可执行性，主导运营模式的走向，在经济层面给予支持，发挥着动态监管与政策引导的作用。在信息技术的创新驱动下，政府、服务商、社区、长者、平台一起构成责任网络，相互配合、互联互通，携手推进社区智慧养老模式的高效运作。

二、生态系统理论及其适配性

Bronfenbrenner 在 1979 年提出生态系统理论，认为个体的发展受周围环境的影响，主要包括微观、中观、宏观三个系统，具有层次性、综合性、交互性特征，系统内各元素相互嵌套和互动依存。微观系统指个体所处的直接环境，是个体元素、个体行为与微观系统之间的互动。中观系统是处于宏观系统（如国家或社会）和微观系统（如个体或小团体）之间的层面，包括政府、企业、社会组织等多元主体联合互动。宏观系统是个体所处的文化制度体系，包括制度环境、社会观念等。合理运用生态系统理论，有助于识别复杂系统中的漏洞，进行科学决策并制定有效的管理策略。[5]

在银发浪潮背景下，社区智慧养老服务是一个动态、复杂的生态系统，涉及众多外部环境、内部参与主体和目标群体。生态系统理论能够从

"宏观 - 中观 - 微观"不同层次分析社区智慧养老服务，并对其不同组成部分的相互作用进行解释。生态系统理论对此具有较好的适应性。基于此，本报告建立了"宏观 - 中观 - 微观"社区智慧养老服务生态系统理论模型（图2）。

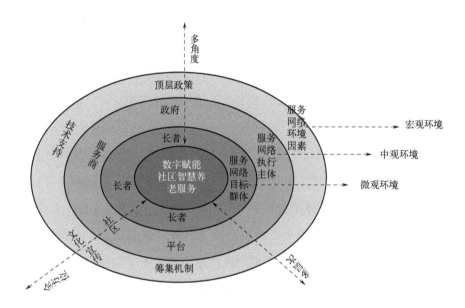

图2　社区智慧养老服务生态系统理论模型

三、社区智慧养老服务的现实约束

（一）宏观层面：数字赋能社区智慧养老服务环境支持不足

1.政策不足：行业标准的制定亟须推进

社区智慧养老的标准化建设是智慧养老产业发展的关键指标，可规范智慧养老行业运营和交易规则，保障长者权益，增强市场信心，促进行业有序发展。养老机构、技术供应商、服务提供商之间缺乏统一的技术规范和操作指导，导致智慧养老服务存在标准化不足的问题。不同身体机能的长者对服务需求的范围和质量要求也有较大差异，服务定价、服务时长、数据档案更新的时间、服务满意度指标、整改标准等方面暂时未能形成统一标准。相关研究也证实，行业标准的缺失造成服务标准和服务质量不一，不利于监管有效性，难以形成良性发展生态。[6]这说明，社区智慧养老标准化建设相对滞后，已经成为社区智慧养老服务发展的阻碍因素。[7]

2.经济不足：资金缺乏掣肘产业发展

社区智慧养老服务模式有效推进必须建立在稳定的筹资基础上。基于数字智能的智慧养老产业，面向居家、社区的产业终端，不仅需要软件系统的迭代更新，还需要硬件系统的改造升级，智慧养老工程投资成本高、回收期长，需要政府充足的资金扶持。截至 2022 年底全国已建成社区养老机构和设施 346823 个，全国地方财政养老支出为 170 亿元，面对经济下行压力加大，财政支持养老服务体系建设乏力。以沈阳市为例，2023 年全市投入资金 1105 万元用于支持居家养老服务设施建设。政府虽然给予区域性居家养老服务中心补贴，但社区居家养老服务中的热门项目助餐服务也面临着资金短缺的困境。2023 年已建成"幸福长者食堂" 316 个，月助餐服务达到 25 万人次，部分食堂运营状况处于亏损状态[8]，而政府的补贴也不足以弥补亏损。相关研究表明社区养老服务的资金渠道和规模尚未形成制度化，资金来源单一，缺乏专项资金投入[9-12]，掣肘社区智慧养老产业发展，阻碍服务政策自上而下推行。

3.技术不足：数据安全监管存在漏洞

服务数据监管作为支持社区智慧养老长远发展的重要技术支撑，发挥着关键作用。当前，面向长者的数据安全技术仍处于发展阶段，长者对数字技术认知的现实壁垒，致使长者成为信息欺诈与隐私泄露的主要受害群体，造成涉老数据泄露和篡改等风险。当供需双方出现信息障碍时，监管存在滞后性，对于失智长者的服务监管尚存诸多盲区，事后监管弊端更为明显。此外，作为新兴养老模式，监管政策内容的细节规定上存在缺失。对于特有的风险因素未能提供全面并且有效的保护措施。[13] 现有的法律法规政策未能完全涵盖长者的数据安全问题，在具体适用时依然存在模糊地带。

4. 文化引导不足：智慧养老观念引导不够

尽管现代科技为长者提供了更多便利和选择，受制于传统养老观念的影响，大多数长者存在习惯选择家人照料的"路径依赖"。这种观念在一定程度上限制了他们对新兴养老服务模式的尝试，导致社区智慧养老服务的利用率不高。由于社会组织参与社区养老服务属于新生事物，宣传渠道较为单一，一般仅限于将相关政策文件传送至居民微信群，较少举办宣传活动，而长者普遍较少使用智能手机，社区养老服务在长者群体中知晓度较低。这也反映出社会对于长者养老观念更新的教育和引导工作还不够充分，需要通过公共宣传、教育活动等方式，逐步改变长者的养老观念，促进社区智慧养老服务的普及和深化。

（二）中观层面：数字赋能社区智慧养老服务执行主体约束

1. 平台约束：尚未融通各方主体资源

智慧养老政策文本大多集中关注智能技术促进传统养老产业的技术革新和智慧化升级。数字赋能社区智慧养老服务高质量发展不仅需要智能信息技术，还需要医疗、教育等多领域、全方位、深层次的社会资源整合融通。在技术支持的背景下，实现需求匹配、数据共享、互联互通的多角度智慧化养老。但现行政策下的社区智慧养老服务平台还未能与地方卫健委的数据平台形成有效桥接，导致数据资源断连，阻碍涉老数据信息共享。

2. 企业约束：责任网络关键节点稀少

社区智慧养老服务责任网络由多个服务商协同合作组成复杂的执行网络。通常情况下，有序性节点越多，服务资源越丰富，网络功能越强大，网络形态越先进。目前，责任网络仍然处于初级形态，由于节点数量稀缺，信息平台缺乏多样化链接，服务扩张方面比较乏力。如太原市社区老年餐厅发展布局不充分，致使 12349 平台上链接的老年餐厅数量十分有限。济南槐荫区社区智慧养老服务线下供应商在全区范围内不足 90 家。北京市大兴区魏善庄镇社区服务中心，线下资源仅整合了镇域内为数不多的商超、理发店、卫生院等为老服务资源。政府主导的自上而下的社区智慧养老运营模式，是带有公益性质的新型产物，利润空间较小，社区智慧养老信息平台搭建存在大量沉没成本，收费机制在短时间内尚处空白，若将成本转嫁给服务提供商，势必会削弱其参与积极性。

3. 人才约束：专业人才队伍建设迟滞

行业发展与专业人才的发展密不可分。一方面，社区养老的高质量发展依赖于专业服务人才，包括护理人员、社会工作者等；另一方面，社区智慧养老依赖于大数据、物联网等先进的技术，需要具备相关技能的专业人员来管理和优化系统。《中国大学生养老服务行业就业意愿调查分析报告》显示，根据一般口径的 1∶3 完全失能人口照护比计算，养老护理人才的短缺规模已达 500 万人。《中国民政统计年鉴 2023》显示，社区养老机构年末职工总人数在 46 岁以上的占比约为 45%，其中大学本科以上教育程度占比 7%，具有社会工作师（助理）职业资格水平的仅为 3%。这也揭示了社区养老服务从业者存在整体数量短缺、人才队伍向老、教育水平不高以及专业技能不足的问题。加之，社会认可程度不高，晋升空间受限，难以吸引专业人才，导致专业人才队伍的建设补给能力不足。

（三）微观层面：数字赋能社区智慧养老服务目标群体挑战

1. 数字挑战：数字贫困问题棘手

长者是数字时代的弱势群体，对智慧养老服务的内容及优势缺乏了解，养老需求潜力得不到有效释放。《2021 智慧助老模式观察报告》显示，由于部分智慧养老服务产品适老化程度不高，超 80% 的被调查长者学习新的智慧产品或软件需要经过 4 ～ 10 次的指导，[14] 这反映出当前长者数字能力偏低的事实。究其原因，长者大脑中神经元的敏感性降低，学习能力下降，往往缺乏使用智能设备和智能终端的热情，[6] 这导致部分长者对数字产品具有排斥感和疏远感，致使长者与信息技术之间产生了难以逾越的鸿沟，阻碍长者接入养老服务资源。[15] 此外，因经济原因或居住环境的限制，无法获得稳定的互联网接入条件，从而进一步加剧了他们在数字鸿沟中的处境。

2. 经济挑战：囿于经济能力有限

第七次全国人口普查资料显示，只有 34.67% 的长者收入来源为养老保险的退休给付 [16]，大多数长者依赖家庭支援或个人劳动收入来维持生活。根据《中国统计年鉴 2024》数据显示，参加城镇职工基本养老保险人数为 52120.8 万人，养老基金支出为 63756.6 亿元，平均每人每月养老金收入为 1019 元。数据表明，靠养老金生活的长者不一定富有，而靠家庭或自己挣钱生活的长者多不富裕。虽然社区购买养老服务是缓解子女照护负担的一个有效途径，但受制于经济能力约束，导致大多数家庭养老服务消费意愿较低，消费偏好主要集中于满足刚性需求的基础照料类。经济支持能力不足，导致需求阻滞，影响着社区智慧养老服务高质量发展。

四、社区智慧养老服务优化策略

（一）宏观层面：以包容型社会环境赋能社区智慧养老服务

1. 政策赋能：完善服务标准体系，促使政策落细落地落实

社区智慧养老服务供给质量良莠不齐，服务标准缺失。为此，一是建立健全标准化建设体系。加强各部门沟通协调，明确分工，制定社区智慧养老的标准化建设规划，支撑社区智慧养老服务长期发展。二是逐步推行社区智慧养老服务标准目录。通过明确服务内容、服务流程和服务质量等关键要素，确保服务的规范化和标准化。针对养老需求的特征，应分类制定多样化的养老服务套餐标准，并根据实际情况进行动态调整。三是鼓励公众参与监督，使其成为标准化监督的关键途径。服务标准体系的建立能够为社区智慧养老服务提供明确的指导和参考，便于监管机构监督和评估。为确保服务提供商能够将标准化服务细化并落到实处，应鼓励公众参与服务监督，营造全民关注服务质量的社会环境。

2. 经济赋能：提升财政资助力度，推动服务组织运营发展

社区智慧养老的发展仍然处于初步阶段，发展前景有赖于多方的重视和支持，财政支持是社区智慧养老发展的重要基础。财政支持方面，一是通过设立专项基金，鼓励和引导社会资本投入社区养老服务业。二是政府应优化财政支出结构，增加对社区养老服务业的直接投资，将社区智慧养老服务经费纳入政府年度预算，为社区养老机构提供必要的启动资金和运营补贴。三是制定优惠政策，对从事社区养老服务的企业和个人给予税收减免，降低他们的经营成本，提高服务质量。四是加强与金融机构的合作，为社区智慧养老服务提供金融支持，如低息贷款、信贷担保等，以缓解资金压力。通过这些综合措施，可以有效激发市场活力，有效推动社区智慧养老产业的持续发展。

3.技术赋能：突破监管技术难关，健全数据安全保护机制

养老服务过程中数据源的安全性、私密性是智慧养老服务发展的重要基础。针对数据安全，一是所有参与者应深刻认识到智慧养老数据的价值和敏感性。政府应建立健全的数据保护机制，形成法律法规，加强数据的加密和权限管理，以确保数据的安全性和隐私性。执行机构应提高从业人员数据安全水平，加强员工的数据安全意识培训，数据安全问题从事后处理向事前预防转变。二是突破技术瓶颈，保护数据安全。运用先进的区块链技术和加密算法，对智慧养老数据进行加密存储和安全传输，从而有效防范黑客攻击和数据泄露。建立完善的数据备份和恢复机制，及时发现并应对数据安全事件，保障智慧养老系统的稳健运行。三是积极推进智慧养老全过程监管。平台应开通服务全程录音、GPS 轨迹跟踪、异常工单自动识别功能，通过不定期抽查平台信息、服务对象回访等方式，实现对长者法律纠纷的全面监测、自主分析、自动取证，提高监管效能，完善智慧养老服务协同监管治理长效机制。[17-19]

4.文化赋能：革新养老服务理念，助力长者畅享数字红利

一是多渠道传播智慧养老的理念和成果。加大智慧养老的宣传力度，在长者活动的公共场所张贴海报，举办公益活动，加强社区智慧养老的普及和宣传力度，提高公众对智慧养老的认知度和接受度，引导长者树立先进的养老观念。二是鼓励养老服务组织在社区进行"智慧社区养老试点"，有利于增强社区养老公信力。切身感受到社区智慧养老服务优越性，逐渐地接受并推广社区智慧养老的理念，助力长者畅享数字红利。三是鼓励年轻人参与"帮、扶、带"公益活动，助推"时间银行"养老互动模式，为长者提供更多的社交机会和情感支持，从而在社区内形成互助互爱的良好氛围，消除代沟，促进社会和谐。

（二）中观层面：以执行者高效组织助推社区智慧养老服务

1.平台助推：构建跨部门协作机制，完善数据共享平台搭建

一是跨部门协同合作，破解信息孤岛。充分利用信息技术支持，提升服务质量和服务效率的同时，政府在政策设计上应积极协调养老、医疗等相关部门，打破资源壁垒，要加强民政部、国家卫生健康委、工信部、住建部等多部门之间的数据库畅联，形成信息共享的政策执行体系。二是不断调整和优化政策内容。在政策设计时考虑经济、社会和技术的动态变化，以及人口老龄化趋势，制定出具有前瞻性的政策规划。定期对智慧养老服务政策的实施效果进行评估和反馈，确保政策能够适应不断变化的需求和挑战。

2.企业助推：增加服务网节点数量，助推责任网络价值共创

社区智慧养老信息平台是连接各主体关系网的重要枢纽。在数字时代，平台应秉持开放、包容、整合、集成的生态理念，满足多主体参与服务和资源交换的需求。一是增加服务商节点数量，提升网络级别。在政府政策引导和资金扶持的助力下，激发服务商参与平台服务的内在活力，以服务长者为根本，以数字赋能为依托，增加服务商节点数量，提升网络级别，增加服务商节点数量，提升网络级别，实现供需对接、快速响应的服务宗旨。二是重视数据资源整合，助推责任网络价值共创。将顶层信息服务端口与政府平台、医疗平台、第三方服务平台相对接，促进不同政府部门之间的信息共享和资源整合，形成合力，推进养老数据库的全面建设，助推责任网络价值共创。

3.人才助推：完善人才培养激励机制，提升专业人才素质水平

专业人才是高质量发展养老产业的关键支撑。为破解人才数量短缺的困局，一是扩充复合人才资源库。政府应鼓励高校开设老年服务管理、健

康服务管理等专业，扩充具有中医学、营养、预防等学科背景的复合型人才。二是加大社会组织养老护理人员的培训力度。参加培训者需掌握基本技能和信息技术，颁发从业合格证书方可上岗。吸纳城市外来务工人员和待就业人员，解决基层养老服务人员不足的困境。三是完善人才培养激励制度。政府要发挥引领作用，完善奖励机制，提高从业人员的福利待遇，提升从业人员的职业认同感，保障社区智慧养老服务的可持续性发展。

（三）微观层面：以长者数字适老迎合社区智慧养老服务

1. 数字迎合：推行老年数字教育，牢固长者数字底座

加大老年教育投入能够提升长者的幸福感，助推"老有所学"，促进"老有所为"，符合经济发展和社会发展的内生需要。为此，在社区层面，将长者数字素养教育纳入社区治理系统。通过开展教育形式多样的老年课堂，搭建线上＋线下混合式教学模式，打造包容的学习环境。在家庭层面，家庭成员应关注长者的数字学习。在代际支持的帮助下，子女数字反哺能创造更多数字学习的场景，帮助长者能够更顺利地融入数字时代。在企业层面，提升产品适老化水平，增强低龄长者数字黏性：①智能终端养老产品应具备适老化功能。养老技术的创新应用具有巨大潜力，企业在研发产品时，要考虑长者听力、视力等老年机能情况，注重提升智能终端养老产品的便利性和可操作性。②应坚持动态发展的眼光，注重低龄长者的信息技术培训。随着老龄人群的代际更替，低龄长者对数字智能产品更加熟悉，更容易形成数字依赖，这有助于智能养老产品的应用以及社区智慧养老服务的推行。

2. 价格迎合：多措并举降低服务价格，减轻获取服务经济负担

一是政府应划拨专项资金建立智能化适老设施，对困难长者部分服务项目减免服务费用，拓宽智慧养老服务覆盖面。二是将非营利组织纳入到

智慧养老服务主体中，以普惠的形式推广社区智慧养老服务工程，倒逼养老服务商降低服务价格。三是在政策补贴过程中侧重对长者的直接补贴，从根本上提高长者的购买能力，用长期护理保险"撬动"长者的支付能力，建立长者智慧照护服务的支付机制，破解长者支付能力不足的困境，多措并举降低养老服务价格，减轻长者获取服务的经济负担。

五、总结与展望

　　人口老龄化背景下，养老服务刚性需求不断释放，养老服务供给缺口巨大。大数据、人工智能等新一代技术应用于养老领域，预示着数字赋能的社区智慧养老应运而生。社区智慧养老服务模式仍然处于发展阶段，进一步提升社区智慧养老服务质量具有重要意义。本报告基于生态系统理论，分别从宏观 - 中观 - 微观层面梳理社区智慧养老政策现状，精准研判其面临现实困境，提出可行的优化策略，为养老领域提供政策优化及实践指导。未来，应倡导长者积极贡献社会，实现老有所学、老有所乐、老有所为，构建更加和谐、包容的社会环境，推动长者服务高质量发展，最终实现可持续、健康老龄化社会的建设目标。

参考文献

　　[1] 王成，李东阳，周玉萍.社区智慧养老服务供给——责任网络、现实约束与机制构建 [J].人口与经济，2023（1）：120-138.

　　[2] 张泽鸿.智慧赋能养老服务的驱动要素、转型逻辑、实践困境与对策 [J].西安交通大学学报（社会科学版），2024，44（3）：64-74.

　　[3] 钟仁耀，王怀月.城市社区智能居家养老服务模式探讨 [J].理论探索，2023（3）：90-97.

　　[4] 王晓慧.智慧养老的发展轨迹、态势与进路 [J].决策与信息，2023（2）：62-73.

　　[5] 王凯，黄健元.社区居家医养结合养老服务的发展策略研究——基于生态系统理论 [J].卫生经济研究，2024，41（4）：25-29.

　　[6] 纪春艳.居家智慧养老的实践困境与优化路径 [J].东岳论丛，2022，43（7）：182-190.

　　[7] 王若凡，张若平，刘妍，等.社区智慧养老标准化研究 [J].标准科学，2021（S1）：295-301.

　　[8] 张可欣.沈阳市社区居家养老服务供给问题研究 [D].沈阳：沈阳师范大学，2023.

　　[9] 刘会丽.基于大数据的智慧养老产业发展研究——以南通市为例 [J].市场论坛，2022（8）：65-70.

[10] 贾冰洁 . "互联网＋" 背景下福建省社区智慧养老模式现状调查研究 [J]. 太原城市职业技术学院学报，2021（4）：24-26.

[11] 侯琳 .D 市社区居家养老服务政策执行问题研究 [D]. 沈阳：辽宁大学，2023.

[12] 张金玲 . 兰州市社区居家养老服务政策执行研究 [D]. 兰州：西北师范大学，2021.

[13] 武萍，朱旭峰 . 智慧养老服务数据安全治理：理念重塑与监管创新 [J]. 甘肃行政学院学报，2024（1）：113-123，128.

[14] 韩振燕，徐智健 . 数字技术赋能智慧养老的内在逻辑、困境指向与实践进路——基于 "技术－组织－环境" 分析框架 [J]. 卫生软科学，2024，38（9）：18-22，27.

[15] 葛颜，董里，袁红艳，等 . 基于 "互联网＋" 社区居家养老服务研究进展 [J]. 护理研究，2024，38（15）：2741-2745.

[16] 蒲新微，张馨康 . 智慧养老服务高质量发展：现实障碍、建设逻辑与实现路径 [J]. 西北人口，2024，45（5）：1-11.

[17] 董添 . 推进智慧养老标准化建设 [N]. 中国证券报，2022-03-04（A06）.

[18] 郝钢，丁莹莹 . 数字平台驱动智慧养老服务供给结构优化——基于价值共创理论视角的博弈分析 [J]. 商业研究，2023（3）：58-69.

[19] 杨梦婷，杨芳 . 数字时代智慧养老服务法治保障问题研究 [J]. 攀枝花学院学报，2024，41（5）：32-41.

陆

综合发展篇

HB.19

中国中西医协同发展在银龄产业中的需求与前景分析

郭然 ❶　　肖彦博 ❷

摘要： 随着我国人口老龄化速度的加快，银龄产业的需求持续攀升。本报告旨在探讨中西医协同在银龄产业中的应用范围、市场潜力以及适应性，并据此提出讨论与建议。探讨发现银龄产业对中西医协同的需求强烈，并且中西医协同在多个层面可以很好地满足银龄市场的需求，本报告进一步提出了优化中西医协同发展以更好地服务银龄市场的策略。

关键词： 银龄产业；中西医协同；老龄化；市场需求

引言

在全球化背景下，人口老龄化已成为全球性问题，我国尤为显著。据国家统计局数据，截至 2023 年，我国 60 岁及以上银龄族人口已超过 2.5 亿，占总人口的 18.1%。随着我国社会老龄化的加剧，银龄产业成为国家和社会关注的焦点，它不仅关系到银龄族的福祉，也是国家经济发展的重

---

❶ 郭然，北京中医药大学讲师，管理学博士，毕业于协和医学院。
❷ 肖彦博，公共管理学博士，政治学博士后，毕业于北京师范大学，北京中医药大学讲师。研究方向：创新城市与创新生态建设、知识动员、健康行为等。

要组成部分。银龄产业不仅涉及银龄族的日常生活，还包括健康护理、疾病预防和治疗等多个方面。中西医协同发展作为一种中国特色的医疗服务模式，在银龄产业中展现出较大的潜力和需求。本报告旨在探讨中西医协同在银龄产业中的应用，分析其市场需求，并提出优化策略。

一、银龄产业概念及其特点

（一）相关概念

银龄产业来源于早前银发经济的提出。银发经济最早可追溯至 20 世纪 70 年代日本国家铁路创设的"银发座位"，而后才出现诸如"银发市场""银发产业""银发经济"等术语。2008 年欧洲议会正式采用"银发经济"一词。2015 年欧盟委员会在《银发经济》报告中正式提出"银发经济"的概念，将其定义为"来自与人口老龄化和超过 50 岁公众和消费者支出相关联的经济机会，以及与具体需要有关的支出"。[1]银龄产业是银发经济的具体组成部分，是指专门为满足银龄人口独特需求而设立的产业分支，如养老地产、适老化产品制造、医养结合服务等，银龄产业更聚焦于具体行业分类及市场供给。银发经济与银龄产业是整体与部分的关系。银发经济为宏观框架，银龄产业为具体实践领域，两者共同构成应对人口老龄化的经济体系。

（二）银龄产业的发展特点

1. 独特性

银龄族的需求可以分为共性需求和独特性需求两大类。共性需求是指银龄族与其他年龄段人群共有的需求，这些需求可以通过非专门针对银龄族的产业提供的产品与服务来满足，因此不属于银发经济的领域。而银龄族的独特性需求（其他年龄段人群较少有或没有的需求）则需要通过发展银发经济来满足，因此，从狭义上讲，银发经济主要满足的是银龄族的独

特性需求 [2]。

2. 综合性

银龄族需求的多样性和广泛性意味着，即使是为了满足银龄族的独特性需求，银龄产业也不是单一的经济形态，而是一个以银龄族为主要消费群体的综合经济体系，涵盖农业、制造业和服务业等多个领域，为他们提供农副产品、生活用品、服务与设施等 [2, 3]。

3. 复杂性

银龄族群体内部差异巨大，不仅在经济状况、健康状况、兴趣爱好、文化和消费观念、家庭背景等方面存在差异，而且在城乡、区域、民族、习俗等方面也有很大差异。每个家庭、每位银龄族个体，甚至同一位银龄族在不同时期的需求都可能不同。这决定了银发经济涉及的产业和行业众多，受多种因素影响，其复杂性是银发经济与其他单一经济形态的主要区别 [3]。

4. 市场性

银龄产业包括"老龄阶段的老龄经济"和"未老阶段的备老经济"。"老龄阶段的老龄经济"对应传统的老龄产业，而"未老阶段的备老经济"则对应新兴的备老产业。尽管备老产业在某些方面与银龄产业不同，但其本质仍属于银龄产业的延伸，都属于产业范畴，这决定了银龄产业的市场特性，即以盈利为目的的经济活动，与非营利性质的老龄事业有本质区别 [4]。

二、银龄产业分布及发展现状

1. 银龄健康产业分布情况

随着银龄族人口的增多，以及他们对生活品质追求的提升，银龄产业的发展不断贴合着时代发展的需要，呈现出以下特点：第一，服务模式多元化。随着老龄化社会的需求增加，银龄产业的服务模式趋向多元化，除了传统的养老服务机构外，出现了以中医养生、健康管理等为特色的新型服务模式。第二，技术融合创新。在银龄产业中，中西医协同发展模式展现出创新趋势。通过整合中医的预防保健与西医的疾病治疗形成了一套综合治疗方案，提高了治疗效果和患者生活质量。第三，政策支持加强。政府对银龄产业的支持力度不断加大，特别是在中西医协同领域，政策倾斜明显，以促进银龄产业的健康发展。

2. 银龄健康产业市场及健康需求

《中共中央关于制定国民经济和社会发展第十四个五年规划和二〇三五年远景目标的建议》明确提出，"积极开发老龄人力资源，发展银发经济。推动养老事业和养老产业协同发展，健全基本养老服务体系，发展普惠型养老服务和互助性养老，支持家庭承担养老功能，培育养老新业态，构建居家社区机构相协调、医养康养相结合的养老服务体系，健全养老服务综合监管制度"。这一表述表明，养老产业不仅是我国未来新发展格局中重要的新经济模块，也是适应年轻社会要求的经济体转型升级为适应老龄社会要求的经济体的关键，对未来经济格局的影响是深远的 [5]。

从中长期来看，银龄产业的市场需求将呈现多元化、精细化特征。在健康与医疗领域，银龄族对慢性病管理、中医药服务及医养结合模式的需求尤为突出。据国家卫生健康委《中国老龄健康产业发展报告（2023）》显示，慢性病管理支出占老龄医疗总费用的72%，凸显其重要性。养老服务需求则以社区居家模式为主导，国务院《"十四五"国家老龄事业发展和养老服务体系规划》明确要求2025年居家社区养老覆盖率超过90%，推动长期护理与家庭照护支持体系的完善。

进入2036—2050年的第二阶段，银龄产业的市场需求将呈现以下特点：第一，银龄消费群体将步入"新老龄"时期，这一群体的消费观念将更为积极，消费意愿和能力将增强，需求更加多样化，随着经济社会发展和社会保障制度的逐步完善，我国银龄族的消费意愿和消费能力不断增强，银龄消费市场潜力巨大，消费内容和方式越来越多元化，消费需求高端化和品质化[6]。此外，银龄族的消费结构和消费需求发生显著改变，呈现品质化、多元化、个性化、便利化趋势[7]。第二，银龄族对健康和养老的意识将更加主动，对健康维护、疾病预防、保健养生等产品和服务的需求将更为显著。人口老龄化带来的医疗保健、长期照护、生活照料等方面的需求将大幅增长[8]。第三，消费模式将更加多元化，银龄族线上支付、购物和消费的趋势将更为明显。在互联网时代的大背景下，网络消费尤其是手机上网成为银龄族消费的重要途径[9]。银龄族同样在享受消费新模式带来的高品质便利生活[10]。第四，银龄族的消费观念将趋向于追求品质和享受，对产品和服务的质量要求将更高。银龄族消费开始趋向享乐型、智能化和社交依赖等特点[11]。银龄族的消费结构从基本需求向健康、兴趣、体验等方向转移，消费升级趋势明显[12]。第五，产业的受众范围将从银龄族扩展至全年龄段，这一趋势将更加明显。随着银龄族人口规模的持续扩大，银龄族逐渐成为经济发展中的重要消费主体[13]。低龄的银龄族因其初老特征集中呈现出关系型、保养型、比照型、认同型四类消费群像[14]。

3. 银龄健康产业发展的挑战与机遇

中国银龄产业当前正处于一个快速发展的阶段，但同时也遭遇了一系列挑战。首先，随着银龄族人口的迅速增加，他们对医疗服务的需求呈现出爆炸性增长，尤其是在农村和边远地区，医疗资源的不足和分布不均成为一个突出问题。这些地区的银龄族往往难以获得及时和高质量的医疗服务，导致他们的健康需求得不到有效满足。

银龄族的健康需求呈现出多样化的特点，要求医疗服务提供者能够提供更加多元化和个性化的服务。然而，目前许多医疗服务模式仍然较为单一，难以全面覆盖银龄族的复杂和多变的健康需求。银龄族的健康需求不仅包括基本的医疗诊治，还涉及康复、护理、慢性病管理等多个方面。此外，科技进步为医疗服务带来了新的可能性，同时也提高了银龄族对医疗服务的期待。现代银龄族更加注重医疗服务的便捷性、效率和个性化。他们期望能够通过科技手段，如远程医疗、智能健康监测设备等，获得更加精准和便捷的医疗服务。这种期待对医疗服务提供者提出了更高的要求，需要他们不断创新服务模式，以满足银龄族日益增长的服务需求。

中国银龄产业的发展需要面对银龄族增长带来的医疗需求压力、健康需求的多样化以及科技进步带来的服务期望提升等多重挑战。这要求政策制定者、医疗服务提供者以及相关产业参与者共同努力，通过优化资源配置、创新服务模式和利用科技手段，来提升银龄族的医疗服务体验，满足他们不断增长的健康需求。

三、银龄产业中西医协同服务需求

（一）银龄族健康状况特点

银龄族的疾病往往关联多个身体系统，这不仅增加了诊断和治疗的复杂性，也要求采取更全面和精细的治疗计划。银龄族中常见多病共存，如心脏病、糖尿病、骨质疏松、慢性呼吸疾病等，这些病症相互影响，治疗时必须考虑它们之间的相互作用以及药物间的潜在影响。随着年龄增长，身体器官功能逐渐衰退，例如肾脏和肝脏的代谢功能减弱，心脏的泵血功能降低。这些变化影响药物的代谢和排泄，增加了药物不良反应的风险。同时，银龄族常常伴有认知功能减退、情绪障碍等问题，这些都为治疗带来了额外的挑战。在为银龄族治疗疾病时，医师需要综合评估患者的整体健康状况，包括基础疾病、生理功能、药物耐受性等，以制定最适合患者的治疗计划。由于银龄患者对疾病的反应与年轻人不同，疾病的临床表现可能更为复杂和隐蔽，因此，银龄族疾病的治疗不仅要针对病症本身，还要考虑到银龄族的整体健康状况和特殊需求。

（二）中西医协同服务与银龄产业的适配性

中西医协同发展在银龄产业中的契合度是较高的。中西医结合治疗在银龄族的疾病的治疗中得到了广泛的专家共识和高质量文献的支持。根据《中国老年医学》杂志发表的研究，中西医结合能够提高治疗效果，减少不良反应，提升银龄患者的生活质量。中医注重整体调理和预防保健，而西医则侧重于疾病的诊断和治疗，这种协同模式能够为银龄族提供全面的健康管理服务，满足他们在不同健康状态下的需求。如在老年期抑郁障碍的治疗中，中医的情志调理与西医的药物治疗相结合，能够更有效地改善患者的心理健康状态；在老年慢性病管理中，中医的调理理念与西医的精准治疗相结合，能够为银龄患者提供更为全面的治疗方案；在康复治疗领域，通过针灸和物理疗法的结合，可以有效促进银龄患者的身体恢复。

从多个维度来看，中西医协同发展在银龄产业中的应用具有显著的优势。

第一，中医的整体调理和预防保健理念能够为银龄族提供更为全面的健康管理服务。中医强调"治未病"，通过整体观念和辨证施治的方法，注重预防和调养，能够有效提升银龄族的体质和免疫力，减少疾病的发生[15-17]。如中医药在医养结合模式中，通过发挥其"简、便、验、廉"的优势，能够更好地满足银龄族的健康需求[18]；而西医的精准治疗则能够针对具体的疾病提供有效的解决方案，西医在病理机制研究、现代医学技术和药物治疗方面具有明显优势，能够快速诊断并治疗急性病和复杂疾病[19, 20]。如在老年性腰椎间盘突出的治疗中，中西医结合疗法显示出优越的疗效和较少的不良反应[21]。这种综合治疗方式不仅能有效控制老龄疾病的发展，还能提高患者的生活质量，减少药物副作用，同时对症下药，针对个体差异制定个性化治疗方案，为银龄患者提供了更为全面、有效的医疗服务。

第二，中西医结合能够提高治疗效果，减少毒副作用。研究表明，中西医结合治疗银屑病的临床疗效显著高于单纯西医治疗，且复发率较低[22-24]。这种结合方式不仅提高了治疗的有效性，还降低了药物的毒副作用[25]。对于银龄族来说，身体机能逐渐下降，对药物的耐受性降低，因此减少毒副作用尤为重要[26]。中西医协同在老年疾病的治疗中通过充分利用两种医学的优势，能够显著提升治疗效果，这不仅体现在疾病症状的快速控制上，还包括长期的生活质量提升和整体健康状态的改善，为众多银龄患者带来了实实在在的健康益处。

第三，中西医结合的服务模式能够更好地适应银龄族多样化的健康需求，提供个性化的治疗方案。中医和西医的结合不仅在治疗上互补，在护理管理中也展现出独特优势。如在老年护理管理中，多维度中西医结合护理方案显著提高了患者的护理质量和生活质量[27]。此外，中西医结合养老护理模式在养老院的应用也显示出广阔的前景，能够为银龄族提供全面的整体护理[26]。全方位的关怀和支持，不仅提高了治疗的效果，也增强了患者对治疗的信心和满意度，从而在更大程度上改善了他们的生活质量，使他们能够享受更加健康、积极的晚年生活。

（三）银龄产业中的中西医协同服务需求

1. 多病共存与综合管理

银龄群体中常见的多病共存现象，如心脏病、糖尿病、骨质疏松等，这些疾病往往涉及多个器官和系统，需要综合考虑多方面因素进行治疗。中西医结合能够通过中医的整体调理和西医的精准治疗相结合，实现对疾病的全方位管理。

2. 个性化与精准治疗

中西医结合能够根据银龄族的具体病情和体质，制定个性化的治疗方案。中医注重辨证施治，通过中药、针灸等方法调整患者的整体状态，增强免疫力；而西医则侧重于疾病的诊断和对症治疗 [28]。

3. 预防与康复相结合

中医强调"治未病"，通过预防保健和情志调理，可以有效提升银龄族的体质和免疫力，减少疾病的发生 [29]。在康复治疗领域，中西医结合通过针灸和物理疗法的结合，可以有效促进老龄患者的身体恢复 [30]。

4. 护理与管理的创新

中西医结合在银龄族的护理管理中展现出独特优势。通过多维度的护理方案，可以显著提高患者的护理质量和生活质量 [28]。例如，在养老院的应用中，中西医结合养老护理模式能够为银龄族提供全面的整体护理，满足其多样化的需求 [31]。

5. 政策支持与资源整合

国家政策的支持为中西医结合在银龄产业中的发展提供了良好的环境。通过整合医疗资源和养老服务资源，构建一体化的医养结合模式，可以更好地满足老年人的健康需求 [32, 33]。如国家在"十三五"期间推动医养结合模式的发展，明确了服务定位，加强了理念倡导，并优化了配套策略 [33]。

四、银龄产业中西医协同服务的主要模式

中西医协同的服务方式因其独特的优势和综合的医疗服务模式，成为银龄产业中的重要组成部分。中西医协同的服务方式主要包括中医医院、综合医院中的旗舰医院与中西医结合科室、基层医疗卫生服务机构以及康复与养老机构等。这些服务方式各有特点，共同构成了中西医协同服务的多元化体系。

1. 中医医院

当前多数中医医院以中西医结合作为主要的诊疗模式，通过整合中医和西医的优势，为银龄族提供全面的医疗服务。中医医院通常设有专门的中西医结合科室，能够提供从疾病预防到康复治疗的一体化服务，同时，还注重发挥中医药的特色和优势，如针灸、推拿、中药调理等，为银龄族提供个性化的健康管理方案 [34]。

2. 中西医结合医院

中西医结合医院是推动中西医协同发展的重点机构，通常设有多个中西医结合科室，如心血管科、肿瘤科、骨科等。这些科室通过多学科协作，结合中医的整体观念和辨证施治方法，以及西医的精准治疗手段，为银龄族提供高效的诊疗服务。例如，江苏省无锡市中西医结合医院通过多学科"一体化"诊疗服务平台，有效提高了中医临床疗效，改善了患者的就医体验 [34]。

3. 综合医院

在国家卫生健康委、国家中医药局、中央军委后勤保障部卫生局联合制定的《关于进一步加强综合医院中医药工作推动中西医协同发展的意见》文件中，强调综合医院是提供中医药服务的重要平台，是中医药传承创新的重要阵地，加强综合医院中医药工作对坚持中西医并重、促进中医和西医相互补充、协调发展具有重要意义 [35]。综合医院中的中西医结合科室通过整合中医与西医的诊疗优势，形成"精准治疗＋整体调理"的双轨模式。西医依托先进医疗设备和规范化治疗手段，为银龄患者提供急性病症控制与精准干预；中医则通过辨证施治、中药调理及针灸推拿，改善患者体质并促进慢性病康复。此类科室的运作严格遵循《关于进一步加强综合医院中医药工作推动中西医协同发展的意见》，强调多学科协作诊疗（MDT），确保治疗方案兼具科学性、个性化与系统性。

4. 基层医疗卫生服务

社区健康服务中心作为基层医疗服务的重要组成部分，通过提供基本的医疗服务和健康咨询，为银龄族提供了便捷的健康管理服务。这些中心通过建立电子健康档案系统，实现了对银龄族健康数据的实时监控和分析，提高了医疗服务的效率和质量。例如，北京市朝阳区孙河社区卫生服务中心已通过建立"中医特色医养结合病房模式"，实现了街坊式的医疗养老服务[36]。

5. 康复与养老机构

康复与养老机构是医养结合的重要组成部分，通过整合医疗资源和养老服务，为银龄族提供持续性的照护。这些机构通常设有康复中心和养老公寓，能够为银龄族提供从疾病康复到日常生活照料的一体化服务。例如，某县中医院通过探索医养结合模式，充分发挥中医药优势，为银龄族提供养生康复保健护理，效果显著[37]。

五、银龄产业中西医协同服务的前景与展望

（一）中西医协同发展在银龄产业中的前景

中西医协同发展在银龄产业中的应用不仅能够满足银龄族多样化的健康需求，还能够提高医疗服务的效率和质量。通过加强人才培养、服务模式创新、科研投入和政策支持，中西医协同发展将在银龄产业中发挥更大的作用，为银龄族的健康和福祉做出更大的贡献。

银龄产业对中西医协同的需求较高，这与银龄族人口增长和健康需求的多样化有关；中西医协同在健康管理、疾病预防、疾病治疗等方面能满足银龄市场的需求；为了进一步优化中西医协同对银龄市场的供给，需要

加强人才培养、服务模式创新等科研投入和政策支持。

1. 临床治疗与健康管理的整合

中西医协同发展在银龄产业中的前景首先体现在临床治疗与健康管理的整合上。随着人口老龄化的加剧，银龄族对健康服务的需求日益增长。中西医协同可以充分发挥两种医学体系的优势，为银龄族提供更全面的健康服务。西医在疾病诊断、急性期治疗和手术干预方面具有明显优势，而中医则在慢性病管理、康复治疗和提高生活质量方面发挥作用。通过中西医协同，可以为银龄患者提供从预防、治疗到康复的全周期健康管理。

2. 银龄产业的精细化趋势

随着银发经济的崛起，银龄产业出现了更为精细化的趋势。通过对银龄族不同的代际差异、生命阶段、生理与心理需求等进行划分，中西医协同发展可以更好地把握市场机遇。银龄产业包含小老龄（熟龄）产业、中老龄（老龄）产业、大老龄（老龄）产业三个层级，涉及"健康活力""轻度照护""医护介入"以及"关怀慰藉"相关产业。

3. 中西医协同服务在银龄健康产业中的重要地位

银龄健康产业构成了一个庞大的产业网络，它包括终身健康教育、健康管理、体育产业、中西医协同服务以及非药物健康服务等多个领域。在这些领域中，中西医协同服务尤为关键，它在保健养生、慢性病治疗以及康复产品服务体系中占据重要地位。随着医疗科研的进步和人均寿命的延长，银龄族的健康意识日益增强，这促使了预防性健康需求的增长，如对营养保健品的消费需求显著增加。

4. 政策支持下的中西医协同发展

国家层面的相关政策强调中西医结合诊疗方案，鼓励多学科团队建设，推动多病共治。地方层面的相关政策如安徽省支持康养产业高质量发展，北京市培养医养结合实用型人才，重点加强养老服务人才队伍建设等均为中西医协同发展提供了政策支持。

（二）中西医协同发展在银龄产业中的展望

1. 中西医结合指南与临床实践

中西医协同发展的一个重要方向是中西医结合指南与临床实践的进一步融合。通过系统检索和评价现有的中西医结合临床实践指南，可以提取现有中西医结合的具体方法，探讨未来中西医融合在指南中的应用思路与方法。这将为创立有中国特色的、可重复、能计算、易推广的临床实践指南和中西医融合范式奠定基础。

2. 构建一体化健康服务体系

如"中西医协同打造老龄认知功能维护及心理健康促进一体化健康服务体系"项目，通过中西医联合攻关，为认知障碍的防治提供了科学指导和实践方案，助力实现健康老龄化的国家战略。

3. 提升老年医学医疗服务能力

中西医协同发展将提升老年医学医疗服务能力，强调中西医结合诊疗方案，推进银龄阅读工作，促进养老服务消费，提升银龄族生活品质，推进长期照护师职业技能等级认定，提升金融服务适老化水平。

4. 加强中西医协同人才的培养，提升服务质量

中西医协同人才的培养是提升银龄产业服务质量的关键。根据《"十四五"中医药人才发展规划》，国家将实施多学科交叉创新团队建设专项，优化项目遴选机制，吸引中医药行业内外相关学科优秀人才和团

队，聚焦中医药重点领域关键问题联合攻关。此外，实施西医学习中医重大专项，培养高层次中西医结合人才，举办西医学习中医高级人才研修班，吸引相关领域高层次人才开展中医药研修学习，为了加强实践能力的培养，需要建设高水平中医药重点学科和中医药人才发展高地，如京津冀、长三角、粤港澳大湾区等区域重大战略。同时，持续建设名老中医药专家传承工作室，扩大建设规模丰富建设任务，培养更多传承团队和传承人才。

5. 推动中西医协同服务模式的创新

根据《关于进一步加强综合医院中医药工作推动中西医协同发展的意见》，综合医院要在院内会诊管理、多学科诊疗管理等相关制度和流程中明确鼓励中医类别医师参加的要求。各临床科室收治的急危重症和疑难复杂疾病开展多学科会诊时，应当根据病情需要邀请中医类医师参加。医院组建多学科诊疗团队时鼓励中医类别医师加入，共同研究中西医结合治疗方案。综合医院信息系统要支持中医药服务开展。设置互联网医院开展互联网医疗服务的，鼓励提供互联网中医药诊疗服务。这将有助于提升中西医协同服务的可及性和便捷性。

6. 加大对中西医协同研究的投入，以科学证据支持服务模式的优化和科研投入

以 2022 年国家自然科学基金资助经费为例，中医类别资助经费 7.4 亿元，占医学科学部总投入的 12% 而中西医结合学科仅为 1.6 亿元。这表明国家对中西医协同研究的投入有待加强，以科学证据支持服务模式的优化。国务院办公厅在《关于发展银发经济增进老年人福祉的意见》中提到，要加快建设康复医院、护理院（中心站）、安宁疗护机构，加强基层医疗卫生机构康复护理、健康管理等能力建设，鼓励拓展医养结合服务，推动建设银龄友善医疗机构，这需要科研成果转化的支持，以提升服务质量和

效率。

7. 强化政策支持，为中西医协同发展提供良好的政策环境

国家卫生健康委、国家中医药局和中央军委后勤保障部卫生局联合印发了《关于进一步加强综合医院中医药工作推动中西医协同发展的意见》，从完善中西医协同制度、加强中医临床科室建设、创新中西医协作医疗模式等方面提出了具体要求。政府的政策支持和资金投入对于中西医协同服务的发展至关重要，通过政策引导和资金支持，可以促进中西医协同服务的创新和普及，提高银龄族的医疗服务水平[38-40]。政策的实施需要跨部门的合作和协调，确保中西医协同发展的政策能够得到有效执行。如国家卫生健康委员会、国家中医药管理局和中央军委后勤保障部卫生局三个部门联合出台的《关于进一步加强综合医院中医药工作推动中西医协同发展的意见》，为中西医协同发展提供了政策支持和实施路径。

参考文献

[1] 陈友华. 银发经济：概念、特点与规模 [J]. 人口与经济，2024（6）：6-11，24-25.

[2] 林宝. 发展银发经济满足多样化养老需求 [J]. 人民论坛，2024（13）：17-19.

[3] 高颖. 银发经济的发展机遇及其布局 [J]. 人民论坛，2024（10）：84-87.

[4] 彭希哲，陈倩. 银发经济中备老人群消费特征与发展趋势研究 [J]. 新疆师范大学学报（哲学社会科学版），2025，46（2）：48-58，2.

[5] 王莉莉. 我国老龄产业中长期发展的现状与路径研究 [J]. 老龄科学研究，2024，12（3）：1-10.

[6] 曾红颖，范宪伟. 进一步激发银发消费市场 [J]. 宏观经济管理，2019（10）：33-38.

[7] 郭文琳. 完善供给优化环境进一步激发银发消费市场活力 [J]. 发展研究，2020（5）：41-46.

[8] 马俊炯. "老龄化"加速背景下的消费变化 [J]. 中国国情国力，2023，（9）：13-19.

[9] 张皓月. 低龄老年群体手机媒介使用与"银发经济"发展研究 [D]. 长春：吉林大学，2022.

[10] 张婷. 促进银发消费要适老更要护老 [J]. 中国社会工作，2024（11）：31.

[11] 原新. 银发消费趋向享乐型、智能化 [J]. 人民论坛，2021（4）：30-32.

[12] 适老市场呈现繁荣景象 [N]. 经济日报，2023-10-30（08）.

[13 吴玉韶，李昊臻. 银发经济发展对养老金融的需求 [J]. 中国金融，2024（12）：47-49.

[14] 刘凯强，范和生. 莫道桑榆晚：低龄银发消费的群像分类与发展审视 [J]. 甘肃社会科学，2024（4）：92-101.

[15] 陈娜，孙艳秋，燕燕. 基于"互联网+"的中医药医养结合智慧养老模式研究 [J]. 辽宁中医药大学学报，2023，25（7）：129-132.

[16] 刘楠楠. 中医药在医养结合养老服务中的优势 [J]. 中医药管理杂志, 2023, 31（13）: 248-250.

[17] 董珍珍, 王谦, 周海燕. 中医"治未病"在我国养老模式中的优势与问题探讨 [J]. 中国疗养医学, 2022, 31（5）: 506-508.

[18] 牛晓飞, 王小妮, 王梓琪, 等. 中医药技术在医养结合养老模式中的应用 [J]. 国际老年医学杂志, 2023, 44（2）: 237-239.

[19] 周黄婉瑾. 中国中西医结合医学发展调查 [J]. 现代养生（下半月版）, 2016（9）: 34.

[20] 赵俊男, 刘玥, 张颖, 等. 中西医结合老年医学研究的进展与思考 [J]. 中国循证医学杂志, 2018, 18（11）: 1191-1197.

[21] 杨文华. 老年性腰椎间盘突出特点及中西药结合治疗探析 [J]. 当代医学, 2012, 18（35）: 152-153.

[22] 赵万美. 中西医结合治疗银屑病的临床疗效观察 [J]. 世界最新医学信息文摘, 2018, 18（12）: 143, 147.

[23] 赵晓玲. 中西医结合治疗银屑病的临床观察 [J]. 药物与人, 2014, 27（8）: 121.

[24] 张志坤, 张鹏. 银屑病的中西医结合治疗临床效果观察与研究 [J]. 世界最新医学信息文摘（连续型电子期刊）, 2016, 16（54）: 164.

[25] 钟永祥, 钟绿萍. 临床中西药物联用的优势和不利的探讨 [J]. 中国现代应用药学, 2005, 22（z2）: 798-800.

[26] 邹志杰. 中西医结合养老护理模式在养老院的应用优势与发展 [J]. 世界最新医学信息文摘（连续型电子期刊）, 2018, 18（A3）: 327.

[27] 余英, 符娇英, 俞丽青. 多维度中西医结合护理方案在老年科护理管理中的优势 [J]. 中医药管理杂志, 2023, 31（21）: 163-165.

[28] 沈华英. 中西医结合参与老年疾病管理的优势与治疗策略 [J]. 中医药管理杂志, 2021, 29（19）: 230-231.

[29] 王冰悦, 张明辉. 医养结合背景下中医药参与健康养老服务研究 [J]. 现代商贸工业, 2022, 43（16）: 91-93.

[30] 黄玉兰, 宋伟, 李芳. 中西医结合护理对提高老龄心力衰竭患者运动康复疗效的影响 [J]. 内蒙古中医药, 2017, 36（16）: 168.

[31] 石默岩. 中医＋医养结合养老服务供给侧问题及对策分析 [J]. 江苏建筑职业技术学院学报, 2021, 21（4）: 112-117.

[32] 李玉莲, 李长远. 健康老龄化背景下医养结合养老服务模式的优化策略 [J]. 社会福利（理论版）, 2018（5）: 20-25.

[33] 信亚楠. 我国"医养结合"社会养老服务模式研究 [D]. 天津: 天津商业大学, 2018.

[34] 周蓉, 黄继人, 储兴, 等. 中西医结合医院多学科"一体化"诊疗服务的探索与实践——以江苏省无锡市中西医结合医院为例 [J]. 江苏中医药, 2015（1）: 68-69, 70.

[35] 医政医管局.《关于进一步加强综合医院中医药工作推动中西医协同发展的意见》解读 [EB/OL].（2021-07-01）[2025-02-16].https://www.nhc.gov.cn/yzygj/c100067/202107/271cb46afb374811b08dd213c042dbf2.shtml.

[36] 何泰昕. 基于医养结合下的养老模式研究——以云南省昆明市为例 [D]. 昆明: 云南财经大学, 2017.

[37] 张海悦. 某县中医院"医养结合"养老模式研究 [D]. 北京: 北京中医药大学, 2016.

[38] 邹志杰.中西医结合养老护理模式在养老院的应用优势与发展 [J]. 世界最新医学信息文摘，2018，18（A3）：327.

[39] 肖建伶，杨艳旭，钟源，等.北京市养老院发展中西医结合护理模式的探讨——附 50 家养老院的调查 [J]. 齐齐哈尔医学院学报，2014，35（22）：3351-3353.

[40] 张洪.“中西医结合养老护理模式”在老年院中的应用研究 [D]. 成都：成都中医药大学，2012.

HB.20

老年呼吸道疾病研究报告

徐卫方 ❶　　蔡腾达 ❷　　彭云浩 ❸

摘要： 随着全球人口老龄化进程的不断加剧，银龄族的健康问题愈发受到广泛关注。在此背景下，老年呼吸道疾病的发病率呈现出明显的上升趋势，已然成为危害银龄族身体健康的重要因素之一，因此需要采取积极措施来减轻其对公共卫生和医疗保健系统的影响。本报告旨在综合分析老年呼吸道疾病的现状、特点、影响，并探讨中医对老年呼吸道疾病的认识和治疗方法，以及护理与康复的现状和挑战，以期为制定有效的公共卫生政策和临床治疗策略提供依据。

关键词： 老年医学；呼吸道疾病；现状研究；展望

引言

随着全球人口老龄化进程的不断加剧，银龄族的健康问题逐渐受到

❶ 徐卫方，医学博士，主任医师，教授，广州中医药大学深圳医院（福田）肺病科 / 呼吸与危重症医学科（PCCM）科主任。研究方向：中西医结合呼吸系统常见病、多发病及危急重症、复杂疑难病的基础与临床研究。

❷ 蔡腾达，医学硕士，广州中医药大学深圳医院（福田）肺病科 / 呼吸与危重症医学科（PCCM）主治医师。研究方向：呼吸系统疾病的中西医结合诊疗，呼吸慢病的中西医结合防治，呼吸危重症的诊治。

❸ 彭云浩，广州中医药大学中医内科学在读研究生。研究方向：肺结节中西医结合诊治与管理，哮喘、慢性阻塞性肺疾病中西医结合诊治，中西医结合呼吸肺康复。

广泛关注。根据联合国世界人口展望发布的数据，2022 年全球 65 岁以上的人口为 7100 万，占世界人口的近 10%。按照目前的增长速度，到 2050 年，全球 65 岁以上的人口预计将达到 16% 大关，到 2100 年将占总人口的 24%[1]。与此同时，老年呼吸道疾病的发病率呈现出明显的上升趋势。如过去 10 年间老年人肺炎发病率增长约 20%，死亡率居高不下，疾病负担沉重[2]。由于老年人身体机能衰退，免疫力下降，对呼吸道病原体的抵抗力减弱，是呼吸道疾病的易感人群。有研究显示，65 岁以上老年人患呼吸道疾病概率比年轻人群高 3 ~ 5 倍，而且老年呼吸道疾病病程长、病情复杂。老年呼吸道疾病高发，已然成为危害银龄族身体健康的重要因素之一，因此需要采取积极措施来减轻其对公共卫生和医疗保健系统的影响。此外，随着预期寿命的持续延长和人口老龄化程度的加深，开展针对老年呼吸道疾病的研究具有极其重要的意义。

通过深入探究老年呼吸道疾病，能够更全面地了解其发病机制、疾病特点以及不同疾病类型在银龄族身上的表现差异，有助于早期准确诊断，及时采取有效的防控措施，降低疾病的发生率。同时，也可以依据研究成果为临床治疗提供更具针对性、科学性的方案，提高治疗效果，减轻患者痛苦，帮助银龄族更好地控制病情，改善生活质量，尽可能地让他们安享晚年。而且，从宏观角度而言，还能在一定程度上缓解社会医疗资源紧张的状况，减轻社会医疗负担，促进整个社会的健康与和谐发展。

一、我国老龄人口现状

我国的老龄人口近年来迅速增长，已经成为一个亟待关注的社会问题。根据最新统计，截至 2023 年，我国 60 岁及以上的高龄人口已达到约 2.97 亿人，占总人口数量的 21.1%。根据预测，到 2040 年，这一数字将增至 4.02 亿，占总人口数量的比例约为 28%[3]。这一数字不仅显示了老龄化的严峻性，更提示我国社会在人口老龄化方面亟须采取更多应对措施。

随着全球人口老龄化的发展，银龄族的呼吸道疾病已成为一个重要且日益增长的公共卫生问题。一项由中国学者发表在《英国医学杂志》的研究显示，过去 30 年来，全球由慢性呼吸系统疾病导致的死亡和残疾人数在增加，尤其是在银龄族中，死亡人数随着年龄的增长而急剧增加。据统计，全球慢性呼吸系统疾病死亡率在 25 ~ 30 岁年龄组为 0.19/105，而在 85 ~ 90 岁年龄组中，这一数字增长到 109.42/105[4]。呼吸道疾病的高发导致银龄族的发病率和死亡率更高。这一趋势不仅对公共卫生构成了严峻挑战，也对社会经济发展产生了深远的影响。研究显示，2017 年亚太地区呼吸系统疾病患者的年均费用为每位患者 4191 美元，而银龄族，尤其是合并基础性疾病的银龄族患者，这一数字将远高于这一平均水平 [5]。面对银龄族中呼吸道疾病的高发率，我国已经采取了一系列公共卫生政策来改善银龄族的健康状况。例如，加强慢性病的早期筛查和管理，推广健康生活方式的宣传等。此外，国家也在加大对空气质量监测和改善的力度，以降低环境对健康的负面影响 [6]。尽管我国在应对银龄族呼吸道疾病方面采取了积极措施，但未来仍面临诸多挑战。随着银龄族人口数量的持续增长，呼吸道疾病的负担预计将进一步加重。更重要的是，慢性病的共病现象将加大医疗资源的压力，需要创新的医疗管理模式来应对 [7, 8]。未来，亟须政府、社会及家庭共同努力，通过综合管理和政策干预，改善银龄族的健康状况，降低呼吸道疾病的负担。通过对银龄族人口状况的深入分析，我们可以更好地理解呼吸道疾病在这一人群中的流行趋势，并为制定有效的公共卫生政策提供依据。这不仅有助于提高银龄族的生活质量，也是实现健康中国战略目标的重要组成部分。

二、老年呼吸道疾病现状

（一）老年呼吸道疾病概述

1. 老年呼吸道疾病特征

老年呼吸道疾病是一大类涉及银龄族呼吸系统的病症，包含了诸多具体病种，主要包括慢性阻塞性肺疾病（COPD）、支气管哮喘、肺炎、间质性肺疾病（ILD）及肺癌等。相较于青年人，银龄族可能症状常不典型，如咳嗽咳痰不明显，仅表现为呼吸困难[9]。此外，心血管疾病、糖尿病和肌肉骨骼疾病等合并症的存在会使其临床表现更复杂化，导致症状重叠和诊断困难，且提高了致死风险[10-12]。生理机能的衰退常被认为是导致银龄族更容易罹患呼吸道疾病的重要原因。免疫衰老是老年呼吸道疾病高发的主要因素之一，免疫功能下降使得银龄族呼吸道更容易受到病原体如细菌、病毒等病原体的感染，甚则加剧原有病情[13-15]。呼吸道感染在65岁以上的人群中具有更高的发病率，尤其是流感、肺炎和呼吸道合胞病毒（RSV）等病毒感染[16]。一旦患病，病情往往较为复杂，治疗周期长，还容易反复，进而造成更高的发病率和死亡率。如慢性下呼吸道疾病是65岁及以上人群的第三大死因，仅次于心血管疾病和肿瘤[17]。因此，随着人口老龄化和预期寿命的增长，银龄族基数日益庞大，给医护人员及其家属都带来了巨大挑战，进一步做好老年呼吸道疾病的医疗保健工作对于确保银龄族的整体福祉和生活质量至关重要。

2. 中医对老年呼吸道疾病的认识

银龄族，由于脏腑生理功能的减退，其对呼吸道疾病的易感性及患病后病情传变的倾向都大大增加。总体而言，银龄族体质主要表现为，气虚阳虚偏多、瘀血痰浊相兼、多种体质并存、虚实夹杂突出的特点，故其反映在呼吸道疾病方面，亦多以诱发慢性呼吸道疾病为主，并可呈进行性加重、合并多种疾病、易产生变证和险证等趋势[18]。脏腑虚衰，阴阳失调，故银龄族"肺脾肾气虚"贯穿其发病的始终，肺主表主气，肺气虚则卫表不固，易感外邪，同时宣肃失司，气机失和。脾为后天之本，生化营气以充肺气，且脾主运化，脾气虚弱，运化失职，痰浊内生，咳喘乃作。肾为气之根，肾气亏虚，肾不纳气，呼吸浅快无根。同时，肺与大肠相表里，银龄族多有大便习惯的改变，大便不通，则阻滞气机，咳喘加剧。呼吸道疾病病程日久，痰浊蓄积，阻滞气机，则血亦瘀滞不行，二者相兼，则呼吸道疾病病势缠绵难愈，并易变生他证。故"健脾、益肾、补肺"为中医治疗老年呼吸道疾病的核心原则，"活血、化痰、通腑"等法在老年呼吸道疾病的治疗中亦为常用治法。

（二）老年常见呼吸道疾病现状

1. 老年慢性阻塞性肺疾病

慢性阻塞性肺疾病（COPD），简称慢阻肺，是一种常见的呼吸系统疾病，以伴有咳嗽、咳痰、喘息、疲劳、呼吸困难、体重下降等为主要症状，尤其在银龄族中更为普遍。COPD 的发病机制与长期吸烟、空气污染以及职业性暴露等因素密切相关。病理特点以持续气流受限为特征，通常认为是由慢性气道炎症等因素导致气道阻塞，进而引起通气功能障碍所致。研究表明，约 10% 的 40 岁及以上个体患有 COPD[19]。2018 年中国肺健康研究（CPH）结果显示，40 岁以上人群 COPD 发病率高达 13.7%，其中 60~69 岁为 21.2%，70 岁及以上银龄族的患病率更高 [20]。尤其是 75 岁及以上的患者，常表现为呼吸困难、运动耐力下降和日常生活能力（ADL）降低等症状，COPD 的发生率显著增加，且对银龄族的生活质量、发病率和死亡率也有着重大影响 [21, 22]。COPD 的诊断通常依赖于病史、临床症状和肺功能测试，但由于银龄族基础疾病多，病情复杂，常存在诊断困难、漏诊的情况 [23]。根据《慢性阻塞性肺疾病全球倡议（GOLD）》，不仅是基于目前吸烟或既往有吸烟史的银龄族中，应当从更广泛的银龄族中去筛查 COPD，这对提高 COPD 的诊断率至关重要。COPD 的治疗目标是减轻症状、提高生活质量和减少急性加重的发生，治疗方法主要包括药物与非药物干预。药物治疗包括支气管扩张剂（如 β_2 受体激动剂和抗胆碱药）和吸入型糖皮质激素，这些药物有助于缓解气道痉挛和减少炎症。非药物治疗包括戒烟、氧疗、肺康复甚至肺减容或肺移植手术等 [24]。尽管 COPD 是一种长期且不可逆转的疾病，但通过合理的管理和治疗，患者可以有效控制症状，改善生活质量。定期医疗随访、健康教育和自我管理策略对于 COPD 患者的长期管理、病情控制至关重要[25]。

COPD 属于中医学"肺胀""痰饮"等范畴，其发病多因久病肺虚，痰浊潴留，导致肺不敛降，气还肺间，肺气胀满，并常因复感外邪诱使病情发作或加剧。病理性质多属本虚标实，有偏实和偏虚两端，本虚者，多责之于肺、脾、肾虚弱，脏腑功能失调。标实者，与痰浊、水饮、瘀血内阻相关。而对于银龄族，本病易急性加重，并极易发生变证，故治疗方法为扶正固本与祛邪兼顾，稳定期辨证选用中药汤剂，加重期则应遵从中西医结合治疗以控制病情。中医肺康复在 COPD 的管理中作用及优势明显。其通过结合现代康复学的方法与技术，对中医临床和养生学中有关肺部功能康复的内容进行了整合与提高，适用于所有因为肺部症状而丧失功能的慢性肺部疾病患者。研究认为，太极拳、八段锦、五禽戏、易筋经、六字诀、龟形功均可改善 COPD 的临床症状，提高习练者的呼吸肌肌力，改善肺功能或延缓其下降趋势，从而提高生活质量[26]。

2. 老年支气管哮喘

老年支气管哮喘，简称老年哮喘，是一种以慢性气道炎症和气道高反应性为特征的异质性疾病，表现为反复发作的喘息、气急、胸闷或咳嗽等症状，常因接触过敏原、受到环境刺激等因素诱发。国外流行病学研究显示，65 岁以上人群中，当前和终生哮喘的患病率分别为 7.0% 和 10.6%，常常诊断不足、治疗不足和管理不善[27]。我国对老年哮喘相关研究较少，2012 至 2015 年中国成人肺部健康研究（CPH 研究）数据表明，我国 ≥ 20 岁人群哮喘患病率为 4.2%，60~69 岁人群哮喘患病率为 6.0%，≥ 70 岁人群患病率达 7.4%[28]。银龄族常合并多种疾病，哮喘发作往往较为严重。根据一项纵向研究，65 岁以上的哮喘患者死亡率显著高于年轻患者[29]。针对哮喘的管理，许多银龄族可能会将哮喘症状误认为是正常的衰老现象或其他疾病的症状，因此，医师需要提高警惕，进行全面的评估。治疗包括吸入性药物（如糖皮质激素和支气管扩张剂）和口服药物。哮喘不仅对患者的健康造成影响，也对社会经济造成负担。银龄族中的哮喘患者由于频繁就医、住院和药物使用，医疗费用显著增加[30]。因此还需加强对银龄族的健康宣教，教育患者识别哮喘的症状、了解触发因素以及掌握应对措施，可以显著改善他们的生活质量。

哮喘归属于中医学"哮病"范畴，其发病乃因宿痰内伏于肺，复加外邪、饮食、劳倦等诱因触引，以致痰气交阻，气道挛急，肺失肃降所致。其总属邪实正虚之证，肺、脾、肾三脏虚损，津液代谢障碍，化为痰饮内伏于肺，成为夙根，随不同外邪，发为不同症状，尤以气候变化的影响为主。针对银龄患者，现代医学多以对症缓解哮喘所致的呼吸道不适为主，而中医则从老年哮喘患者的体质入手，治疗宗丹溪"未发以扶正气为主，既发以攻邪气为急"，祛痰利气，活血化瘀，同时兼顾补养肺脾肾三脏，增强患者抵抗力，以从根本上改善银龄族患者哮喘病情，配合中医肺康复，减少哮喘发作，提高患者的生活耐力。

3. 老年肺炎

肺炎是一种炎症性肺部感染，是银龄族最常见的疾病，约占感染性疾病54%。根据感染的来源，肺炎可以分为以下几种类型：社区获得性肺炎（CAP）、医院获得性肺炎（HAP）。CAP指在家庭或社区环境中感染，细菌如肺炎链球菌是主要的病原体。HAP指在医院环境中发生的肺炎，通常由更具耐药性的细菌感染引起。在银龄族中，还应着重强调由于吸入外部物质（如食物、唾液或呕吐物）而引发的吸入性肺炎。我国缺少老年肺炎的病死率数据，据《2013中国卫生和计划生育统计年鉴》记载，2012年老年肺炎死亡率平均为17.46/10万，65~69岁为23.55/10万，85岁以上高达864.17/10万。随着年龄增长，银龄族的肺功能下降，更容易受到呼吸道病原体感染。肺炎是导致银龄族死亡的重要原因[31]。研究表明，在80

岁以上的银龄族中，肺炎死亡率显著高于其他年龄组，这与他们的免疫功能衰弱和基础疾病相关[32]。衰老会削弱免疫系统，使银龄族更容易患上重症肺炎，导致住院甚至死亡[33]。银龄患者的肺炎表现常不典型，可能仅表现出疲乏、意识模糊或食欲减退，而没有发热、咳嗽和呼吸急促等常见症状，这种非典型表现使得早期诊断和治疗变得更为复杂[34]。对于老年肺炎的诊断，主要通过症状和体征、胸部 X 线或 CT 影像学检查，以及血液检查和痰培养等实验室检查。治疗通常包括抗生素使用及对症支持治疗。此外，还应加强对银龄族的流感灭活病毒疫苗、肺炎球菌多糖疫苗等疫苗的接种及健康宣教管理等。通过早期识别、及时治疗和有效的预防措施，才能有效降低肺炎对银龄族健康的影响。

肺炎属于中医学"风温肺热"范畴，多由外邪侵袭，肺卫受邪或正气内虚，内生邪毒，抗邪无力所致。衰老积损为老年肺炎发病的基础，热毒损肺为起病和进展的关键。本病病位在肺，与脾、心关系密切。主要病理因素为痰、热、毒胶着为患，互为因果。银龄患者常见多种宿疾缠绵不愈，久病入络，瘀血内停；又正气不足，气血不畅，加之风热毒邪炽盛，热灼血黏，痰瘀互阻，致使病情缠绵难愈。若平素正气不足，可致热邪内陷，逆传心包，蒙蔽心窍，甚至出现邪闭正脱等危证。鉴于老年肺炎病原学方面更为复杂，多种病原体杂合为病，长期抗生素治疗后多重耐药菌的产生，以及银龄患者抵抗力下降病情易反复，中医在肺炎的治疗上更具明显优势，中医充分结合辨病、辨证、辨体，依据不同邪气的致病特点，兼顾扶正与祛邪两端，并联手西医治疗，可以有效遏制肺炎的持续进展，防生变证，降低患者复发率及死亡率。

4. 老年肺癌

肺癌是全球范围内导致癌症相关死亡的主要原因之一，随着全球人口老龄化，银龄族中的肺癌发生率呈上升趋势。肺癌的发病率与年龄密切相关，尤其是在 65 岁及以上的银龄族中。研究表明，超过 40% 的肺癌是在

70 岁以上的患者中被确诊[35]。肺癌是我国的第一大癌，不论是发病率还是死亡率，都居于各大类癌症之首。据国家癌症中心公布的 2024 年我国癌症统计数据，在 ≥ 60 岁的癌症人群中，肺癌死亡病例居于各癌种首位，约 554803 例，其中 ≥ 70 岁肺癌死亡病例约为 311703 例[36]。银龄患者往往伴有多种慢性疾病，这使得他们在接受肺癌治疗时面临更大的挑战。合并症可能影响患者的治疗选择和预后[37]。另外，银龄患者的生理年龄、身心状况、合并症、虚弱程度及营养状态等都是影响肺癌预后的关键因素，其可能在很大程度上决定了患者的治疗效果和生存率[38]。肺癌的类型分为非小细胞肺癌（NSCLC）、小细胞肺癌（SCLC）。NSCLC 是最常见的肺癌类型，银龄患者的发病中位年龄为 70 岁[39]。NSCLC 的治疗方案包括手术、化学治疗和放射治疗等。SCLC 在银龄族中相对少见，但其进展迅速，预后较差。银龄患者在诊断 SCLC 时通常已处于晚期。在治疗银龄肺癌患者时，个体化治疗显得尤为重要。医师需要综合考虑患者的整体健康状况、生理机能和生活质量，以制定适合的治疗方案。银龄患者的肺癌预后受到多种因素的影响，包括疾病的阶段、患者的整体健康状况以及治疗的及时性。尽管银龄患者在面对肺癌时可能面临更多的挑战，但通过合理的治疗和管理，许多患者仍能够获得良好的生存率。

中医学认为，肺癌的发生与正气虚损和邪毒入侵关系密切，为本虚标实、因虚致实之证。正气内虚，脏腑阴阳失调，是罹患本病的主要基础。标实则与毒、痰、瘀相关。治疗上主张"扶正"与"祛邪"相结合的原则，重在补益肺脾肾，调整气血阴阳平衡，同时兼顾化痰、祛瘀、解毒[40]。鉴于银龄患者因年老体虚，基础疾病多，对现代医学抗肿瘤治疗耐受程度不佳，治疗副作用对机体损伤大，大量临床实践已经证实，中医中药在扶助患者体质、减轻抗肿瘤治疗的不适症状及副作用方面具有良好的优势，已然成为提高银龄患者生活质量的重要方式。

5. 老年间质性肺病

间质性肺疾病（ILD）是指一组异质性和复杂的病症，其特征是肺部间质发炎、纤维化或两者兼而有之。这会导致气体交换受损、呼吸道症状恶化和肺功能下降，以致显著影响患者的呼吸功能。根据病因，可以将其分为特发性肺纤维化（IPF）、自身免疫相关间质性肺病及过敏性肺炎。IPF 是银龄患者中最常见的间质性肺疾病，通常没有明确的病因。自身免疫相关间质性肺病是类风湿关节炎、系统性硬化症等风湿免疫疾病引起的肺部并发症。过敏性肺炎是由长期接触过敏原引发的肺部炎症。ILD 的病因及发病机制可能与遗传、年龄及环境因素（包括过敏原、毒素和空气污染）有关，临床常表现为干咳、呼吸困难、低氧血症及双肺弥漫性双侧浸润、炎症、纤维化等影像学特征。疲劳、呼吸困难和持续干咳是 ILD 的常见症状，可能被误认为是衰老的迹象，使诊断过程变得复杂化 [41]。对于老年间质性肺疾病的诊断，需要综合考虑临床表现、影像学检查和肺功能测试结果，甚至在条件允许时行肺组织活检。治疗主要包括抗纤维化药物治疗（吡非尼酮和尼达尼布）、氧疗、肺康复甚至肺移植手术等。老年间质性肺疾病的预后因病因和个体差异而异。IPF 患者的预后通常较差，平均生存期仅为 3 ~ 5 年。而其他类型的 ILC，若得到及时诊断和治疗，则可能有更好的预后。一项关于 IPF 预后的荟萃分析系统评价报告称，诊断为 IPF 的患者 1 ~ 2 年生存率为 88%，5 年以上生存率为 31%[42]。另有研究显示，ILD 作为一个日益严重的全球健康问题，其相关死亡率增加了 86%[43]。总之，随着人口老龄化，早期识别和有效管理 ILC 显得尤为重要。未来的研究应聚焦于开发新的生物标志物和治疗方案，以改善银龄患者的生活质量和生存率。

间质性肺疾病在中医学中属于"肺痿""肺痹"的范畴，现代医学对本病的认识尚不足，中医学认为本病多因外感邪毒、久病损肺、体弱久卧、误治津伤导致肺气虚损，津气耗伤。其中，肺、脾、肾虚损为间质性肺疾病发病的内因，感受邪毒是发病的重要外在条件，脏气亏虚贯穿整个疾病的始终，痰瘀阻络的病理基础推动着疾病的发生与发展。通过扶正祛邪配合益气活血之法，从银龄患者大气下陷论治间质性肺疾病，重视调补肺肾，固护脾胃，配合中医肺康复，可破解本病治疗困难、迁延不愈、变证丛生之困境，尤其是在的"个体化"诊治方面，其既是老年 ILD 的终极目标，也是中医药优势之所在。

三、老年呼吸道疾病护理与康复现状

针对老年呼吸道疾病，鉴于其多具病程长、病情复杂、病势缠绵、进行性加重等特点，除临床治疗外，对老年呼吸道疾病患者的日常护理及疾病康复，在改善患者症状、提高患者生活质量上更具举足轻重的作用，这亦是老年呼吸病学重要组成部分。

（一）老年呼吸道疾病的护理与康复措施

呼吸康复是慢性呼吸道疾病（CRD）长期管理的核心组成部分，它是基于全面患者评估、为患者量身定制的综合干预措施。呼吸康复技术包括但不限于肺功能锻炼、呼吸训练、体能训练、心理辅导、手法排痰和体位引流、主动循环呼吸技术、自主引流，以及依赖设备的呼气末正压 / 振荡呼气正压治疗、高频胸壁振荡等。近来的研究显示，实施针对性的呼吸康复护理措施，不仅有助于改善患者的肺功能，还可以显著提高患者的生活质量与运动耐力，有的甚至能在一定程度上减轻患者的负性情绪。

在临床实践中，针对老年慢性呼吸道疾病患者的呼吸康复护理方式有很多。有的研究集中评估了经过精心设计的呼吸训练对改善患者 6 分钟步行测试（6MWT）结果的积极效果。此外，一些护理团队还结合患者身体状况，定制个性化的康复方案，以此激发患者的康复动力，减少再入院的风险，并提供心理支持，有效管理患者可能出现的焦虑和抑郁情绪[44]。广州中医药大学深圳医院（福田）徐卫方教授团队针对老年慢性呼吸道疾病患者，引入 4S 肺康复理念，通过排痰阀训练、床上肺康复操、八段锦锻炼，结合中医特色疗法，能有效改善老年呼吸道疾病患者咳嗽、气喘等不适，提高患者预后及生活质量。

尽管存在一些积极发展，呼吸康复护理在银龄族中的应用仍面临诸多挑战。首先，部分医疗机构和家庭缺乏专业的呼吸康复知识和技术，限制了高质量康复服务的提供。其次，一些患者对康复护理认知不足，缺乏参与或坚持康复治疗的积极性。再者，资源有限的社区和家庭护理环境，尚未能完全满足老年呼吸道疾病患者个性化和多样化的护理需求[45]。由于这些问题的存在，多项研究强调了在老年呼吸道疾病护理和康复方面采取综合治疗措施的重要性。

总体来看，呼吸康复护理能够为老年呼吸道疾病患者提供显著的临床益处，但在实践中，需继续完善护理策略，提高患者及其家庭成员对疾病管理的认识，增强护理人员的专业技能，并为康复护理提供更多资源。未来的研究应致力于优化康复护理模式，以便更好地服务于这个社会日益增长的人群。

（二）老年呼吸道疾病的护理与康复机构

老年呼吸道患者的护理与康复过程中，护理机构的作用不可忽视。研究指出，护理机构的服务质量直接关系到患者的康复效果及其生活质量。目前，针对老年呼吸道疾病患者的护理与康复，主要的实施场所依旧是以大型医院及综合康复机构为主。截至 2023 年末，全国设有老年医学科的二级及以上综合性医院共 6877 家，康复专科医院 810 家，89.4% 的呼吸专科从业人员分布在综合医院。同时，老年慢性呼吸道疾病患者对康复环境的需求也呈现多样化。研究表明，除了基础的康复护理外，患者对于环境、心理辅导等附加服务的需求日益增长。目前，仅较少的机构能够实现全方位的呼吸康复护理，并且在提升患者肺功能、运动耐力等方面取得显著成效[46]。一些护理与康复机构因场地限制和资源短缺，未能为患者提供舒适的康复环境和充足的心理支持。另外，实施规范化管理仍是不少护理和康复机构亟待解决的问题。以当前护理机构的专业水平和护理人员的能力为例，由于缺乏统一的标准和严格的监督机制，造成服务质量参差不齐。专业人员的数量严重不足、部分从业人员缺乏专业的护理与康复培训，无法根据老年呼吸道疾病患者个体化的需求提供精准护理。

（三）老年呼吸道疾病的家庭护理与康复

近年来，随着护理与康复措施的不断发展，对老年呼吸道疾病患者护理与康复的应用场景也不仅仅局限于医院与专业康复机构，而能更多地延伸到基层社区与家庭之中，倡导患者参与疾病的管理，以达到改善生活质量的目的。

近年来，延续护理的理念成为新的热点，其起源于美国的出院计划，旨在为结束急性期住院治疗的患者提供一种延续性、质量保证的治疗性服务，以促进患者的康复和减少再住院，如今，延续护理在我国亦开始不断拓展和应用。其在继承传统护理手段的基础上，针对老年呼吸道疾病患者，在进一步强调患者自主进行呼吸康复训练的同时，家庭护理人员的专业性能够指导患者进行科学规范的缩唇呼吸和呼吸操练习，并根据患者日常生活环境提供建议和适宜的护理方案。其中包含调整患者膳食结构以保证必要营养供应，指导日常活动以减少活动耗能，提供心理支持以缓解患者焦虑和抑郁情绪。这种家庭护理模式的优势在于，可以根据银龄族的个性化需求和家庭条件制定更加合适的护理计划，极大地提高了 COPD 患者和家属的满意度。同时，家庭护理模式下，护理人员可以更便捷地收集患者的健康数据，快速响应患者突发的健康问题[47]。

不断加剧的老龄化社会对家庭护理提出了更高要求。通过综合考虑患者的身体状况、心理需求以及家庭支持系统等多方面因素，家庭护理及康复服务正在向更系统化、规范化方向发展。除了传统的面对面交流和训练之外，也逐渐融入了远程医疗咨询、智能穿戴设备监测等现代信息技术。

这些改进使得老年呼吸道疾病患者能够在家庭环境中享受到与医院同等水准的护理和康复服务，实现了护理服务的便捷化和高效化。

家庭康复护理的发展还面临一些挑战，如何在保证护理质量的同时，进一步降低服务成本；如何改善家庭护理人员的专业技能与服务范围；如何通过政策引导和技术支持，提高社区对 COPD 患者家庭护理的整体服务能力。解决这些问题不仅需要家庭、社区和医疗机构三方面的合作，也离不开政府的政策支持和社会各界的广泛参与。未来家庭护理与康复领域必将继续探索和创新，以满足老年呼吸道疾病患者对高质量生活的需求。

（四）科技创新在老年呼吸道疾病的护理与康复上的应用

在医疗护理与康复领域，科技创新的应用已然成为改善患者生活质量、提升护理效率的重要推动力。许多的治疗设备，已不单单仅为治疗所用，更多的是能在疾病预防、护理、康复等方面取得更多获益。近年来，呼吸康复护理技术的革新为老年呼吸道疾病患者带来了显著的助益。通过引入先进的监测设备和康复辅助工具，如可穿戴设备对患者呼吸功能的持续监控，不仅实现了对患者生理状态的精准把握，还极大地提高了呼吸康复训练的科学性和个性化水平[48]。

此外，呼吸功能评估系统被逐步引入临床实践，该系统采用流量传感器、氧气分析仪等多种传感技术，可实时采集患者的呼吸流量、气体成分等指标。结合数据挖掘和人工智能算法分析，医护人员能够更准确地评估患者呼吸康复训练的效果，并据此调整治疗计划。此外，通过移动健康（mHealth）应用程序，患者可自我管理日常呼吸康复练习，医护人员也可通过云平台实时监测患者状态，及时调整护理方案。

虚拟现实（VR）技术的引入，为患者提供了沉浸式的呼吸康复训练体验。通过模拟的呼吸康复场景，患者能在无压力的环境中进行训练，增加了训练的趣味性，有利于提高患者的参与度和配合度。同时，基于智能分析的康复游戏设计，可根据患者的呼吸功能和训练反应自动调整难度和内容，使训练更加符合个体化需求[49]。

另外，随着技术的革新，以及国产化的大力推进，许多专业的医疗设备不再只是医疗机构的专属，而是更多地走向家庭，走向平民化，且呈现出更加便携易用、价格平稳下降、规模不断扩大的趋势。针对呼吸道疾病，目前我国家庭最常用的专业医疗设备包括血氧仪、呼吸机、制氧机、雾化器等。与呼吸机、制氧机相比较，血氧仪、雾化器因其在广大人民群众中的熟识度广、技术的成熟性高及价格亲民等的优势，在家庭中的占有率及市场规模更高，已然成为许多呼吸道疾病患者家中的标配设备。呼吸机是一种可以代替或改善人的呼吸，增加肺通气量，改善呼吸功能的装置，适用于慢性阻塞性肺疾病、睡眠呼吸暂停综合征、严重肺气肿、肺源性心脏病或 2 型呼吸衰竭等二氧化碳偏高的患者。《2022—2026 年家用呼吸机市场现状调查及发展前景分析报告》显示，2022 年，我国呼吸机生产企业累计向全国供应近 2.9 万台各类呼吸机，家用呼吸机市场规模达到 10.3 亿元，其中单水平家用呼吸机市场规模约为 5.0 亿元，双水平家用呼吸机市场规模达到 5.3 亿元。同时，随着患者健康管理意识的进一步增强，预计到 2026 年，家用无创呼吸机市场规模将增长至约 13.9 亿元。制氧机作为氧疗和氧保健的主要设备，随着人们对自身的健康更加关注而逐渐被接受和推广。《2024 年中国制氧机行业现状、发展环境及深度分析报告》显示，2022 年我国制氧机市场规模约为 60.73 亿元，2015 年到 2022 年年复合增长率约为 25.58%，其中家用制氧机市场规模占 86.7%，这一数字在未来也将呈现持续上升的趋势。

未来，随着科技的不断创新，更多先进的技术和设备会更广泛地用于老年呼吸道疾病的临床实践中，而在家庭中，也将因科技的创新，更多的医疗设备能够走入寻常百姓家，可以降低死亡率和减少住院，减轻患者负担，提升患者的生活质量。

（五）老年呼吸道疾病的中医护理与康复

在中国，中医护理与康复历史悠久，一直以其独特的理论体系和疗法占据着重要地位。尤其在老年呼吸道疾病的护理与康复方面，中医护理以其整体观念、辨证论治及强调预防为原则的特点，越来越受到重视。老年呼吸道疾病患者实施中医护理的案例日益增多，且疗效显著；中医护理方法不仅缓解了病症，也提升了患者的生活质量。研究表明，综合运用中医护理方法对老年呼吸道疾病患者进行康复训练，可以显著增强其运动耐力，改善痰液的排出，优化呼吸功能，从而改善患者的整体健康状况。在各种康复措施中，以教导患者进行适宜的自我管理和自我训练，实施由浅入深的康复锻炼，慢慢提升了患者的自我护理能力和生活质量。

中医护理与康复采用多种方法，如针灸、推拿、草药熏洗等，可以有效地配合西医治疗，促进患者身体功能的恢复。其中，针灸作为中医护理的重要组成部分，通过刺激人体经络穴位，调整患者体内的气血平衡，从而可以减轻老年呼吸道疾病患者的呼吸困难症状。同时，艾灸、推拿手法以其简便无创的优势，成为居家护理中普遍采用的中医康复手段，这些方法通过经络和穴位的刺激，形成循环的动力，以缓解胸闷与呼吸道压迫感。

随着传统治疗方法与现代医学的结合，中医护理在老年呼吸道疾病的康复中展现出三大优势：首先，中医护理注重个体差异和病情变化，能够根据患者的不同病理状态进行个性化干预。其次，中医治疗手段天然、温和，较少引起不良反应，对于年老体弱患者尤其适宜。最后，中医护理还强调情志调摄，注意心理健康与情感护理的配合，这对于提升银龄患者的心理健康和心灵慰藉尤为关键。

四、老年医学科与老年呼吸病科的发展现状

随着社会人口老龄化的进程不断推进，传统医学模式已无法满足银龄

族对健康的巨大需求，故老年医学、老年医学科便在这一趋势之下从传统医学模式独立出来，成为一门新兴的学科及发展方向，针对银龄族自身的特点，更有针对性、系统性地对老年相关疾病进行研究，从而指导临床实践。随着老年医学科的不断发展，其也不断地走向细致化、专科化、专业化的进程，针对各专科疾病，各老年专科也因此而生根发芽，枝繁叶茂。

（一）老年医学的内涵与外延

老年医学是研究人体衰老的机制、人体老年性变化、老年病防治及老年人卫生与保健的科学，涉及有关老年人疾病的预防、临床诊断和治疗、康复、照护、心理及社会等方面问题，其研究对象是 60 岁及以上（特别是 75 岁以上）的银龄族，重点关注失能和半失能银龄族、80 岁以上高龄银龄族及衰弱银龄族。较传统的医学专业分科，老年医学打破了以器官为中心的专业划分模式，而是一门用年龄来界定的医学专业，是一门新兴的、综合性的学科。

老年医学是融合老年学与医学的一门交叉学科，它不仅关注疾病本身，还关注银龄族的整体健康状态，包括慢性病管理、功能维持、认知健康、营养、社会支持等方面。它专注于银龄族的生理、心理和社会需求，以及如何通过医疗保健服务来提高银龄族的生活质量。除产科及儿科外，其他临床各科都有与老年病学相关的内容；同时，不论是现代医学还是传统中医学，也都有与老年医学相关的研究内容，具体涵盖了老年流行病学、老年预防医学、老年临床医学、老年康复医学、老年养生保健医学、老年护理学、老年社会学等分支学科，随着学科进一步发展，其内涵与外延将不断扩展与壮大，并日趋走向成熟。

（二）老年医学与老年医学科的建立与发展

面对社会人口高龄化的严峻形势，银龄族对健康的需求也日渐旺盛，而鉴于银龄族在生理、病理方面有其自身的特点，传统医学模式下，针对银龄族的健康及疾病的研究深度和广度较为局限，亟待寻求新的突破，这给老年医学科带来了前所未有的发展机遇，老年医学科也从传统医学中解放出来，成为一门独立的新学科。

老年医学起源于 20 世纪初的美国。1909 年，美国医学专家 Ignatz Leo Nascher 教授创造了老年医学（geriatrics）一词，老年医学也随之诞生，Nascher 教授因此被老年医学界视为现代老年医学之父。1914 年，其编著的《老年病及其治疗》一书，也是最早的老年医学教科书，为老年医学的发展奠定了基础。1938 年，德国学者比尔格和阿布德哈登创建了世界上第一个老年医学相关研究杂志。1948 年，德国的约瑟夫教授在著作《老年社会医学》中首次引入了家庭物理康复治疗的重要概念，主张改善银龄族生活环境、防止跌倒等家庭综合管理理念。此后，国内外学者不断探索研究，共同促进老年医学的进步。

在我国，对于银龄族的生理病理学研究起步较西方更早。先秦时期的《素问·上古天真论》有云："六八，阳气衰竭于上，面焦，发鬓斑白；七八，肝气衰，筋不能动；八八天癸竭，精少，肾藏衰，形体皆极，则齿发去……今五脏皆衰，筋骨解堕，天癸尽矣。故发鬓白，身体重，行步不正，而无子耳。"指出男子步入老年时，因脏腑虚衰，而出现须发白、掉牙、行走不利、生殖功能减退等生理变化，为中医老年保健学的发展奠定了理论基础，详细论述了衰老的变化过程及衰老表现，并提出了抗老防衰及老年病防治的理论基础。在 1300 年前，我国的医学文献中出现了老年医学的专题论文。公元 680 年，孙思邈著成《千金翼方》，其中的《养老大例》和《养老食疗》两篇文献，强调了老年保健的重要性。《千金翼方·养老大例》云："人年五十以上，阳气日衰，损与日至，心力渐退，忘前失后，兴居怠惰，计授皆不称心。视听不稳……情性变异。""人年五十以去，皆大便不利，或常苦下痢，有斯二疾，常须预防。"指出人步入老年后因阳气不足，阴阳失调，心力虚衰，而出现视听减退、情绪失常、大便习惯改变等表现，故针对银龄族，在饮食上强调"常宜轻清甜淡之物，又忌强用力咬啮坚硬脯肉"，在《千金翼方·养老食疗》中又云："食敢鲜肴、务令简少，饮食当令节俭，若贪味伤多，老人肠胃皮薄多则不消，彭亨短气。"北宋陈直著有《养老奉亲书》，详细论述了银龄族的生理、病理、心理及长寿老人的特征，载有老年病治疗、调护方剂共 232 首，其中尤其强调以食疗调摄老年疾病，食疗方有 162 首，占方剂总数的 70%，标志着我国老年病学的形成，被认为是现今世界上最早的老年医学专著。至元代的邹铉在元代对本书进行了增补，更名为《寿亲养老新书》，老年医学在我国不断发展，大量专著及研究不断问世。

我国以现代科学的方法研究老年医学开始于 20 世纪 50 年代中期，在流行病学、基础理论和临床实践方面开展了大量的研究。1964 年 11 月中华医学会在北京召开了第一届全国老年学和老年医学学术会议，这对我国现代老年学和老年医学的兴起与发展具有划时代的意义。20 世纪 70 年代末期卫生部将恶性肿瘤、慢性支气管炎、心血管疾病等严重危害银龄族健康的常见病，列为全国研究的重点项目。1981 年 10 月，在桂林召开了第二届全国老年医学学术会议，会上成立了中华医学会老年医学学会，创建了"中华老年医学杂志"，成立了编辑委员会，这次会议有力地推动了我国老年医学包括中医老年病学的研究工作。1994 年在北京成立了中国老年保健医学研究会，下设若干个包括中医的专业委员会。2018 年老年医学被列入内科学和全科医学下属的三级学科，各地医院开始建设老年医学科及专科培训基地，培养专科人才，老年医学科在我国蓬勃发展。

（三）老年呼吸病学科成立与发展

伴随着老年医学科的不断发展，其亦进入了亚专科的发展之路。在老年呼吸病学方面，1992 年 11 月，中华医学会老年医学分会呼吸病学组成立，亦标志着我国老年呼吸病学科的正式成立。2015 年中国老年保健医学研究会呼吸病学分会成立，2017 年，中国老年医学学会呼吸病学分会成立，大力开展老年呼吸病学临床与基础研究、学术交流、人才培养、健康宣教，积极探索医疗照护、慢病防控、医养结合的创新模式，助力应对老龄化社会的挑战，针对银龄族的自身特点，编撰《中国老年慢性阻塞性肺疾病临床诊治实践指南》《吸入疗法在呼吸康复中应用的中国专家共识》等，均是我国首部针对银龄族的呼吸疾病诊治的临床应用指南 2021 年，中国老年学和老年医学学会继续细化，成立老年呼吸与危重症医学分会，着力于老年呼吸危重症的研究与发展，老年呼吸病学进入了百花齐放、百家争鸣的发展快车道。

与此同时，全国各大医院亦开始建立老年呼吸病科。2008 年解放军总医院建立了全国最早的老年呼吸病科室，此后在北京、上海、江苏等地不断发展并辐射至全国，从人员配置、设施配备、临床研究与技术创新等方面日臻完善，例如江苏省人民医院老年呼吸科拥有 2 个病区共 48 张床位，以及 8 张床位的老年呼吸监护室。此外，科室还配备有独立的肺功能室、电子支气管镜室和睡眠呼吸监测室。解放军总医院老年呼吸病科在原有规模上，分设有老年慢性阻塞性肺疾病亚专科、老年肺部感染亚专科、老年肺癌亚专科及老年呼吸危重症亚专科，致力于老年慢性阻塞性肺疾病、老年肺部感染、老年肺癌、老年呼吸危重症研究。部分医院的老年呼吸科成为国家呼吸临床研究中心的核心单位，如兰州大学第一医院老年呼吸科获批国家呼吸临床研究中心（中日医院）核心单位。预计到 2025 年，二级及以上综合性医院设立老年呼吸病科的比例达到 60% 以上。

五、挑战与展望

1.老年呼吸道疾病形势依旧严峻

老年呼吸道疾病是全国乃至全球防治的重点及难点问题。在疾病谱方面，老年肺炎是老年呼吸道疾病中发病率最高的病种，而随着病原微生物的不断进化与变异，越来越多的非典型病原体感染将成为老年肺炎防治的难题。对肺炎病原菌的流行、分布及其对抗菌药物耐药的变化及机制等的监测与研究是未来我国老年呼吸道疾病防治的重点发展方向。对于 COPD、哮喘等慢性疾病，防治并发症、减轻疾病症状为发展重心。对于肺癌、间质性肺疾病，由于发病机制复杂，缠绵难愈，临床上特效治疗药物品类有限，且结合银龄族患者体质特点，药物副作用及不良反应较高，故推动专病专药的研发，制定银龄族用药的标准、规范及指导意见为防治相关疾病的必经之路。此外，还有更多老年呼吸道相关疾病，如老年支气管扩张、老年睡眠呼吸暂停综合征，甚至是更多的新病种，都需要引起重视，从而全方位地保障银龄族的生命健康，提升银龄族的生活质量。

2. 老年呼吸病学发展机遇与挑战并存

随着人口老龄化的不断加剧，老年医学和老年呼吸病学成了独立于传统医学分科的新兴学科，而鉴于银龄族对健康的需求日渐增长，学科的发展也已步入了快车道，更多的研究、更加细化的专家共识和临床指南相继推出，都将助力学科的良性及快速发展。

然而，综合当前发展现状，我们也应当关注到，我国在老年医学及老年呼吸医学较国外起步较晚，对老年呼吸病学的相关研究尚有较多的空白，在未来，应大力重视对老年呼吸道相关疾病的研究工作，可建立动态监测平台及相应数据库，准确掌握老年呼吸道疾病的趋势，以期有更加充足的数据及临床证据支持，最终助力学科发展，指导临床实践。

在人才储备方面，在临床、预防、护理、康复方面，针对老年呼吸病的专业人才数量仍然不足，个性化服务水平有待提高，未来应建立多层级人才培养架构，鼓励相关从业人员继续深造，扩充人才队伍储备，提升从业人员质量，更好地为老年呼吸道疾病患者提供服务。

在学科属性方面，鉴于银龄族特有的生理病理变化，其发病不单单仅局限于呼吸系统，尤其是既往有基础疾病的银龄患者，其会涉及众多的影响因素，包括多组织器官共同为患、生理心理相互影响，以及环境、文化、经济相互关联，社会关爱与社会支持的助力助推，更预示着未来，老年呼吸病学、老年呼吸道疾病的管理需要走向多学科相互协同的发展方向，更多综合化、系统化的方针政策，交叉型的人才团队，都需要不断地完善。

3.银龄大健康产业不断扩大，科技创新助力产业发展

当前，银龄族的比例不断上升，也带来了银龄产业的发展热潮。健康是影响银龄族生活质量的重要一环，而呼吸是维持银龄族生存的最基础、最根本的保障，也越来越受到广大银龄族的重视。现如今，随着科技的不断进步，越来越多的呼吸监测设备、呼吸支持设备、呼吸康复设备、理疗设备等变得更加普及化、平民化和智能化，越来越多新式的疾病诊疗方式及设备不断问世，以及众多的新药、保健食品等陆续推出，都将为老年呼吸道疾病患者提供更多的可能性与选择性[50]。

不仅如此，区域协同发展与产业融合也正成为新的趋势，尤其在科技和物联网的加持下，在粤港澳大湾区、长三角等经济圈，通过构建创新生态链，协同上下游各行业各部门共同参与，推进呼吸疾病的研究，助力医疗发展，加速产业融合，将大健康产业与养老、旅游、互联网、健身休闲、食品等融合发展，形成新的业态和模式，共促大健康产业发展。

4.国家政策不断支持

近年来，针对老年医学、老年呼吸道疾病的发展与管理，国家卫生健康委员会、国家中医药管理局等部门不断发力，制定了一系列政策与管理措施。

在老年医学方面，2021年12月30日，国务院发布了《"十四五"国家老龄事业发展和养老服务体系规划》，其中包含了实施老年健康促进工程、发展老年医疗、康复护理和安宁疗护服务等内容，尤其强调要构建综合连续、覆盖城乡的老年健康服务体系。加强综合性医院老年医学科以及老年医院、康复医院、护理院（中心、站）、安宁疗护机构建设，深入推

进医养结合。2024 年 10 月 18 日，国家卫生健康委办公厅印发《关于提升老年医学医疗服务能力的通知》，其中要求规范老年医学科设置建设，具备条件的二级以上综合医院应规范设置建设老年医学科，在床位、设备、人员等方面加强建设；同时要规范开展老年医学诊疗服务，丰富老年医学服务模式，强化老年医疗资源上下联动，以满足银龄族医疗服务需求；到 2027 年末，力争二级以上综合医院规范设置老年医学科的比例达到 80%。在《关于促进医养结合服务高质量发展的指导意见》中，强调加强质量管理、强化质量意识、严格质量控制、发挥中医药优势，强化队伍建设，保障服务安全等方面，应推动实现健康老龄化，不断增强银龄族健康养老获得感。

针对老年呼吸道疾病，2017 年 1 月，国务院印发的《中国防治慢性病中长期规划（2017—2025 年）》提出了 70 岁以下人群慢性呼吸系统疾病死亡率控制目标和 40 岁以上居民肺功能检测率提高目标，并将肺功能检查纳入 40 岁以上人群常规体检内容。2019 年 7 月，国家卫生健康委员会印发《健康中国行动（2019—2030 年）》更是提出要对慢性呼吸系统疾病、癌症等四种慢性病发起攻坚战，保障人民健康。而在 2024 年 7 月 29 日更是印发了《健康中国行动——慢性呼吸系统疾病防治行动实施方案（2024—2030 年）》，对慢性呼吸系统疾病的防治提出了更加细致和富有针对性的指导意见。展望未来，在全国上下共同发力下，对老年呼吸道疾病的管理将更加规范化。

5. 中西医结合显成效

中医药学是我国传统文化的一大瑰宝，而中西医结合也是我国独具特色的医疗模式。在老年呼吸道疾病方面，中西医各有其建树及独特优势，在广泛的临床实践中我们也可以窥见，通过中西医协同，在呼吸道疾病的防治、护理、康复等方面，能够有效缓解银龄患者不适症状，减少并发症，最终能降低住院率、住院时间、医疗费用。尤其针对银龄患者，防治结合，防大于治，提高生活质量，降低死亡率是根本原则和最终目标，要充分结合中西医各自的特点，做到优势互补，最终实现在老年呼吸道疾病的防治方面达到"1+1 > 2"的效果。

参考文献

[1] United Nations Department of Economic and Social Affairs, Population Division. World Population Prospects 2022: Summary of Results [EB/OL]. (2022–07–11) [2024–12–04]. https://population.un.org/wpp/Download/Standard/MostUsed/.

[2] Li ZJ, Zhang HY, Ren LL, et al. Etiological and epidemiological features of acute respiratory infections in China[J]. Nat Commun. 2021, 12(1):5026.

[3] Lancet T. Population ageing in China: crisis or opportunity? [J]. The Lancet. 2022, 400(10366):1821.

[4] Li X, Cao X, Guo M, et al. Trends and risk factors of mortality and disability adjusted life years for chronic respiratory diseases from 1990 to 2017: systematic analysis for the Global Burden of Disease Study 2017[J]. BMJ. 2020, 368:m234.

[5] Wang DY, Ghoshal AG, Razak BAMA, et al. Quality of Life and Economic Burden of Respiratory Disease in Asia–Pacific—Asia–Pacific Burden of Respiratory Diseases Study[J]. Value in Health Regional Issues, 2016, 9:72–77.

[6] Weijun Guan, Xianrui Zheng, Kian Fan Chung, et al. Impact of air pollution on the burden of chronic respiratory diseases in China: time for urgent action[J]. The Lancet. 2016, 388 (10054):1939–1951.

[7] Chao Guo, Xiaoying Zheng. Health Challenges and Opportunities for an Aging China[J]. American Journal of Public Health, 2018, 108(7):890–892.

[8] Yan Guo, Jianjun Bai, Xiaoxia Zhang, et al. Secular Trends of Mortality and Years of Life Lost Due to Chronic Obstructive Pulmonary Disease in Wuhan, China from 2010 to 2019: Age–Period–Cohort Analysis[J]. International Journal of Environmental Research and Public Health, 2022, 19 (17):10685.

[9] Pandit S G, Walke L M. Geriatrics: moving forward with 2020 vision[J]. J Am Geriatr Soc, 2021, 69(6):1422–1428.

[10] Hanna Sandelowsky, Ulla Møller Weinreich, Bernt Bøgvald Aarli, et al. COPD - Do the right thing[J]. BMC Family Practice, 2021, 22 (1):244.

[11] Slater M, Perruccio A V, Badley E M. Musculoskeletal comorbidities in cardiovascular disease, diabetes and respiratory disease: the impact on activity limitations; a representative population–based study[J]. BMC Public Health, 2011, 11:77.

[12] Pushpa Raj Joshi. Pulmonary Diseases in Older Patients: Understanding and Addressing the Challenges[J]. Geriatrics, 2024, 9 (2):34.

[13] Watson A, Wilkinson TMA. Respiratory viral infections in the elderly[J]. Ther Adv Respir Dis. 2021, 15:1753466621995050.

[14] Saint–Criq V, Lugo–Villarino G, Thomas M. Dysbiosis, malnutrition and enhanced gut–lung axis contribute to age–related respiratory diseases[J]. Ageing Res Rev, 2021, 66:101235.

[15] Du W Y, Yin C N, Wang H T, et al. Infectious diseases among elderly persons: Results

from a population-based observational study in Shandong province, China, 2013-2017[J]. J Glob Health, 2021,11:08010.

[16] Møgelmose S, Neels K, Beutels P, et al. Exploring the impact of population ageing on the spread of emerging respiratory infections and the associated burden of mortality[J]. BMC Infect Dis, 2023,23(1):767.

[17] Havers F P, Whitaker M, Melgar M, et al. Characteristics and Outcomes Among Adults Aged ≥ 60 Years Hospitalized with Laboratory-Confirmed Respiratory Syncytial Virus — RSV-NET, 12 States, July 2022 - June 2023[J]. MMWR Morb Mortal Wkly Rep, 2023,72:1075 - 1082.

[18] 王飞. 中医老年病学 [M]. 北京：中国中医药出版社，2017.

[19] Joan B Soriano, Parkes J Kendrick, Katherine Paulson, et al. Prevalence and attributable health burden of chronic respiratory diseases, 1990 - 2017: a systematic analysis for the Global Burden of Disease Study 2017[J]. The Lancet Respiratory Medicine, 2020,8 (6):585-596.

[20] Prashant Jarhyan, Alison M Hutchinson, Damien Khaw, et al. Prevalence of chronic obstructive pulmonary disease and chronic bronchitis in eight countries: a systematic review and meta-analysis[J]. Bulletin of The World Health Organization, 2022,100 (3):216-230.

[21] Seiichi Kobayashi, Masaru Yanai, Masakazu Hanagama, et al. The burden of chronic obstructive pulmonary disease in the elderly population[J]. Respiratory Investigation, 2014,52 (5):296-301.

[22] Felipe Cortopassi, Puncho Gurung, Víctor Pinto-Plata. Chronic Obstructive Pulmonary Disease in Elderly Patients[J]. Clinics in Geriatric Medicine, 2017,33 (4):539-552.

[23] Fazleen A, Wilkinson T. Early COPD: current evidence for diagnosis and management[J]. Therapeutic Advances in Respiratory Disease, 2020, 14:1753466620942128.

[24] GOLD. Global Strategy for the Diagnosis, Management, and Prevention of Chronic Obstructive Pulmonary Disease [EB/OL] .(2022-11-15) [2024-12-04]. https://goldcopd. org/2023-gold-reports/.

[25] Sellami R, Fehri S M, Ketata I, et al. Chronic obstructive pulmonary disease in the elderly[J]. European Respiratory Journal, 2023, 62:1.

[26] Ding M, Zhang W, Li K, et al. Effectiveness of tai chi and qigong on chronic obstructive pulmonary disease: a systematic review and meta-analysis[J]. J Altern Complement Med, 2014,20(2):79-86.

[27] Boulet LP. Asthma in elderly patient[J]. Asthma Research Practice, 2016,2:3.

[28] Huang K, Yang T, Xu J, et al. Prevalence, risk factors, and management of asthma in China: a national cross-sectional study[J]. Lancet, 2019,394(10196):407-418.

[29] Gwen Skloot, Paula J Busse, Sidney S Braman, et al. An Official American Thoracic Society Workshop Report: Evaluation and Management of Asthma in the Elderly[J]. Annals of the American Thoracic Society, 2016,13 (11):2064-2077.

[30] Nicola A Hanania, Monroe James King, Sidney S Braman, et al. Asthma in the elderly: Current understanding and future research needs—a report of a National Institute on Aging (NIA) workshop[J]. Journal of Allergy and Clinical Immunology, 2011,128 (3): S4-S24.

[31] 张迪，钱晓君，褚水莲，等. 2002—2016 年中国呼吸系统疾病死亡率及其变化趋势 [J]. 中华医学杂志, 2020, 100(24):6.

[32] Michael S Niederman. Natural enemy or friend? Pneumonia in the very elderly critically ill patient[J]. European Respiratory Review, 2020,29 (155):200031.

[33] Li Y, Wang C, Peng M. Aging Immune System and Its Correlation With Liability to Severe Lung Complications[J]. Front Public Health, 2021,9:735151.

[34] Osman M, Manosuthi W, Kaewkungwal J, et al. Etiology, Clinical Course, and Outcomes of Pneumonia in the Elderly: A Retrospective and Prospective Cohort Study in Thailand[J]. American Journal of Tropical Medicine and Hygiene, 2021,104 (6):2009-2016.

[35] Presley C J, Reynolds C H, Langer C J. Caring for the Older Population With Advanced Lung Cancer[J]. American Society of Clinical Oncology educational book, 2017, 37:587-596.

[36] Han B, Zheng R, Zeng H, et al. Cancer incidence and mortality in China, 2022[J]. J Natl Cancer Cent, 2024,4(1):47-53.

[37] Paolo Maione, Antonio Rossi, Paola Claudia Sacco, et al. Review: Treating advanced non-small cell lung cancer in the elderly[J]. Therapeutic Advances in Medical Oncology, 2010,2 (4):251-260.

[38] Pîslaru A I, Albişteanu S-M, Ilie A C, et al. Lung Cancer: New Directions in Senior Patients Assessment[J]. Geriatrics, 2024,9(4):101.

[39] Remei Blanco, Inmaculada Maestu, Marta García de la Torre, et al. A review of the management of elderly patients with non-small-cell lung cancer[J]. Annals of Oncology, 2015,26 (3):451-463.

[40] 周岱翰. 中医肿瘤学（修订版）[M]. 广州：广东高等教育出版社，2020.

[41] Kaul B, Cottin V, Collard H R, et al. Variability in Global Prevalence of Interstitial Lung Disease[J]. Frontiers in Medicine, 2021, 8:1971.

[42] Khor Y H, Ng Y, Barnes H, et al. Prognosis of idiopathic pulmonary fibrosis without anti-fibrotic therapy: a systematic review[J]. European Respiratory Review, 2020,29(157):190158.

[43] Karen Patterson, Rupal J Shah, Mary K Porteous, et al. Interstitial Lung Disease in the Elderly[J]. Chest, 2017,151 (4):838-844.

[44] 袁霞，张玲玲. 呼吸康复护理在老年慢阻肺患者临床护理中的应用价值 [J]. 健康女性，2022:157-159.

[45] 莫新霞，毛燕君，徐小燕，等. 呼吸科护士参与慢性阻塞性肺疾病患者肺康复护理的意愿及影响因素 [J]. 海军医学杂志，2024, 45(6):664-667.

[46] 罗冠祥. 我国肺康复护理开展现状及分析研究 [D]. 广州：广州医科大学,2022.

[47] Kim D Y, Mo Y H, Kim K W, et al. Feasibility of Home-Based Pulmonary Rehabilitation of Pediatric Patients with Chronic Respiratory Diseases[J]. Children, 2024,11(5):534.

[48] Ko FW, Tam W, Siu EHS, et al. Effect of short-course exercise training on the frequency of exacerbations and physical activity in patients with COPD: A randomized controlled trial[J]. Respirology, 2021,26(1):72-79.

[49] Makhmutov R, A. I. Bobrovitskaya, A. R. Makhmutova. Modern aspects of integrated rehabilitation of children with recurrent respiratory diseases with mononucleoside syndrome [J]. Herald of physiotherapy and health resort therapy, 2020,26(3):107-109.

[50] 徐昊楠. 中国失能老人照护需求预测与供给策略研究 [D]. 厦门：厦门大学,2021.

HB.21

中国西部地区银龄产业市场需求变化与
发展前景研究

张飚❶ 翟丽华❷ 谭莎❸ 李祉睿❹

摘要： 随着我国西部地区人口老龄化程度的不断加深，银龄产业逐渐成为西部地区经济发展的新热点。本报告聚焦于我国西部地区银龄产业，旨在深入探究其市场需求的变化趋势以及发展前景。报告采用问卷调查法、数理统计法，深入剖析我国西部地区银龄族消费观念与银龄产业需求以及对银龄产业发展的期望，借助文献研究法对银龄族的增长状况以及政策环境的变化进行系统性的分析。报告发现西部地区银龄产业有着广阔的发展前景，但相较于其他地区，西部地区银龄产业面临着起步较晚、尚未构建起完善的人才培养体系、产业基础相对薄弱、难以在短期内形成强大的市场竞争力、服务品质还需不断提升等挑战，并据此提出对策建议，以

---

❶ 张飚，管理学博士，甘肃中医药大学卫生管理学院副院长，副教授（一级），主要研究方向：健康管理学和卫生健康服务，健康产业，人口社会学。
❷ 翟丽华，甘肃中医药大学卫生管理学院硕士研究生，主要研究方向：健康管理学和卫生健康服务，健康产业。
❸ 谭莎，甘肃中医药大学卫生管理学院硕士研究生，主要研究方向：健康管理学和卫生健康服务，健康产业。
❹ 李祉睿，甘肃中医药大学卫生管理学院硕士研究生，主要研究方向：健康管理学和卫生健康服务，健康产业。

期能够为中国西部地区银龄产业市场的健康发展提供有益的参考。

关键词：西部地区，银龄产业；市场需求；发展前景

　　银龄经济是向银龄族提供产品或服务，以及为高龄阶段做准备等一系列经济活动的总和，涉及面广、产业链长、业态多元、潜力巨大[1]。随着全球人口老龄化的加剧，我国作为世界上银龄族最多的国家之一，面临着巨大的养老压力。我国西部地区拥有丰富的自然资源和深厚的历史文化底蕴，受制于经济基础薄弱、基础设施落后等问题，经济社会发展水平与东部沿海地区相比存在一定差距。近年来，随着"一带一路"倡议的推进及国家对西部大开发政策的支持力度不断加大，西部地区迎来了新的发展机遇。探讨西部地区银龄产业的市场需求变化及其发展前景，对于理解该区域经济增长的新动力源具有重要意义。同时，也有助于指导地方政府制定更加精准有效的政策措施，推动银龄产业成为区域经济新增长点，进而实现可持续发展目标。本报告将采用问卷调查法、数理统计法、文献研究法等方法，从市场需求变化的角度，分析西部地区银龄产业的发展现状与前景，以期为中国西部地区银龄产业市场的健康发展提供有益的参考。

一、研究对象与方法

（一）研究对象

　　采用单纯随机抽样的原则，根据中国西部地区行政区域划分的范围选取 164 位 60 岁及以上的银龄族为研究样本，研究中国西部地区银龄产业市场需求变化与发展前景。

（二）研究方法

1. 文献研究法

　　借助国家统计局等官方网站进行检索中国西部地区第五次、第六次、

第七次全国人口普查 60 岁及以上、65 岁及以上人口构成比以及《关于加快发展养老服务业的若干意见》《中共中央、国务院关于加强新时代老龄工作的意见》《"十四五"国家老龄事业发展和养老服务体系规划》《关于发展银发经济增进老年人福祉的意见》《关于加快发展农村养老服务的指导意见》《关于金融支持中国式养老事业 服务银发经济高质量发展的指导意见》等政府政策文件。

2. 问卷调查法

为了深入了解西部地区银龄族对银龄产业产品和服务的真实需求，本报告特别设计了一份针对性强且易于操作的调查问卷。考虑到银龄族特殊的身体条件、心理特征及其可能存在的健康状况限制（如视力减退、听力下降等）对问卷进行了适当简化，并采用以结构化题型为主的形式。所有题目均以选择题或简答题的方式呈现，避免了开放式长篇回答的要求，从而降低了受访者的阅读难度和作答压力。此外，还特别注意控制问卷长度，确保整个填写过程不会耗时过长，以免引起银龄族疲劳或不适。最终确定将问卷划分为四个主要维度：个人基本信息、健康与生活状况、消费观念与银龄产业需求、银龄产业发展前景。共发放问卷 166 份，其中无效问卷 2 份，回收率 98.8%。

3. 数理统计法

对问卷原始数据进行审核、编码、录入并采用 SPSS29.0 统计软件对数据进行分析与处理。

二、结果与分析

（一）个人基本信息

根据调查结果显示，164 个银龄族样本中男性 51 人；女性 113 人。

60 ~ 65 岁银龄族为 76 人；65 ~ 70 岁银龄族为 25 人；70 ~ 75 岁银龄
族为 24 人；75 ~ 80 岁银龄族为 6 人；80 岁以上银龄族为 33 人。此次研
究样本女性占比高达 68.90%，远超男性；年龄分布上，60 ~ 65 岁的银
龄族占比最高为 46.34%，而 80 岁以上的高龄老人也占据了相当比例，为
20.12%；居住地区方面，乡村地区 53.66% 与城镇地区 46.34% 分布相对均
衡；文化程度则呈现出高学历人群占多数的特点，本科及以上占比最高，
为 40.24%，但文盲或半文盲的比例 21.34% 也不容忽视（表 1）。

表 1　研究对象个人基本信息

	选项	比例
性别	男	31.10%
	女	68.90%
年龄	60 ~ 65 岁	46.34%
	66 ~ 70 岁	15.24%
	71 ~ 75 岁	14.63%
	76 ~ 80 岁	3.66%
	80 岁以上（高龄老人）	20.12%
居住地区	城镇	46.34%
	乡村	53.66%
文化程度	文盲或半文盲	21.34%
	小学	13.41%
	初中	11.59%
	高中	11.59%
	大专	1.83%
	本科及以上学历	40.24%

（二）银龄产业需求现状

1. 健康与生活状况

调查结果显示，居住方式方面，近三分之一受访者独自居住，三分之
一略多与配偶同住，近三分之一与子女同住，少数选择养老院。健康状况

方面，大部分受访者（超六成）表示健康状况良好或较好，但仍有相当比例（近两成）面临健康问题，需要定期治疗或较多照顾。在健康体检方面，近半数受访者每年至少体检一次，显示出较高的健康意识。至于银龄族健康活动，约两成受访者经常参加，显示出积极态度，但也有近两成从未参与，提示需加强相关活动的普及和吸引力。综合来看，受访者居住方式多样，健康状况整体良好，健康意识较强，但对健康活动的参与度有待提高。

2. 消费观念与银龄产业需求

（1）消费能力提升

在每月可支配收入 1000 元以下的人群中，有 33.33% 的人每年至少进行一次体检，偶尔（两三年一次）进行体检的比例为 36.51%，而很少或几乎不体检的比例达到 30.16%。每月可支配收入增加到 1001 ~ 3000 元区间时，每年至少一次体检的比例上升到 44.78%，偶尔体检的比例略有增加至 46.27%，而很少体检的比例大幅下降至 8.96%。当每月可支配收入达到 3001 ~ 5000 元时，每年至少体检的比例进一步提升至 60%，偶尔体检的比例减少到 30%，很少体检的比例为 10%。在每月可支配收入 5000元以上的人群中，每年至少体检的比例高达 85.71%，偶尔体检的比例为14.29%，没有人很少或几乎不进行体检。（表 2）这一趋势表明，随着每月可支配收入的增加，银龄族进行定期体检的频率也呈上升趋势，对自身健康状况也更加重视。

表 2   每月可支配收入与定期体检频率的对比分析   单位：%

可支配收入	是，每年至少一次	偶尔，两三年一次	很少，几乎不体检
1000 元以下	33.33%	36.51%	30.16%
1001 ~ 3000 元	44.78%	46.27%	8.95%
3001 ~ 5000 元	60%	30%	10%
5000 元以上	85.71%	14.29%	0.00%

　　38.41%的受访者每月可支配收入在1000元以下，40.85%的受访者每月可支配收入在1001至3000元之间；12.2%的受访者每月可支配收入在3001至5000元；而8.54%的受访者每月可支配收入超过5000元。随着经济的持续发展和社会的不断进步，西部地区银龄族的收入水平和生活质量得到了显著提升，消费能力也有了显著增强。他们越来越重视生活品质和健康养生，对高品质产品和服务的需求日益增长。

　　（2）消费观念转变

　　关于银龄族对智能养老设备的接受程度，17.07%的受访者表示非常愿意并且已经在使用这类设备；45.12%的受访者表示比较愿意，认为可以尝试使用这类设备；28.05%的受访者态度一般，对于使用智能养老设备没有表现出特别强烈的意愿或反感；总体来看，超过半数的受访者（62.19%）对使用智能养老设备持积极或尝试性的态度。对于优质银龄族旅游产品的接受度，16.46%的受访者表示非常愿意参加；34.15%的受访者持比较愿意的态度，认为可以尝试；32.32%的受访者态度一般，对此没有表现出特别强烈的兴趣或反对；综合来看，超过半数的受访者对参加优质银龄族旅游产品持积极或开放性的态度，提示银龄族旅游产品的市场接受度存在一定的差异和潜在的提升空间。银龄族服务设施（如银龄族活动中心）方面，仅有10.98%的受访者认为目前西部地区非常充足，能够很好地满足银龄族的需求；28.05%的受访者认为设施比较充足；39.02%的受访者评价为一般；15.24%的受访者认为设施不太充足，存在一定程度上的短缺；而6.71%的受访者则表示设施非常缺乏，急需增加投入和建设；总体来看，虽然有一定比例的受访者认为银龄族服务设施较为充足，但超过半数的受访者（包括认为一般、不太充足和非常缺乏的受访者）对设施的数量表示了不同程度的担忧或不满。

　　调研结果发现，银龄族的消费观念逐渐从传统的节俭型向享受型转变。他们更愿意为健康、舒适、便捷的生活方式买单，对新兴消费模式和智能化产品的接受度也在不断提高。通过卡方检验发现银龄族对银龄产业的了解程度会影响银龄族健康服务套餐付费意愿（表3）。相关部门应加强银龄产业宣传、优化价格、增强银龄族的信任感以及加强社会支持等对策，可以有效提升银龄族对银龄产业的了解程度，并增强其健康服务套餐的付费意愿。推动银龄产业的持续健康发展，为银龄族提供更多优质、便捷的健康服务。

表3　银龄产业了解程度对银龄族健康服务套餐付费意愿的影响

对银龄产业的了解程度	针对银龄族的健康服务套餐，您愿意每月支付多少钱					χ^2	P
	100元以下	100 ~ 300元	300 ~ 500元	500 ~ 1000元	1000元以上		
非常了解	15.4%	6.0%	8.3%	9.1%	26.7%		
比较了解	13.5%	30.0%	30.6%	9.1%	13.3%		
一般	26.9%	34.0%	44.4%	54.5%	6.7%	32.285	0.009
不太了解	25.0%	24.0%	16.7%	27.3%	26.7%		
完全不了解	19.2%	6.0%	0.0%	0.0%	26.7%		

3. 银龄产业发展前景看法

统计结果显示，认为西部地区银龄产业未来发展潜力"非常大"者，占比28.66%；认为发展潜力"比较大"者占比最高，达到42.07%。大部分受访者（超过70%）对西部地区银龄产业的未来发展潜力持乐观态度。有43.29%的受访者表示"比较看好"互联网技术在银龄产业中的应用前景；21.95%则持更为积极的态度，表示"非常看好"。超过六成的受访者看好互联网技术在银龄产业中的应用，显示出对这一领域未来发展的积极预期。

根据本次针对西部地区银龄产业发展面临的最大挑战的多选题调查，多数受访者认为人才短缺（72.56%）是当前面临的最大挑战，紧随其后的是消费观念保守（68.29%）和资金不足（64.63%）。同时，有超过半数的受访者提到了政策支持不够（50%）和市场竞争激烈（42.07%）也是重要挑战。西部地区银龄产业的发展在多个方面均面临显著挑战，尤其是人才、消费观念和资金方面的问题尤为突出。

根据本次关于银龄产业中银龄族教育服务期望的多选题调查，大多数受访者（68.9%）期望提供更多兴趣课程，如书法和绘画等，以满足银龄族的精神文化需求。同时，加强健康知识教育也受到了广泛重视，有67.07%的受访者表达了这一期望。此外，开展电脑和智能手机使用培训的需求也较为显著，占比61.59%，显示出银龄族在适应数字时代方面的积极态度。提供文化传承方面的教育同样受到关注，占比54.27%。受访者对于银龄产业中的银龄族教育服务期望多样，主要集中在兴趣课程、健康知识、数字技能以及文化传承等方面。

此外，64.02%的受访者认为银龄族人口的增加同样会对银龄产业发展产生较大影响。人口老龄化是当前社会面临的重大挑战之一，根据联合国1956年《人口老龄化及其社会经济后果》的划分标准，当一个国家或地区65岁及以上老年人口数量占总人口比例超过7%时，这个国家或地区进入老龄化社会。60岁以上人口占总人口比重超过20%，或65岁以上人口比重超过14%，表示进入中度老龄化社会。我国进入人口老龄化社会的时间与西方发达国家相比较晚，但人口老龄化、高龄化的发展速度较快。截至2021年底，全国60岁及以上银龄族达2.67亿，占总人口的18.9%；65岁及以上银龄族达2亿以上，占总人口的14.2%。据测算，预计"十四五"时期，60岁及以上银龄族总量将突破3亿，占比将超过20%，进入中度老龄化阶段。2035年左右，60岁及以上银龄族将突破4亿，在总人口中的占比将超过30%，进入重度老龄化阶段[2]。

目前，除西藏自治区外我国其余地区均已迈入老龄化甚至是高龄化社会，在中国西部地区12个省、自治区和直辖市中四川省、重庆市已迈入中度老龄化社会（表4）。根据2020年第七次全国人口普查公报数据显示，西部地区的60岁及以上人口平均占比达到了16.00%，65岁及以上人口平均占比为11.60%。西部地区银龄族数量持续增长，高龄化程度不断加深，这为银龄产业提供了庞大的潜在消费群体，推动了养老服务、健康产品等多元化需求的增加。随着银龄族数量的持续增长以及消费能力的显著提升，西部地区银龄产业市场规模预计将会持续扩大。预计在未来几年内，银龄产业将保持一个快速增长的态势，有望成为西部地区经济发展的一个新的重要引擎。

表4 中国西部地区第五次、第六次、第七次全国人口普查60岁及以上人口、65岁及以上人口构成比

地区	第五次全国人口普查	第六次全国人口普查	第七次全国人口普查	
	65岁及以上（占总人口数的百分比/%）	60岁及以上（占人口数的百分比/%）	60岁及以上（占总人口数的百分比/%）	65岁及以上（占总人口数的百分比/%）
广西壮族自治区	7.30	13.12	16.69	12.20
内蒙古自治区	5.51	11.48	19.78	13.05
重庆市	8.01	17.42	21.87	17.08
四川省	7.56	16.30	21.71	16.93
贵州省	5.97	12.84	15.38	11.56
云南省	6.09	11.06	14.91	10.75
西藏自治区	4.75	7.67	8.52	5.67
陕西省	6.15	12.85	19.20	13.32
甘肃省	5.20	12.44	17.03	12.58
青海省	4.56	9.45	12.14	8.68
宁夏回族自治区	4.47	9.67	13.52	9.62
新疆维吾尔自治区	4.67	9.66	11.28	7.76

数据来源：国家统计局。

政策环境也影响着中国西部地区银龄产业的发展。国家高度重视银龄经济的发展，出台了一系列政策措施。2013年9月，国务院颁布了《关于加快发展养老服务业的若干意见》，提出加快发展养老服务业的总体要求、主要任务和政策措施，对加快发展养老服务业进行了系统规划，成为我国步入"养老产业元年"的政策标志[3]。2017年财政部等部门联合发布了《关

于运用政府和社会资本合作模式支持养老服务业发展的实施意见》，要求
鼓励民间资本进入、鼓励运用政府和社会资本合作（PPP）模式，推进养
老服务业供给侧结构性改革，形成多层次、多渠道、多样化的养老服务市
场。2021 年 11 月，《中共中央、国务院关于加强新时代老龄工作的意见》
提出"积极培育银发经济"，加强规划引导，发展适老产业[4]。2022 年 2
月《"十四五"国家老龄事业发展和养老服务体系规划》明确提出大力发
展银发经济，发展壮大老年用品产业，促进老年用品科技化、智能化升
级，有序发展老年人普惠金融服务[5]。2024 年 1 月，国务院办公厅印发《关
于发展银发经济增进老年人福祉的意见》，提出 4 个方面 26 项举措，这是
我国首个以"银发经济"命名的政策文件，未来，国家将加快银发经济规
模化、标准化、集群化、品牌化发展，着力培育高精尖产品和高品质服务
模式，让银龄族共享发展成果，安享幸福晚年[1]。2024 年 6 月，《关于加
快发展农村养老服务的指导意见》出台，是我国在全国层面专门对发展农
村养老服务作出的总体性、系统性部署[6]。2024 年 12 月，中国人民银行
等九部门联合印发《关于金融支持中国式养老事业 服务银发经济高质量发
展的指导意见》明确加快建立完善养老金融体系，全力做好养老金融大文
章[7]。在国家政策的积极引导下，西部地区的各级政府机构也采取了相应
的行动，通过增加对银龄产业的扶持力度，为银龄产业的发展创造了更加
有利的外部环境。

三、挑战与展望

（一）完善人才培养体系

银龄产业作为新兴产业，尚未形成完善的人才培养体系。西部地区银
龄产业的专业人才数量远远不能满足市场需求。无论是健康管理、养老服
务、智能家居，还是其他相关领域，都存在着严重的人才缺口。这种人才
短缺不仅影响了银龄产业的快速发展，也限制了其服务质量和创新能力的

提升。除数量不足外，西部地区银龄产业的专业人才结构也存在不合理的问题。高端人才稀缺，缺乏具有深厚专业背景和丰富实践经验的专家、学者和管理者。基层服务人员数量虽多，但专业技能和服务水平参差不齐，难以满足银龄族的多样化需求。西部地区的高校和职业院校在银龄产业相关专业设置和人才培养方面相对滞后，无法满足产业快速发展的需求。同时，现有的培训和教育体系也缺乏针对性和实效性，难以培养出符合市场需求的专业人才。许多银龄企业难以提供高质量的产品和服务，难以满足银龄族的多样化需求。

西部地区需要加大银龄产业技术、技能的人才培养。引导技工院校主动对接本地区银龄产业市场需求，优化调整专业设置，加强涉老专业产教融合，推广校企合作，培养更多专业技能人才。聚焦养老护理、健康照护、医疗服务、心理健康等银龄产业急需紧缺职业，及时纳入职业技能培训目录，推广订单、定向、定岗式培训，培养更多银龄产业相关技能人才[8]，满足市场需求。

（二）优化产业结构

随着西部地区银龄产业的不断发展，其面临的挑战与机遇并存。起步较晚、产业基础薄弱的问题限制了该产业的进一步发展，而市场需求和政策推动的双重作用力则为其提供了新的增长动力。传统养老服务的转型升级、健康产品的多样化需求、智慧养老的兴起以及银龄旅游和银龄族教育的蓬勃发展[9]，都要求西部地区银龄产业必须不断优化结构，以适应市场的变化和银龄族群体的多元化需求。传统养老服务在西部地区有着深厚的发展基础。在过去，家庭养老是主要的养老模式，而随着社会的发展，社区养老、机构养老等模式逐渐兴起。传统养老服务中的养老院、敬老院等机构正在不断提升自身的服务水平，从简单的提供食宿向提供全方位的生活照料、医疗护理、精神慰藉等多元化服务转变。部分养老院开始引进专业的医护人员，为患有慢性疾病的银龄族提供定期的健康检查和康复训练。养老服务机构也在注重环境的改善，打造更加温馨、舒适的居住环境，以提高银龄族的生活满意度。

随着人们健康意识的提高，西部地区的银龄族对健康产品的需求日益旺盛。这不仅包括常见的药品、保健品，还包括一些特殊的健康食品、康复器械等。在政策的支持下，西部地区的医药企业不断加大研发投入，开发出更多适合银龄族身体特点的药品和保健品[10]。针对银龄族常见的骨质疏松问题，企业研发出含有高钙、维生素 D 等成分的营养补充剂。康复器械产业也在迅速发展，如电动轮椅、助行器等产品的生产企业在西部地区逐渐增多，产品的质量和功能也在不断提升。

新兴的智慧养老产业在西部地区迎来了快速发展的机遇，智慧养老借助大数据、云计算、人工智能等先进技术，为银龄族提供更加智能化、个性化的养老服务。

银龄旅游产业在西部地区有着广阔的发展前景，西部地区拥有丰富的自然景观和独特的人文资源，壮丽的雪山、广袤的草原、神秘的沙漠以及古老的民族文化等，这些资源对银龄族有着极大的吸引力。银龄旅游企业不断推出适合银龄族的旅游线路和产品，注重行程的舒适性，减少长途跋涉和高强度的活动安排。同时，在旅游服务中增加医疗保障、养生讲座等特色服务，满足银龄族在旅游过程中的健康和文化需求。

随着银龄族文化素质的提高和对精神文化生活的追求，老年大学、社区老年教育课程等越来越受到欢迎。老年教育的内容也日益丰富，涵盖了文化艺术、养生保健、信息技术等多个领域。在文化艺术方面，开设书法、绘画、音乐等课程，让银龄族能够发挥自己的兴趣爱好；在信息技术领域，教授银龄族如何使用智能手机、电脑等设备，帮助银龄族跨越数字鸿沟，享受快捷便利，需要各方协同，多向发力，一起打通银龄族拥抱智能生活的"最后一公里"[11]。

（三）提升服务品质

随着市场竞争的加剧和消费者需求的提高，西部地区银龄产业的服务品质需要不断提升。随着银龄产业市场规模的扩大，越来越多的企业涌入这一领域，无论是传统的养老服务企业还是新兴的智慧养老、银龄旅游等企业，都面临着激烈的竞争[12]。为了在竞争中脱颖而出，企业需要更加注重产品创新和服务质量提升。在养老服务企业中，为了吸引更多的银龄族，提供个性化的服务菜单，使银龄族可以根据自身需求选择不同的服务项目，如定制化的饮食方案、个性化的康复训练方案等。消费者需求的提高也促使企业不断提升服务品质。

现代西部地区的银龄族对银龄产业的服务要求越来越高，不再满足于基本的服务，而是希望得到更加专业化、人性化的服务。在健康产品领域，银龄族对产品的安全性、有效性和便捷性有着更高的要求。企业需要在产品研发、生产和销售过程中严格把关，确保产品质量符合国家标准，并且能够方便银龄族使用。在银龄旅游方面，银龄族对旅游行程的安排、导游的服务质量、旅游过程中的安全保障等方面都非常关注。旅游企业需要精心设计旅游线路，培训专业的导游，建立完善的安全保障体系，以满足银龄族的需求。

（四）深化科技应用

智能化和数字化技术在产业中的应用正不断深化，不仅提高了服务的效率和品质，还显著减少了运营成本，为产业的转型升级注入了新的活力，银龄族同样应当成为科技的受益者。随着人口老龄化程度加深和银龄族消费观念转变，未来银龄产业市场规模将持续扩大，智能化设备和技术在养老服务中的应用将越来越广泛。这将提高服务便捷性和个性化程度，为银龄族提供更加高效、舒适的养老体验[13]。

大数据技术是洞察银龄族需求的关键。通过收集银龄族的健康数据、消费数据、生活习惯数据等大量数据，进行深入的数据分析，提前预测银龄族可能患有的疾病，从而采取预防措施；了解银龄族的消费偏好，为开发产品和制定营销策略提供依据。随着智慧养老体系的发展，大量来自不同来源的数据需要被高效地存储与处理。

云计算技术是支撑海量数据处理的强大后盾，为银龄产业提供了强大的计算和存储能力。一方面，云平台能够轻松应对来自各类传感器、视频监控系统所产生的海量非结构化数据；另一方面，它也为银龄产业内的企业提供了一个稳定可靠的软件服务平台，极大地减少了企业在 IT 基础设施建设上的投入。此外，借助云端部署的应用程序和服务，银龄族及其家属可以随时随地访问所需信息，享受便捷高效的养老服务。

人工智能技术助力开启个性化服务新时代。以养老服务机器人为例，它们不仅能协助银龄族完成诸如提醒服药、帮助移动等日常生活任务，还能作为陪伴者给予情感支持。此外，在银龄族健康管理中，AI 算法通过对个体身体状况进行全面评估后，可生成个性化的健康管理方案，包括但不限于定制营养食谱、运动计划建议等。这不仅促进了银龄族健康生活方式的养成，同时也减轻了家庭和社会负担。对于养老机构而言，智能管理系统实现了人员调配、物资供应、财务管理等多个方面的自动化操作，大幅提高了工作效率和服务水平。

这些技术创新不仅优化了现有服务体系，还催生了许多新兴业务形态和发展机遇。未来，随着相关技术不断成熟和完善，我们有理由相信银龄产业将迎来更加辉煌的发展前景，真正实现从"养老"到"享老"的转变[14]。

我国西部地区银龄产业市场需求变化显著，发展前景广阔。在市场需求和政策推动的共同作用下，银龄产业将迎来快速发展期[15]。然而，也需要注意到产业发展中面临的挑战，并采取有效的应对策略加以解决。通过加强产业规划引导、优化产业布局、加大政策扶持力度、加强人才培养和引进等措施，推动西部地区银龄产业健康、快速发展。

参考文献

[1] 国务院办公厅.关于发展银发经济增进老年人福祉的意见 [EB/OL].（2024-01-15）[2024-12-28]. https://www.gov.cn/zhengce/content/202401/content_6926087.htm.

[2] 新疆维吾尔自治区卫生健康委员会.国家卫生健康委就党的十八大以来老龄工作进展与成效举行新闻发布会（实录全文）[EB/OL].（2022-09-21）[2024-12-28]. https://wjw.xinjiang.gov.cn/hfpc/zcwj2/202209/21c84f9347144adfbdb0230f362197d0.shtml.

[3] 张文娟,付敏.中国养老服务产业发展的现状、挑战及其应对——基于需求侧的分析 [J].家政学刊, 2024,1(3):224-233.

[4] 中共中央、国务院.关于加强新时代老龄工作的意见 [EB/OL].（2021-11-24）[2024-12-28]. https://www.gov.cn/zhengce/2021-11/24/content_5653181.htm.

[5] 国务院.关于印发"十四五"国家老龄事业发展和养老服务体系规划的通知 [EB/OL].（2022-02-21）[2024-12-28]. https://www.gov.cn/zhengce/content/2022/02/21/content_5674844.htm.

[6] 民政部、中央精神文明建设办公室、农业农村部,等.关于加快发展农村养老服务的指导意见 [EB/OL].（2024-05-08）[2024-12-28]. https://www.gov.cn/zhengce/zhengceku/202406/content_6957138.htm.

[7] 中国人民银行等九部门.关于金融支持中国式养老事业服务银发经济高质量发展的指导意见 [EB/OL].（2024-12-08）[2024-12-28]. https://www.gov.cn/lianbo/bumen/202412/content_6992507.htm.

[8] 人力资源社会保障部.关于强化支持举措助力银发经济发展壮大的通知 [EB/OL].（2024-05-30）[2024-12-28]. https://www.gov.cn/zhengce/zhengceku/202406/content_6956292.htm.

[9] 王伟一，蔡菁菁.我国智慧养老服务发展现状与需求分析 [C]// 浙江树人学院.夕阳群体的朝阳研究——2024新医科大健康学术研讨会康养专题论文集.郑州大学第一附属医院互联网医疗系统与应用国家工程实验室；浙江树人学院, 2024: 71-77.

[10] 王林，李春霖.钙剂和维生素 D 在老年骨质疏松症中的应用 [J].中国临床保健杂志, 2022, 25（1）: 30-33.

[11] 白真智.帮助老年人更好融入智能时代 [N].人民日报, 2024-11-14（11）.

[12] 孙诗卉.长寿预期下的银发经济浪潮：老龄人力资源、创新养老产品需要持续开发 [N].21世纪经济报道, 2024-11-26（8）.

[13] 祝凤岚.智慧养老为行业发展提供新方案 [N].中华工商时报, 2024-11-19（4）.

[14] 康冀楠.银发经济，"夕阳事业"正"朝阳" [N].开封日报, 2024-10-29（3）.

[15] 刁文华.把握银发浪潮：老年健康需求引领产业变革新趋势 [J].中国商人, 2024,（12）: 230-231.

HB.22

海外银龄族中医康养游需求调查研究

王曦 ❶　王悦菲 ❷

摘要：随着全球人口高龄化趋势的加剧，海外银龄族对中医康养游的需求日益增长。本报告旨在探讨海外银龄族对中医康养游的需求情况，为相关旅游机构提供参考依据。报告通过问卷调查和深度访谈的方式，收集了海外银龄族对中医康养游的看法和需求。研究发现，海外银龄族对中医康养游有着较高的认知度和兴趣，他们普遍认为中医康养游能够改善身体健康和提升生活质量。在选择中医康养游目的地时，海外银龄族更倾向于选择环境优美、气候宜人、中医资源丰富的地区。他们对中医康养游的内容和服务也提出了具体建议，希望能够结合传统中医疗法和现代养生理念，为他们提供个性化的健康管理方案。此外，海外银龄族对中医康养游的价格、安全性和便利性也提出了关注。综上所述，海外银龄族对中医康养游有着明显的需求和期待，旅游机构可以根据他们的喜好和需求，设计更加贴合他们口味的中医康养游产品，从而满足海外银龄族对健康养生的追求。

关键词：海外中医药；银龄产业；中医康养游

❶ 王曦，英语跨文化交际博士后，北京中医药大学人文学院副教授，研究方向：中医英译及对外文化传播。
❷ 王悦菲，北京中医药大学人文学院研究生，研究方向：中医国际传播。

中医康养游是融合中医药理论与养生理念的一种特殊旅游形式，旨在通过中医药、针灸、按摩、气功等多种中医传统疗法，结合旅游观光、文化体验等活动，为游客提供身心健康的综合服务。银龄族拥有较为充裕的时间和经济能力，且对健康和生活质量的关注度较高，因此在选择旅游产品时，倾向于那些能够兼顾身心健康的旅游项目[1]。对于银龄族而言，中医康养游不仅提供了观光旅游的机会，还能够通过中医的治疗和调养，改善其健康状况，提升生活质量[2]。我国的中医康养游市场需求主要集中在慢性病管理、心理健康调节以及养生保健等方面[3-5]。中医康养游开发的太极拳[6]、针灸[7]、保健茶[8]等项目产品助推中医文化传承与传播效果较好。同时，一些旅游企业也开始与中医院校、康养机构合作，开发专业化、个性化的中医康养旅游线路和服务[9, 10]。

随着全球人口高龄化趋势的加剧，海外银龄族"wellness recreation"旅游市场呈现快速增长的态势。许多国家和地区已经开始重视并开发适合银龄族的旅游产品和服务，市场需求日益扩大。一些拥有丰富医学资源的国家和地区，如中国、日本、韩国等，开始积极推广医疗康养游膳食、按摩馆、旅居项目，吸引了大量海外银龄族游客。中医康养游作为一种新兴的旅游形式，近年来在海外市场逐渐获得认可和关注。研究表明，海外银龄族对于中医养生的兴趣日益增加，主要基于中医的自然疗法和综合健康理念[11]。尽管如此，中医康养游在海外市场的发展仍面临一些挑战，如文化差异、语言障碍以及中医药知识普及不足等问题[12]。

开展海外银龄族中医康养游需求调查研究具有重要意义。首先，它能够帮助开发符合海外银龄族健康需求的旅游产品，促进他们的身心健康，同时也为中医药文化的传播和中西方文化交流提供渠道。其次，通过需求分析，可以明确市场需求，为旅游企业制定市场策略提供科学依据，推动中医康养旅游市场的发展。调查数据还可为相关政策制定提供参考，帮助提升旅游服务质量，创造更优质的旅游体验。此外，该研究也有助于促进中医康养和旅游管理学科的学术研究，推动相关旅游产业和地区经济增长，并为国际合作奠定基础，提升国家形象和影响力。因此，本研究不仅具有实际应用价值，还在健康、文化、经济和学术等多个方面具有深远的推动作用。

一、资料与方法

1. 调查对象

本次调查的对象为居住在海外的华人银龄族及其他对中医康养有兴趣的外国银龄族。华人银龄族的年龄在 60 岁以上，常住国外，主要分布在北美、欧洲、东南亚和大洋洲等地区；外国银龄族同样年龄在 60 岁以上，对中医药、中医养生、康复有一定了解或浓厚兴趣，居住在上述区域。调查对象的选择标准包括：身体状况允许旅行、有经济能力进行康养旅游消费，并且对中医药和中医康养有一定接受度和了解。以上标准确保了调查的精准性和调查对象对中医康养旅游的潜在需求的有效表达。

2. 调查内容与方法

此次调查的内容涵盖了银龄族的基本信息、旅游需求、旅游偏好以及消费能力和意愿。基本信息包括年龄、性别、居住国家、经济状况和健康状况等。旅游需求方面调查了他们对中医康养的认知与兴趣、是否有过相关旅游经历及未来的旅游意愿。此外，还调查了银龄族期望的中医康养项目，例如中医诊疗、针灸、推拿、养生食疗、太极和气功等。在旅游偏好方面，调查了银龄族偏好的旅游时长、季节、频率以及旅游目的地，同时还询问了他们对旅游服务的期望，如住宿、膳食和医疗支持等。消费能力和意愿部分则调查了他们的旅游预算范围、对旅游费用的接受度及是否愿意为优质服务付费。为实现以上目标，本次调查采用了深度访谈的方式。为了获取更深入的需求信息，选取了部分具有代表性的银龄族进行访谈。

3. 数据处理

在数据处理方面，首先对收集到的定性数据进行编码，方便进行后续的统计分析。数据分析分为描述性统计和相关性分析两个层次。描述性统计用于总结身体状况信息、旅游需求、旅游偏好和消费能力等方面的特征，如频率分布、平均值等。相关性分析则探讨不同变量之间的关系，例如年龄与旅游意愿、经济状况与旅游预算之间的相关性。此外，通过聚类分析，将受访者按需求和偏好进行分类，识别出不同类型的旅游需求群体。根据数据分析结果撰写报告，提出相应的建议和对策。

二、数据分析

1. 海外银龄族中医康养游需求特点分析

在海外银龄族中医康养游的需求分析中，几个关键特点凸显出来。首先，认知度和文化认同感在不同群体中的重要性明显不同。对于华人银龄族而言，中医康养与其文化背景紧密相连，作为他们熟悉的传统疗法，具有强烈的情感共鸣。他们不仅希望借助中医康养来改善健康状况，更看重在旅途中与文化的深度连接，往往更愿意选择家庭式旅游，这种需求反映出其希望通过集体体验增加对故土文化的认同感。而非华裔银龄族则更多出于对中医的好奇心和健康需求，期待通过中医康养游尝试不同于西方疗法的中医项目，他们倾向于短期体验，更注重旅游服务的高品质与专业性。

其次，中医康养项目的内容深受银龄族的关注。针灸、推拿、中药调理及养生食疗这些传统中医项目因其长期以来的健康效果而广为人知，成为海外银龄族关注的重点。中医康养游的吸引力在于其既包含治疗性又具备预防性，能够在短期内调理身体、改善健康，从而满足银龄族的健康管理需求。尤其是那些已有慢性疾病或注重日常健康养生的银龄族，对中医康养游的兴趣更加浓厚。

　　旅游时长和季节也是银龄族考虑的因素之一。根据调查，1～2周的疗程时间是大多数银龄族的理想选择，因为这能够给予他们充分的时间让其身体感受到中医疗法的效果，而不会过度疲劳。春秋季气候温和，适合进行康养疗程，也更能使身体在舒适的环境中获得调理效果。此外，气候适宜的季节对银龄族而言，不仅利于身体康复，也减轻了旅途的负担。

　　在目的地的选择上，具有深厚中医文化的中国城市如北京、杭州和成都，成为海外银龄族的首选。这些城市不仅拥有优秀的中医医疗资源，还能够提供优美的自然环境，有助于增强康养效果。知名的中医医院和康养疗养院也使这些城市成为理想目的地。

　　另外，银龄中医用品也有较好的需求，例如健康食品、中药保健品、康复器械、养生用品等。针对银龄族需求开发的中医康复器械和健康用品市场需求旺盛，如中药贴敷、艾灸仪、按摩器等产品。此外，智能穿戴设备、远程医疗等技术与中医康养游的融合，既是银龄族的自身市场需求，也是中国智能养老发展中"传统服务功能拓展"阶段应对养老服务人力资源短缺的现实选择，不但符合银龄族对健康监测、便捷照护的需求，而且可以进一步提升中医康养服务的精准度和便利性。[13]

　　通过聚类分析，我们根据受访者的需求和偏好进行分类，识别出不同类型的旅游需求群体，为旅游机构制定更加精准的服务和营销策略提供依据。第一，"健康康养型"群体关注中医的保健和康养功能，偏好理疗、按摩、针灸等项目，主要目的是维持健康、预防疾病。第二，"医疗康复型"群体的需求集中在中医康复治疗，通常有明确的健康问题或慢性病史，希望通过中医药调理改善健康状况。第三，"文化体验型"群体对中医文化和传统养生理念感兴趣，倾向于参加中医文化体验活动，追求文化认知与身心保健的双重体验。第四，"休闲度假型"群体更注重放松和享受，喜欢在安静、自然的环境中度假，同时享受中医康养服务，强调舒适和休闲体验。第五，"多样化需求型"群体偏好综合性、灵活的旅游项目，既希望享受康养服务，又想参与观光、购物等活动。通过这一分类，旅游机构能够更加精准地满足不同群体的偏好，提升服务满意度和市场竞争力。

综上所述，健康、疗效与舒适度是海外银龄族选择中医康养游的三大核心需求。随着全球对健康和养生的关注度不断提升，中医康养游无疑会成为海外银龄市场中的一个重要增长点。无论是从文化认同还是健康尝新的角度出发，中医康养游都展现了广阔的发展前景。

2. 影响海外银龄族中医康养游需求的因素分析

影响海外银龄族中医康养游需求的因素主要包括文化、健康需求、经济条件、社会支持系统和政策环境等多个方面。首先，中医文化的认同程度对需求有着直接影响。对于具有华人背景或对中医有所了解的银龄族而言，中医康养游具有较强吸引力，而文化差异可能导致其他背景的银龄族对中医的接受度较低。此外，健康需求也是关键因素。患有慢性病的银龄族，如高血压、糖尿病等，往往更关注中医在慢性病管理和预防保健方面的优势，这使得他们更倾向于选择中医康养游。

在经济条件方面，旅游预算对银龄族的决策起到重要作用，经济条件较好的银龄族更有可能选择中医康养游。同时，如果中医治疗费用能够通过保险覆盖，也会提升他们参与的意愿。社会支持系统同样不可忽视，家人的支持和陪同对银龄族的旅游决策有显著影响，家人对中医的认同度会进一步影响银龄族的选择。此外，社区提供的相关信息和资源也会左右他们的决定。

政策环境是另一个重要影响因素。目的地国家对银龄族的签证政策、入境要求以及中医治疗的认可程度，都会直接影响中医康养游的可行性和吸引力。尤其是如果中医保健政策可以涵盖相关医疗费用，银龄族的需求会大大提升。信息获取的渠道也至关重要，银龄族通过何种方式获取中医康养游的信息（如互联网、社区或旅行社），以及信息的可靠性，都会影响他们的决策。同时，良好的口碑和有效的宣传活动也会吸引更多银龄族参与。

最后，目的地的选择也是影响因素之一。中医康养游的目的地是否具备良好的自然环境、先进的医疗设施和专业的中医师资，是银龄族考虑的重要条件。此外，目的地的安全性、气候条件以及语言沟通的便利性，也会影响银龄族的选择。因此，影响海外银龄族中医康养游需求的因素相互交织，制定有针对性的推广策略至关重要。

3. 海外银龄族中医康养游需求特点与影响因素相关性分析

海外银龄族中医康养游的需求特点与其影响因素之间存在显著的内在关联，这种相关性可以从以下维度进行系统性阐释。

第一，健康需求与个体健康状况具有强相关性。健康状况越差的银龄族，对中医治疗性项目的需求越强。例如，需求分析中"医疗康复型"群体对中医治疗的迫切性，直接受其慢性病严重程度的影响，而"健康康养型"群体则更偏好针灸、食疗等项目，侧重预防性健康管理需求。

第二，文化认同度差别、家人社区支持、信息获取差异会产生差异性的中医药康养需求。例如，华人银龄族对中医药康养文化认同度高、重视家庭，除了疗养需求，更重视与故土文化深度连接，并多选择家庭出行；而非华裔群体出于新奇感更倾向选择短期体验，更重视旅游服务质量和专业度，同时其体验需求和认知也会受到其获取信息的限制。

第三，经济预算水平、政策补贴与需求层次也具备关联性。经济条件直接决定了需求特点中的服务选择倾向，高预算群体更可能选择"休闲度假型"的高端康养服务；而低预算群体可能会更注重疗效，选择更具性价比的康养项目，保险覆盖、政策补贴等亦会影响这部分预算有限群体的体验意愿。

第四，海外银龄族体验需求会直接决定其目的地选择。例如北京、杭州和成都等城市，拥有优秀的中医医疗资源和优美的自然环境，能够满足体验者不同的康养需求、文化体验需求等，成为更多康养旅游的目的地。

第五，政策环境、交通旅游便利性会直接影响海外银龄族的出行可能性及出行意愿，如签证便利性作为关键政策因素，直接制约了银龄族的出行频率（如 1 ～ 2 周疗程的可行性）。

在需求与影响因素的相关性分析中，健康状况与需求强度、经济水平与服务选择倾向、文化认同与参与度、旅游便利性与出行频率等因素之间的关系尤为重要。同时，信息获取的渠道和内容也极大地影响了银龄族的决策过程。通过量化这些因素的影响，可以为中医康养游市场的进一步开发和服务优化提供有力的依据。

三、问题与建议

（一）存在的主要问题

在海外银龄族中医康养游的需求调查中，除了已经提到的主要问题，还存在其他几个层面需要关注的问题。

首先，市场推广不足。中医康养游的理念和疗效未能通过有效的渠道广泛传播，导致潜在用户对其认知度较低。这种宣传不足不仅影响了海外银龄族的决策，也影响了旅行社和康养机构的市场拓展。例如，许多海外银龄族对中医康养游的认知仍停留在传统针灸、推拿等项目上，而对其整体康养理念、预防性健康管理等核心优势缺乏了解。并且，许多现有推广渠道多仅集中于华人社区，未能有效覆盖其他海外银龄族，影响了市场空间的拓展。

其次，智能化与数字化服务配套不足。随着科技的发展，许多海外银龄群体也逐渐适应了数字化生活方式，但现有的中医康养游服务大多未能有效整合智能设备和在线健康管理系统。通过数字化手段提供远程咨询、健康监测、康养信息推送等服务，可以有效增强银龄族对中医康养的信心和参与度。然而，目前相关技术的应用仍然有限，影响了服务的便利性和吸引力。

再者，个性化需求未被充分重视。海外银龄族有着不同的身体状况和康养需求，但许多中医康养游产品往往是标准化的套餐，缺乏针对不同健康问题、年龄层次及文化背景的银龄族的定制化服务。无法提供量身定制的康养计划，可能会降低服务的吸引力和有效性。例如，体验式推广手段的缺乏是限制因素之一。相比西方的医疗旅游，中医康养游缺少实际的体验式推广，很多海外银龄族无法亲身感受中医的疗效与特色，从而更难建立信任。此外，针对银龄族的宣传手段较为单一，缺乏互动性和感官刺激，难以引起银龄族的兴趣和共鸣。

最后，政策支持与跨国合作的不足也影响了中医康养游的发展。目前，中医康养游在许多国家还未形成成熟的政策支持体系，尤其是跨国医疗服务和旅游的监管较为复杂，不同国家间的医疗法规和标准差异很大。缺少政府和行业的政策引导，进一步限制了中医康养游的可持续发展。中医康养机构与海外保险公司、医疗机构的合作较少，导致银龄族难以获得更多的健康保障，增加了参与中医康养游的顾虑。因此，一些旅游热门国家对医疗养生旅游的更早重视和支持政策也对中医康养游带来了竞争。例如，泰国政府将自己定位为全球医疗旅游的中心，包括传统医学和康养服务；日本政府积极推动健康旅游，特别是针对银龄族的康养游。

（二）对策与建议

1. 针对海外银龄族需求的对策与建议

根据以上对海外银龄族需求的分析，未来中医康养游市场可以在以下几个方面进行优化：首先，开发多层次、多价位的康养旅游产品，满足不同经济水平海外银龄族的需求；其次，针对不同健康状况设计相应的康养疗法和娱乐项目，提升海外银龄族的参与度和满意度；再次，加强中医文化和传统养生理念的宣传，提高海外银龄族的文化认同感；最后，提升中医康养游的交通便捷性，简化签证办理流程，降低海外银龄族的出行门槛。同时，通过社交媒体、健康讲座等信息渠道，进一步拓宽海外银龄族对中医康养游的了解范围。

2. 针对中医康养游存在问题的对策与建议

针对海外银龄族中医康养游需求调查中所提到的问题，提出以下对策建议，以促进中医康养游的发展并吸引更多的海外银龄族参与。

第一，市场推广与宣传是推动这一领域发展的关键。当前，互联网的普及为信息传播提供了便利，因此，利用社交媒体、线上广告及社区活动等多种渠道进行中医康养游的宣传显得尤为重要。通过这些渠道，可以增强潜在用户的认知度，提高中医康养游的知名度。此外，制作关于中医康养的教育性内容也至关重要。例如，可以制作视频、撰写博客和开展在线讲座，介绍中医的基本理念、疗效及成功案例，从而提升海外银龄族对中医的兴趣和信任感。这种信息的透明化和专业化，将有助于消除银龄族对中医的不确定性，增强他们参与的积极性。

第二，提升数字化服务是当务之急。在信息化时代，数字化平台的建立能够极大地方便海外银龄族获取服务。可以开发一个集成的数字化平台，提供在线咨询、健康监测和个性化康养计划等服务，让海外银龄族可以随时随地获取信息和服务。此外，建立远程中医咨询和健康管理服务，通过视频通话技术，让海外银龄族在家中也能享受专业的中医指导和支持。这样的服务不仅提高了便利性，也使得中医康养游的参与门槛大大降低，吸引更多海外银龄族参与。

第三，个性化定制服务也是促进参与的重要策略。针对不同海外银龄族的健康状况和需求，服务开始前进行全面的健康评估，根据评估结果制定个性化的康养计划，能够确保服务的针对性和有效性。这一过程中，不同健康问题、年龄层次和文化背景的海外银龄族都可获得量身定制的服务，以提升其参与的吸引力。此外，推出多种康养游产品，如短途游、长途游、疗养营等，满足不同需求的海外银龄族，有助于提升市场覆盖率。

第四，增加体验式推广也是不可或缺的环节。可以组织中医体验活动、让潜在客户亲身体验针灸、推拿和气功等中医项目，通过实际体验增加对中医的信任和兴趣。这种直接的体验方式往往比单纯的宣传更具说服力，能够吸引更多海外银龄族参与。此外，积极参加国际旅游展会，展示中医康养的独特之处，也是一种有效的推广手段。通过这些展会，可以直接面向海外银龄族，介绍中医康养游的优势，吸引他们的关注。

第五，政策支持和跨国合作同样重要。与相关政府部门和行业协会合作，推动中医康养游的政策支持，争取税收优惠和资金支持，将为行业的发展提供良好的外部环境。此外，寻求与海外医疗机构和保险公司的合作，建立跨国的健康保障体系，可以降低海外银龄族参与中医康养游的风险和顾虑。这样的合作不仅为海外银龄族提供更全面的服务保障，还能增强他们对中医康养游的信心。

第六，增强互动性与社群建设可以提升用户黏性。通过线上线下活动，增强与海外银龄族的互动，了解他们的需求与反馈，在不断调整服务内容的同时，也能够提升海外银龄族的参与感。例如，举办问答、调查和分享会等活动，让海外银龄族在参与中感受到被重视的体验。此外，创建中医康养的社群平台，鼓励海外银龄族分享健康经验、交流健康信息，增强社群的凝聚力和参与感，有助于提升用户的忠诚度。

第七，针对性宣传手段也不可忽视。在宣传中，适应不同文化背景的需求显得尤为重要。针对性地设计内容，能够使其更符合不同国家和地区银龄族的心理和文化需求。此外，提供多语种的服务和宣传材料，确保不同语言背景的银龄族都能获得相关信息，进一步拓宽受众群体。通过这样的多方位策略，可以有效提升海外银龄族对中医康养游的认知度与参与度，推动中医康养游的可持续发展。

第八，积极学习外国医疗康养游成功经验也可推动我国的中医康养游发展。例如，日本的"医养结合"模式，特别是在长野县和岐阜市等地，通过整合医疗资源与当地医院合作，提供专业的健康检查和文化体验，提升游客的整体感受。泰国的成功经验包括凭借优质的医疗服务和美丽的自然景观，投资建设国际认证的医疗设施、提供多样的康养项目以及积极的市场宣传。德国的医疗康养中心则以科学的康复体系和跨国医疗合作为特色，吸引了来自欧洲国家及其他地区的游客，注重客户体验，提供舒适的环境和优质服务。总之，医疗与旅游的深度融合、个性化服务、品牌建设与市场推广以及跨界合作是推动银龄产业发展的关键因素。

四、总结与展望

通过对海外银龄族中医康养游需求的深入调查与分析，可以明确看到这一领域的发展潜力巨大，但也面临诸多挑战。信息不对称、语言障碍、文化差异、服务质量参差不齐等问题都影响了海外银龄族的参与积极性。为此，通过加强信息宣传、优化语言服务、提升文化认知、改善服务质量和交通条件、完善保险体系等措施，能够有效应对这些问题，提升中医康养游的吸引力和参与度。

展望未来，随着全球高龄化进程的加快，中医康养游作为一种结合传统文化与现代健康理念的独特旅游形式，将迎来更多的发展机遇。通过持续完善服务体系和加强国际合作，中医康养游有望成为银龄产业的重要组成部分，推动中医文化的国际传播，并为高龄化社会提供更加多元化的康养选择。随着政策支持和市场需求的逐步提升，中医康养游将在全球健康旅游产业中发挥越来越重要的作用。

参考文献

[1] 王韩文嘉.顾客需求视角下康养酒店服务供给调查研究 [J]. 全国流通经济，2024, (16): 75-80.

[2] 余静，吴虹，孙炜唯，等.基于融媒体技术的《中医香疗学》教育国际公共产品供给研究 [J]. 新闻研究导刊，2024,15(13):46-48.

[3] 田紫玮，唐洋露，王婷苇，等.山西康养游模式分析 [J]. 合作经济与科技，2023,(1):28-29.

[4] 谢琼，黄淑凡.基于游客感知的阳朔县乡村康养旅游需求调查研究 [J]. 山西农经，2023(18):92-95.

[5] 芦岩.攀枝花市康养消费者健身需求调查 [D]. 成都：成都体育学院，2019.

[6] 杨泓.太极拳助推中医文化传承与国际传播研究 [D]. 南京：南京中医药大学，2024.

[7] 王拯，项莲莲，严莹，等.癌症疼痛有救了！中医针灸疗法得到国际认可，缓解癌痛更有效！[J]. 健康必读，2024(18):70-71.

[8] 周莉，范梦倩.大翻译背景下荆楚中医茶饮养生文化国际传播策略研究 [J]. 国际公关 ,2024(3):145-147.

[9] 段洁，林宏军，吴丽倩.海南自由贸易港建设背景下康养人才需求调查分析 [J]. 卫生职业教育 ,2023,41(4):127-130.

[10] 陈媛，文博昕，王祎.以中医药文化为纽带和桥梁打造高校海外文化统战品牌——以成都中医药大学为例 [J]. 中医药管理杂志 ,2023,31(13):228-230.

[11] 刘璐璐.国际视野下自然疗法再认识——以医体结合为例 [C]// 中国体育科学学会.第十二届全国体育科学大会论文摘要汇编——墙报交流（体育社会科学分会）.成都体育学院 ,2022:122-123.

[12] 叶治东，王乐鹏.国际学生中医药文化接触对其中医导向行为的影响研究 [J]. 亚太传统医药 ,2024,20(5):6-1.

[13] 张思锋，张泽滈.中国养老服务的人力资源困境与智能养老选择 [J]. 西安交通大学学报（社会科学版）,2023,43(6):152-163.

HB.23

德国银龄产业发展现状及经验启示

乔婷婷❶ 王铭敏❷ 王磊❸ 鲁明霄❹

摘要： 全球人口老龄化进程显著加速，人口结构转变推动了以满足银龄族需求为导向的银龄产业的迅速发展。德国作为老龄化程度较高的国家之一，在应对老龄化趋势与推动银龄产业发展方面积累了一系列宝贵经验，这些经验涵盖了政策规划、产业布局、技术创新及社会动员等多个方面。本报告在全球银龄浪潮背景下分析了德国面临的挑战，梳理了德国的银龄服务模式，总结了德国银龄产业在政策保障、医疗保健、智能银龄服务、银龄族再就业等方面积累的经验。这些经验和模式为其他国家和地区提供了重要参考，尤其对于同样面临老龄化挑战的中国具有借鉴意义。

关键词： 银龄产业；银龄服务；老龄化

❶ 乔婷婷，医学博士，内蒙古医科大学人文教育学院教授，研究方向：社会医学与卫生事业管理、老龄化与医养结合。
❷ 王铭敏，法学硕士，在读博士，内蒙古医科大学人文教育学院讲师，研究方向：文化人类学。
❸ 王磊，法学硕士，内蒙古医科大学人文教育学院助教，研究方向：银龄社会工作。
❹ 鲁明霄，内蒙古医科大学卫生管理学院研究生，研究方向：公共事业管理。

一、导言

21 世纪以来，全球人口老龄化进程显著加速，使各国面临重要的社会与经济挑战。这一人口结构转变对各国社会经济结构、公共服务体系及家庭生活方式均产生了深远影响，并直接推动了以满足银龄族需求为导向的银龄产业的迅速发展。德国，作为老龄化程度较高的国家之一，正面临劳动力资源紧缩、社会保障体系承压等现实问题，同时，银龄族对银龄服务、医疗保健等多方面的需求持续攀升，对银龄服务模式的创新与服务质量提出了更高要求。因此，有效应对老龄化挑战，促进银龄产业的健康发展，已成为德国乃至全球各国亟待解决的关键议题。德国在应对老龄化趋势与推动银龄产业发展方面，积累了一系列宝贵经验。本文旨在系统梳理德国银龄产业的发展现状，深入分析其成功经验与面临的挑战，总结德国银龄产业在政策保障、医疗保健、智能银龄服务、银龄族再就业等方面积累的经验。德国的实践不仅为全球其他国家和地区提供了重要参考，也为理解银龄产业的内涵与发展路径提供了丰富素材。鉴于我国正面临老龄化甚至高龄化的现实情境，如何从德国等发达国家的经验中汲取智慧，构建符合本国国情的银龄产业体系，成为亟待探讨的重要课题。期望通过本研究，为应对人口老龄化挑战、推动经济社会可持续发展提供更为全面的理论支撑与实践指导。

二、全球银龄浪潮下德国面临的挑战与银龄服务模式

（一）全球银龄人口增长趋势分析

全球银龄群体规模持续扩张，其人口增速引发系统性关注。根据联合国人口署的统计，全球银龄人口数量自 1980 年以来经历了显著的增长，从 2.6 亿增加至 2021 年的 7.61 亿（图 1），实现了约两倍的增长。根据当前趋势预测，到 2030 年，全球银龄人口数量预计将超过 10 亿，并可能在 2050 年进一步攀升至超过 16 亿。若延续当前增长轨迹，世纪末全球银龄

人口规模或将逼近 25 亿，形成超大型人口谱系。

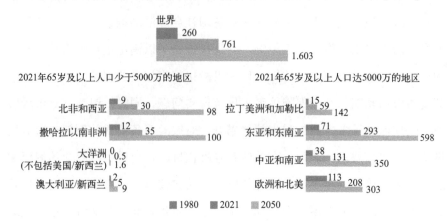

图 1　1980 年、2021 年和 2050 年全球及各地区 65 岁及以上人口数量（单位：百万）[1]
来源：United Nations(2022a)。

2022 年，全球每 10 人中就有 1 人年龄在 65 岁或以上，而 1950 年时这一比例为每 20 人中有 1 人。到 2050 年，该年龄组可能占全球人口的六分之一（图 2）。在撒哈拉以南的非洲地区，高出生率预计将使儿童和青少年群体保持较大比重，因此老年人口比例相对较小。在欧洲、北美及澳大利亚和新西兰这些人口老龄化程度已较高的地区，老龄化进程将进一步放缓。[1] 预计至 2050 年，全球 80 岁及以上人口将达到约 4.59 亿，约为 2022 年 1.55 亿的三倍。在 2022—2050 年间，除欧洲、北美及大洋洲的澳大利亚和新西兰外，其他所有地区的 80 岁及以上人口预计均将实现 200% 以上的显著增长。相比之下，欧洲与北美及大洋洲的澳大利亚和新西兰的相应人口增长率预计分别为 10% 和 60%，相对较低 [1, 2]。

综上所述，全球老龄、高龄人口的增长趋势显著，且在未来几十年内将持续扩大。各地区高龄人口的增长速度及规模存在差异，但整体而言，全球正面临着一个日益高龄化的社会结构。

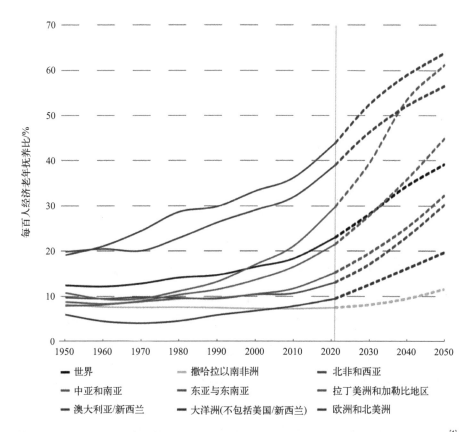

图2 1950—2021 年世界及各地区 65 岁及以上人口占比估计值，以及 2022—2050 年预测值[1]

来源：United Nations(2022a)。

（二）德国银龄服务面临的挑战

1. 养老金支付压力

德国的公共养老金体系采用的是现收现付制，其资金运作主要依赖于当前在职劳动者的缴费来支撑养老金的发放。随着人口老龄化加剧，其压力日显。欧盟报告指出，未来几十年德国养老金支出占 GDP 比例会持续攀升，当前已接近 10.3%，2040 年有望超 12%。为此，德国政府将法定退休年龄延迟至 67 岁，然而，实际劳动参与率并未能完全跟上这一政策调整的步伐。部分劳动者因健康或劳动力市场因素提前退出，使养老金体系收入减少。提前退休扣减政策虽调节支出，却对低收入劳动者负面影响大，易加剧银龄族贫困风险。为缓解压力，德国鼓励发展企业年金和私人养老金制度，不过它们的覆盖范围与参与程度还不够，公共养老金体系仍面临诸多挑战。

2. 医疗支出与人力资源的压力

德国人口老龄化致使医疗预算费用上升。德国医疗支出在全球处于高位，占 GDP 比重及人均美元计算，均超多数国家。在医疗预防投入上，德国占医疗总支出 3.2%，略低于 2020 年欧盟整体的 3.4%。至 2070 年，其公共卫生支出占 GDP 预计为 0.4%，远低于欧盟的 0.9%。医疗资源方面，德国病床数量虽多，但医护与病床比例低。尽管德国的人均医师和护士数量高于欧盟平均水平，但劳动力短缺、技能不匹配以及人口结构变化仍对长期医疗服务的可获得性构成挑战。2020 年，德国超过 44% 的在职医师年龄大于 55 岁，这进一步加剧了人力资源的紧张状况。为此，德国积极行动，实施多项改革，着重提高医院护士数量与职业吸引力，如加薪、改善工作条件及引入人员配置衡量工具等，还自 2020 年起将护理人员费用排除在医院支付系统外，努力改善人员与床位比例，以应对人口老龄化下的医疗挑战，保障医疗体系平稳运行 [2]。

3. 贫困银龄人口的生存压力

德国接近退休年龄的低收入群体不仅在经济上处于风险之中，其在未来就业和个人健康方面也面临着诸多挑战 [3]。德国劳动力市场非典型就业（如兼职、临时工和自由职业）占比高，缴纳养老金少，女性因家庭责任中断职业导致养老金低于男性。同时，德国生活成本上升，尤其住房和医疗费用高，为银龄族带来了更为沉重的经济负担。法定养老金难应对，部分银龄族还因心理或认知障碍未充分利用福利资源。贫困使银龄族难以支付生活开销，部分银龄族甚至需要依赖食品援助机构或慈善组织的帮助以维持生计。经济状况的不佳还严重阻碍了银龄族获取高质量医疗服务的能力，以及维持健康生活方式（如均衡饮食与规律锻炼）的经济基础，这反过来又加剧了他们的健康问题，增加了医疗系统的负担。

（三）德国的多元化银龄服务模式

1. 互助银龄服务模式

德国积极推广"多代居"模式，这是一种将不同代际个体安置在同一社区或建筑内的居住安排，旨在促进代际间的交流与互助，从而丰富和深化了互助银龄服务模式的实践与创新。该模式通过集合不同年龄层的人群共同生活，实现相互帮助与支持，不仅促进了代际间的沟通与融合，还在一定程度上减轻了政府和家庭的银龄服务负担 [4, 5]。德国推行的共享住宅模式（SHA）在长期照护领域形成了对传统机构护理范式的创新突破。该模式以家庭化生活场景重构和个性化护理策略为双重核心，通过模拟日常家庭生活空间布局与社交模式，为认知障碍的银龄族构建自然化的生活环境；同时采用灵活弹性的护理方案，充分尊重入住者的个体生活习惯与自主选择权。相较于标准化管理的养老机构，SHA 模式特别注重对认知障碍的银龄族情感需求的回应性照护，通过降低环境陌生感与增强生活可控性，帮助其维持社会功能并提升生活质量。此外，对于具备自我照顾能力的银龄族，德国还有合租公寓的住宿选项，以促进更为自主与灵活的生活安排 [6]。

德国还实施了"家政换房租"这一创新的住房共享计划，作为互助银龄服务模式的另一重要组成部分。该计划允许银龄族将自有住房提供给年轻人居住，以此换取日常生活照顾与陪伴服务。这种安排不仅有效缓解了银龄族的孤独感，增强了其社会参与度，同时也为年轻人提供了经济实惠且带有社会价值的住宿解决方案 [7]，实现了代际间的资源优化配置与互利共赢。

2. 居家与社区银龄服务相结合

家庭支持银龄服务仍然是德国部分银龄族的重要选择，银龄族与子女共同生活，依靠亲属的照顾和经济支持，既能减少生活成本，也能获得情感上的陪伴。于是，银龄服务领域有了多种创新措施，其中日间照料设施与智慧居家银龄服务模式尤为突出。日间照料设施作为德国银龄服务的重要组成部分，通常选址于社区内部，旨在为银龄族提供全面的日间生活照料服务，涵盖餐饮供应、休闲娱乐活动以及健康检查等多个方面[8]。这些设施在增强银龄族社交互动、促进身心健康以及减轻家庭照料负担等方面展现出显著优点。

另一方面，德国还积极推广改善居家银龄服务模式，对原有住房进行适老龄化改造、普及符合无障碍标准（DIN18040-2）的住宅[6]，充分利用物联网、大数据等现代信息技术，为银龄族提供更为精准、高效的居家银龄服务。随着科技的不断进步，德国在智慧居家银龄服务领域取得了一定成就。政府通过制定相关法律条例、完善法定保险体系以及资助技术开发等措施，积极推动智慧居家银龄服务的普及与发展。智慧居家银龄服务模式不仅提高了银龄服务的供给效率和质量[9]，还有效提升了银龄族的生活质量，减轻了家庭和社会的银龄服务压力。

此外，德国还发展了多种类型的综合性银龄服务设施，以满足不同银龄族的服务需求。银龄（综合）中心倾向选址于城市中心地带，以其高效的土地利用和全面的服务功能为特征，有效满足了邻近社区银龄族多元化的生活与服务需求。这些中心内部配置了多样化的适老龄化居住方案，涵盖银龄族公寓、照护型居所及专业护理床位等，同时与社区支持体系建立了紧密的联动机制。

3. 医养结合模式以及专门照料机构

德国银龄服务体系构建注重医疗与银龄服务融合，采用项目化运作，重视预防保健与慢性病管理，为银龄族提供营养建议、健康指导和折扣健身会员等综合服务，提升其健康与生活质量。医院系统实施综合银龄护理模式，全面评估银龄族患者并制定协调治疗计划，整合资源，改善健康结果与资源效率，该理念还延伸至银龄服务机构。银龄服务机构依据《养老机构法》为长期照护银龄族提供医疗护理与生活照料，费用由护理保险承担。过往研究指出，多数银龄族往往因外部因素"被动"入住银龄服务机构，且在机构内难以保持原有的自主决策权与独立性。如今机构环境显著变化，采用开放灵活的组团式布局，生活安排家庭化；护理工作遵循以人为本的"激活"理念，借助环境与措施帮助银龄族恢复功能；还提供定制化服务满足个性化需求。这一转变尊重银龄族尊严与自主权，是医疗银龄服务深度融合的体现，既保障银龄族生活质量，又促进银龄服务体系不断完善发展，为破解银龄友好型社会建设难题提供创新路径，也为其他国家银龄服务体系建设提供了有益借鉴。

4. 移居银龄服务

部分德国银龄族倾向于选择生活成本相对较低的国家定居。这一迁徙模式背后蕴含着多重考量：一方面，它有助于增强养老金的实际购买力，使银龄族在异国他乡亦能维持较为宽裕的生活水平，并享受到更为温暖宜人的气候环境；另一方面，移居亦被视为提升生活品质的一种途径。然而，这一选择并非毫无挑战，语言障碍与文化适应问题最为突出，成为银龄族融入新环境必须跨越的门槛。与此同时，远离故土与亲友所带来的孤独感，可能会对他们的心理健康产生负面影响。

总之，德国的银龄服务模式体现了多元化与综合性，旨在通过多样化的设施与服务满足不同银龄族群体的特定需求。该国银龄服务体系不仅包括了位于城市中心、功能完善的银龄（综合）中心，为银龄族提供集居住、照护、社交于一体的全方位服务，还涵盖了布局于郊区、设施齐备且活动丰富的银龄住区，该体系还支持中高收入的银龄族根据健康状态、经济能力等变量，自主选择或渐进转换居住方案，实现居住形态的弹性适配。此外，也强调了居住环境与服务的一体化，确保银龄族能够在熟悉且舒适的环境中安度晚年。总体而言，德国的银龄服务模式注重个性化、连续性和社区融合，体现了对银龄族生活质量与尊严的关怀。

三、德国银龄产业政策保障

（一）金融与税收政策

德国在养老金融领域建立了完备的养老金体系。这一体系为退休人员提供基本的生活保障，资金来源包括雇主和雇员的缴费以及政府补贴。自19世纪起，德国就开始探索建立社会保险制度，目前已经形成了包括疾病保险、意外伤害保险以及伤残和老年保险在内的多支柱养老保险体系。其中，法定养老保险、企业养老保险、私人养老保险和援助计划被称为德国银龄族生活保障的"四大支柱"。这些政策不仅满足了银龄族的基本生活需求，还推动了银龄产业的健康发展。同时，德国政府推出若干税收优惠与财政补贴相结合的激励政策，鼓励个人和企业为银龄族提供更多的经济支持和服务。

1. 法定养老保险

法定养老保险，又称公共养老金，是德国银龄服务保障体系的核心支柱，覆盖了大部分劳动人口，这种制度能够确保银龄族在退休后能够获得基本的生活保障。退休后，职工每月领取养老金，养老金的多少取决于投保时间的长短和原先工资的高低[10]。对于领取法定养老金的退休职工，其养老金收入在一定额度内是免税的。德国政府根据经济发展和物价水平等因素，定期调整养老金发放标准，提高养老金投资收益率，为银龄族提供更加稳定的经济来源[11]。

2. 企业养老保险

企业养老保险，又称企业年金，是德国银龄服务保障体系的第二支柱，是对公共养老金制度的有效补充。这类养老金计划通常由雇主发起并提供，近年来其参与率呈现出上升的趋势。在形式上，企业年金呈现出多样化的特点，主要包括直接保险、支持基金及养老金基金等多种形式。这些形式为雇员提供了多种选择，以满足其不同的银龄服务储蓄需求。企业年金制度早在 19 世纪就在一些企业实行，职工退休后每月可领到企业年金，其数量因企业而异，一般相当于工资的 4% 左右[12]。1974 年，德国联邦通过法律规定凡是 35 岁以上，参加本企业年金至少 10 年的职工即使辞职离开企业，退休后仍可领取这份企业年金。同时，为了防止企业破产致使职工的企业年金落空，所有的企业年金都必须参加全国的保险基金，以确保职工权益。为鼓励企业和社会组织积极参与银龄产业，德国政府提供了一系列税收优惠政策。这一政策不仅促进了企业年金发展，也提高了职工的工作积极性和企业的凝聚力。

3. 私人养老保险

私人养老保险在德国银龄服务保障体系中扮演着"第三支柱"的角色，旨在为个体提供超越公共养老金和企业年金之外的额外退休储蓄途径。这一制度设计旨在满足不同层次、不同需求的人群对于银龄服务储备的个性化追求。私人养老保险是由职工自愿在商业性的保险公司投保。职工每月缴纳一定的保险费，投保到退休年龄。如果在退休年龄前不幸身故，保险公司按约付给其家属保险金；若退休年龄时本人还健在，则可从保险公司领到一次性的或按月付的保险金。私人养老保险具有保险保障和储蓄性质的双重功能，对银龄族来说是一笔可观的补充经济收入。德国的私人养老保险体系主要由商业私人养老保险产品、里斯特养老金及吕鲁普养老金构成。

（1）商业私人养老保险产品

由商业保险公司提供，付款方式、支付计划等细节因产品而异，属于投保人个性化选择的养老保险。商业保险公司受德国联邦金融监管局监管，对养老保险产品的监管采取备案制的形式，公司申报备案时需要提供计算保费和准备金等相关信息[13]。职工购买私人养老保险所支付的保险费，可以在个人所得税前扣除。职工在退休后从保险公司领取的养老金收入，也享有一定的税收减免。这些政策鼓励了职工积极参与私人养老保险，为银龄族生活提供了更多的经济保障。

（2）里斯特养老金制度

2001年5月，德国通过"里斯特养老金"改革法案，在法定养老保险外建立个人自愿参加的储蓄性养老保险计划。其管理人包含安联保险集团等多机构，产品形式多样，有私人养老保险、银行储蓄等计划[14]。政府通过补贴、税收优惠鼓励个人参与，参保人可获基础补贴（每人每年175欧元）、子女补贴（标准不一），2008年开始，不满25周岁首次加入的年轻人有一次性200欧元补贴。该养老金领取年龄和方式较为灵活，可按需调整。

（3）吕鲁普养老金

以德国著名经济学家吕鲁普的名字命名，于2005年正式推出，主要为个体经营者和自由职业者设计。参与该计划的人们无法获得国家补贴，但其缴纳的保费可以享受高限额的税收减免。单身人士每年可获得税收减免的缴纳金额上限为2万欧元，已婚夫妇每年可获得税收减免的缴纳金额上限为4万欧元。

4.援助计划

德国银龄服务保障体系的第四支柱是援助计划，即对银龄族实施各种优惠政策，如医疗照顾计划，帮助支付除保险外的所有医疗保健费用，除此之外，还有住房基金、民间援助、针对银龄族的监护法等[15]。这些措施旨在为银龄族提供必要的经济与社会支持，确保他们能够获得适当的医疗、居住及法律保障，从而安度晚年。

综上所述，德国通过构建以法定养老保险为核心，辅以企业年金和私人养老金的多元化银龄服务保障体系，旨在保障退休人员的基本生活需求，并满足不同社会群体对于银龄服务保障的个性化追求。这一体系不仅体现了德国在社会保障领域的深厚经验和制度创新，也为其他国家提供了有益的借鉴。

（二）社会保障与福利政策

1. 健康保险政策

（1）法定医疗保险政策

德国实行广泛覆盖的医疗保险制度，除高收入者外，职工都要参加法定医保。保费按工资比例提取，约占 14%，职工与单位各付一半，家属随职工免费参保[16]。医保机构支付内外科、牙科等多种医疗费用，部分情况如镶牙、配眼镜等个人需付少量费用，儿童药品全免。同时，还支付肿瘤预防检查、死亡安葬及生育期保健等费用，保障了民众的基本医疗需求，在一定程度上减轻了就医负担，体现了社会福利的普惠性与公平性。

（2）额外健康保险政策

在德国，针对拥有较高收入水平的银龄族，德国政府大力鼓励这部分的银龄族依据自身的实际经济状况以及健康保障需求，自主地去选购私人健康保险产品。这一举措有着重要的意义，因为私人健康保险能够有效地对现有的法定健康保险所涉及的覆盖范围进行补充与完善。法定健康保险虽然为银龄族提供了基础性的医疗保障，但在某些特定的医疗领域、先进的治疗手段或者个性化的医疗护理服务方面，可能存在一定的局限性。而私人健康保险的加入，恰好能够填补这些空白。通过这种方式，有较高收入水平的银龄族得以有机会享受到更加广泛、更为全面且极具个性化特征的医疗服务。

（3）健康促进政策

德国政府重视银龄族生活质量，开展多项健康促进活动。健康检查中，专业医护人员借助先进设备，对银龄族进行心血管、骨骼、视听等全方位身体检查，掌握其身体状况，以便早发现早干预疾病。肿瘤筛查项目利用先进手段，针对银龄族高发肿瘤进行定期排查，提高早期诊断率。专业牙齿清洁服务也不可或缺，牙医为银龄族提供清洁与预防服务，保障口腔健康[17]。通过这一系列全面的健康管理服务，帮助银龄族及时发现并处理健康问题，预防疾病发生，促进身体健康，同时提升他们的生活质量和幸福感。

2. 银龄护理保险政策

随着人口老龄化的加剧，银龄护理问题日益突出。德国政府推出了银龄护理保险制度，为银龄族提供必要的护理服务。职工每月缴纳一定比例的银龄护理保险费，用于支付银龄族在需要护理时的费用[18]。银龄护理保险机构提供包括家庭护理、机构护理等多种形式的护理服务，以满足银龄族的不同需求。

3. 失业保险政策

德国失业保险制度为失业职工提供了重要的生活保障。职工每月缴纳失业保险费，占工资的4%。失业后，有子女的失业职工每月可领到相当于其失业前工资的67%的失业金，无子女者可领到相当于其失业前工资60%的失业金[19]。这一政策不仅缓解了失业职工的经济压力，也促进了社会的稳定。

4. 社会救助政策

德国政府通过社会救助政策，为生活困难的银龄族提供必要的经济援助。对于没有任何经济来源的银龄族，政府提供最低生活保障金，通过提高救助标准和增加救助项目等措施，以确保他们的基本生活需求得到满足。此外，政府还通过社会福利机构为银龄族提供住房、餐饮、医疗等方面的服务，提高他们的生活质量。

5. 其他福利政策

（1）住房支持政策

德国政府通过提供银龄住房支持，帮助银龄族解决住房问题。如提供银龄公寓、住房补贴等，以确保银龄族能够拥有适宜的居住环境。

（2）交通优惠政策

德国政府为银龄族提供交通优惠政策，如免费或优惠乘坐公共交通工具等，使得银龄族更便捷地出行和参与社会活动。

（三）就业与教育政策

1. 渐进式延迟退休政策

德国政府从 2012 年起实施渐进式延迟退休政策，逐步将退休年龄从 65 岁提高到 67 岁。这一政策旨在解决劳动力短缺问题，缓解当前法定养老保险的巨大支付压力，同时让银龄族有更多的机会继续参与社会生活和工作。

2. 银龄就业促进政策

德国政府制定了针对银龄族的就业促进计划，提供就业指导、职业培训和岗位匹配等服务。帮助银龄族重新进入职场或找到适合自己的工作机会。对于已经退休但仍有就业意愿的银龄族，德国政府和企业提供了多样的就业选择。一些知名公司如戴姆勒股份公司、博世集团等启动了"高级专家计划"，使退休职工能将专业知识传授给年轻同事，既发挥了银龄族的专业技能和经验，又促进了企业内部的传承和发展。

3. 职业教育培训政策

德国政府通过提高教育水平来增强银龄族的就业竞争力和社会适应能力，包括提供职业教育和培训课程，鼓励银龄族继续学习和更新知识技能 [20]。此外，德国建立了完善的终身学习体系，为银龄族提供了多样化的学习资源和课程。

4. 数字技能培训政策

为了解决银龄族面临的数字鸿沟问题，德国政府提供数字技能培训和支持，帮助他们更好地适应数字化生活。德国政府开设培训课程、提供技术支持和建立数字互助社区等，以确保银龄族能够充分利用现代科技带来的便利。

（四）公共服务政策

1. 文化旅游政策

德国政府鼓励文旅产业发展，为银龄族提供丰富的旅游线路和服务供给。包括增开银发旅游专列、对车厢进行适老龄化改造等，以满足银龄族对旅游的需求和偏好。德国还为银龄族提供既具有浓厚的历史文化又具有优美自然景观的景点，如柏林大教堂、巴伐利亚阿尔卑斯山等。

2. 社区关怀服务政策

德国社区为银龄族提供全面的关怀与服务，包括日常生活照料、健康咨询、文化娱乐等。这些服务不仅提高了银龄族的生活质量，还增强了社区的凝聚力和银龄族的归属感。德国政府加强社区服务设施和无障碍环境的建设和改造，为银龄族提供更加便捷、舒适的生活环境。例如，建设银龄公寓、社区活动中心等，以满足银龄族的居住和娱乐需求 [21]。

为了解决社区护理人员短缺问题，德国实施了"储存时间"制度。公民年满 18 岁后，可以利用公休日或节假日义务为社区附近的银龄公寓或银龄病康复中心服务，以换取老龄后享受他人为自己服务的时间。这一制度既解决了护理人员短缺的问题，又促进了社区互助和银龄族福祉的提升。

3. 权益保护政策

德国政府为银龄族提供法律援助服务，帮助他们解决法律纠纷和权益保护问题，包括提供法律咨询、代理诉讼和调解纠纷。德国政府致力于消除对银龄族的歧视和偏见，推动社会包容性发展。通过制定相关法律和政策，保障银龄族在就业、教育、医疗等方面的平等权益。

4. 安全保障政策

德国政府还加强了银龄族的安全保障措施，包括提供紧急救援服务、建立安全监控系统等。为保障银龄族的生命安全和财产安全奠定坚实基础。

综上所述，德国政府通过金融与税收政策、社会保障与福利政策、就业与培训政策、公共服务政策等多个方面为银龄产业和银龄族提供了全面的政策支持和保障。这些政策不仅有助于解决人口老龄化带来的挑战，还促进了银龄族的福祉和社会的进步。

四、德国银龄相关的医疗保健业发展

德国政府一直以来除了探寻如何缓解老龄化的继续加剧，还在通过各种措施来保障银龄族的生活服务质量，经过多年探索与发展，如今在医疗保健领域已经形成较为完备的服务体系，并建立起丰富的医疗保健行业。

（一）银龄康养机构产业

在德国的多元银龄服务模式下，康养机构产业发展迅速。康养机构除了保障银龄族的长期居住环境，还为其提供精神慰藉、日常娱乐、安全保障与物业管理等多方面不同层次的服务。德国银龄康养机构服务产业经过多年的发展，已经从单一的康养机构衍生出很多新型服务模式。

1. 银龄共享 / 合租公寓的服务模式

有房的银龄族通过免费或低价为缺房子的人提供住宿，以换取在生活中购物、家务、陪伴及其他方面的帮助，此模式在解决低收入群体生活压力的同时，增加了银龄族与社会人群的连接，减少了银龄族的孤独感，不至于过早地脱离社会 [7]。

2. 多代互助社区型服务模式

利用空间上的关系组建银龄生活社区，并通过配备资源、组织社区活动等方式，促进社区内银龄族与银龄族、银龄族与年轻人互动交流，最终实现互敬互助的银龄服务模式，增加银龄族生活乐趣的同时提高其生活质量 [22]。此模式充分利用非血缘关系的社区内群体为银龄族服务的力量，打破传统的"依亲养老"模式，真正实现"老吾老以及人之老"的美好愿景。

3. 智能居家服务模式

在科技飞速发展的今天，德国借助物联网、大数据、云计算等新一代信息技术，提升银龄族独立生活能力，满足照护需求，让银龄族达到独自居家享受银龄服务的条件，减轻社会银龄族服务供给体系的运行负担，实现传统银龄服务的成功转型 [9]。

（二）银龄护理教育产业

德国在银龄护理专业教育方面展现出高度的细致与全面性，构建了一个囊括中等及高等教育的综合人才培养框架。此体系主要分为两大板块：银龄护理教研人才与实践人才。实践人才进一步细化为护理员、助理员及行政管理人员，依据工作环境又可区分为机构护理与居家护理两类。银龄护理人才的培养路径广泛，涵盖职业教育、高等教育及继续教育，依托各类职业学校、应用科学大学、综合性大学及工业大学等平台。

1. 职业学校银龄护理专业人才培养

该培养模式专注于培养银龄护理员与助理员，通过为期三年的培训，使学生掌握必要的护理知识、技能与能力，涵盖咨询、陪伴、整体护理等多方面，确保毕业生能在各类医疗、银龄服务、社区卫生机构中胜任护理、预防保健、康复等工作。这类院校在一定程度上属于特定的医疗机构，学生的理论知识学习及实践操作也都会在医疗机构中进行，因此获得国家认可的职业资格是进入护理领域的先决条件。

2. 应用科学大学银龄护理专业人才培养

该培养模式致力于培养具备扎实护理知识、跨学科能力、反思能力及职业伦理道德的护理人才。本科教育为期三年，硕士教育则为两到三年，为未来护理教育者、行政管理人员及职业学校教师等岗位输送人才。与职业学校相比，应用科学大学还注重管理能力的培养，毕业生可获得护理资格证书及学位，兼具理论与实践能力，拥有更多的职业选择。

3. 综合性大学银龄护理专业人才培养

该培养模式着重培养具有社会责任感、未来导向及科学素养的护理人才，强调跨学科合作（如心理学、物理治疗、人类学、老年学等），要求学生具备在复杂卫生、社会保健系统中独立执行任务的能力。硕士阶段同样为两到三年，更加强调国际视野，毕业时授予理科学位及护理资格证书，主要服务于学术研究与教学领域。博士培养则侧重科研能力，为博士后研究或高校教职做准备。这类院校培养的复合型管理人才，具有较强的学术及科研能力，能够有效推动社会银龄服务的升级。

德国银龄护理教育有三大显著优势。首先，职业定位清晰，各层次培养目标与核心能力界定明确，避免盲目扩张，确保教育质量与目标导向；其次，课程融合度高，强化实践技能的同时，融入人文关怀、伦理道德，实现理论与实践的深度融合；最后，校企合作紧密，企业作为实践教育的重要阵地，承担主体责任与经费，通过实践锻炼，学生的职业技能与岗位需求高度匹配[23]。

（三）银龄医疗设备产业

德国在医疗设备领域的技术创新一直走在世界前列，特别是在银龄医疗设备方面，德国企业不断推出针对银龄族特殊需求的医疗设备，如智能轮椅、康复机器人、远程健康监测系统等。这些设备不仅提高了银龄族的生活质量，还减轻了医疗系统的压力。德国政府及企业在银龄医疗设备行业主要做了如下几方面的努力。

首先，德国政府对医疗设备的监管非常严格，旨在确保产品的安全性和有效性。对于银龄医疗设备，德国监管机构要求企业进行严格的临床测试和风险评估，确保产品在银龄族使用中的安全性和适用性。德国医疗设备企业注重服务的个性化、人性化。针对银龄族的不同健康状况和需求，企业推出了一系列定制化的医疗设备，可以根据银龄族的身体状况进行个性化设置，提供最适合的康复方案。

其次，德国积极推动医疗行业的数字化发展，将数字化技术应用于银龄医疗设备行业中。例如，通过远程医疗技术，银龄族可以在家中接受医师的远程诊疗和监测，提高了医疗服务的便捷性和效率。德国在医疗科研方面的投入非常大，众多世界知名的医学院校和科研机构致力于研究银龄族健康问题和开发新的医疗技术。德国政府也通过提供科研经费和优惠政策等方式，鼓励企业加大科研投入，推动技术创新和产业升级。

再次，德国银龄医疗设备行业注重国际合作，积极参与国际医疗组织和标准制定机构的工作。通过国际合作，德国企业可以引进国际先进的技术和管理经验，提高产品质量和服务水平。同时，德国也积极参与全球老龄化社会的应对工作，与其他国家分享经验和资源，共同推动银龄医疗设备和药品行业的发展。

最后，德国银龄医疗设备行业还注重可持续发展和环保。德国企业致力于开发环保、节能的医疗设备和药品，减少对环境的影响。同时，德国政府也积极推动医疗资源的循环利用和共享，提高资源利用效率，降低医疗成本。

（四）康复银龄护理产业

银龄服务、护理和康复是相互协调的关系，面对一个因为外伤而导致暂时失能的银龄族，从医学角度讲，他首先需要接受康复治疗，而非护理。但银龄族康复的过程相对较长，康复期间必然需要护理，因此就产生了新的医疗保健服务市场。在德国，银龄族护理服务早已成为一个相当成熟的服务行业，涵盖了长期护理、短期照护、家庭护理、社区护理等多种形式。银龄护理服务业注重尊重银龄族的个人尊严和自主权，尊重他们的意愿和需求，帮助他们保持独立性和自主权，提高生活质量。银龄护理服务机构数量众多，服务范围广泛，覆盖了不同年龄、不同健康状况的银龄群体。

德国的康复护理服务业也非常注重专业化和科学化，该行业拥有一支高素质的护理人员队伍，他们接受过专业培训，具备丰富的护理经验，能够为银龄族提供个性化、专业化的护理服务。德国也建立起一套完善的管理体系和标准化的服务流程，确保康复护理服务的规范化和质量可控性。

五、德国智能银龄服务产业发展

1. 政策支持与保障体系

德国政府高度重视智能银龄服务产业的发展，出台了一系列政策法规予以支持。在银龄服务机构智能化建设方面，政府提供专项补贴，鼓励其引入先进的智能设备与技术，如智能监控系统、自动化护理设施等，以提升服务质量与效率。对于智能银龄服务产品研发企业，政府采取给予税收优惠、研发资助等举措，推动企业加大创新投入。德国的养老保险制度在智能银龄服务中也发挥着重要作用。法定养老保险为银龄族提供了基本的经济保障，使他们能够有能力购买智能银龄服务与产品。

2. 智能银龄服务技术应用情况

德国在智能银龄服务领域应用了多种先进技术。智能家居系统是其中的重要组成部分，通过传感器、智能控制器等设备，实现了对居家环境的智能化管理。例如，智能照明系统可根据银龄族的行动自动调节亮度，智能温控系统能保持室内温度适宜，智能家电可通过语音或手机 APP 远程控制，极大地方便了银龄族的日常生活。同时，远程医疗技术也得到了深入应用，借助互联网、视频通话等手段，银龄族可在家中与医师进行远程会诊，医师能实时了解银龄族的健康状况并给出诊断和治疗建议。一些患有慢性疾病的银龄族，通过远程医疗设备定期上传生理数据，医师可及时发现异常并调整治疗方案，避免了银龄族频繁前往医院的不便。可穿戴设备在德国智能银龄服务中也扮演着关键角色，如智能手环、智能手表等，能够实时监测银龄族的心率、血压、运动步数等健康数据，并在出现异常时及时发出预警，为银龄族的健康保驾护航。

3. 智能银龄服务产业市场规模与发展趋势

德国智能银龄服务产业市场规模呈现出稳步增长的态势。相关统计数据显示，近年来其智能银龄服务产业营收持续增加，涉及的企业数量和类型也日益丰富。目前，德国智能银龄服务产业涵盖了智能设备制造、银龄服务平台运营、医疗保健技术研发等多个领域，众多企业在其中发挥着重要作用。随着科技的不断进步和银龄族对智能银龄服务需求的持续增长，德国智能银龄服务产业未来在技术创新方面将不断突破，如人工智能、大数据在银龄服务中的深度应用，服务拓展方面也将更加多元化，包括个性化银龄服务方案定制、跨境银龄服务合作等。预计到 2030 年，德国智能银龄服务产业市场规模将进一步扩大，成为推动德国经济发展的重要力量之一。

六、德国银龄产业发展的经验启示

德国银龄产业在长期的发展过程中积累了丰富的经验，在银龄服务模式、银龄保健护理产业、智能银龄产业、金融支持保障等方面都形成了较为完善的体系。德国银龄产业的发展模式和成功经验对于我国应对人口老龄化问题、推动银龄产业发展具有重要借鉴意义。我国应结合国情，学习德国的先进经验，不断完善银龄产业的发展机制，提高银龄族的生活质量和幸福感，实现银龄产业的可持续发展。

第一，加强银龄产业的政策扶持与政府监管。首先，我国应为银龄产业的发展提供更加清晰、明确的政策导向和支持，如资金补贴、土地优惠等，从而为银龄产业发展奠定基础。其次，建立健全银龄产业政策协调机制，加强民政、财政、税务等多部门的沟通协作，形成政策合力。再者，加强市场监管，如制定服务规范、建立质量监督机制等，以促进银龄产业健康发展。

第二，完善银龄服务体系建设，优化保障体系。首先，我国应该加大居家银龄服务支持力度，推动家庭与社会银龄服务协同发展。强化家庭银龄服务功能，如通过宣传教育提高家庭银龄服务意识、给予家庭银龄服务政策支持等，同时促进社会银龄服务的发展，如完善社区银龄服务设施、培育银龄服务社会组织等。其次，培育专业的居家银龄服务队伍，利用科技手段提升居家银龄服务的智能化水平。最后，结合中国银龄服务保障现状，建议借鉴德国多层次保障体系的方法，包括加大基本银龄服务保障投入、鼓励企业年金发展、推动个人商业保险购买等。

第三，推进医养结合政策，发展康养产业。德国银龄产业的一大亮点是银龄医疗保健体系发达。德国实行强制的社会医疗保险制度，为银龄族的医疗费用提供了坚实保障。除基本医疗保险外，还有大量补充保险可供选择，以满足不同层次的医疗保健需求。同时，专门针对银龄族的康复护理机构众多，注重银龄族疾病的预防与康复治疗，通过专业的康复训练与心理辅导，帮助银龄族恢复身体机能与心理健康，提高生活自理能力与生活质量。对我国的启示是，应该进一步优化医保制度，加强银龄康复护理资源的投入与整合，提高银龄医疗保健服务的可及性与专业性。

第四，推动银龄用品制造及智能银龄服务产业发展。德国企业在银龄用品制造领域非常注重以银龄族的需求与体验为导向的产品研发与创新。我国目前在银龄用品制造产业方面应该激励企业研发创新，制定相关标准与规范，推动银龄用品市场健康有序地发展，以应对日益严峻的人口老龄化挑战，让银龄族安享幸福晚年。德国广泛应用智能家居系统、远程医疗技术、可穿戴设备等，实现了对银龄族生活的智能化管理与健康监测，我们可借鉴其经验，推动相关技术在银龄服务领域的深入应用，提高银龄服务的质量与效率。

第五，提高银龄族的社会参与度。首先，要加强对银龄族就业权益的法律保障。德国有严格的法律防止企业以年龄为由随意解雇银龄员工，我国也应完善相关法律细则，避免出现就业年龄歧视，确保银龄族在就业市场得到公平对待。其次，提供针对性的就业培训和服务。借鉴德国经验为银龄族提供适合他们的就业岗位信息和培训内容，帮助银龄族顺利再就业，更好地参与社会经济活动。再次，加强银龄族社会活动参与积极性。我国可大力发展社区志愿服务项目，通过社区组织银龄族参与社区服务、邻里互助等活动，增强银龄族的社会价值感，同时增进社区的和谐氛围。

最后，由于各国国情不同，在借鉴德国经验时需要充分考虑到文化、经济、社会结构等方面的差异。在文化方面，德国银龄族相对独立，倾向于居家银龄服务，而一些亚洲国家可能更注重家庭银龄服务，文化观念的不同会影响银龄服务模式的选择与推广。在经济层面，德国是发达国家，具备较强的经济实力和完善的社会保障体系，能够承担较高的智能银龄服务成本，而发展中国家在引入智能银龄服务技术与服务时，需要结合自身经济状况，探索适合本国的低成本、高效益的智能银龄服务模式。社会结构的差异也不容忽视，德国的社会福利制度、人口分布等与其他国家不同，这会对银龄产业的发展产生影响。因此，在借鉴德国经验时，应充分考虑本国国情，避免盲目照搬，探索出符合自身特色的银龄产业发展道路。

参考文献

[1] UN Department of Economic and Social Affairs. World Social Report 2023: Leaving No One Behind In An Ageing World[EB/ OL].(2023-2-28)[2025-5-24]https://www.un.org/development/desa/pd/sites/www.un.org.development.desa.pd/files/undesa_pd_2023_wsr-fullreport.pdf.

[2]Publications Office of the European Union. 2023 Country Report Germany [EB/ OL].（2023-6-14）[2024-12-23]. https://economy-finance.ec.europa.eu/system/files/2023-06/ip229_en.pdf.

[3]Hasselhorn H M, Ebener M, Vratzias A .Household income and retirement perspective among older workers in Germany—Findings from the lidA Cohort Study[J].Journal of Occupational Health, 2020, 62（1）: 1-9.

[4] 高荣伟. 德国养老新模式 [J]. 检察风云, 2022（12）: 54-55.

[5] 金宝宝. 发达国家互助养老的典型模式与经验借鉴 [J]. 山东社会科学, 2019（2）: 52-58.

[6] 温芳, 张勃, 马欣. 德国适老居住模式的特征与经验 [J]. 国际城市规划, 2022, 37（3）: 89-98.

[7] 徐俊英. 德国 "住房共享" 互助养老模式经验借鉴 [J]. 合作经济与科技, 2021（5）: 170-171.

[8] 李佳楠, 程晓青. 德国老年人日间照料设施建设状况研究与启示——以柏林为例 [J]. 世界建筑, 2023（3）: 96-101.

[9] 李静, 郭烨凌. 智慧居家养老服务精准供给的德国实践与启示 [J]. 河海大学学报（哲学社会科学版）, 2024, 26（3）: 15-24.

[10] 张田, 郝威亚, 冯逸超. 美德两国养老金体系的差异、原因与启示 [J]. 西部金融, 2023,（11）: 17-22.

[11] 包世荣.国外医养结合养老模式及其对中国的启示 [J].哈尔滨工业大学学报（社会科学版），2018, 20（2）：58-63.

[12] 马振涛，赵翀，邱欣欣.养老金融及养老服务体系建设的国际比较：基于美日德三国经验 [J].保险理论与实践，2023（8）：119-136.

[13] 庞茜.德国个人养老金制度：制度设计、运行困境与改革探析 [J].金融教育研究，2024, 37(2)：43-55.

[14] 杨光.德国李斯特养老金计划改革与美国布什政府养老保险制度改革的比较分析 [J].中国经贸导刊（中），2018（20）：79-80.

[15] 张啸.德国养老 [M].北京：中国社会出版社，2010.

[16] 王嘉韵，王力男，朱碧帆，等.发展衔接基本医保商业健康保险：国际做法与启示 [J].中国卫生经济，2024, 43（10）：1-6.

[17] 且增措姆，刘翔，陈红，等.国外社区健康管理发展状况及对我国的借鉴分析 [J].中华全科医学，2023, 21（6）：903-906.

[18] 方帅.各国长期护理保险政策比较 [J].检察风云，2024（20）：16-17.

[19] 郭瑜，王凯.失业保险制度的功能转型与变迁路径——基于美、德、日三国的比较研究 [J].社会保障研究，2024（3）：100-111.

[20] 王剑波，白洁.国外老年教育模式及管理体制对我国的借鉴 [J].济南大学学报（社会科学版），2022, 32（4）：144-153.

[21] 李佳楠，程晓青.德国老年人日间照料设施建设状况研究与启示——以柏林为例 [J].世界建筑，2023,（3）：96-101.

[22] 彭伊侬，周素红，文萍.德国多代互助社区养老模式及其启示 [J].上海城市规划，2021（3）：6.

[23] 燕环，段世飞.德国年长者护理专业人才培养体系探 [J].职业技术研究，2022, 24（41）：7.

HB.24

中国银龄人力资源开发研究报告

张晋❶　于岩❷　孙博❸　武雨晴❹　马丹妮❺

摘要： 我国人口老龄化呈现"未富先老"和"社会抚养比高"两大特点。人口老龄化和生育率降低两端双向夹击下，劳动力人口呈逐年下降趋势。银龄人力资源开发将充分挖掘人才存量的巨大价值，实现存量人口的"人才红利"。目前我国的银龄人力资源开发尚处于初级阶段，在法律法规、支持措施和社会观念方面尚有不足之处，本报告借鉴西方国家银龄族就业经验，结合国内实际情况，探索性地提出了有关建议和措施。

关键词： 银龄；人力资源；法律保障；社会保障；社会观念

---

❶ 张晋，中国健康养老集团研究院院长、中国老龄产业协会老年宜居养生委员会主任、中国职业技术教育学会第六届理事会常务理事，研究方向：银发经济、健康养老领域宏观政策研究、适老化改造、老年人力资源等。

❷ 于岩，中国健康养老集团研究院咨询研究部高级经理，研究方向：银发经济、职业教育、老年教育。

❸ 孙博，中国健康养老集团研究院教育与培训部经理，研究方向：大健康人才教育培训。

❹ 武雨晴，中国健康养老集团研究院教育与培训部助理，研究方向：银发经济、人才培训、适老化改造、健康产业规划。

❺ 马丹妮，中国健康养老集团研究院院长助理、咨询研究部总经理，研究方向：养老服务体系、老龄人才服务体系、适老化改造、康复辅助器具研究、健康产业规划。

一、引言

人口老龄化是 21 世纪的全球大趋势，是全球各国都要面对的共同课题。1999 年，我国进入老龄化社会的行列，我国老龄人口呈现基数大、规模增长快等特征。根据《2023 年度国家老龄事业发展公报》数据显示，全国 60 周岁及以上老龄人口数为 29697 万人，占总人口数的 21.1%；65 周岁及以上老龄人口数为 21676 万人，占总人口数的 15.4%。国家卫生健康委指出，2035 年左右，中国 60 岁及以上老龄人口数将突破 4 亿，在总人口中所占比例将超过 30%，2050 年前后我国老龄人口规模将达到峰值。

为积极应对全球老龄化问题，第二届老龄问题世界大会第一次提出了"积极老龄化"理念，支持全球各国制定政策，确保银龄族能够继续为社会做出实质性贡献。2019 年，国务院印发《国家积极应对人口老龄化中长期规划》中提出要"改善人口老龄化背景下的劳动力有效供给"，"提高我国人力资源整体素质，推进人力资源开发利用"，推动人口红利向人才红利转变。银龄人力资源开发是把积极老龄观、健康老龄化理念融入经济社会发展的全过程、以人口高质量发展支撑中国式现代化的必然要求。

目前我国在银龄人力资源开发方面还存在着社会观念固化、法律环境缺失和支持政策不足等诸多问题，如何借鉴美国、日本等深度老龄化国家的经验，在我国国情的基础上探索出适合我国银龄人力资源健康发展的道路，对提高我国人力资源利用效率，增进社会和谐进步，推动中华民族伟大复兴有着重要的现实意义。

二、我国银龄人力资源的数量和结构

（一）中国人口老龄化的大背景

根据联合国 1956 年《人口老龄化及其社会经济后果》提出的高龄化程度划分标准，当 65 岁及以上人口占总人口比重超 7% 时，则称之为"老龄化社会";若该比例超过 14%,则称之为"老龄社会"。一字之差,比重翻倍。截至 2023 年底,我国 60 周岁以上的老龄人口超 2.9 亿,其中 65 岁以上人口占比为 15.40%,已正式进入"老龄社会"(图 1,图 2)。

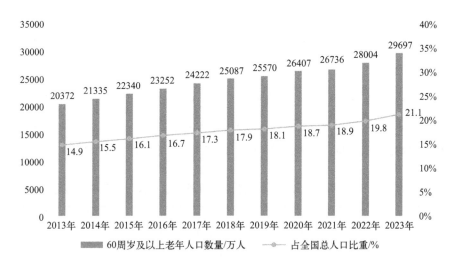

图 1　2013—2023 年全国 60 周岁及以上老龄人口数量及占全国总人口的比重

图 2　2013—2023 年全国 65 周岁及以上老龄人口数量及占全国总人口比重

　　我国的人口老龄化有两大特点，一是"未富先老"，二是社会抚养比高。2022 年全国 65 岁及以上人口占比为 14.9%，人均 GDP 为 84461 元人民币，约合 12065 美元。美国 2016 年 65 岁及以上人口占比为 15.4%，人均 GDP 为 57542 美元。在 65 岁及以上人口占比相似情况下，中国人均可支配收入只有美国的 20.97%。这说明我国整体的人口老龄化程度对应的人民富裕程度不足，具有明显的"未富先老"的特征（表 1）。

　　我国各省有明显的"未富先老"现象。如表 1 所示，辽宁省 65 岁及以上人口占比和老龄人口抚养比均为全国最高，达到 20% 和 28.77%，但人均 GDP 却仅排全国第十八位。四川省上述两个指标为全国第三和第四，但人均 GDP 却仅排全国第二十位，"未富先老"状况尤其严重。

表 1　2022 年全国各省高龄化程度、抚养比及居民可支配收入情况

地区	65 岁及以上人口占比 /%	排名	高龄人口抚养比 /%	排名	人均生产总值 / 元	排名
辽宁省	20.0	1	28.77	1	68，775	18
上海市	18.7	2	26.09	5	179，907	2
重庆市	18.3	3	27.26	2	90，663	9
四川省	18.1	4	27.12	3	67，777	20
江苏省	17.9	5	26.29	4	144，390	3
吉林省	17.8	6	24.84	7	55，347	27
黑龙江省	17.8	7	24.44	9	51，096	30
天津市	17.0	8	24.28	10	119，235	5
山东省	16.7	9	25.56	6	86，003	10
湖北省	16.3	10	23.85	12	92，059	8
湖南省	16.1	11	24.53	8	73，598	15
安徽省	15.8	12	23.86	11	73，603	14
河北省	15.6	13	23.77	13	56，995	26
北京市	15.1	14	20.76	17	190，313	1
浙江省	14.9	16	20.67	18	118，496	6

续表

地区	65 岁及以上人口占比 /%	排名	高龄人口抚养比 /%	排名	人均生产总值 / 元	排名
全国平均	14.9	15	21.83	15	84，461	11
内蒙古自治区	14.7	17	20.40	20	96，474	7
陕西省	14.7	18	21.42	16	82，864	12
河南省	14.6	19	22.67	14	62，106	22
山西省	14.5	20	20.66	19	73，675	13
甘肃省	13.4	21	19.80	22	44，968	32
广西壮族自治区	13.1	22	20.30	21	52，164	29
江西省	13.0	23	19.42	23	70，923	16
福建省	12.2	24	17.56	25	126，829	4
贵州省	12.1	25	18.71	24	52，321	28
云南省	11.7	26	16.77	26	61，716	23
海南省	11.3	27	16.19	27	66，602	21
宁夏回族自治区	10.4	28	14.90	28	69，781	17
青海省	10.2	29	14.70	29	60，724	24
广东省	9.6	30	13.34	30	47，065	31
新疆维吾尔自治区	8.4	31	11.86	31	68，552	19
西藏自治区	5.9	32	8.49	32	58，438	25

与"未富先老"现象伴随出现的是"老龄人口抚养比高"。老龄人口抚养比是指 65 岁以上人口占劳动力人口的比例，抚养比越高，单位劳动人口抚养老龄人口数量越多，整个社会的养老负担越重。

从 2012 年到 2022 年十年间，中国的老龄人口抚养比从 12.7% 上升到 21.8%。一方面是由于老龄人口绝对数增加，另一方面劳动力人口随着人口出生率下降，"少子化"会愈加严重，分母基数逐步减少。中国即将经历"老龄化"＋"少子化"双重夹击造成的劳动人口减少，未来有限的劳动力人口社会负担银龄族的压力会越来越大（表 2）。

表 2　中国 2012—2022 年人口年龄结构和抚养比

年份	总人口/万	按年龄组分						总抚养比/%	少儿抚养比/%	老年抚养比/%
		0 ~ 14 岁		15 ~ 64 岁		65 岁及以上				
		人口数/万	比重/%	人口数/万	比重/%	人口数/万	比重/%			
2012	135922	22427	16.5	100718	74.1	12777	9.4	34.9	22.2	12.7
2013	136726	22423	16.4	101041	73.9	13262	9.7	35.3	22.2	13.1
2014	137646	22712	16.5	101032	73.4	13902	10.1	36.2	22.5	13.7
2015	138326	22824	16.5	100978	73.0	14524	10.5	37.0	22.6	14.3
2016	139232	23252	16.7	100943	72.5	15037	10.8	37.9	22.9	15.0
2017	140011	23522	16.8	100528	71.8	15961	11.4	39.3	23.4	15.9
2018	140541	23751	16.9	100065	71.2	16724	11.9	40.4	23.7	16.8
2019	141008	23689	16.8	99552	70.6	17767	12.6	41.5	23.8	17.8
2020	141212	25277	17.9	96871	68.6	19064	13.5	45.9	26.2	19.7
2021	141260	24678	17.5	96526	68.3	20056	14.2	46.3	25.6	20.8
2022	141175	23908	16.9	96289	68.2	20978	14.9	46.6	24.8	21.8

（二）银龄人力资源的概念

根据 2012 年颁布的《中华人民共和国老年人权益保障法》规定，老年人即银龄族的年龄起点标准是 60 周岁（简称 60 岁，下文涉及的年龄均指周岁），60 ~ 69 岁银龄族为低龄银龄族，70 ~ 79 岁银龄族为中龄银龄族，80 岁以上银龄族为高龄银龄族。每个年龄段的银龄族在身体健康、精神状态等方面都存在差异。低龄银龄族通常身体较为健康，精神状态较好，多数刚退休，尚未适应闲居生活，工作意愿强，具备稳定的工作习惯，是最佳的人力资源。因此，所谓银龄人力资源，一般是指年过 60 周岁，愿意继续工作且能够继续工作的健康银龄族。

（三）中国银龄人力资源的现状

第七次全国人口普查数据显示，截至 2020 年底，我国 60 岁及以上的老龄人口为 2.6402 亿人，银龄人力资源基数巨大（表 3）。

表 3　2010 年和 2020 年我国银龄族人力资源统计　　单位：万人

统计年份	低龄银龄族		中龄银龄族		高龄银龄族	
	60～64 岁	65～69 岁	70～74 岁	75～79 岁	80 岁及以上	合计
2010 年	5867	4111	3297	2385	2099	17759
2020 年	7338	7401	4959	3124	3580	26402

1. 健康状况

《中国卫生健康统计年鉴（2022）》数据显示，中国居民人均预期寿命由 2020 年的 77.93 岁提高到 2021 年的 78.2 岁，1 年时间提高了近 0.3 岁。40 年前的 1981 年，这一指标是 67.9 岁，10 年前的 2010 年是 74.83 岁。我国银龄族的人均预期寿命连年提高，银龄人力资源的储备不断增加。

60 岁及以上的健康银龄族比例从 2010 年的 43.82% 提高到 2020 年的 54.64%。不健康且生活不能自理的银龄族比例从 2010 年的 2.95% 下降到 2.34%。不健康但生活能自理的银龄族比例从 2010 年的 13.9% 下降到 10.41%。2020 年，60 岁及以上健康和基本健康的银龄族比例达到 85%，银龄人力资源的健康基础较好（表 4）。

表 4　中国 60 岁及以上银龄族人口健康状况　　单位：%

健康状况	2010 年比例			2020 年比例		
	60 岁及以上	60～64 岁	65 岁及以上	60 岁及以上	60～64 岁	65 岁及以上
健康	43.82	60.77	35.46	54.64	70.29	48.48
基本健康	39.33	32.35	42.77	32.61	24.03	35.99
不健康，但生活能自理	13.90	6.00	17.80	10.41	4.88	12.58
不健康，生活不能自理	2.95	0.88	3.97	2.34	0.80	2.95

2. 受教育程度

2010 和 2020 年，我国 60 岁及以上老龄人口中小学文化程度的人口比例最高，分别占 49.72% 和 46.48%，10 年中变化不大。初中文化程度的人口比例，由 2010 年的 18.70% 上升到 2020 年的 27.46%，上升了 8.76%。高中、大专、本科、研究生的人口比例均略有上升。我国银龄族的受教育程度在 2010—2020 年 10 年内有所提高。19 世纪 40 ~ 50 年代，我国教育资源短缺，出生人口受教育机会不多（表 5）。

表 5　2010—2020 年中国 60 岁及以上老龄人口受教育层次分布　单位：%

年龄	未上学比例		学前比例		小学比例		初中比例		高中比例		大专比例		本科比例		研究生比例	
	2010	2020	2010	2020	2010	2020	2010	2020	2010	2020	2010	2020	2010	2020	2010	2020
60 岁及以上	22.5	11.74	—	0.42	49.72	46.48	18.70	27.46	5.83	9.92	1.99	2.64	1.23	1.30	0.03	0.07
60 ~ 64 岁	11.21	5.34	—	0.21	52.54	36.82	26.00	36.03	6.91	16.75	2.40	3.31	0.90	1.42	0.03	0.12
65 岁及以上	28.06	14.20	—	0.50	48.33	50.20	15.09	24.17	5.29	7.28	1.79	2.39	1.39	1.26	0.03	0.05

三、我国银龄族的再就业现状

（一）再就业现状

1. 劳动参与率和就业率

银龄族的劳动参与率是指银龄族中有经济活动的人口（包括就业者和失业者）占银龄族人口的比例。银龄族的就业率是指银龄族中的就业者占银龄族人口的比例。二者都能够体现银龄族参与经济活动的程度。劳动参与率偏重反映参与者的活跃程度，就业率偏重反映就业景气程度。60 岁以上银龄族的劳动参与率和就业率从 2000 年到 2020 年都呈明显的下降趋势。其中银龄族就业率从 2000 年的 32.99% 下降到 2020 年的 22%。65 岁及以上银龄族的就业率从 2000 年的 25% 下降到 2020 年的 17.99%。说明我国银龄族人口虽然不断增加，但银龄族人力资源的开发利用程度却不断降低，需要我们从制度、环境、培训等多方面反思和改进，提升银龄人力资源利用率（表6）。

表6 我国60岁及以上老龄人口的劳动参与率及就业率（2000—2020年）

单位：%

项目	2000年比例			2010年比例			2020年比例		
	60岁及以上	60～64岁	65岁以上	60岁及以上	60～64岁	65岁以上	60岁及以上	60～64岁	65岁以上
老龄人口劳动参与率	33.06	50.05	25.06	30.48	49.52	21.10	/	/	/
老龄人口就业率	32.99	49.97	25.00	30.25	49.14	20.94	22.64	34.43	17.99

2. 就业行业分布

就业的行业分布一般反映就业的质量。如表7所示，我国60岁及以上银龄族在2010年和2020年都以农林牧渔行业占比最高，分别达到87.07%和66.14%。而信息传输、软件等高技术领域的就业比例都比较低，都在0.5%以下。

2010年与2020年几个行业就业比例变化明显，农林牧渔行业从2010年的87.07%下降到2020年的66.14%；制造业、建筑业和批发零售业从2010年的3.7%、1.85%和0.55%，上升到2020年的6.59%、7.03%和6.28%。这也反映了10年间我国行业发展的趋势和就业者劳动技能的提高（表7）。

表7 中国60岁及以上就业银龄族的职业构成　　　　单位：%

行业	2010年比例			2020年比例		
	60岁及以上	60～64岁	65岁及以上	60岁及以上	60～64岁	65岁及以上
农、林、牧、渔业	87.07	84.53	90.01	66.14	57.38	72.74
采矿业	0.20	0.26	0.14	0.21	0.30	0.15
制造业	3.70	4.43	2.85	6.59	8.33	5.27

续表

行业	2010 年比例			2020 年比例		
	60 岁及以上	60 ~ 64 岁	65 岁及以上	60 岁及以上	60 ~ 64 岁	65 岁及以上
电力、热力、燃气及水生产和供应业	0.10	0.13	0.07	0.23	0.32	0.16
建筑业	1.85	2.53	1.06	7.03	9.97	4.82
批发和零售业	0.55	0.70	0.37	6.28	7.15	5.62
交通运输、仓储和邮政业	0.04	0.05	0.03	1.23	1.78	0.82
住宿和餐饮业	2.62	2.93	2.25	1.65	2.29	1.16
信息传输、软件和信息技术服务业	0.55	0.67	0.40	0.07	0.10	0.05
金融业	0.05	0.06	0.04	0.12	0.17	0.08
房地产业	0.21	0.27	0.15	1.28	1.71	0.96
租赁和商务服务业	0.16	0.18	0.13	1.10	1.40	0.87
科学研究和技术服务业	0.05	0.06	0.04	0.28	0.31	0.25
水利、环境和公共设施管理业	0.28	0.33	0.22	1.65	1.76	1.56
居民服务、修理和其他服务业	0.89	0.94	0.83	2.74	2.99	2.56
教育	0.40	0.48	0.30	0.76	1.01	0.58
卫生和社会工作	0.49	0.53	0.44	0.82	0.89	0.76
文化、体育和娱乐业	0.08	0.10	0.07	0.20	0.25	0.17
公共管理、社会保障和社会组织	0.71	0.81	0.60	1.64	1.89	1.44
国际组织	0.00	0.00	0.00	0.00	0.00	0.00

3. 就业身份构成

就业者身份反映就业的性质和形式。如表 8 所示，60 岁及以上银龄就业者大部分是自营劳动者，60 ~ 64 岁占比 61.6%，65 岁及以上占比 78%。我国 60 岁以上就业者受教育年限存在很大城乡差异，大部分农村就业者受教育年限较低，由于生活需要，仍然继续从事农业生产，因而在未区分城乡情况下，自营劳动者的就业比例较高。

表 8　中国 60 岁及以上就业人员身份构成（2023 年）　　单位：%

年龄	就业人员比例			
	雇员	雇主	自营劳动者	家庭帮工
60～64 岁	34.1	2.1	61.6	2.2
65 岁及以上	18.0	1.2	78.0	2.8

4. 寻找工作方式

银龄族的再就业渠道，2023 年我国 60～64 岁银龄族就业主要通过委托亲戚朋友介绍找工作，占 74.6%。年龄越大，这一比例越大，65 岁及以上的银龄族达 78.9%。主动直接联系雇主或单位的银龄族占 12%。采用查询招聘网站或广告、联系就业服务机构、参加招聘会等正式途径找工作的银龄族占比较少，反映出我国为银龄族提供的再就业支持不足（表 9）。

表 9　中国城镇 60 岁及以上失业银龄族人口寻找工作方式（2023 年）

单位：%

年龄	城镇失业人员再就业途径比例							
	为自己经营做准备	为找到工作参加培训、实习、招考	委托亲戚、朋友介绍	查询招聘网站或广告	直接联系雇主或单位	联系就业服务机构	参加招聘会	其他
60～64 岁	6.8	1.2	74.6	4.0	12.0	0.5	0.7	0.1
65 岁及以上	7.8	0.5	78.9	2.7	9.3	0.2	0.1	0.5

（二）促进再就业的政策措施

我国近几年陆续出台了多项政策措施，促进银龄族再就业和人力资源开发，提高人力资源利用效率（表 10）。

表 10　2018—2024 年国家促进银龄族再就业的政策措施

时间	政策名称	政策内容
2018 年	《中华人民共和国老年人权益保障法》（修订）	保障老年人依法享有的劳动权利，不得强迫老年人劳动

续表

时间	政策名称	政策内容
2019年	《国家积极应对人口老龄化中长期规划》	改善人口老龄化背景下的劳动力有效供给，提高人力资源整体素质，推进人力资源开发利用
2020年	《中共中央关于制定国民经济和社会发展第十四个五年规划和二〇三五年远景目标的建议》	积极开发老龄人力资源，发展银发经济
2021年	《关于加强新时代老龄工作的意见》	鼓励老年人继续发挥作用，把老有所为同老有所养结合起来，完善就业、志愿服务、社区治理等政策措施，充分发挥低龄老年人作用，探索适合老年人灵活就业的模式
2021年	《"十四五"国家老龄事业发展和养老服务体系规划》	加强老年人就业服务，促进老年人社会参与
2024年	《人力资源社会保障部关于强化支持举措助力银发经济发展壮大的通知》	支持人力资源服务机构开发适合老龄人力资源的就业岗位、技术产品和服务模式，充分发掘老龄人力资源潜力和价值；维护大龄劳动者劳动权益

四、银龄人力资源开发的问题与挑战

（一）观念固化与年龄歧视

1. 个体观念固化

中国传统观念认为，银龄族退休后就应该"颐养天年"，出去工作就是"生活艰辛"的表现。同时，银龄族的身体机能下降，在生活中的主导角色逐渐丧失，他们会主动愿意扮演相对次要的社会角色，自愿性地脱离社会。现代社会日新月异，新理念、新技术层出不穷，不断融入日常生活之中，使得银龄族难以适应新变化和新挑战，自己已经"老而无用"的观念逐渐固化。个体观念固化导致国内银龄族主动脱离社会，个体发展滞后。

2. 年龄歧视

研究表明，在全球范围内银龄族总是与大量消极特点联系在一起，如衰弱、疾病、残障、缺乏活力、依赖性强等，甚至两三岁的幼儿就已经具备对银龄族的刻板印象。这一印象一旦成为法律或社会政策形成的底色，就会造成对银龄族的歧视和不公正待遇。银龄族的劳动生产率低下，依赖性强，容易在岗位上出现伤亡事故而使公司面临巨额赔偿，都会造成银龄族在与年轻人的竞争中受到区别对待和歧视。有学者将年龄歧视（ageism）列为社会第三大歧视，仅排在种族歧视与性别歧视之后。

（二）再就业法律制度及社会保障政策尚需完善

我国进入老龄化社会以来，中央颁布多个政策文件鼓励和促进银龄族就业，倡导保障银龄族就业的相关权益。然而在司法实践中，银龄族却难以获得劳动者的主体地位。《中华人民共和国劳动合同法实施条例》第二十一条规定，劳动者达到法定退休年龄的，劳动合同终止。即劳动者达到法定退休年龄的，不再具有建立劳动关系的主体资格。

《最高人民法院关于审理劳动争议案件适用法律若干问题的解释（三）》第七条规定，用人单位与其招用的已经依法享受养老保险待遇或领取退休金的人员发生用工争议，向人民法院提起诉讼的，人民法院应当按劳务关系处理。确认劳动者符合享受基本养老保险待遇的情形时，劳动合同终止。劳动合同在因法定事由解除的情况下，只能认定为劳务关系。这导致银龄族在就业过程中只能获得一般民事主体地位，而无法获得与其劳动者身份相对应的制度保障。

《工伤保险条例》规定，用工单位应为在职员工购买工伤保险。再就业的银龄族没有劳动者主体地位，无法缴纳医疗、工伤等社会保险，导致银龄族缺少法律、医疗和工伤判定等基本权益的保障。

同样，我们从用工单位的角度看，由于银龄族与用工单位之间没有劳动关系，无法为其缴纳工伤保险，现有法律法规并没有规定企业承担责任的范围，企业出于规避承担无限责任的风险意识，必然对银龄就业群体主动回避。

（三）对银龄族就业支持措施不足

1. 就业渠道不畅

如表 9 所示，60 岁及以上银龄族找工作主要靠亲戚朋友介绍，很少通过职业介绍和职业服务机构等正式途径。说明我国缺乏适合银龄族的再就业渠道，尤其是专门针对银龄族再就业的咨询机构和就业平台，导致银龄族再就业渠道不畅。

2. 职业培训缺乏

我国 60 岁及以上银龄族大部分受教育程度较低，尤其是农村地区，接受中、高等教育者少。低学历银龄族只能从事保洁、环卫等服务业或维修等后勤行业。如果缺乏专业的组织对其进行职业培训和能力开发，他们将无法跟上社会经济发展的节奏，在劳动市场上处于劣势。

五、银龄人力资源的潜在价值

（一）经济效益

1. 增加劳动力供给，促进经济增长

随着出生率下降和预期寿命延长，全球许多国家都面临劳动力短缺问题。银龄劳动者不仅能够弥补这一缺口，还能带来独特的经济效益。银龄族的再就业能够增加劳动力供给，从而促进社会经济的增长。

我国银龄族整体就业水平较低，2020 年第七次全国人口普查数据显示，我国就业总人口中，60 岁及以上占比为 8.8%。退休群体的再就业直接增加了劳动力市场的参与度，特别是在服务业、养老产业和零售业等劳动密集型行业。2023 年中国的"银龄经济"产业规模已达到 7 万亿人民币，涵盖了老龄化社会的健康管理、银龄族护理、养老地产等多个领域。银龄族参与这些行业的工作，既能填补劳动力空缺，又能为相关产业的发展提

供支持。

根据美国劳工统计局（BLS）2024 年的数据显示，美国 60 岁及以上银龄族的就业人口达到 2284.2 万人，占 16 岁及以上劳动力人口的 8.6%。60 岁以上银龄族的就业率为 28.8%。美国的银龄劳动者不仅在一定程度上缓解了劳动力短缺问题，还促进了消费增长和税收增加。

2. 提高消费水平，促进经济循环

银龄族的再就业不仅能够增强其经济独立性，还能刺激消费，进一步促进经济增长。银龄族再就业后，其收入水平的提升使他们在消费上更具购买力，特别是在医疗、旅游、文化、娱乐等行业。

中国的银龄群体在消费市场中扮演着日益重要的角色。根据沙利文咨询公司出版的《2024 年中国银龄经济发展报告》，到 2028 年，中国银龄消费市场的总规模预计将超过 12.3 万亿元人民币。银龄族的消费需求多集中在医疗保健、旅游、健身和文化娱乐等领域。银龄族参与工作后，他们的经济状况得到改善，消费能力得到提升，直接带动了这些行业的增长。

3. 降低社会保障负担

银龄族再就业还可以减轻社会福利制度，尤其是养老保险系统的压力。在很多国家，退休后银龄族的收入主要依靠社会保障或养老金。如果银龄族能够继续工作，他们将不再完全依赖社会保障，进而减少政府在养老金和社会保障上的支出。

根据日本厚生劳动省（2022 年数据）的统计，日本 60 ~ 64 岁男性就业率达 84%，65 ~ 69 岁男性就业率达 61%；60 ~ 64 岁女性就业率达 63%，65 ~ 69 岁女性就业率达 41%。这些银龄族通过继续工作，降低了社会保障制度的压力。日本政府通过推动延迟退休政策和提供再就业机会，成功减少了退休后社会保障的支出负担。

（二）社会效益

1. 增强社会稳定与和谐

银龄族再就业不仅有助于经济发展，还有助于社会的稳定与和谐。银龄族继续参与工作，增强了他们的社会联系，减缓了孤独感，提升了社会归属感和心理健康。

根据中国健康与养老追踪调查（2018 年），银龄族参与社会活动、工作和志愿服务等，可以显著提升他们的幸福感和生活满意度。尤其是当银龄族能够参与工作和社交时，他们的生活质量得到提升，社会稳定性也得到了增强。

2. 传承经验与技能

银龄族通常拥有丰富的工作经验和技能，他们的再就业不仅对企业有益，也能为年轻一代提供指导和榜样。银龄族再就业可以通过传承技能和知识，促进代际合作，为社会培养更多的技能型人才。

日本的许多公司通过"师徒制"模式，让退休员工成为年轻员工的导师，传授行业经验和技能。这种传承模式不仅提升了银龄族的社会价值，也帮助企业保持了知识的延续。

3. 促进社会包容性和多样性

银龄群体的再就业有助于社会多样性和包容性的提升。银龄族的参与促进了不同年龄群体之间的理解与合作，提升了社会的包容性，推动了年龄友好型社会的建设。

（三）个体价值

研究表明，退休后长时间没有规律活动的银龄族，比持续从事轻度工作的人更容易罹患慢性病，如心脏病、糖尿病等。适度的职业活动和日常工作压力有助于保持身体的活动水平，从而降低患病风险并延缓衰老。根据生命周期理论，退休和再就业可使银龄族保持更多的体力活动，减缓身体机能的衰退，使生理健康状况得到改善，并对健康状况进行更好的自我评估。

根据中国健康与养老追踪调查（2018 年）数据研究，社会参与可能通过改善心理健康、提高身体健康、提高个体获得社会支持的可能性等机制降低银龄族抑郁发生风险。工作不仅能提供日常生活的结构化安排，还能让银龄族保持目的感，避免因无所事事而产生的焦虑和沮丧情绪。

各国的经验表明，通过政策支持和社会引导，银龄族可以发挥出巨大的潜在价值。未来，随着老龄化趋势的加剧，我国应继续优化劳动市场政策，创造更加有利的环境，让银龄族在社会和经济中继续贡献他们的智慧与力量。

六、对策与建议

（一）构建保护银龄族就业权利的法律体系

1. 为银龄族就业权提供明确法律依据

建议在《中华人民共和国劳动法》中增补条文，明确"公民达到法定退休年龄后，只要具备劳动就业的条件，就应当依法认定其具备劳动者身份"。同时，《中华人民共和国老年人权益保障法》第七十条规定："老年人参加劳动的合法收入受法律保护"，建议更加明确为"老年人有继续就业的权利，老年人参加劳动的合法收入受法律保护。"可以从法律的角度明确银龄族的就业主体地位，奠定银龄族就业保障的基础。

2. 立法禁止就业年龄歧视

参考美国、日本等国的做法，专项立法禁止年龄歧视。美国早在 1967 年就颁布了《就业年龄歧视法》，在国会成立公平就业机会委员会，负责监督，确保银龄族就业权利不受侵犯。

建议在《中华人民共和国劳动法》中增补条文，如明确"老年人享有平等的就业权利。在录用职工时，除国家规定的不适合老年人的工种或者岗位外，如果老年人具备正常履行职责的身体条件，不得以年龄为由拒绝录用老年人或者提高对老年人的录用标准"。

3. 在延迟退休政策基础上，制定自主延迟退休的激励措施

借鉴美国、日本的经验，为配合延迟退休制度优化养老保险领取制度。按规定年龄正常退休的银龄族可以领取足额养老金，选择延迟退休的银龄族可以按照年限领取大于 100% 的奖励性养老金，鼓励银龄族继续工作。

（二）建立更加完善的银龄族就业保障服务体系

1. 建立银龄人力资源服务平台

日本从 20 世纪 80 年代开始在全国建立了支持银龄族就业的各层级服务平台，从中央政府到各都道府县、城市和乡村都设立不同级别的"银龄族就业服务中心"，形成完整的就业辅助体系。

我国应积极打造银龄族就业服务平台。2022 年 8 月 24 日，中国老龄协会老年人才信息中心开发的中国老年人才网正式上线，标志着我国已经启动银龄人才信息库和银龄人才信息服务平台建设。

中国健康养老集团与中国数字集团、浙江数字集团正在联合打造全国范围内的银龄族就业人才数据库和岗位数据库，把银龄族求职需求与用人单位需求进行匹配，为银龄族打造一站式就业服务。在全国性协会和央企、国企率先垂范和规范管理的基础上，各省市企事业单位应积极响应，逐步形成完善的银龄族就业保障支持体系。

2019 年 3 月，中共中央办公厅、国务院办公厅印发了《关于国有企业

退休人员社会化管理的指导意见》，要求国有企业将已退休人员档案、社保等手续移交街道和社区，实行社会化管理。2022年底，我国企业离退休人员数量约11466万人。根据国有企业引领的这一趋势，街道社区将是离退休人员的归属之地。应以街道社区为基点，建立银龄族就业服务的基层组织，联络用人单位，为银龄族提供就业信息和服务。

2.建立银龄族职业培训体系

建议以社区为基点，成立银龄族职业服务中心，为有就业需求的银龄族提供就业信息和培训，增强银龄族的职业能力，促进银龄族的顺利再就业。

3.建立用人单位激励机制

首先，借鉴日本经验，对雇佣银龄族的用人单位给予奖励。日本为接受银龄族就业的企业设立了"促进继续雇佣支援金"，我国也可以根据企业雇佣银龄族的比例、时间长短，给予数量不等的奖励金。其次，对聘用银龄族的企业给予一定的税收优惠。按照企业聘用银龄族数量占员工总数的比例，给予企业税收减免，让企业得到实实在在的实惠。

（三）加大社会宣传力度，转变社会观念

1.宣传正确的"老年观"

第一次老龄问题世界大会上发布的《老龄问题国际行动计划》中提出：银龄族不是社会的包袱，而是全社会、全人类的宝贵财富，同时还是可持续发展的资源，应倡导银龄族以积极的、健康的姿态参与社会发展。中国传统观念认为，老年意味着衰老、消极和消耗社会资源。应从积极正面的角度看待银龄族的价值和潜力，看待银龄生活的意义，在全社会形成"老有可为"的积极老龄观。

2. 坚持正确的"劳动观"

马克思认为，劳动是人类区别于其他生物的本质特征。我国自古将勤劳视为传统美德，唐代百丈怀海禅师倡导"一日不作，一日不食"，以95岁高龄无疾而终。清华大学校长蒋南翔号召清华学子"为祖国健康工作50年"。在我国社会主义文化体系中，正确的"劳动观"推动了一代又一代中国人建设富强的祖国。在"劳动光荣"的文化积淀的基础上，进一步树立"终生劳动"的观念，不断增强银龄族的终生劳动观念，在全社会形成"劳动光荣"，"人生百年，终生劳动"的新风尚。

总之，正如古罗马哲学家西塞罗所说，"我们生命的每一阶段都各有特色，因此，童年的稚弱、青年的激情、中年的稳健、老年的睿智——都有某种自然优势，人们应当合乎时宜地享用这种优势"。银龄族的自然优势需要银龄族自己走向生命的自觉，更需要全社会的认知提升和转变。中国面临"百年未有之大变局"的当下，更应该深刻挖掘自身优势，充分焕发老龄社会深厚底蕴和潜在能量，通过政府、社会、企业、个人的多方努力，实现向人力资源强国的转变，实现中华民族伟大复兴的宏伟目标。

参考文献

[1] 翟振武，陈佳鞠，李龙.中国人口老龄化的大趋势、新特点及相应养老政策 [J].山东大学学报（哲学社会科学版），2016（3）：27-35.

[2] 中华人民共和国国家卫生健康委员会.2022 年 9 月 20 日新闻发布会文字实录 [EB/OL]（2022-09-20）[2024-12-02].http://wsjkw.hebei.gov.cn/xwfb/390894.jhtml.

[3] 林宝.完善养老保障与服务体系积极应对人口老龄化 [J].中国人口科学，2023（4）：14-18.

[4] 美国 CEIC 数据公司（CEIC Data）.美国人口与城市统计数据 [EB/OL].（2017-1-20）[2024-12-06].https：//www.ceicdata.com/zh-hans/united-states/population-and-urbanization-statistics/us-population-as--of-total-aged-65-and-above.

[5] 美国 CEIC 数据公司（CEIC Data）.美国人均 GDP 统计数据 [EB/OL].（2017-1-20）[2024-12-06].https：//www.ceicdata.com/zh-hans/indicator/united-states/gdp-per-capita.

[6] 国家卫生健康委员会.2022 中国卫生健康统计年鉴 [M].北京：中国协和医科大学出版社，2022：230-231.

[7] 谢倩芸.中国老年人力资源开发及变动趋势研究 [J].云南民族大学学报：哲学社会科学版，2023，40（6）：95-106.

[8] 陈友华，詹国辉. 中国老年人力资源开发：现状、问题与出路 [J]. 晋阳学刊，2023（3）:44-53.

[9] 姜兆萍，周宗奎. 老年歧视的特点、机制与干预 [J]. 心理科学进展，2012（10）：1642 - 1650.

[10] 熊小雅. 老年人就业权利保障研究 [D]. 长沙：中南大学法学院，2023.

[11] 中华人民共和国国家发展和改革委员会. 老年人再就业释放人口红利 [EB/OL]. （2023-05-30）[2025-01-21].https://www.ndrc.gov.cn/fggz/jyysr/jysrsbxf/202305/t20230530_1356850.html.

[12] 美国劳工统计局.Bureau of Labor Statistics（BLS）[EB/OL]. （2024-01-26)[2025-01-23].https：//www.bls.gov/cps/cpsaat03.htm.

[13] 沙利文咨询有限公司.2024 年中国银发经济发展报告 [EB/OL]. （2024-06-11）[2025-01-21].https://news.sohu.com/a/785109561_121758897.

[14] 日本厚生劳动省.2023 第 2 -（ 2 ）- 13 图高齢者の年齢別就業率（男女別）.[EB/OL]. （2023-02-19）[2025-01-25].https：//www.mhlw.go.jp/stf/wp/hakusyo/roudou/24/backdata/02-02-13.html.

[15] 侯捷. 社交活动对老年人主观幸福感的影响研究 [J]. 可持续发展，2023，13（2）：441-448.

[16] 谢瑞瑞，刘晨，王琼，等. 退休后工作参与和老年人自评健康状况的关联效应分析 [J]. 现代预防医学，2021，48（22）：4145-4151.

[17] 李月，陆杰华，成前，等. 我国老年人社会参与与抑郁的关系探究 [J]. 人口与发展，2020，26（3）：86-97.

[18] 朱宁. 日本老年人就业政策的研究及启示 [D]. 沈阳：沈阳师范大学，2018.

[19] 穆光宗. 老年人：包袱还是财富？[J]. 社会，1994（6）：41-43.

[20] 陈世超. 我国"孝文化"视域下的老年生命教育研究 [D]. 杭州：浙江师范大学，2015.

"健康经济与管理系列"蓝皮书简介

蓝皮书是权威的学术智库作品，具有水准高、规范严格、作者代表广泛、影响力大、研创周期长、研创成本高等特点。"健康经济与管理系列"由侯胜田教授发起并担任总主编，不仅涵盖传统医疗康养领域，而且特别关注新兴和朝阳领域，如大健康、中医药、康养休闲旅居、数智健康、数智医疗、数智康养、数智中医药、数智健康管理、健康科技转化、食药同源、中医膏方、银龄产业等。"健康经济与管理系列"的每部蓝皮书都由总报告和多篇分报告组成，每篇报告都基于该领域的发展现状，聚焦本领域的发展挑战与问题分析，不仅对前景进行分析和预测，更关注提供创新性的问题解决方案或对策建议。

"健康经济与管理系列"蓝皮书规划研创、出版 30 个分系列，已经陆续出版了近 20 个分系列，涵盖全球健康、全球中医药、世界传统医药、健康产业、中医医院、中医医馆、互联网医院、医养结合、健康旅游、康养旅居、森林康养、中医药文创、数智健康、数智中医药、银龄产业、食药同源、中医膏方、中医药科技成果转化等行业的 300 多个细分领域。正在筹组编委会的领域包括：饮食康养、运动康养、高原康养、温泉康养、园艺康养、中药产业、医疗器械、人参产业、民族医药、医院运营、医院学科、医院护理、医院后勤、数智医疗、数智康养、数智健康管理等。欢迎加入编委会！欢迎合作研创出版！

近两千位来自国内外的作者参加了"健康经济与管理系列"蓝皮书的研创。蓝皮书的作者来自：国家卫生健康委员会、国家中医药管理局、中国医学科学院、中国中医科学院、北京市中医药管理局、江苏省卫生健康委员会、上海市卫生与健康发展研究中心、山东大学卫生管理与政策研究中心、中国中医科学院中医药信息研究所、中国中医科学院中医临床基础医学研究所、中国中医科学院医学实验中心、中国中医药科技发展中心、天津市医学科学技术信息研究所、北京市卫生健康大数据与政策研究中心、广东省社会科学院、广东省中医药科学院、北京中医药研究所、北京市西城区医疗机构管理服务中心等相关政府管理和研究机构。

　　"健康经济与管理系列"蓝皮书的作者主要来自：清华大学、北京大学、上海交通大学、北京理工大学、东南大学、澳门大学、澳门城市大学、河北大学、北京林业大学、北京协和医学院、北京中医药大学、温州医科大学、上海中医药大学、广州中医药大学、天津中医药大学、河北中医药大学、山东中医药大学、陕西中医药大学、甘肃中医药大学、江西中医药大学、湖南中医药大学、湖北中医药大学、成都中医药大学、黑龙江中医药大学、长春中医药大学、辽宁中医药大学、山西中医药大学、云南中医药大学、河南中医药大学、海南医科大学、牡丹江医科大学、广东药科大学、内蒙古医科大学、重庆中医药学院、上海健康医学院、河北水利电力学院、天津医学高等专科学校、沧州医学高等专科学校、沧州师范学院、首都经济贸易大学、北京工商大学、北京第二外国语学院、北京联合大学、中华女子学院、三亚学院、上海城建职业学院、攀枝花学院、上海工商外国语职业学院等院校。

　　"健康经济与管理系列"蓝皮书作者还来自北京协和医院、中国人民解放军总医院、中日友好医院、四川大学华西医院、首都医科大学宣武医院、首都医科大学附属北京友谊医院、首都医科大学附属北京中医医院、北京回龙观医院、北京小汤山医院、江苏省中医医院、北京中医药大学第三附属医院、北京中医药大学东直门医院、北京中医药大学东方医院、北京中医药大学房山医院、清华大学玉泉医院（清华大学中西医结合医院）、中国中医科学院北京广安门医院、北京市鼓楼中医医院、北京丰台中西医结合医院、北京市房山区良乡医院、北京市第六医院、北京市第一中西医结合医院、广东省中医院、广州中医药大学深圳医院、山东中医药大学附属医院山东省中医院、上海中医药大学附属龙华医院、上海中医药大学附属曙光医院、三亚市中医医院、苏州市中医医院、扬州市中医医院、杭州市中医院、四川彭州市中医医院、中国中医科学院广安门医院保定医院、贵州中医药大学第二附属医院（贵州省中西医结合医院）、乌鲁木齐市米东区中医医院、清华大学第一附属医院、中国人民解放军空军特色医学中心、广东省人民医院、大连理工大学附属中心医院、中南大学湘雅二医院、新疆医科大学第一附属医院、西安国际医学中心医院、山西省肿瘤医院、浙江省中西医结合医院（杭州市红十字会医院）、广州市红十字会医院、黑龙江省总工会医院、北京市朝阳区紧急医疗救援中心、河南中医药大学附属郑州市大肠肛门病医院、西安中医脑病医院、天津大学中心医院等医疗机构。

部分作者还来自国药集团、中国健康养老集团研究院、腾讯、京东、百度、浪潮集团有限公司、东软集团股份有限公司、北京同仁堂科技发展股份有限公司、东阿阿胶股份有限公司、固生堂等顶流企业；国家自然博物馆、中国医学科学院药用植物研究所、广西壮族自治区药用植物园、成都中医药大学药用植物园、广东中医药博物馆、上海中医药博物馆、亚洲糖尿病防治（香港）研究院、广西旅发大健康产业集团有限公司、长城保险经纪有限公司、和君集团有限公司、深圳市前海汇颐科技有限公司、北京华夏健业生态农业研究院有限公司、医联医生集团（深圳）有限公司、行客旅游网、北京翰汇律师事务所、河南易展堂药业有限公司、华夏药食同源供应链管理（北京）有限公司、北京鹤年堂医药有限责任公司、四川省农业科学院经济作物研究所、浙江金瑞薄膜材料有限公司、日本科智咨询株式会社、日本筑波日中协会、扬裕医疗科技（保定）有限公司等知名企业或研究机构。

部分作者还来自北京中医生态文化研究会、中国老年学和老年医学学会国际旅居康养分会、世界中医药学会联合会国际健康旅游专业委员会、世界中医药学会联合会医养结合专业委员会、中国中医药信息学会医养居融合分会、中国中医药信息学会膏方分会、广西民族医药糖尿病防治学会等。

　　"健康经济与管理系列"蓝皮书出版后，编委会将会适时组织蓝皮书首发仪式、蓝皮书发布会、蓝皮书研讨会、蓝皮书巡讲等宣传分享活动。截至 2025 年 6 月，"健康经济与管理系列"已经陆续在北京、上海、广州、成都、长春、保定、常州、海口、雄安，以及新加坡等地举办了数十次蓝皮书发布和研讨活动，后续宣讲分享活动正在持续进行中。

致　谢

衷心感谢北京中医药大学管理学院、北京中医药大学国家中医药发展与战略研究院健康产业研究中心、澳门城市大学大健康学院、上海交通大学健康长三角研究院、清华大学社科学院健康产业与管理研究中心、江西中医药大学中医药与大健康发展研究院、江西中医药大学中医药政策研究中心、温州医科大学大健康发展研究院、北京银发健康长寿研究院、四川省中医药科学院中华中医药文化研究院、北京中医生态文化研究会、中国老年学和老年医学学会国际旅居康养分会、世界中医药学会联合会国际健康旅游专业委员会、世界中医药学会联合会医养结合专业委员会、中国中医药信息学会医养居融合分会、中国药膳研究会酒与食养专业委员会、北京华夏健业生态农业研究院有限公司等单位对本书研创、出版的支持。特别感谢化学工业出版社、华夏律康（北京）信息咨询有限责任公司等单位对本蓝皮书研创、出版、发布的组织和协调工作的大力支持。